JIANGSU JICHU JIAOYU GAOZHILIANG FAZHAN DE
ZHANLÜE ZHONGDIAN、SHISHI CELÜE YU LUJING YANJIU

江苏基础教育高质量发展的战略重点、实施策略与路径研究

周荣斌 陈杰 等 编著

苏州大学出版社
Soochow University Press

图书在版编目(CIP)数据

江苏基础教育高质量发展的战略重点、实施策略与路径研究／周荣斌等编著． -- 苏州：苏州大学出版社，2023.9
　　ISBN 978-7-5672-4502-0

Ⅰ．①江… Ⅱ．①周… Ⅲ．①基础教育-发展-研究-江苏 Ⅳ．①G639.21
中国国家版本馆 CIP 数据核字(2023)第 161902 号

书　　　名：	江苏基础教育高质量发展的战略重点、实施策略与路径研究
编　　　著：	周荣斌　陈　杰　等
责任编辑：	杨　柳
装帧设计：	吴　钰
出版发行：	苏州大学出版社(Soochow University Press)
社　　　址：	苏州市十梓街 1 号　邮编：215006
印　　　刷：	苏州工业园区美柯乐制版印务有限责任公司
邮购热线：	0512-67480030
销售热线：	0512-67481020
开　　　本：	787 mm×1 092 mm　1/16　印张：21.25　字数：491 千
版　　　次：	2023 年 9 月第 1 版
印　　　次：	2023 年 9 月第 1 次印刷
书　　　号：	ISBN 978-7-5672-4502-0
定　　　价：	88.00 元

图书若有印装错误，本社负责调换
苏州大学出版社营销部　电话：0512-67481020
苏州大学出版社网址　http://www.sudapress.com
苏州大学出版社邮箱　sdcbs@suda.edu.cn

前言

根据江苏省教育厅《关于公布2020年江苏教育改革发展战略性与政策性研究课题的通知》（苏教法函〔2020〕2号）要求，南通市教育科学研究院承担了"江苏基础教育高质量发展的战略重点、实施策略与路径研究"的课题任务。我们审视服务决策的教科研职能，发挥"上通下达"的优势，聚焦"战略重点"，通过文献综述、一线访谈、立柱架梁、省域调研、数据研判、政策建议的"六环探进"，努力将江苏的、基础教育的、高质量发展的"战略重点"想清楚、说明白，进而提出实施策略与路径的政策建议。

一、"六环探进"的价值目标

"六环探进"的价值目标主要体现为：研究基础教育高质量发展的国家战略布局，研究基础教育高质量发展的江苏战略走向；研究基于数据的、基于社会调研的江苏基础教育高质量发展的痛点、难点与堵点；凝聚基层一线的智慧和力量，研制出江苏基础教育高质量发展的战略重点、实施策略与路径，落实好以人民为中心的发展思想。文献综述，从海量文献选读中读出精髓，强化战略重点研究的教育理性；一线访谈，超越研究者的问题"想当然"和"自说自话"，强化战略重点研究的实践根基；立柱架梁，基于一线访谈与文献综述问题的"选定"与"设计"，强化战略重点研究的系统思维；省域调研，保障数据获取的充分性、合理性和科学性；数据研判，对基于数据的江苏基础教育领域存在的突出问题、工作短板及制约未来高质量发展的重大问题进行阐释；政策建议，对江苏基础教育高质量发展的重点任务、工作策略、基本思路和政策措施进行谋划。

二、"六环探进"的操作要义

课题组成员共有12人，其中，主持人2名，都是正高级教师；核心组成员10名，包括市教育局局长、副局长，政策法规处处长，市教科院副院长、教科员。与之配套的是，立项2021年南通市教育改革发展战略性与政策性研究课题18项，与"江苏基础教育高质量发展的战略重点、实施策略与路径研究"高度关联，每项课题的主持人和核心组成员有10多人；还有5所学院（江苏航运职业技术学院、江苏商贸职业学院、南通职业大学、南通开放大学、南通科技职业学院），以及崇川、通州、海安教育体育局，苏锡通科技产业园区政法和社会事业管理局，如皋、如东、海安、海门、启东教师发展

（研修）中心参与。200多人组成的研究团队凭借团队拥有的设计力、领导力和执行力，在南通基础教育这块沃土上齐心协力、耕耘行思。

1. 文献综述：基础教育高质量发展的关键性、基础性要素聚类梳理

由235篇研究文献中的909个关键词聚类分析出与"基础教育高质量发展"高度相关的6个关键词："课程改革""教育改革""质量监测""均衡发展""教育信息化""教师教育"。重点以这些关键词为切入点，从现状、发展、国际启示三个角度，对国内外基础教育高质量发展研究做了梳理。参照长江教育研究院年度教育报告《中国教育黄皮书》、《中国教育政策评论》及"中国教育现代化2035战略与政策研究丛书"中的相关报告，对近几年国家在教育高质量发展方面的政策文本做了一系列梳理。

2. 一线访谈：基于"需求导向"和"问题导向"的战略思想与基层实践双向建构

团队先后在海门区机关幼儿园、海安市实验小学、如东县教师发展中心、如皋市长江高级中学，分别组织学前、小学、初中、普通高中"高质量发展"专题研讨活动，26人做主题报告。在理论上，突出国家与区域战略思维，实现战略思想与基层实践的双向建构。在实践上，注重坚持南通基础教育战略方向引领下的"需求导向"和"问题导向"，在国家战略布局、长三角战略走向中系统提出具有南通特色的基础教育高质量发展的战略重点、实施策略与路径。

3. 立柱架梁："条目式问题""选定问题""设计问题"的科研攻关

关于问卷设计，团队循序渐进。第一天上午，先后召开两次主题报告"文献综述：基础教育高质量发展的若干关键词""立柱架梁：基于问题的基础教育高质量发展战略重点研究"，凝聚共识；下午，按组别分工，各自独立设计省域问卷调研的条目式问题，问题的设计应具备这样的思考：我们的一线调研、文献综述、高质量教育体系架构，需要通过哪些问题点的调研，掌握江苏省宝贵的数据，更好地为"江苏基础教育高质量发展的战略重点、实施策略与路径研究"服务。第二天上午，小组交流，选定问题，明确调研对象（教师、校长/副校长、教科研人员、教育行政管理人员）、调研内容（战略重点）、问卷题型（填空、单选、多选），并按问题点具体分工；下午，按照分工，设计问题。第三天上午，整合打磨，补充问题；下午，逐题过关，打磨成型。第四天全天，问卷统整，研究运用。"条目式问题""选定问题""设计问题""补充问题"逐题过关，"研究运用"环环相扣，扎实推进。

4. 省域调研：南通、镇江、宿迁专项调研有效答卷96 460份

审定问卷内容，推出网上答题步骤：第一步，通过网址或二维码链接，进入问卷回答页面。第二步，根据现在或曾经的"学前教育""小学教育""初中教育""普高教育"任教经历，选择学段。第三步，确定基础信息，包括受访人员的工作单位所在地、工作岗位等。基础信息确认之后，系统会自动出现相对应的问卷。第四步，正式答题。其中，量表题，对每一行数据"点击"选择；多选题，注意"限选1—N项""限选N项"的要求。

在教育行政管理人员、教师发展（研修）中心的大力协助下，南通、镇江、宿迁专项调研进展顺利。学前教育领域，收到有效答卷16 374份。小学教育领域，收到有效答卷43 614份。初中教育领域，收到有效答卷23 258份。普高教育领域，收到有效

答卷13 214份（表0-1）。

表0-1 南通、镇江、宿迁三地回收的各学段有效问卷情况　　　　　　单位：份

学段	南通	镇江	宿迁
学前教育	10 477	1 142	4 755
小学教育	18 026	3 095	22 493
初中教育	10 063	1 865	11 330
普高教育	6 956	1 605	4 653

5. 数据研判：基于数据的"一个话题一个题目"具体阐释

约请南通各县（市、区）教师发展（研修）中心的主任、教研员和学校的校长（副校长）、教师，将数据反馈给他们，请他们根据自己对于"基础教育高质量发展战略重点"的思考，运用好文献综述、调研数据和自己的"小数据"，分学段组织数据分析专题研讨活动。在南通市实验中学、南通市教育科学研究院、如皋市搬经中学，有33人做主题报告。大家务实地朝着问题解决的方向走，一起面向未来。具体阐释分四个层次：① 基于文献综述和南通数据的问题发现；② 问题症结的归因探析；③ 问题破解的路径思考；④ 路径实施的策略建议。组织众人加入。系统思维，创新表达；数据兼容，提升品质。将调研的数据与实践的广度、深度和温度全面融合，内部自洽，外部相容，进而提出富有生命力的江苏基础教育高质量发展政策建议。

6. 政策建议：从战略重点到实施策略与路径的"讲清""说透""提准"

"江苏基础教育高质量发展的战略重点、实施策略与路径研究"的突破口在"战略重点"。这些"点"的解决方案，具有全局性、未来性、根本性问题谋略的战略性与政策性课题特质。

首先，将事实"讲清"。事实从何而来？怎么"讲清"？要将"江苏""基础教育"领域存在的突出问题、工作短板及制约未来高质量发展的重大问题的事实讲清楚，说真话，表真情，做实事，求实效，不搞"花架子"，不做表面文章。

其次，将理论"说透"。"说透"什么？怎么"说透"？要扎根于改革实践中生成的新问题、新概念、新观点、新范式、新体系，努力从"实践创新"走向"理论创新"，从"实践突破"迈向"理论突破"。

最后，将建议"提准"。系统思维，创新表达。唯有系统，才具有可操作性；唯有创新，才具有战略价值。人民群众蕴藏着智慧的"系统思维"和"创新表达"，面向基层一线，直面"中国式现代化"背景下江苏基础教育的真问题、大问题，在祖国的大地上认真进行研究，让结论具有充分性、合理性、科学性。

三、"六环探进"的成果凝练

第一，基于基础教育高质量发展的文献、政策分析，明晰基础教育高质量发展的关键性、基础性要素：高质量发展意味着教育要在"质"与"量"两个维度上达到优质状态。从发展的本质要求来看，要贯彻党的教育方针，落实立德树人根本任务；从发展的理念导向来看，要推动育人质量的稳步提升、教育公平水平的不断提高、教育更有效

率和更可持续发展。高质量发展是基础教育各级各类教育的共同发展，包括学前教育的普惠规范发展、义务教育的优质均衡发展和城乡一体化、高中教育的特色多样发展。其首要要求是促进学生全面发展。实现高质量发展，必须针对育人过程中的短板、弱项集中发力，促进学生在德、智、体、美、劳等方面和谐发展；必须建立以发展素质教育为导向的科学评价体系，深化课程育人、文化育人、活动育人、实践育人、管理育人、协同育人；必须建设良好的社会和教育生态，激发教育系统内部活力，打通教育系统外部助力。

第二，基于基础教育高质量发展现状的调查与访谈，提炼出江苏基础教育高质量发展质量的多维挑战和政策建议：课题组经过多次研究讨论，编写调查问卷；有针对性地在每一个项目中选择了部分重要指标，设计了相应的问卷结构；在调查的同时辅以关于典型选项的讨论与访谈、突出现象的局部深度调研。为实现不同的教育群体之间视角的融合，全面调查区域内基础教育发展质量的现实状况，课题组对话基层教师、学校管理者、教育行政管理人员等，就区域基础教育突出现象召开座谈会，找症结、议对策，综合研判并发现基础教育高质量发展的多维挑战，最终提炼出"研究概要"，从6个维度生成学前教育、小学教育、初中教育、普高教育"高质量发展的问题导向、症结探析与政策建议"4张表（表4-29、表4-31、表4-35、表4-48）。

第三，基于基础教育高质量发展的典型案例分析，推介可借鉴的基础教育高质量发展的区域经验：两年来，课题研究与南通市教科研协作共同体、"江海诗教"教科研共同体活动深度融合，走进学校，走近教师，注重话语体系的群众首创，系列论文在《教育视界·智慧管理》集中推出，多篇研究成果在《人民教育》《中小学管理》《教育理论与实践》等核心期刊上发表。我们实施了"老少乡小"科研关爱工程，给50岁以上的老教师（老）、30岁以下的新教师（少）提供专业发展平台，给乡镇中小学（乡）、小规模学校（小）提供教科研活动平台。我们实施了"两课融合"评课议课机制，加强教科研活动的质量建设，进一步提高教科研活动的政治站位，深化对新课程、新课标的教育理解，推动课程建设与课堂教学改革。我们编印了13本《教育参考》，推介"基础教育高质量发展"的南通行思，并及时寄送至南通市教育局和各县（市、区）教师发展（研修）中心教科室主要负责人。相关研究成果已融进南通市"双减"相关文件及《南通市"十四五"教育发展规划（2022）》，海安市政府《关于印发创建"全国（省）义务教育优质均衡发展县（市、区）"实施方案的通知》，《如东县教育现代化2035》，如东县委办公室、县政府办公室《关于深化教育体制机制改革的实施意见》，如皋市教育局普通高中、义务教育学校《教学质量综合考评方案》。

（南通市教育科学研究院　周荣斌）

目 录

第一章 文献综述：基础教育高质量发展的关键性、基础性要素聚类梳理　　1

第一节　课程改革的现状、发展与国际启示　/3

第二节　教育改革的现状、发展与国际启示　/6

第三节　质量监测的现状、发展与国际启示　/10

第四节　均衡发展的现状、发展与国际启示　/12

第五节　教育信息化的现状、发展与国际启示　/17

第六节　教师教育的现状、发展与国际启示　/20

第二章 一线访谈：基于需求和问题的战略思想与基层实践双向建构　　25

第一节　学前教育的痛点、堵点、难点与对策建议　/25

第二节　小学教育的痛点、堵点、难点与对策建议　/34

第三节　初中教育的痛点、堵点、难点与对策建议　/40

第四节　普高教育的痛点、堵点、难点与对策建议　/48

第三章 问卷设计：指向基础教育高质量发展战略重点的实证研究　　62

第一节　"江苏基础教育高质量发展"调查问卷（学前教育）　/62

第二节　"江苏基础教育高质量发展"调查问卷（小学教育）　/72

第三节　"江苏基础教育高质量发展"调查问卷（初中教育）　/94

第四节　"江苏基础教育高质量发展"调查问卷（普高教育）　/113

第四章　研究报告：基于数据的江苏基础教育高质量发展战略性与政策性探析　　123

　　第一节　学前教育高质量发展的战略重点与策略路径　/123

　　第二节　小学教育高质量发展的战略重点与策略路径　/152

　　第三节　初中教育高质量发展的战略重点与策略路径　/179

　　第四节　普高教育高质量发展的战略重点与策略路径　/201

第五章　案例检视：基础教育高质量发展的南通实践　　227

　　第一节　"深化教育改革"政策设计与导向　/227

　　　　篇一：推动区域学前教育健康、优质、均衡发展　/227

　　　　篇二：如东县关于深化教育体制机制改革的实施意见　/231

　　　　篇三：启东市关于进一步提高义务教育阶段教育教学质量的意见　/237

　　　　篇四：启东市关于全市义务教育阶段学校实施"6个1"亮色工程的指导意见　/239

　　第二节　"教学质量提升"政策设计与导向　/242

　　　　篇一：南通：在"双减"中推进教育高质量发展　/242

　　　　篇二：启东市中小学提升教学质量八项要求（修订实施稿）　/246

　　　　篇三：启东市中小学作业设计与实施指导意见　/250

　　第三节　"课后服务管理"政策设计与导向　/253

　　　　篇一：南通市关于义务教育阶段学生作业减负的区域质量评估实施方案（试行）　/253

　　　　篇二：启东市中小学课后服务2.0工程实施意见　/256

　　第四节　"教师队伍建设"政策设计与导向　/258

　　　　篇一：海门区关于进一步加强新时代高质量教师队伍建设的意见　/258

　　　　篇二：海门区新时代教师队伍高质量发展"彩虹行动"计划（修订）　/262

　　第五节　"乡村振兴行动"政策设计与导向　/273

　　　　篇一：海门市乡村教育振兴三年行动计划（2020—2022年）　/273

　　　　篇二：乡村小规模小学高质量发展的教育理性和实践向度　/278

第六节 "集团化办学推进"政策设计与导向 /280
　篇一：海门区关于进一步深化义务教育集团化办学改革的实施意见 /280
　篇二：崇川区小学教育集团组织架构 /285
　篇三：崇川区小学教育集团办学任务清单 /286
　篇四：崇川区小学集团化办学德育管理办法 /288
　篇五：崇川区小学集团化办学教学管理办法 /289

第七节 "质量评估与监测"政策设计与导向 /290
　篇一：2022—2023学年度海门区小学教育质量综合评价方案 /290
　篇二：如东县义务教育学校办学水平综合评估过程管理考评细则（修订）/299
　篇三：如东县义务教育学校（小学）办学水平综合评估绩效考评细则 /306
　篇四：如东县义务教育学校办学水平综合评估加减分项评分细则及得分表 /308
　篇五：2022—2023学年度海门区小学教育管理集团建设评价方案 /309

第八节 "县域高中高质量发展"政策设计与导向 /310
　篇一：系统推进，护航域内每所县中优质特色发展 /310
　篇二：县域高中主备课：促进教师PCKg建构的实践 /314
　篇三：高品质示范高中"三三三"课程范式构建 /318
　篇四："生产性学习"课堂建设的内涵特征和现实路径
　　　　——江苏省白蒲高级中学的课程改革思考与实践 /321
　篇五：高中阶段普职融通现实困境、归因及策略 /323

第一章 文献综述：

基础教育高质量发展的关键性、基础性要素聚类梳理

基础教育的"基础"在各个阶段都有自己特定的内容和目标，但贯穿其中的是为以后的生活和生存打下基础，为提高国民素质、为国家发展做贡献。石中英认为，基础教育的"基础性"既是一种事实陈述，也是一种价值选择；既是一种结构性特征，也具有质的内涵；既是针对青少年学生的个体发展而言的，也是针对整个社会乃至国家的发展而言的；既是有待实现的价值目标，又需要具备必要而充分的条件保障。1977年，联合国教科文组织在内罗毕召开了高级教育计划官员讨论会，会议最终得出"基础教育是向每个人提供并为一切人所共有的最低限度的知识、观点、社会准则和经验"[1] 的教育的结论。"它的目的是使每一个人能够发挥自己的潜力、创造性和批判精神，以实现自己的抱负和获得幸福，并成为一个有益的公民和生产者，对所属的社会发展贡献力量。"[2] 国际21世纪教育委员会认为："良好的初始教育是开始终身学习的关键。这种教育应该覆盖儿童认知和情感两方面的发展，应该保证所有青少年掌握坚实的基础知识和技能，同时使他们养成学习新知识的态度和能力——学会学习。"[3] 这里所说的"初始教育"，就是基础教育。

为了厘清基础教育高质量发展的基本要义和内在要求，切实推进"江苏基础教育高质量发展的战略重点、实施策略与路径研究"，我们搜集、整理了一系列有关国内外基础教育高质量发展研究的文献。

我们利用中国知网，搜集到相关文献235篇。检索的基本原则是充分利用已有研究成果，尽可能全面地搜集到最有价值的文献。检索条件分别是：①"综述"，主题、篇关摘、关键词、摘要包括"基础教育"，篇名含"综述"的文献有52篇。[4] ②"述评"，主题、篇关摘、关键词、摘要包括"基础教育"，篇名含"述评"的文献有49篇。[5] ③"关

---

[1] 肖建彬. 中国教育问题分析：基于政策与实践的思考 [M]. 广州：广东人民出版社，2015：168.
[2] 肖建彬. 中国教育问题分析：基于政策与实践的思考 [M]. 广州：广东人民出版社，2015：168.
[3] 胡卫，唐晓杰，等. 中国教育现代化进程研究 [M]. 北京：教育科学出版社，2010：36.
[4] 专业检索字段：SU = '基础教育' and TKA = '基础教育' and KY = '基础教育' and AB = '基础教育' and TI = '综述'. 剔除雷同文献1篇：钱志亮. 关注基础教育实践：中国教育学会中青年教育理论工作者专业委员会第11届年会综述 [J]. 教育理论与实践，2001（12）：41-43.
[5] 专业检索字段：SU = '基础教育' and TKA = '基础教育' and KY = '基础教育' and AB = '基础教育' and TI = '述评'.

键词",关键词同时含"基础教育""质量""发展"的文献有22篇。[1] ④"重要文献",主题、篇关摘、关键词、摘要包括"基础教育",截至2020年12月27日,被引80次以上的文献有47篇。[2] ⑤"最新文献",自2018年1月1日至2020年12月27日,主题包括"基础教育"的重要作者[3]的文献有65篇。[4] 各类文献比例如图1-1所示。

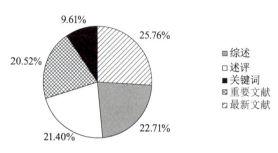

图1-1 各类文献检索情况饼状图

上述文献共涉及909个关键词[5],非常分散,难以分析。我们将相关性较强的关键词合并、聚类[6]后发现,与"基础教育高质量发展"相关的关键词依次是"课程改革""启示""教育改革""质量监测""均衡发展""教育信息化""教师教育""英语教学",如表1-1所示。

---

[1] 专业检索字段:KY=xls('基础教育') and KY=xls('质量') and KY=xls('发展')。剔除非"基础教育"文献3篇:① 李慧莉,蔡水清. 加强幼儿教育管理的必要性和紧迫性研究[J]. 宜春学院学报,2003(1):97-100. ② 袁继贤,李治国,任发星. 不断提高质量是军事飞行基础教育的生命线[J]. 吉林省教育学院学报(上旬),2012(6):13-14. ③ 赵利. 高师院校体育教师教育适切性偏失与应对[J]. 绵阳师范学院学报,2015(5):116-120.

[2] 专业检索字段:SU='基础教育' and TKA='基础教育' and KY='基础教育' and AB='基础教育'。剔除已列入"综述"文献2篇:① 杨军. 英国促进基础教育均衡发展政策综述[J]. 外国教育研究,2005(12):6-10. ② 贾晓静. 我国基础教育均衡发展研究综述[J]. 教育导刊,2007(2):19-21,49.

[3] 据主题为"基础教育"的57 649条中文期刊文献记录。

[4] 专业检索字段:SU='基础教育' and(AU %'杨小微'+'柳斌'+'洪明'+'杨启亮'+'马云鹏'+'钟启泉'+'王嘉毅'+'朱成科'+'李政涛'+'王鉴'+'宋乃庆'+'叶澜'+'陈小娅'+'王根顺'+'王定华'+'赵中建'+'冯文全'+'李艺'+'和学新'+'李家成'+'潘涌'+'崔允漷'+'何克抗'+'苗小军'+'尹后庆'+'边团结'+'吴亮奎'+'靳玉乐'+'顾渊彦'+'王后雄'+'罗洁'+'解月光'+'季浏'+'李水山'+'董玉琦'+'辛涛'+'沈有禄'+'和学新'+'胡小勇'+'邬志辉')。剔除非重要作者、广告、回忆录、已列入"述评"、贺信、非基础教育文献各1篇:① 李沁,罗洁斯. 生育新政下武汉基础教育设施规划策略[J]. 规划师,2019(23):5-12. ② 叶澜. 叶澜教育思想文选[J]. 中国图书评论,2020(1):130. ③ 顾明远,刘小伟,罗洁,等. 缅怀陶西平先生:他把一切都献给了教育事业[J]. 中小学管理,2020(6):24. ④ 李健,于泽元,谢婳婳,等. 基础教育质量监测本土化与现代化:第四届中国基础教育质量监测与评价学术年会述评[J]. 中国考试,2019(5):73-77. ⑤ 宋乃庆. 乘风破浪,继往开来:祝贺《中国教育学刊》创刊40周年[J]. 中国教育学刊,2020(12):4. ⑥ 黎蕊,刘峡,孙显松,等. 放射治疗门诊癌患者的需求分析及其影响因素[J]. 基础医学与临床,2020(11):1523-1528.

[5] 原文献未署明关键词的,尽量采用了"读秀"的关键词检索结果。

[6] 例如:将"美国""英国""日本"聚类为"启示";将"教育质量""教育评价""教育质量监测""指标体系"聚类为"质量监测"。

表 1-1 关键词聚类汇总表

1		2		3		4		5		合计频次
聚类关键词	频次	关键词	频次	关键词	频次	关键词	频次	关键词	频次	
课程改革	26	课程	4	课程标准	3	—	—	—	—	33
启示	5	美国	17	英国	5	日本	3	—	—	30
教育改革	7	素质教育	5	立德树人	4	改革开放	4	教学改革	4	24
质量监测	5	教育质量	4	教育评价	3	教育质量监测	3	指标体系	3	18
均衡发展	10	教育公平	8	—	—	—	—	—	—	18
教育信息化	4	信息化	4	信息技术	4	—	—	—	—	12
教师教育	5	教师队伍建设	3	—	—	—	—	—	—	8
英语教学	4	英语教育	3	—	—	—	—	—	—	7

经分析发现，已经聚类的关键词，"启示"与其他各关键词都有交叉，而"英语教学"过于微观。为此，我们将与"基础教育高质量发展"高度相关的关键词确定为6个："课程改革""教育改革""质量监测""均衡发展""教育信息化""教师教育"，如图1-2所示。

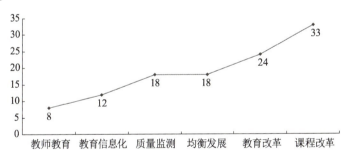

图 1-2 与"基础教育高质量发展"高度相关的聚类关键词的频次折线图

综上，我们以"课程改革""教育改革""质量监测""均衡发展""教育信息化""教师教育"6个关键词为切入点，从现状、发展、国际启示3个角度，对国内外基础教育高质量发展研究做了一些梳理。

第一节 课程改革的现状、发展与国际启示

一、课程改革的现状

中华人民共和国成立70余年来，我国基础教育课程改革成就卓著。从课程自身历史发展的脉络来看，可以分为三个时期：① 全国统一的教学规范的初创与受挫期

(1949—1977年)。② 教育教学规范的重建与课程制度的试验期（1978—2000年）。③ 育人为本课程制度的探索与基本确立期（2001年至今）。70余年基础教育课程改革的实践表明：基础教育课程改革在寻求"为谁培养人""培养什么人""怎样培养人"等重大命题的破解之策时愈发清晰和自信，"何以证明培养了人"的前景可待、未来可期。[1]

1998—2018年是我国新一轮课程改革实施的20年。课程实施作为课程研究的一个新领域，伴随着课程改革的推进而深入发展。20年来，课程实施的研究成果不断增多，关注的热点不断聚焦，研究的主题越来越丰富。对课程实施基本问题的研究，反映在对义务教育阶段和普通高中阶段课程实施的持续研究、对课程实施水平的研究及课程实施影响因素的研究不断深入。课程实施研究为国家和地方层面的教育决策提供依据，课程实施研究有助于提高课程改革的质量。

自2010年《国家中长期教育改革和发展规划纲要（2010—2020年）》颁布以来，基础教育课程改革不断深化，具体表现为：① 修订课程标准，让课程更直接服务于育人。② 调整教科书，以"核心内容"滋养学生的核心素养。③ 完善课程体系，特色课程渐成新亮点。④ 凸显学科特色，打造优质课堂教学。⑤ 教师为先，互助合作的教师培训体系逐步形成。⑥ 评价"破冰"，培育学生综合素质成为导向。

与新课程改革启动初期的工作重点不同，近年来的基础教育课程改革，正由课程改革规划、课程政策制定及课程改革推进等领域进入课程实施探索、课堂教学创新、考试评价制度变革等更为具体的领域。课程的变革不再是"运动式"的改革，而是基于人的发展、教育的客观规律开展的全方位探索。

二、课程改革的发展

新课程改革实施以来是我国课程理论发展最为繁荣的阶段之一。伴随着知识社会的挑战、素质教育的推进、新课程改革的实施及学科发展的内在需求，我国课程理论在课程理念、观点、新议题等多方面取得了较大成就。20年来，我国课程理论的发展表现出在变革中发展、在争论中繁荣、扎根本土的实践关怀及在文化自觉中塑造理论品格等特征。课程理论的发展对课程决策的科学化、课程管理的民主化等产生了积极影响，并促进了教材的多样化、学校课程的再造、教师专业发展的促进及课堂生命的激扬等变革。

我国新一轮基础教育课程改革主要有三次理论论争。第一次理论论争的焦点是新课程改革是否存在轻视知识的教育思潮。以王策三、钟启泉为代表的论争双方都认为，知识教育是教育活动的核心，但是他们在知识观上发生了分歧。王策三批评的是素质教育轻视知识的现象，而不是新课程所提倡的知识观，钟启泉也反对教学中的灌输现象。双方的争论点就在于没有真正理解对方的本意。第二次理论论争的焦点是新课程改革的理论基础。构成这次大讨论的主要原因：一是没能界定争论所涉及的主要概念。王华生认为，不能误把指导思想当成理论基础，不能误把多元论与多样化混为一谈。通过对这些主要概念的进一步界定，理论基础之争所涉及的关键问题就一目了然了。二是理论基础

---

[1] 崔允漷，雷浩. 中国基础教育课程改革的70年历程：从规范为先的教学体系到育人为本的课程制度[J]. 人民教育，2019（22）：50-52.

之争的根源在于所提及的理论是否符合当前国情，是否存在对西方理论的简单引入，而不考虑我国的具体国情，从而引发了对教育理论与教育实践脱节的反思。第三次理论论争的焦点是新课程改革应走向何方。这次论争是第一、二次理论论争的相关问题的衍生，但主要落脚点在基础教育改革的走向上。不同论者对新课程改革在走向上的观点有些不同，但都坚信改革最终会取得好的结果。只是一些论者在改革走向上坚持以激进的态度来革新，另一些论者却持保守的、渐进的态势。不管是激进的方式还是保守态度都无可厚非，因为教育改革是一项巨大的工程，它需要在激进和保守之间切换。理论指导下的实践也需要一个过程，只要改革的方向是正确的，改革就一定有必要。

三次理论论争启示我们，在探讨新课程改革的进程时，要坚持把理论基础、基本国情与教育实践相结合、相统一，这样才能全方位地分析问题，有针对性地提出切实可行的对策，以便最大限度地解决新课程改革中出现的矛盾。

三、课程改革的国际启示

2013年2月，联合国教科文组织和美国布鲁金斯学会联合发布了"学习指标专项任务"（LMTF）的1号研究报告——《向普及学习迈进——每个孩子应该学什么》，从身体健康、社会情绪、文化艺术、文字沟通、学习方法与认知、数字与数学、科学与技术7个维度，建构了基础教育阶段学生应该达成的学习目标体系。这一学习指标体系对我国基础教育未来的发展很有启发：① 非常重视基础教育阶段学生思维能力和工作方式的培养。② 非常重视学生社会性能的发展。③ 非常重视知识与实践的紧密结合。④ 非常重视信息技术能力的培养。⑤ 凸显了性教育的社会内涵。⑥ 凸显了不同年龄段发展的不同特征和学习重点。[1]

课程哲学是课程发展的理论基础，直接指导了美国的课程设计思想。20世纪中期以来的美国课程，基本可以分为"知识中心""学习者中心""社会中心""知识、个体、社会相互融合"4种课程设计取向。"知识、个体、社会相互融合"的课程设计思想，在美国课程设计中始终占据主导地位。它要求考虑学生的终极关怀，课程从理性回归生活世界，重视学科知识与个体生活实际的融合，为学生的终身发展创造情境。课程内容应涵盖多元化的知识体系，使其融入学生的生活体验，激发学生的创造力。课程既是过程也是结果。[2]

亮工学校，是21世纪美国推行的以创新能力和实践能力为核心培养目标的创新型学校。与以往进步主义学校的"做中学"相比，亮工学校更强调学生活动的创新性，鼓励学生动手制作。它迎合了科学、技术、工程和数学（STEM）教育背景下对应用型科技人才培养的现实需要，在激发人的创新和动手制作能力方面取得了显著成效，被评为当今世界在培养儿童创新能力方面最富有影响的学校之一。[3]

---

［1］滕珺，朱晓玲. 学生应该学什么？：联合国教科文组织最新基础教育学习指标体系述评［J］. 比较教育研究，2013（7）：103-109.

［2］李吉. 20世纪中期以来美国基础教育课程设计思想述评［J］. 世界教育信息，2009（9）：68-71.

［3］洪明，袁笛. "创制取向"的基础教育改革与创新：以美国亮工学校为例［J］. 教育评论，2020（4）：57-64.

英国自 1988 年开始实行统一的"国家课程",共经历了 3 次大的课程改革,可以分为 4 个时期:① 严格、详细的国家课程时期(1988—1992 年)。1987 年,英国制定了义务教育阶段的全国性课程标准,将课程分为国家课程和宗教课程两类,开始了国家控制课程的时代。② 快乐、灵活的国家课程时期(1993—1999 年)。1994 年,英国修订了国家课程,主要内容为:细化要求,强调基础知识的掌握;裁减国家课程,降低课程难度;改革考试评价方式,减轻学生负担;取消全国课程委员会、学校考试和评定委员会,建立了新课程管理机构——学校课程及评估管理局(SCAA)。③ 立足终身学习的国家课程时期(2000—2013 年)。1999 年,英国再次修订了全国统一课程,主要内容包括:精简文本,突出重点,明晰教学目标和学习目标;课程与国际接轨,适应知识经济时代发展的需要;增强学生的学习能力,掌握知识点和各种技能,重视综合素质。④ 多方参与的国家课程(2014 年至今)。2014 年,英国阐述了国家课程的设置框架和培养目标,主要内容包括:在保证国家权力的基础上增加学校自主权,鼓励学校开发校本课程;增加教师自主权,将学科的学习方案分为必修和非必修两部分,教师根据实际情况对非必修内容进行调整;强化基础知识,解决课程超载问题,删减非基础性知识;等等。

英国国家课程沿着"培养什么样的人""如何培养""培养内容""如何评价"的逻辑不断完善,并显示出 4 个重要变化。① 提升核心素养。立足教育现状和未来人才的需要,透过"核心素养",要将学生培养成为自信个体和有责任的公民,使其既是成功的学习者,也是幸福的生活者,达到个人成就和幸福生活的平衡。② 完善课程结构。整体课程结构既保留了传统优点,又进行了与时俱进的创新改革。在课程结构变化过程中,有一个显著特征是重视公民教育和国家的认同,越来越强化学生价值观的培育。③ 凸显跨学科学习。包括个人、社会、健康和经济的 PSHE 教育(personal、social、health and economic education)是法定必修课,给予了学生真实情景,以学生生活中碰到的问题为切入点,整合了个人教育与社会教育,体现了学生从个人发展到社会发展、从单向发展到全面发展的历程。④ 改进评价制度。从重视效率、筛选功能到重视兼顾不同条件下的学生,公平和效率并重;从重视学生眼前学习结果的实效性到重视学生长远发展和未来生活。评价制度的改革保持了与课程理念、课程目标等方面的一致性,体现了考试的育人导向。[1]

第二节 教育改革的现状、发展与国际启示

一、教育改革的现状

杨小微、张秋霞认为,中华人民共和国成立 70 余年来,基础教育的改革与发展经历了从新民主主义教育到社会主义教育、从效率优先的重点发展到公平导向的均衡发

---

[1] 翟晓磊,张艺馨. 英国国家课程改革的历史发展与逻辑演进[J]. 教学与管理,2022(19):80-84.

展、从外延式均衡发展转向内涵式优质均衡发展的重大转变。[1] 柳海民、王澍认为，1986 年《中华人民共和国义务教育法》（以下简称《义务教育法》）颁布后，中国基础教育经历了三个阶段：① 普及发展阶段，以普及为主，解决"有学上"问题。② 均衡发展阶段，以公平为主，解决缩小教育差距问题。③ 合理发展阶段，以提高质量为主，解决"上好学"的问题。[2]

柳斌指出，改革开放 40 多年来，我国基础教育风雨兼程，取得了巨大成效，主要体现在以下几个方面：① 实施九年义务教育：制定《义务教育法》，使义务教育走上了有法可依的道路；采取多种有效措施，提高适龄儿童的入学率；改造危房、兴建校舍、集资办学；发展特殊教育；全面实现"两基"目标。② 建设一支高素质的教师队伍：制定《中华人民共和国教师法》（以下简称《教师法》），以立法手段加强教师队伍建设；着力解决教师队伍数量不足、质量不高、不稳定，以及民办教师等问题。③ 解决义务教育经费不足问题：从由政府教育投入严重不足、多渠道筹措教育经费，到争取教育经费占国内生产总值 4% 的持久"战斗"，走向义务教育，经历了曲折的过程。④ 实施素质教育：素质教育的产生是时代发展的需要，是中国教育自身改革的需要，也是中国社会和谐向善、移风易俗的需要；针对现在出现的"素质教育是伪科学"的论调，有必要为素质教育正名；新时代基础教育的任务是把素质教育进行到底。[3]

中华人民共和国成立以来基础教育的发展实践，逐渐形成了基础教育改革与发展的中国模式，即"中央集权"、三级管理、协同攻关和因地制宜。"中央集权"，是指中央政府掌握基础教育改革与发展的最高权力，统领整个基础教育的发展，统筹兼顾、制订基础教育战略发展规划，为整个基础教育改革与发展描绘蓝图、指明方向，并集中全国非常有限的人力、财力、物力，形成合力，确保各项政策、计划和安排平稳、有序推进。三级管理，是指基础教育实行国家、省级和区（县）三级政府共同管理，各级政府间分工明确，各有侧重。协同攻关，是指基础教育的改革与发展是一项长期而又艰巨、复杂的任务，其主要责任在于政府，但又是全社会共同的事业，需要充分发挥政府、学校、社会及广大人民群众的积极性和主动性，协同合作、攻坚克难，从而实现基础教育发展为了人民、发展依靠人民、发展成果由人民共享的良性格局。因地制宜，是指基础教育改革与发展必须坚持实事求是的原则，立足于区域发展实际，量力而行，确定本地区发展任务及推进路径。[4]

二、教育改革的发展

21 世纪以来，我国学者从批判和反思的角度重新审视农村基础教育价值取向问题，批判了现存的"离农"和"为农"两种价值取向的弊端。"离农"，意味着对乡土的逃

---

[1] 杨小微，张秋霞. 新时代我国基础教育改革的难点与对策 [J]. 新疆师范大学学报（哲学社会科学版），2020（3）：79-90，2.

[2] 柳海民，王澍. 合理发展：提升中国基础教育质量的新思路 [J]. 东北师大学报（哲学社会科学版），2014（6）：188-192.

[3] 柳斌. 基础教育 40 年 [J]. 中国教育学刊，2018（12）：1-5.

[4] 罗士琰，张辉蓉，宋乃庆. 基础教育改革与发展的中国模式探析 [J]. 江西师范大学学报（哲学社会科学版），2020（1）：123-129.

离;"为农",只能是"浪漫主义的乌托邦"。农村基础教育的价值取向应当面向农业、农村和农民的要求,坚定地为"三农"的发展服务。在这个意义上,要理直气壮地把农村基础教育看作姓"农",农村基础教育应当不仅是"升学的教育""离农的教育""务农的教育",更是"为农的教育""强农的教育",这应是农村基础教育的社会责任所在。当前农村基础教育发展滞后,不是因为它面向了"三农"的要求,而恰恰是因为它忽视了"三农"发展的要求。[1]

21世纪以来,为顺应城镇化建设的需要,政府通过学校布局调整将农村乡镇学校大幅度合并,既对城乡中小学校点布局进行了全面调整,其间大量义务教育阶段的学生也随父母由农村迁移到城市,城乡人口的年龄结构和空间分布发生了变化,又对教育资源的配置和使用带来了一定的影响。随着城镇化进程的不断加快,基础教育资源布局的优化等问题的解决直接影响了新一轮城镇化的推进。城镇化建设对基础教育发展的积极影响在于:一是提高了农村学校的规模效益;二是促进了农村学校教育质量的提高;三是促进了教育资源的合理配置。城镇化建设也对基础教育的发展带来了一系列挑战:①部分学生上学路程远,且寄宿制学校数量少、条件差。②家长的经济负担有一定的增加。③教师负担过重。④城镇教育资源分布与实际需求出现偏差。⑤农村教育资源浪费。⑥流动人口随迁子女失学、辍学问题严重,安全和教育质量得不到保证,心理问题普遍存在。[2]

未来中国基础教育质量的提升必须走合理发展之路,满足社会发展与人的发展的双重需要。基础教育合理发展,就是符合人的发展之理,具体表现为拒斥蒙昧主义,遵循规律合理性原则;批判现实功利主义,遵循发展合理性原则;抵制浪漫主义,遵循实践合理性原则。蒙昧主义反对科学、反对理性,在教育改革中表现为拒斥教育规律。功利主义就是追求短期效应,忽视可持续发展原则,无视长远利益。浪漫主义的主张,表现为不合理的教育需求,把过高的理想样态或者异域的教育理想作为发展的样本和标杆引入中国基础教育改革中。合理发展的基本任务是培养目标要满足社会发展与人的发展的双重需要,人的发展之理意味着学习的意义在于完善自己、发展自己,基础教育实践样态要综合社会发展与人的发展之理,以"学"为重心。

杨小微、张秋霞强调,进入新时代,深化基础教育改革与发展,要针对教育公平诉求与基础教育发展不平衡的矛盾,以共建、共享解决发展的不平衡问题;要针对优质教育诉求与基础教育发展不充分的矛盾,以开放创新、特色发展解决发展的不充分问题;要针对素质教育诉求与应试压力负担屡禁不止的矛盾,以课程、教学、评价的一体化深度研究与实践发展素质教育;要针对学校自主创新、特色发展诉求与政校关系不顺的矛盾,以治理现代化理念理顺政校关系并推动学校内部治理;要针对基础教育现代化的远大目标与地方和学校改革发展动力不足的矛盾,以简政放权、鼓励创新,激发地方和学

---

[1] 孙扬,朱成科. 新世纪以来我国农村基础教育价值取向研究综述[J]. 教育学术月刊,2011(12):34-36.

[2] 马萍. 城镇化建设对基础教育发展的相关影响研究综述[J]. 兵团教育学院学报,2014(2):68-72.

校改革与发展的内动力。[1]

三、教育改革的国际启示

自 20 世纪 80 年代以来，美国在联邦教育方针的指导下，各个州纷纷以提高教育质量为目标，对基础教育采取了一系列具体的改革措施：一是确定核心课程，制定全国和州的课程标准；二是提高教学标准和加强学校评估与管理；三是组建磁石学校、特许学校、家庭学校等新型学校，推动择校运动；四是实行"学券制"，扩大家长和学生的教育选择权力；五是加强联邦政府对教育改革的干预；六是大力推行终身教育和全民教育。美国基础教育改革的特点是：① 权力下放。采取种种相应的措施，树立教师的权威，扩大家长选择学校的权力，将更多的权力下放给学生，等等。② 落实责任。美国制定更加严格的标准，落实学校及教师的教学责任，制定统一的课程标准，明确学生的学业要求。③ 提高学生的学业成绩。美国教育改革开始落实学业标准，制定更加严格的学业测试，以提高学生的学习成绩。[2]

在自由主义与保守主义两大社会意识形态的相互影响与变迁下，美国基础教育政策在"自由""平等"两个价值追求中呈钟摆式前进，并最终形成了以"公平"为价值目标、以"效率"为价值手段的"全面优质教育"理念。古典自由主义追求的是社会契约中的教育机会均等；新自由主义追求的是社会正义中的教育公平补偿；新保守主义追求的是自由市场中的教育质量提升；"第三条道路"追求的是自由与保守融合中的教育全面优化；"美国信念"追求的是实用主义哲学中的教育趋势。[3]

赵志勇等梳理了德国基础教育的五大理念：公平性、个性化、主体性、协同性、发展性。德国基础教育的核心价值观是：在保障教育公平的前提下，以个性化为依托，协同促进学习主体的全面发展。这一核心价值观在德国哲学、教育学乃至制度和法律层面都具有深厚的根源。

考虑到我国教育改革所面对的现实国情，借鉴德国基础教育的先进经验，有如下几点特别值得关注：① 改革评价机制。只有评价主体近身化、评价方式多元化、评价过程动态化、评价标准立体化，才能使人们不断接受、适应、践行新的教育理念，从而使学生实现个性化发展，使学校实现特色化发展，进而实现人的全面发展的教育目标。② 打破学校壁垒。要解除僵化的学校教育对学生的限定和束缚，解决我国基础教育脱离学生经验和社会实际，难以培养学生的创新精神和实践能力的问题。③ 促进教师发展。教育理念的落实、教育活动的开展、课程改革的实施，归根结底还是要靠教师。教师的素质决定了教育的质量，教师的能力决定了教育改革的成败。④ 健全法律制度。只有在法律法规和制度层面明确了教育改革的目的、目标，明确了教育改革的举措、手段，明确了参与主体的责权关系，才能使教育（改革）活动的开展有法可依，有据可循。[4]

---

[1] 杨小微，张秋霞. 新时代我国基础教育改革的难点与对策 [J]. 新疆师范大学学报（哲学社会科学版），2020（3）：79-90，2.

[2] 吴姗. 当代美国基础教育改革述评 [J]. 成都教育学院学报，2006（8）：14-16.

[3] 王瑜，陈静. 社会意识形态变迁下美国基础教育价值观述评 [J]. 外国教育研究，2013（10）：14-20.

[4] 赵志勇，高凤兰. 德国基础教育核心价值观及其我国教育改革的启示：基于对德国"最佳学校"的述评 [J]. 外国中小学教育，2018（1）：14-21.

第三节 质量监测的现状、发展与国际启示

一、质量监测的现状

2007年9月,教育部依托北京师范大学,成立了基础教育质量监测中心,负责我国的基础教育质量监测工作。现阶段基础教育质量监测中心对学生的思想品德和公民素养、身体和心理健康水平、学业水平和学习素养、艺术素养、实践精神、创新能力6个方面进行了监测。监测工作的主要程序包括监测标准研制、监测工具研发、抽样、监测实施、评卷与数据分析、撰写发布报告。

我国基础教育质量监测的主要特点是:① 管办分离的方式。② 基于标准的评价。③ 重视对学生学习能力的考查。④ 监测内容涵盖学生的全面发展。⑤ 量化评价与质性分析相结合。⑥ 大规模抽样调查。⑦ 以大规模纸笔测试为主、小样本现场测试为辅的形式进行。⑧ 国家统一管理与实施,各省配合。⑨ 监测结果坚持"四不"原则,即不排名排序、不评优评级、不公布公开、不操练应对。⑩ 保密性强。

基础教育质量监测的意义在于:① 为国家评估基础教育质量、进行教育决策提供信息、依据和建议。② 为促进教育公平、制定教育政策提供科学依据。③ 可以揭示影响学生发展的相关因素,为探寻促进教育发展的途径提供参考,为精细化的内涵管理提供依据。④ 为教育督导提供依据,为教育决策提供参考。基础教育质量监测作为一项新举措,已经初步显示了它对国家教育管理和改革发挥的重要作用,成为改善与提高基础教育质量的重要途径之一。[1]

教育评价关乎教育发展的方向。2020年6月,中央全面深化改革委员会第十四次会议审议并通过了《深化新时代教育评价改革总体方案》,提出改进结果评价、强化过程评价、探索增值评价、健全综合评价的"四个评价",其核心价值表现为有利于破解"唯分数、唯升学、唯文凭、唯论文、唯帽子"的"五唯"顽瘴痼疾,促进立德树人教育根本任务落实,推进基础教育质量监测。为落实"四个评价",需要做到这样几点:① 拓展评价内容,注重结果评价的客观性。② 构建评价思路,强化过程评价的可行性。③ 完善评价方式,提升增值评价的合理性。④ 建立评价监督制度,保障综合评价的公平性。[2]

二、质量监测的发展

王本陆等认为,在我国的基础教育改革中,流行这样的观点:教学评价是课程与教学改革的最大障碍,是应突破的瓶颈;教学评价应为课程与教学改革服务。对此,我们应辩证地加以分析。那种把教学评价视为课程与教学改革最大障碍的观点是缺乏依据的,在整个基础教育改革中,中心问题是发展的问题,而不是评价的问题。教学评价既要适应课程与教学改革的新形势,努力完善自我,又要保持一定的独立性,发挥好对课

---

[1] 张林静. 我国基础教育质量监测工作综述[J]. 河北广播电视大学学报,2012(5):97-99.
[2] 朱立明,宋乃庆,罗琳,等. 新时代教育评价改革的思考[J]. 中国考试,2020(9):15-19.

程与教学改革的监督、检验功能,只有这样,教学评价才能真正成为课程与教学改革的促进者,也才能使基础教育改革呈现出健康发展的局面。[1]

杨启亮认为,合格性评价是基础教育评价的应然选择。我国基础教育评价中的选拔性评价几乎替代了合格性评价,这是基础教育走向均衡发展过程的根本症结。这种取向异化了现代基础教育的性质,限制了少年儿童的个性,也使高等教育和精英教育迷失了真正意义上的公平起点。基础教育应当以培养普通劳动者为具体目标,它的评价应当由选拔性评价转向合格性评价。具有法定权威的基础教育评价应当严格规约底线、宽松释放顶线,把基础教育从普通高等学校入学考试竞争中剥离出来。基础教育选择合格性评价(底线评价),对社会人力资源、高等教育及基础教育自身都具有可持续发展的意义。[2]

辛涛、赵茜系统分析了基础教育质量监测评价体系的取向、结构与保障。从价值取向上来看,基础教育质量监测评价遵循教育性、整体性和去筛选性原则,"为了改进"是其价值定位;以清晰描述教育质量状况、探讨教育质量影响因素为工作任务;其评价主体和方式呈现国家、省、市、区(县)四个层次,与工作任务纵横交融,形成基础教育质量监测评价体系。从结构上来看,基础教育质量监测评价体系应平衡行政理性和技术理性的张力,兼容行政理性,保障双方的独立性,并开展有效互动。在监测评价活动中,要集合两种力量,充分发挥二者的优势,建立二者合作的机制。其一,应平衡不同评价主体之间的张力,分化评价功能,整合改进功能,吸纳多元主体。首先,在评价功能上加强分化,将选拔性考试评价与发展性监测评价清晰剥离,强调教育质量监测评价机构的教育质量提升与改进功能。其次,在改进上加强整合,加强教育质量监测评价与改进提升之间的联系。最后,在主体上注重多元,吸纳市场性机构。其二,应平衡中央和地方的张力,开展分层治理,加强对地方的支持,明晰工作层次,注重工作的整体性。对于国家性的统一监测评价,要加强工作层次的划分;对于地方性的和特色性的监测评价,要注重整体性。从保障上来看,基础教育质量监测评价体系应加强问责和服务机制,突出对政府问责和对学校服务工作。我国教育管理体制改革的重要理念是"管、办、评分离"。在此理念的要求下,基础教育质量监测评价工作应以"第三只眼"的视角,客观审视基础教育发展中的优势和问题,并做好与"管""办"联通,既面向教育决策与管理,又直接用于改进学校办学。第一,应打破机构之间的壁垒,加强数据共享,建立政策咨询的同行评审机制;搭建机构与社会的桥梁,加强面向公众的宣传;加强行政机构与专业机构的交流,建立"旋转门"机制。第二,应加强专业保障机制,提高从业人员的专业水平,提升研究的专业性,推动专业组织建设。基础教育质量监测评价体系的发展需要在人才、研究和专业组织方面不断提高专业水平。[3]

三、质量监测的国际启示

各国政府及国际组织高度关注教育公平和教育质量,从战略高度出发,关注基础教

---

[1] 王本陆,骆寒波. 教学评价:课程与教学改革的促进者[J]. 课程·教材·教法,2006(1):20-25.
[2] 杨启亮. 合格性评价:基础教育评价的应然选择[J]. 教育研究,2006(11):11-17.
[3] 辛涛,赵茜. 基础教育质量监测评价体系的取向、结构与保障[J]. 国家教育行政学院学报,2020(9):16-23,43.

育质量，并将建立完备的基础教育质量监测体系作为提高这一质量的重要举措。国际基础教育质量监测项目，主要有经济合作与发展组织（OECD）的国际学生评价项目（PISA）和国际教育成就评价协会（IEA）的国际数学与科学研究趋势（TIMSS）、国际阅读素养进步研究（PIRLS）。[1]

"美国最佳公立高中排名"由尼奇公司（Niche.com，Inc.）组织，主要为学生及其家长提供有关美国高中质量的相关信息，在美国教育领域具有重要影响。其评估共有八项一级标准和多项二级标准，具有评估指标较为全面、学业指标和非学业指标相对平衡、客观数据来源较为可靠、主观数据能反映学校软实力等特点。借鉴"美国最佳公立高中排名"，我国的学校评价要关注学生的全面发展，以核心素养为导向，学业性评价与非学业性评价并重，并要立足客观事实，重视学校的软实力。[2]

近年来，法国为提升教育质量，以"保证所有学生成功"为出发点，不断完善基础教育质量评估体系。在明确教育质量评估主体与对象的基础上，通过建构学生核心素养、增强教师专业能力和发展学校增值评估，进一步规范评估标准，使其结构化。法国基础教育质量评估体系的运行特征是强调评估目标的整体性与明确性、关注评估主体的独立性与配合性、突出评估标准的渐进性与发展性、注重评估方式的多元化与灵活性。[3]

国际组织及世界各国基础教育质量监测方面的经验，表现出一些明显的共同特点：① 重视评估的导向作用。② 具有明确的质量观。③ 重视评估结果的使用。④ 具有公益性。⑤ 采取管办分离的模式。⑥ 均包含试卷和调查问卷等相同的工具类型。⑦ 注重长期趋势研究。⑧ 反复测评固定年龄段。⑨ 重视能力的发展。⑩ 大规模抽测且具有独立性。⑪ 具有法律化、制度化、规范化。我国应在吸取这些优秀经验的基础上，建立基于课程标准的、全国统一的基础教育质量监测标准，建立政府支持、独立运行的基础教育质量监测实施机构，完善政策与经费保障体系，提高监测队伍的专业化程度，将公平的评价理念贯穿在监测工作全过程。[4]

第四节 均衡发展的现状、发展与国际启示

一、均衡发展的现状

基础教育均衡发展是针对现实中教育供需不平衡提出的，因而它首先意味着教育资源的均衡分配，既包括社会总资源对教育的分配，又包括教育资源在各级各类教育间、各级各类学校间和各地区教育间的分配。基础教育均衡发展是一个历史范畴，是相对

---

[1] 张林静.国际基础教育质量监测述评 [J]. 石家庄学院学报，2012（4）：87-91.
[2] 邹礼程，洪明.美国基础教育第三方评价及其启示：以尼奇公司"美国最佳公立高中"排行为例 [J]. 教育测量与评价，2019（4）：31-37，50.
[3] 张梦琦，高萌."保证所有学生成功"：法国基础教育质量评估体系及其运行特征 [J]. 教育理论与实践，2020（7）：23-28.
[4] 张林静.国际基础教育质量监测述评 [J]. 石家庄学院学报，2012（4）：87-91.

的、动态的、特色纷呈的过程。由于社会发展的不均衡性与教育基础的差异性，基础教育均衡发展只能是相对的，而不是绝对的，是一个从不均衡到均衡，又从均衡到新的不均衡再到新的均衡的持续的、动态的发展过程。基础教育均衡发展是义务教育的本质要求，基础教育均衡发展是教育平等的问题，基础教育均衡发展是社会发展的平衡器和稳定器，教育能够促使处于弱势状态的人群向上层流动，从而增进社会的平等，促进社会的稳定。

我国学术界对教育均衡发展的关注始于20世纪90年代中后期，进入21世纪以来，对于基础教育均衡发展的研究逐渐成为教育理论与实践研究的热点和焦点问题，其研究的视角不断扩展、理论不断深化、实践不断丰富。

把握教育不平等的变化方式与变化条件，是推进教育公平不可或缺的研究工作。因能力分化和结构授予所导致的机会不平等具有不同的变化机制，而家庭资源因其禀赋差异对两类不平等的影响各有侧重，因此，家庭资源可区分为内生性与外依性两种类型。所谓"内生性家庭资源"是指一个家庭一经组成便具有自然固有的人口结构方式，以及内化于家庭成员之中的知性与情感体系。典型的内生性资源包括家庭结构及家庭文化资本。所谓"外依性家庭资源"是针对家庭资源与外部社会之间的依赖性而言的。刘精明基于第三、四、五次中国人口普查数据，就1976—2000年间中国基础教育领域中的机会不平等及其变化进行的实证检验表明：内生性家庭资源因其较少受外部社会条件和社会过程的干预，它们导致的教育不平等将是持久而稳定增长的；而外依性家庭资源对机会不平等的影响则既可能因教育扩展或其他大规模的平等化社会过程而下降，也可能在相反的社会条件下被强化。[1]

基于教育发展的宏观数据和微观调查数据，翟博、孙百才从区域、城乡、学校和受教育群体四个方面对我国基础教育均衡状况进行了实证分析研究。一方面，使用教育发展的宏观数据构建教育均衡指数，运用两种指标体系测度了1995—2010年我国基础教育均衡发展程度。体系一的测算结果表明，我国基础教育的教育机会均衡指数、教育资源配置均衡指数、教育质量均衡指数、教育成就均衡指数和教育均衡总指数均呈现出逐年均衡发展的趋势，尤其在基础教育机会均衡方面取得了很大的进步。体系二的测算结果表明，我国基础教育的城乡教育均衡指数、学校教育均衡指数、群体教育均衡指数和教育均衡总指数依然呈现出趋于均衡的态势，但区域教育均衡指数的变化波动较大。另一方面，通过来自河南省、山东省、陕西省和甘肃省的微观调研数据，他们也得出了相似的判断，表明我国基础教育逐步走向均衡，但城乡之间的生均经费差距较大，不同类别学校之间发展不够均衡，不同群体的入学方式存在差异。[2]

姚继军以江苏省为例，开展了发达省份基础教育优质均衡发展量化测度的研究。基础教育优质均衡发展指标体系包括五个方面内容：一是基础教育入学机会优质均衡指数，重点考查基础教育普及程度、优质学校入学机会均等程度、弱势群体入学机会保障情况；二是优质基础教育资源均衡配置指数，重点考查教育经费投入的均衡度、办学物

---

[1] 刘精明. 中国基础教育领域中的机会不平等及其变化[J]. 中国社会科学，2008（5）：101-116，206-207.

[2] 翟博，孙百才. 中国基础教育均衡发展实证研究报告[J]. 教育研究，2012（5）：22-30.

质条件保障情况、优质师资总量变化情况；三是地区间基础教育优质均衡发展指数，重点考查基础教育经费、优质师资、办学质量在地区间的差异；四是城乡间基础教育优质均衡发展指数，重点考查教育经费、办学条件、优质师资、办学质量的城乡差异；五是学校间优质均衡发展指数，重点考查重点校与一般学校之间在教育经费、优质师资、办学质量等方面的差异。指标体系既包括总量性、达标性的指标，又包括差异性的指标。

江苏省基础教育优质均衡发展的整体水平在2002—2011年的10年间，已取得了较大提高，基础教育优质均衡发展指数由2002年的67.19提高到2011年的82.55。优质均衡的基础教育公共服务体系是当前乃至今后基础教育改革发展的重点。一是学前教育普及普惠安全优质发展。"十四五"期间，我国学前教育毛入园率有望达到100%，入园难的问题将得到有效解决。安全优质的学前教育将是基础教育关注的重要议题，全面提高幼儿园保教质量成为学前教育改革发展的重要任务，进一步明确优质均衡的基本公共教育服务和普惠性非基本公共教育服务的重点任务，健全政策保障体系，是2022年学前教育需要重点关注的议题。二是义务教育优质均衡和城乡一体化发展。"十四五"期间，我国义务教育巩固率将不低于96%，如何实现义务教育的优质均衡，推进学校标准化建设，推进义务教育集团化办学，优化义务教育公办民办结构亟待破解，在乡村振兴的背景下，实现城乡一体化发展将成为重要议题。三是高中阶段多样特色发展。"十四五"期间，我国高中各阶段毛入学率将达到94.60%，并且随着高中育人方式的改革，综合高中、科技高中、人文高中等特色学校将成为高中办学的新模式。此外，县域普通高中办学质量提升、选课走班运行机制、生涯规划指导等都是高中教育改革发展的重要议题。要立足县域普通高中在乡村振兴和教育发展中的重要地位和作用，聚焦县域普通高中存在的生源之困、师资之困、条件之困、办学水平之困，严格规范招生管理，加强县中教师队伍建设，完善投入保障机制，实施县中标准化建设工程和薄弱县中托管工程，全面化解普通高中大班额问题。[1]

作为发达省份的江苏省，在实现了基础教育发展的基本均衡后，于优质均衡发展方面亦取得了实质性进展。但是，江苏省还须采取有力措施，进一步加大基础教育投入，改善学前与高中阶段优质师资的配置，缩小优质教育资源在地区间、城乡间和学校间的配置差距，这些才是推进江苏省基础教育优质均衡发展的关键所在。[2]

二、均衡发展的发展

当前中国基础教育中存在诸多不公平现象，而一个良善的社会应当有一个好的制度设计，确保教育公平。首先，在观念上，要将教育公平视为当今中国基础教育发展的核心价值，优先确保。其次，在社会体制上，要建立和完善促进教育公平的相关强制性制度和强硬保障机制。最后，在教育过程内部，也要力求实现教育公平。此外，各级政府及教育行政部门还应当特别关注与支持民间教育公平运动。[3]

---

[1] 李红恩，李铁安. 2021年度基础教育发展述评与未来展望[J]. 教育评论，2021（12）：10-18.

[2] 姚继军. 发达省份基础教育优质均衡发展的量化测度：以江苏省为例[J]. 教育科学，2014（2）：58-62.

[3] 吴永军. 教育公平：当今中国基础教育发展的核心价值[J]. 教育发展研究，2012（18）：1-6.

范小梅、戴晖、刘晓指出，起源于20世纪90年代的职业教育集团化办学，为我国办学模式改革提供了早期实践基础。2000年以来，在地方实践和国家政策的共同推动下，我国各地基础教育领域开始移植和改造职业教育集团化办学模式，通过将一所名校和若干所非名校（包括农村学校、薄弱学校、新建学校、民办学校）集聚为一个教育集团，借助优质教育资源的引领作用，实现区域教育优质均衡发展的目标。基础教育集团化办学借助优质教育资源引领、推动成员学校可持续发展，为区域教育优质均衡做出了积极贡献。同时，教育现代化背景下，基础教育集团化办学也正遭遇深层挑战。为提炼经验、消弭困境，援引集团行动理论，分析基础教育集团化办学的内涵实质和学理依据，并在此基础上提出基础教育集团化办学的实践逻辑。在龙头学校优质教育资源的辐射下，成员学校主要通过"引领型路径"和"再生型路径"成长，前者体现优质教育资源的强辐射，后者体现优质教育资源的弱辐射。该逻辑或许能为新时代基础教育集团化办学的更广、更深推进提供参考。[1]

杨晓莹、杨小微也认为，基础教育走向现代化需要探寻不同寻常的路径，以基础教育集团化办学为标志的共享发展就是其中之一。民众对优质教育的普遍渴求、学校变革的复杂性和高难度及共享经济等领域的大趋势，促成中小学从"各奔前程"转向"同舟共济"。经济及其他社会领域中的共享特点各异，但其共性是轻所有权、重使用权的资源分享，尤其是知识、经验的共享，其实质在于不同利益主体的价值共享。基础教育集团化办学得以形成"共享场"的关键，是集团可以集聚、转换和融合多种教育"能量"。尊重参与共享的个人和组织的共享偏好、确保共享内容的供需匹配和可接受性，并形成各方共同遵守的共享规范，这是集团效益发挥到最大化的三个原则。展望未来，基础教育集团化办学所代表的共享教育将从消费型共享走向共创共商型共享、从分治走向共治最终走向善治。[2]

三、均衡发展的国际启示

1. 公平与卓越是主要发达国家基础教育发展的基本趋势

世界各国都高度重视义务教育的均衡发展。由联合国倡导的一系列世界全民大会的召开，为世界教育平等尤其是义务教育的平等和均衡发展带来了强劲的推动力量。自20世纪80年代以来，美国历届政府都把推进教育改革、重视教育公平、提高教育质量作为一项重要工作。英国1993年《教育法案》规定了每个人和每个教育机构的权利、义务，同时政府坚定地承诺提供均等的机会。日本《教育基本法》第三条规定：教育机会均等。韩国目前已全部实现义务教育。[3]

公平与卓越是主要发达国家基础教育发展的基本趋势。尽管各国实现公平与卓越的路径选择不同，但是对于公平与卓越的基本要求趋于一致。部分国际组织对于各国教育发展起到了引导和规范作用。尽管减轻学生学业负担与改善学生学习结果的基本诉求并存，但是国家整体利益均成为各国政府的优先考虑。我国政府在制定教育公平与卓越战

---

[1] 范小梅，戴晖，刘晓. 我国基础教育集团化办学的实践逻辑[J]. 教育与教学研究，2020（1）：87-98.
[2] 杨晓莹，杨小微. 共享发展：基础教育集团化办学的路径探寻[J]. 教育发展研究，2020（2）：34-41.
[3] 曾宏科. 基础教育均衡发展历史研究综述[J]. 黑龙江史志，2014（15）：360-360，362.

略时,应该具有足够的制度自信,坚持将国家整体利益放在中心位置,着力于实现"为生活而学习"的教育理念。[1]

2. 美国的基础教育优质均衡发展改革带来的启示

在美国基础教育优质均衡发展的改革过程中,曾围绕着三个中心议题:教育机会平等与自由选择发展、教育资源公平分配与保障、教育结果的标准化评价与学校改进,分别采取了择校、学券制、特许学校、财政改革、师资标准改革、补偿教育、志愿性国家课程标准、标准化测试、问责制等改革措施。[2]

"均衡发展,经费先行",教育经费的长效投入与合理配置是基础教育均衡发展的根本保障。从20世纪70年代开始,美国基础教育财政支付的核心理念出现新的转向,开始从关注学区平等转为关注学校平等、从追求水平平等转为追求垂直平等、从满足财政公平性转为满足财政充分性,而联邦与州政府的改革手段也从过去的报告呼吁转为各类教育财政不公的法律诉讼,不断推动教育的优质均衡发展。美国基础教育财政的公平能得到有效的反映和不断发展,依赖于其多层次、系统化的保障体系,主要体现在教育财政分配中的价值理念保障、测度技术保障及法律制度保障。这为我国义务教育均衡发展提供了有益启示。公平性教育投入是我国基础教育财政政策的合理选择,充分性教育产出是我国基础教育财政政策的研究方向。[3]

KIPP(the Knowledge Is Power Program,"知识就是力量"项目)是美国最大的公立特许学校系统,诞生于20世纪90年代,服务于社会弱势群体。它以帮助经济贫困家庭孩子升入大学、完成学业进而成为职场领导者为目标,提出了树立高期待、倡导选择和承诺、增加更多的教学时间、实施强有力的领导、坚持用成绩说话五大办学支柱理念,尤为重视学生品格发展和礼貌行为的养成,建成了富有特色的从小学到高中乃至大学的学生培养和支持制度,在课程设置、教学方法、师资和管理者培训等方面形成了自己的特点。[4]

3. 日本、美国、法国的基础教育师资配置均衡化实践[5]带来的启示

近几十年来,日本、美国和法国等西方国家采取了一系列措施,来确保教师资源的均衡分布,并取得了显著的成效。日本、美国、法国在师资配置的实践模式上各有特色,我们可以将其粗略地划分为"全员流动模式"和"弱势补偿模式"。这两种基本模式从总体上来看各有特色,但都取得了令人满意的成就。对于它们的经验,我们可以从观念、政策和操作等层面加以剖析和概括。

在各国教师配置均衡的实践中,教育公平的观念始终作为一面行动旗帜,指引着整个基础教育的师资配置迈入均衡配置与发展的轨道。我们有必要借鉴各国的做法,从观念革新做起,用公平、公正、均衡、和谐等思想观念来指导我国的师资配置实践。

---

[1] 宁波,张民选.公平与卓越:主要发达国家基础教育发展趋势[J].外国中小学教育,2018(10):9-14.

[2] 王晨.美国基础教育优质均衡发展改革措施述评[J].学术界,2011(8):209-217,289.

[3] 王瑜.美国基础教育财政公平保障体系述评[J].教学与管理,2014(3):152-156.

[4] 杨莹莹,洪明.美国特许学校改革的典范:美国KIPP学校探究[J].教育评论,2020(10):8-15.

[5] 孔凡琴,邓涛.日、美、法三国基础教育师资配置均衡化的实践与经验[J].外国教育研究,2007(10):23-27.

第一章　文献综述：
基础教育高质量发展的关键性、基础性要素聚类梳理

日本、美国、法国之所以能实现师资配置均衡化的目标，与这些国家出台的一系列支持政策是分不开的。为了使弱势群体能够享受到优质的教育，美国采取了"教育补偿"方案；法国实行"优先教育区"政策；日本更是从全局出发，制定了比较完备的教师全员"定期流动制"政策。我们有必要借鉴发达国家的基础教育师资均衡配置政策的合理思想，进一步改革与完善我国的师资配置政策，革除"城乡二元教师政策"的弊端。

日本、美国、法国在推进师资配置均衡化的过程中，不仅从宏观上制定了相关政策，而且还制订了具体的实施计划和方案，使宏观的政策在具体的实践中得到了有效落实。我们在制订具体的师资均衡配置方案时，既要综合考虑本地教育发展状况的实际，又要充分考虑改革方案的可行性、改革中可能出现的问题及相关的调节措施等。

第五节　教育信息化的现状、发展与国际启示

一、教育信息化的现状

2022年9月28日，江苏省教育厅召开"砥砺十年谱新篇，奋楫扬帆建新功"系列新闻发布会之"江苏教育信息化这十年"。十年来，江苏教育数字基础支撑能力、数字教育资源供给能力、教育数字化治理能力和教育数字化应用能力显著提升，初步探索出一条信息技术与教育深度融合、网络安全与信息化"两翼齐飞"的发展之路。

江苏大力推进教育新型基础设施建设，加快学校传统基础设施智能升级，努力为广大师生提供高速、便捷、绿色、安全的信息化服务。"校园网络接入水平大幅提升，全省中小学（含教学点）出口带宽100 M以上的比例由33%增长至100%，出口带宽1 000 M以上的比例由4%增长至92%。90%的中小学建有无线网络，高出全国平均水平近30个百分点……全省中小学交互式多媒体教室配备率由33%增长至91%。98%的中小学配备学生用终端，99%的中小学配备教师用终端，每百名学生拥有终端数13.9台，每十名教师拥有终端数10.9台，优质资源班班通覆盖率达100%。十年来，全省教师网络学习空间开通率由32%上升至89%，学生网络学习空间开通率由20%上升至87%，师生网络学习空间全面普及；省级教育数字底座更加坚实。推进省教育专用网络建设，省教育网出口带宽由5 G扩容至200 G，实现了全省高校及13个设区市教育城域网的全接入。建成省级教育数据中心，部署服务器317台，存储容量7P，网络出口总带宽达13 G，承载20余个信息系统及全省学校、教师、学生三大基础数据库，为全省各级教育部门及学校提供了便捷可靠的存储和运算服务。"[1]

在数字教育资源供给方面，江苏建成智慧教育云平台，接入30余个应用系统，平台服务体系初步建成，资源供给水平持续提升，特色资源建设成效凸显；同时数字化应用规模、应用能力不断提升，省级中小学智慧校园覆盖率达86%，并不断培育数字化应

---

[1] 孙炜杰，潘一嘉. 信息化"工具箱"助力江苏教育变革创新[N]. 江苏经济报，2022-09-29（A01）.

用特色;此外,江苏持续深化教育数据整合共享,充分发挥数字化在支撑教育政务、监管和公共服务中的作用,助力教育治理体系和治理能力现代化。

二、教育信息化的发展

李政涛认为,教学的最高境界是线上教学与线下教学的融通整合。后疫情时代的基础教育将全面进入"双线混融教学"的新时代,其主要特征有三:双线教学、双线混融、双线共生。如何打破双线教学一直以来存在的彼此分离、割裂的状态,走向混融共生,是亟须解决的根本问题。[1]

信息化促进教育公平,蕴含着人类对技术如何破解优质教育供给失衡问题的实践诉求,是教育信息化2.0时代实现教育内涵式发展的重要内容。通过厘清信息化促进基础教育公平的内涵,基于相关政策及项目分析,徐欢云、胡小勇提出了信息化促进基础教育公平的三阶段图景:① 建设施、配资源的"铺路搭桥"起步阶段。②"以应用促建设"的"提质增量"加速发展阶段。③ 教育信息化2.0时代"以供给机制模式促创新"的"精准可持续"纵深发展阶段。未来的研究走向应该是:学科交叉和研究视角融合,创新信息化促进基础教育公平的理论体系;聚焦重、难点,实现信息化促进基础教育公平研究的新突破;以政策为引领,以技术为支撑,以理念与方法为核心,推动多维联动的协同发展;关注多样性,注重特色发展,丰富信息化促进基础教育公平的应用模式。[2]

在义务教育迈向优质均衡发展的新时期,县域基础教育信息化优质均衡发展,是基础教育优质均衡发展的重要载体。当前,县域基础教育信息化优质均衡发展过程中存在起点有差距、过程不完善、质量待提升等问题。万昆、饶爱京提出了集群发展视角下县域基础教育信息化优质均衡提升的路径:构建县域基础教育信息化优质均衡集群发展的体制机制、构建优质教育资源共建共享机制、构建师资共享机制、构建教育信息化设施共享机制、构建五螺旋创新集群发展策略和构建县域基础教育信息化集群发展新生态。[3]

王娟指出,我国基础资源库建设已经积累了大量资源。要积极构建或升级资源库,充分发挥资源用途,更好地为师生服务。这主要体现在以下几个方面:

第一,资源标准及应用。我国基础教育资源库基本上能够参照CELTS-42标准进行建设,但是一些亟须制定的标准尚未形成。例如,关于知识点结构和不同学科的知识点内容标准。大多数资源库的知识点标注与采用的教材版本相配套,不同教材之间难以共享资源。再考虑到知识点演变,如何保持已有资源之间的关联,也是需要研究的课题。

第二,资源类型与形式。我国基础教育资源库中的资源以细粒度的基础素材居多。细粒度资源缺乏清晰的教育属性,一般仅由元数据定义一些相关属性,教师使用起来缺

---

[1] 李政涛. 基础教育的后疫情时代,是"双线混融教学"的新时代[J]. 中国教育学刊, 2020 (5): 5.

[2] 徐欢云,胡小勇. 信息化促进基础教育公平:图景、焦点与走向[J]. 现代远距离教育, 2019 (6): 29-34.

[3] 万昆,饶爱京. 基于集群发展的县域基础教育信息化优质均衡提升路径研究[J]. 现代远距离教育, 2020 (2): 62-67.

乏清晰指导。这方面可考虑学科与学段特点进行有序归级归类，这不仅对教师起到指导作用，还有利于新进资源的引入并置于其所应归处。

第三，功能服务拓展。首先，资源库在保证检索便利之外，还需要引入更多针对教学应用的工具和服务，拓展资源与资源、资源与用户之间的关联，实现资源的深度应用和共享。其次，建立资源推荐功能也是大势所趋，可参考当前优秀的学习推荐平台，如KNEWTON等，基于个体用户不同的使用习惯与行为特点的历史数据，为其推荐适宜的资源，提升资源利用效率与增强用户体验。最后，根据学科特色建立权威资源或精品资源，一方面，指导用户合理高效使用资源，避免不明就里地随意"拿来"；另一方面，起到鼓励用户多发优质资源的作用。

第四，资源服务对象。目前各类资源库，尤其是基础资源大多为教师服务。应该转变视角，以学生为中心，以家长辅导学生为导向，分析学生及家长对资源的需求，建设针对学生使用能自学、家长利用可对学生进行教学辅导的资源，并提供配套服务。

第五，版权与共享机制。目前资源库中专门针对版权的考虑较少，需要尽早考虑数字版权管理（DRM）技术的应用问题。[1]

三、教育信息化的国际启示

20世纪80年代，随着"学校计算机素养与学习"试点项目的开展，拉开了印度基础教育信息化改革的序幕。印度政府推进基础教育信息化的举措有：① 制定相关政策。② 设立信息技术教育机构。③ 开发试点项目。④ 提供资金支持。印度在基础教育信息化发展中已经走出了一条属于自己的路，这启示我们：一是政府政策是促进基础教育信息化发展的制度保障。二是兼顾教育公平原则是推动基础教育信息化发展的有力举措之一。三是提倡社会各界广泛合作，这是基础教育信息化发展的重要桥梁。[2]

自20世纪90年代将信息通信技术引入学校以来，新西兰先后出台了多条相关政策，详细规定了新西兰基础教育各个层面推进信息化的策略，新西兰的基础教育信息化在信息基础设施状况、信息化教师专业发展状况等方面都达到了世界先进水平。新西兰课程框架并没有独立的信息通信技术课程，但各学科课程标准中都包括了对应用信息通信技术的规定，这有效地推动了信息通信技术教育的发展。我国各学科课程标准中未能系统地将信息技术列入要求之中，与新西兰形成鲜明对比。新西兰基础教育信息化的发展，给我们的启示是：应注重制定系统性的基础教育信息化发展规划；应关注弱势群体；应关注信息化教师专业发展。[3]

马璐、张洁研究了国内外人工智能在基础教育领域应用的研究现状，认为国内外的研究走势、研究中心、研究深度、新型研究点是有差别的。国外在基础教育中利用学习计算模型进行计算教育，收集教育数据，进行挖掘评估，建立教育动因系统。国内则以本土化的人工智能教育为出发点，进行未来基础教育新课程标准规划。二者的差异主要体现在以下几个方面。

---

[1] 王娟. 我国基础教育数字化资源建设现状与发展综述 [J]. 软件导刊, 2016（8）：204-207.

[2] 刘彦尊，于杨，董玉琦. 印度基础教育信息化最新进展述评 [J]. 中国电化教育, 2007（1）：32-36.

[3] 孙艳，苏玉霞. 新西兰基础教育信息化进程述评 [J]. 外国教育研究, 2008（5）：29-32.

第一,研究主题。我国研究主题分散,规划反思研究主题相对较多。国外研究主题较集中,研究方向明确,有一定的深度。国家和教育主管部门应出台专项研究规划,推动人工智能在教育领域的研究向深层次推进。

第二,研究的中心点。国内现有研究的中心点是探讨本土化的新课程标准规划,考虑学习风格、教学设计原则的重要性等。国外现有研究的中心点则是利用计算模型将重点放在学习者的学习行为上。在过去的几十年中,国内外已经在探索开发智能导师系统(ITS),但对于ITS应用效果的研究并不多见。

第三,作者相互关系。从作者关系来看,国外研究者的校间合作、校企合作比较常见,而国内的跨机构、跨领域的合作研究并不多。人工智能教育应用,需要做好技术与教育的深度融合。当前,特别需要掌握前沿核心技术的企业与高校研究机构围绕基础教育领域的实践难题开展产、学、研、用相结合的、深度的"校企合作"。[1]

第六节 教师教育的现状、发展与国际启示

一、教师教育的现状

1. 中小学教研组建设[2]

中小学教研组在基础教育发展和质量保障过程中扮演着重要角色。教研组建设可以提升教学质量,促进教师专业发展,促进新课程改革进一步深入。我国中小学教研组建设取得了一定的成果,主要集中在教研组建设的方法、教研组的作用、教研组的性质、教研组的文化等方面。中小学教研组建设已经从技术操作走向价值追求、从形式走向内涵。

教研组建设的方法涉及多方面的内容和要素:① 优化制度建设,规范教研组行为。② 精心设计方案,建立教研活动载体。③ 建立评价机制,促进教研组持续发展。④ 定位教研组长角色,发挥教研组长在教研组建设中的引领作用。⑤ 遵循教研组建设的发展性原则。

校本研修的内容非常丰富,教育教学的一切问题都可以成为校本研修的对象。校本研修的形式,随着人们对教研组性质认识等因素的变化而不断地变化,主要有集体备课、课例研究、主题研修、课题研究和网络研修。

当然,教研组建设也存在诸多不足,如教研组建设缺乏系统性、教研组内涵建设缺乏教育理解、教研组发展缺乏保障机制等。今后的教研组建设研究,应加强理论建构,关注现实条件,完善发展机制。

2. 中小学校长培训[3]

校长培训,对中小学校长队伍建设至关重要。中华人民共和国成立以来,中小学校

---

[1] 马璐,张洁. 国内外人工智能在基础教育中应用的研究综述[J]. 现代教育技术,2019(2):26-32.
[2] 徐伯钧. 我国中小学教研组建设研究述评[J]. 教育研究,2016(9):73-82.
[3] 宋乃庆,肖林,郑智勇. 新中国成立以来我国中小学校长培训发展:回眸与展望[J]. 中国电化教育,2020(1):33-39.

长培训工作由小到大，由重数量、规模到质量与规模并重，在曲折中不断探索前进，正在建成从"零星分散"到"层级多元"的新时代中小学校长培训体系；实现了中小学校长培训的"普及化"，正在步入"高水平""高质量"的发展阶段；发挥"以优带劣"的引领作用，实现农村中小学校长的稳步发展，逐步形成了富有中国特色的模式和经验。

立足于新时代发展的节点，面临新形势、新挑战，中小学校长培训的体制机制尚不完善，依旧存在组织管理过于集中、培训者准入认证及培训较为欠缺、培训内容问题意识较弱、培训模式缺乏针对性、培训质量评估不完善等问题。

展望新时代，要造就一支政治过硬、品德高尚、业务精湛、治校有方的校长队伍，我们需要创新管理：深化培训管理体制改革，开放中小学校长培训市场。首先，继续探索学分管理新机制，营造全员常态新气象。其次，完善培训者准入资格制度，加强培训者定期培训制度。再次，收紧中小学校长培训机构，整合各地区的培训资源。最后，开放校长培训市场，逐步构建校长培训机构资质标准，完善校长培训机构准入机制和管理制度，对民办教育培训机构的管理做出规定和规范。除此之外，我们还要坚持问题导向，服务教育发展的重大需求；联动推进"校长工作坊"，打造地区培训品牌；加强训后跟踪指导，构建新时代校长培训质量评价标准，从而培养一支面向新时代的、具有中国特色、世界水准的中小学校长队伍。

3. "U-G-S"合作教师教育新模式[1]

自2007年我国师范生公费教育政策实施以来，东北师范大学在为农村基础教育服务的办学思想的指导下，创造性地提出并实施了"师范大学—地方政府—中小学校"（"U-G-S"）合作教师教育新模式。

在该模式中，师范大学负责理念引领、智力支持、技术指导和人力资源保障。通过区域学校改进计划、优质学校建设、特色教师教育资源开发，促进基础教育科研成果在中小学校教育教学实践中转化，为地方教育行政部门制定教育发展规划提供理论指导与技术保障，为地方中小学校教师专业发展提供优质服务。地方政府与教育行政部门提供政策保障和必要经费支持，为师范大学遴选教育实践基地、有效开展实践教学提供条件保障，支持师范大学开展中小学教师培训工作。广大中小学校为师范大学提供教育实习平台、教育实验场域，提出教师专业发展需求，并积极参与在职培训，分享科研成果，等等。三方以实验区建设为基本实践载体，协同推进"U-G-S"合作教师教育新模式的实施。

"U-G-S"合作教师教育新模式，不仅提高了师范生教育实践质量和农村教师培训水平，转变了教师教育者专业发展范式，也为深化我国教师教育改革、师范大学办学模式创新、建构新型教师教育文化提供了有益的实践参考。

二、教师教育的发展

1. 教师教育发展的基本问题

始于2015年的"首都基础教育人才发展研讨会"，最初由北京教育学院首都基础教

---

[1] 刘益春，李广，高夯. "U-G-S"教师教育模式实践探索：以"教师教育创新东北实验区"建设为例[J]. 教育研究，2014（8）：107-112.

育人才科学研究院举办，后来改为由北京市教育委员会主办、北京教育学院承办。最近4届研讨会聚焦的问题，体现了教师教育亟待解决的基本问题：① 教师编制数量和结构性的缺编、师范生培养严重不足、教师培训方式滞后、教师地位和待遇不高。[1] ② 加强基础教育阶段高素质教师队伍建设，要全面理解教师自主发展的内涵，以学生为本，关注不同类型、不同发展阶段的教师队伍发展现状与发展需求。[2] ③ 以"合格"与"可靠"为基本标准加强教师队伍建设，从"实践"与"创新"两个方面推进教师队伍建设的体系构建，从总结"经验"到凸显"特色"开展教师队伍建设区域探索。[3] ④ 构筑市、区、校三级行政部门、业务部门、研究部门、实施单位协同联动的教师工作共同体。[4]

2. 教师的信息技术应用能力[5]

2019年3月，教育部发布的《关于实施全国中小学教师信息技术应用能力提升工程2.0的意见》指出，信息技术应用能力是新时代高素质教师的核心素养。

李娜、董玉琦以S市为例的调研表明：① 中小学教师技术基础发展水平整体呈现良好状态。教师可用终端数量基本能满足教学需求，虽然在教学的各个环节，教师开始有意识地应用多种类型的软硬件工具进行辅助教学，但教师使用最频繁的教育资源仍是PPT课件，类型比较单一。仅仅是技术设备的配备不能有效提升教师的教育技术能力，教师应继续学习和应用多种类型的软硬件工具，学校也应制定规章制度，出台相关措施鼓励教师在教学过程中合理应用不同类型的教学资源和工具，鼓励教师进行创新型教学。同时，教育技术基础研究仍须不断深入，以使得技术的应用既能帮助教师提高课堂教学的效率，又能减轻教师教学的负担。② 中小学教师信息技术应用能力有待提升。教学设计是教学实践的重要依据，教师应当强化以人为本的意识，在教学设计过程中充分考虑多方面的因素，合理地运用适切的技术辅助教学。如何用好技术、如何将技术与教学实践结合起来，需要学校和教师高度重视，并不断深入推进基础研究。③ 中小学教师专业发展状况良好，但培训的针对性不强，培训效果并未从技能提升和教学实践等方面体现出来，总的来看，尚未达到预期效果。

提高教师的教育技术水平，应从以下几方面着手：① 加强顶层设计，依据教师实际情况构建信息化的平台及体系。基础教育信息化发展蓝图的绘制需要政府、教育行政管理部门、社会组织等在基础教育信息化政策保障、资源配置、机制制定等方面提供支持。政府等相关部门应充分了解本区域教师教育技术能力的现状及存在的问题，从现实需求和未来趋势出发，制订教师教育技术能力整体发展规划方案。建立基础教育信息化

---

[1] 刘琳. 以高素质教师队伍推动北京市基础教育优质均衡发展：首都基础教育人才发展2017年研讨会综述[J]. 北京教育学院学报，2018（1）：88-92.

[2] 陈思. 助力"引路人"：探索面向教育改革的高素质教师队伍建设路径：首都基础教育人才发展2016年研讨会综述[J]. 北京教育学院学报，2017（1）：88-92.

[3] 陈卫亚. 教育现代化背景下的首都基础教育教师队伍建设趋势与策略：首都基础教育人才发展2018年研讨会综述[J]. 北京教育学院学报，2019（1）：87-94.

[4] 陈思. 首都基础教育教师队伍建设面临的挑战与创新探索：首都基础教育人才发展2019年研讨会综述[J]. 北京教育学院学报，2019（6）：89-92.

[5] 李娜，董玉琦. 中小学教师教育技术能力的构成与现状分析：以S市为例[J]. 中国信息技术教育，2020（22）：89-91.

专项经费投入与分配机制，同时制定相关的激励政策，坚持教育信息化装备低成本、低门槛、高效用原则。② 深化基础研究，提供能切实满足教师工作需求的资源工具。学校在提倡教师使用多种类型的资源和工具的同时，一定要关注技术和资源使用的主体。研究者应加强基础研究，通过实验验证比较合适的途径来帮助教师在不增加自身负担的基础上，将信息技术有效地运用于教学实践。③ 重视教师需求，提高培训的针对性。重视教师学科的差异、教师的个性化差异，开展分学科、分层次、分内容的培训。可以考虑将不同学科的教师分开培训，倾听一线教师的实际需求，全面有效地提升教师的教育技术能力。在培训的同时，应该注重效率及应用比率，而不是单纯地看时长频率，培训可以以实际教学案例为主，拓宽教师的知识面，提高教师的技术操作水平，为教师提供更多的优质教学资源。

3. 教师教育者的专业成长[1]

狭义的教师教育者主要是指在师范院校中从事教师培养与培训工作的教师，尤其是指师范院校中担任心理学、教育学、学科教学法，以及其他教育学类课程的教师。广义的教师教育者主要是指在相关教育机构中培养或培训教师的教育工作者。新时代，我国师范教育体系向教师教育体系转型，打破了师范教育"一次完成论"的体制局限。这一转型，既标志着新时代我国教师队伍建设开始从数量扩张向质量提升转变，又标志着教师教育者正在经历着由"身份赋权"向"素养胜任"的转变。

① 教师教育者实现从"身份赋权"到"素养胜任"。"身份赋权"在教师教育数量化发展时代显得十分必要，但在教师教育质量化发展的要求下则暴露出合法性危机。教育者只有具备专业理论与专业实践双重素养，才有资格培养和培训中小学教师，才能从传统的"身份赋权"走向现代的"素养胜任"。

② 教师教育者之问：跨界的能动者何以可能？教师教育者的双重素养要求从事这一职业的教师是一个"跨界"的能动者，这里的"跨界"既是专业理论与实践的"跨界"，也是大学与中小学的"跨界"，通过"跨界"获得自身理论与实践的双重话语权。

③ 教师教育者是专业成长跨界之"立交桥"。教师教育者的专业成长是通过多元的跨界行动来完成的。首先，大学教师要通过学术研究、指导实习、深入基础教育合作研究、参与专业发展共同体活动、跟踪中小学合作校等途径，补齐专业发展中的实践知识与技能的短板。其次，基础教育学校要有目的、有计划、有组织地让更多优秀的教师加入教师教育的队伍中，这也是提升中小学教师专业素养的有效途径。最后，要建构大学与中小学共同协作之桥。双方的需要是互补的、互利的，这也决定了双方合作的基础是牢固的。随着"互联网+"技术和人工智能的发展，打破时空限制的主体能动者发展与社会客体的建构都成为可能，当然它仍需以现实的时空世界的客观存在为基础。

教师教育者的专业发展，要坚持理论素养与专业素养一体化发展方向，加快多种路径的融合发展，通过主体能动者的跨界、教育机构的制度保障、教师教育专业发展文化的构建、大学与中小学的共同协作，实现"素养胜任"，从根本上整体提高我国基础教育教师队伍的专业素养。

---

[1] 王鉴. 跨界的能动者：教师教育者专业成长路径探析[J]. 中国教育学刊，2019（7）：84-90.

三、教师教育的国际启示

1. 美国的教师教育信息化政策[1]

作为推进信息技术教育教学应用的直接主体，加强教师信息技术能力已成为世界各国提高教育质量的重要策略。美国教育部下属的教育技术办公室（OET）于2016年颁布的《推进教育技术在教师培养中的应用》，是美国联邦政府历史上首次针对教师教育领域颁布的专项教育信息化改革文件。它是在不断走向信息化的社会背景下，美国教师教育在信息化方向上的愿景、指导原则和行动建议的汇总，其体现出三个特点：建立开放、灵活的政策实施的生态环境，发挥教师教育者在教育信息化中的作用，凸显证据为基础的绩效评价理念。

美国在推行教师教育信息化过程中的经验有：设定职前教师主动使用信息技术的目标；建立实现这一目标的开放、灵活的政策实施的生态环境；注重信息技术与教学内容或教育活动的深度融合；充分发挥教师作为教育者在教育信息化中的作用；建立注重实效的、统一的教师教育信息化标准；鼓励教师培养机构和相关组织共同参与教师教育信息化实践；等等。只有这些因素共同发挥作用，才能更好地推进我国的教师教育技术能力的全面提高，加快教师教育信息化的发展步伐。

2. 英国、澳大利亚的职前教师素养测评[2]

这里所提到的"职前教师素养测评"主要表现为数学素养测评和读写素养测评。数学素养测评是衡量职前教师数学素养水平、提高职前教师培养质量的重要方法和措施。英国职前教师数学素养测评项目由英国教育部负责，测评对象是所有申请参加教师培养课程计划的职前中小学教师，而不考虑接受教师的教育科目和年龄范围如何。测评目的是确保有资格教学的每个人在教师的专业角色下具有良好的数学素养基础。澳大利亚职前教师数学素养测评和读写素养测评，共同构成了澳大利亚职前教师专业技能测评项目。澳大利亚教师教育计划的国家认证标准——所有职前教师的数学素养和读写素养应达到本国总人口前30%的水平，这清晰地设定了职前教师所需具备的数学和读写素养水平。

英国、澳大利亚两国职前教师素养测评基于提高教师培养质量的现实考量，围绕具体的数学素养、读写素养概念，构建了以"问题解决"为核心的素养测评框架，并通过测评的实施引导职前教师教育培养政策和课程改革。

这些对我国职前教师教育具有深远的启示。构建职前教师素养评价体系，应该着眼于我国基础教育实际需要。我国对职前教师素养关注不够，建立职前教师素养测评制度，应当是我国教师综合化培养的迫切需要。

（海安市教师发展中心　罗琳）

---

[1] 蒋鑫，洪明. 美国教师教育信息化政策的新进展：联邦政府《推进教育技术在教师培养中的应用》规划述评[J]. 集美大学学报（教育科学版），2019（4）：1-6.

[2] 叶志强，宋乃庆. 英国和澳大利亚职前教师数学素养测评的比较及启示[J]. 比较教育研究，2019（11）：80-87.

第二章　一线访谈：

基于需求和问题的战略思想与基层实践双向建构

第一节　学前教育的痛点、堵点、难点与对策建议

教育公平是社会公平的重要基础，既关系国家的经济繁荣和社会进步，又关系人心向背和民众福祉。习近平总书记指出："我们的人民热爱生活，期盼有更好的教育、更稳定的工作、更满意的收入、更可靠的社会保障、更高水平的医疗卫生服务、更舒适的居住条件、更优美的环境。"[1] 同时，习近平总书记还在中国共产党第十九次全国代表大会上指出："努力让每个孩子都能享有公平而有质量的教育。"[2] 让人民群众共享改革发展成果，既是中国特色社会主义的本质要求，也是社会主义制度优越性的集中体现。《中华人民共和国学前教育法草案（征求意见稿）》也提出，要为学前儿童提供公平而有质量的学前教育。纵观学前教育，存在着种种可能会影响教育公平的因素。

一、幼儿教师编制与持证上岗数量是否满足需求

近几年，公立幼儿园机构数额迅速扩大，有两次急骤增长的过程：一是为了配合"精准扶贫"工作，要求全面普及乡镇公立幼儿园，解决乡村基层幼儿入学难问题。几乎每个乡镇、社区都要求至少保证有一所公立幼儿园，或者采用"公办民营"的方式，引进私立幼儿园。二是城镇小区配套"普惠制"幼儿园建设，导致公立幼儿园机构数额第二次急剧增长。城镇中新建的小区必须配套建立公立幼儿园，或者将已经建成的私立幼儿园发展为非营利性质的普惠制幼儿园。

为了贯彻落实这两项幼儿教育政策精神，公立幼儿园机构大幅增长，所需的幼儿教师数量也急剧增长，而使用的编制同样需要提前部署，这就导致极大的矛盾和困难：一方面，现有的公立幼儿园在职教师本来就缺少编制，人编矛盾已经非常突出；另一方面，新设立的公立幼儿园又需要调剂更多的编制，供人社局和教育主管部门招聘大量急需的幼儿专门教育人才，这就使公立幼儿园教师编制使用缺口进一步拉大，人编矛盾更为突出。在民办幼儿园中，更是存在着编制明显不足的情况。

---

[1] 习近平. 人民对美好生活的向往就是我们的奋斗目标 [N]. 人民日报，2012-11-16（01）.
[2] 习近平. 决胜全面建成小康社会 夺取新时代中国特色社会主义伟大胜利：在中国共产党第十九次全国代表大会上的报告（2017年10月18日）[N]. 人民日报，2017-10-28（01）.

（一）进编教师的数量问题

随着孩子越来越多，幼儿园也越办越多，而每年考编的人数则很少，远远满足不了幼教发展的需要。幼儿园正式在编教师的人员不足，严重影响了幼儿教师队伍的稳定性。

2019年8月，教育部部长陈宝生在十三届全国人大常委会第十二次会议上作了关于学前教育事业改革和发展情况的报告。报告指出，全国幼儿园专任教师缺52万名。随着幼儿园规模的不断扩大，我国幼儿园专任教师数量持续增加。2021年，"全国开设学前教育专业的本专科高校有1 095所，毕业生达到26.5万人，分别比2011年增加591所、23.1万人，分别增长1.2倍、6.7倍，为持续补充幼儿园师资提供了有力支撑"[1]。生师比从2011年的26∶1下降到2021年的15∶1，基本达到了"两教一保"的配备标准，师资短缺问题得到有效解决。截至2022年，学前教育专任教师有324.42万人，专任教师中专科以上学历比例达90.30%。[2]

（二）持有幼师资格证的教师数量问题

持证上岗，系统地接受过幼教相关理论、知识、能力培训的教师，才更了解儿童的生理、心理特点。就统计的南通地区的教师资格证数量来看，市区公办幼儿园达90%，乡镇公办幼儿园达40%—50%，乡镇民办幼儿园达20%—30%，总的来看，有幼师资格证的教师至少是有从事幼师职业的潜能的。他们能够进班，参与教学，只是能力还很有限，但最起码能常规性地带好班级。因为人员的缺乏，许多乡镇幼儿园招不到教师，甚至许多幼儿园教师没有幼师资格证，只要是愿意来干的人都可以上岗。这批人没有系统地接受过幼教相关理论、知识、能力的培训，更不了解儿童的生理、心理特点，没有与儿童相处的经验。这样的师资严重影响了学前教育质量的进一步提升，制约和影响了幼教公正、均衡的发展。

二、公办幼儿园数量是否充足与民办幼儿园质量是否上乘

学前教育经费主要来自幼儿家庭交纳的保教费，公办幼儿园费用一般较便宜；民办幼儿园收费高；农村幼儿园维持艰难，难以提供有质量的教育。为破解这一难题，应有效加大学前教育的投入，发放财政补助资金，为公办与民办乡镇幼儿园提升幼儿教育质量提供最直接的经济保障，有效带动幼教事业的整体发展。海门区近几年也在大力发展学前教育，政府收购了大批民办乡镇幼儿园，集团式的办园引领共同成长，加上每年学前教育的定向生和考编教师的加入，大大缓解了公办幼儿园教师短缺的问题。园长支教、乡镇择优招录在编幼儿园教师等形式又大力扶持了民办幼儿园。但是，还存在亟待改善的地方。

（一）公办幼儿园占比情况

幼儿教育牵动人心。截至2022年，全国共有幼儿园28.92万所，虽比上年减少

---

[1] 教育部基础教育司. 砥砺十年路 奋进新征程：党的十八大以来学前教育改革发展成就[EB/OL].（2022-04-26）[2023-08-01]. http://www.moe.gov.cn/fbh/live/2022/54405/sfcl/202204/t20220426_621796.html.

[2] 我国专任教师超1880万人[EB/OL].（2023-07-06）[2023-08-01]. https://www.gov.cn/govweb/lianbo/bumen/202307/content_6890156.htm.

5 610所，下降了1.90%，但其中的普惠性幼儿园有24.57万所，比上年增加了1 033所，增长了0.42%，占全国幼儿园的比例84.96%，有力地保障了不断增加的适龄幼儿入园需求。[1]

全国政协委员刘焱教授指出：要全面提高公办幼儿园占比。她指出：目前我国学前教育"入园难""入园贵"的问题远远没有得到根本性的解决，学前教育公共服务"公益普惠"程度较低，民办幼儿园占比过高，"公办民办并举"格局尚未形成，质优价廉的公办幼儿园成了稀缺资源，远远不能满足人民群众的需要。

（二）民办幼儿园师资情况

师资队伍是教育发展的基础。没有良好的师资力量，就无法达到"教书育人"的真正目的。在民办幼儿园中，幼儿教育的师资力量面临看似红火实则空虚的状况。由于社会保障体系不完善，无法进行教师职称评定，因此，民办幼儿园教师承受着来自方方面面的巨大压力。幼儿教师待遇低，工资水平、职务晋升等得不到基本保证，幼教队伍稳定性受到影响，这也使优秀的毕业生不愿报考幼师专业，影响了幼师后继队伍的培养。低收入已使不少长年从事幼教事业的教师辞职，目前进入学前教育行业的教师普遍素质不高。很多年轻的幼儿教师看不到发展前景，流失现象严重。而幼儿教师的培训权利也得不到保障，教师队伍的整体素质不高，这在一定程度上影响了学前教育的质量。不断流动的师资，也影响了民办幼儿园的发展。

三、教师培训与专业发展是否引起足够的重视

随着我国学前教育事业的迅速发展，大量非学前教育专业人员进入幼儿园从事幼教工作。在幼教队伍中，有一部分教师毕业于音乐、英语等专业，还有一些教师毕业于其他各专业。

（一）非专业人员对幼教的认识问题

有的教师在入职之前认为幼教是一个轻松、自由的职业，认为幼儿教师就是带幼儿玩玩游戏而已。他们对幼教工作缺乏起码的认同感和责任感，表现为满足自己现有的知识和能力，缺乏对专业的钻研精神，当他们入职后发现对幼儿教师的要求其实很高、专业性很强时，心理期望和现实情况出现不平衡，就会导致对工作出现倦怠和抵触心理。他们对幼儿教育学、幼儿心理学及学前教育学的知识了解甚少，他们也没有经过系统的学习和指导，缺乏成为幼儿教师的基本素质与能力，如不会观察和组织幼儿，不会唱歌、弹琴，不会画画，对幼儿的生理、心理特征不了解，不能遵循幼儿的发展规律开展教育活动，等等。主要表现为小学化倾向、不尊重幼儿、重知识灌输、轻情感发展和能力培养。这在很大程度上影响了幼儿教育的整体质量，也给学校的管理带来了一定的难度。

（二）培训力度与层次问题

幼儿教育是一种综合性的活动，它不同于其他学段的分科教学，要求教师具备比较全面的素质，必须具备学前教育学、学前心理学等理论知识。引导幼儿教师确立现代教

---

[1] 中国教育部公布统计数据：2022年在园幼儿数下降、高职规模继续扩大［EB/OL］.（2023-07-05）[2023-08-01］. https://new.qq.com/rain/a/20230705A098C500.

育理念，切实改善自身的教育行为，关注幼儿学习的特点与基本活动模式，理解有效学习的内涵与要素，掌握促进幼儿有效学习的指导策略，科学地组织活动，引导幼儿有效学习、主动发展。幼儿园又有着和中小学相比较为特殊的地方——教师带班制，教师都是"一个萝卜一个坑"，缺了谁都不行，更不可能一直外出学习。而光靠幼儿园自己的培训、研讨，缺乏系统性和理论的指导，培训效率低，因此，需要通过多种方法提高教师的专业素养。

四、幼儿园硬件投入与安全是否得到保障

近年来，幼儿园的校舍设施、安全保卫工作不断改革创新，力度不断加大，逐步沿着科学化、制度化、规范化的轨道健康发展，为学前教育教学工作创造了良好的治安环境，为省示范区创建打下了坚实基础。各部门对学校安全认识提高，措施有力，应对有效，做到了安全制度更加完善、防范措施更加到位、隐患排查更加有效、"校安工程"更加规范。幼儿园安全工作总体情况良好，但我们还须加大安全工作硬件投入，确保安全工作无漏洞。

（一）校舍工程的主要问题

校舍工程的主要问题表现在生均面积的达标情况、幼儿园"校安工程"的进展、消防设施的配备等方面。这些都要从儿童的安全角度出发。

由住房和城乡建设部发布的 JGJ39-2016《托儿所、幼儿园建筑设计规范》中规定：幼儿人均占地面积不低于 15 平方米，生均建筑面积不低于 9 平方米，幼儿人均户外活动面积不低于 2 平方米，幼儿人均绿化面积不低于 2 平方米。2019 年，住房和城乡建设部对《托儿所、幼儿园建筑设计规范》进行了局部修订，其中指出托儿所、幼儿园应设室外活动场地，并应符合下列规定：① 幼儿园每班应设专用室外活动场地，人均面积不应小于 2 平方米。各班活动场地之间宜采取分隔措施。② 幼儿园应设全园共用活动场地，人均面积不应小于 2 平方米。部分幼儿园班额大，生均面积没有达标。此外，校舍陈旧、消防设施未按标准配备或配备不到位，这些都是亟须解决的问题。

（二）园所功能室的配备问题

《3—6 岁儿童学习与发展指南》中指出：儿童的发展是一个整体，注重各领域目标间的相互渗透和整合，在教育装备、课程内容、课程实施等方面注重整体性。随着课程游戏化的推进，园长、教师的理念在不断更新，幼儿园需要配备足够的功能室，供儿童在游戏中学习。功能室是把功能相近区域和边角的玩具按功能重新组合，即建构室、角色表演室、益智美工室、科学发现室、图书阅览室等，不同年级的学生可以在功能室活动，注重了领域之间、目标之间的相互渗透和整合，注重了儿童发展的整体性。

五、农村幼儿园师资力量的期待能否得到支持

调研对象：海门区 20 所农村公办幼儿园。

调研方式：发放调查问卷，共发出 20 份，收回 20 份，回收率 100%。

调研时段：2014—2020 年。

调研说明：海门区的乡镇基本是一镇一所公办幼儿园，对于海门区 20 所农村公办

幼儿园师资力量的调研，基本能看出一个区的政府及社会对农村幼儿园师资力量的支持程度。另外，海门区农村公办幼儿园的调研结果能在一定程度上给南通市其他地区农村公办幼儿园多方位支持师资力量带来参考。调研结果与简要分析如下。

（一）师资聘用

人事聘用形式作为幼儿园教师队伍的入口关，对于师资队伍整体质量的提升和工作积极性的发挥具有无可替代的作用。

由表 2-1 可知，农村公办幼儿园在编教师由两种方式产生（定向生、公开招聘）。在编人数逐渐上升，且以定向生为主。但是，20 所公办幼儿园只有 74 名在编人员，聘用教师撑起了农村学前教育的大半边天空，他们功不可没。

表 2-1 2014 年和 2020 年海门区农村公办幼儿园数量和幼儿教师招聘方式、数量对比表

年份	农村公办幼儿园/所	招聘方式/人		合计招聘数量/人
		定向生	公开招聘	
2014	13	3	24	27
2020	20（7 所民转公）	47	27	74

（二）学历结构

学历结构是反映教师专业水准的重要指标之一。《江苏省中长期教育改革与发展规划纲要（2010—2020 年）》指出，江苏省幼儿教师中专科及以上学历人员占比到 2015 年达到 90%以上，到 2020 年达到 100%；本科学历人员占比到 2015 年达到 35%以上，到 2020 年达到 60%以上。

由表 2-2 可知，从 2014 年到 2020 年教师的学历有了明显的提升，特别是 2014 年后民转公幼儿园教师的学历显著提升。

表 2-2 2014 年和 2020 年海门区农村公办幼儿园幼儿教师学历情况一览表

年份	园所性质	学历情况（均值比例/%）	
		本科	专科
2014	公办	55	88
	民转公	20	45
2020	公办	83	97
	民转公	65	78

对比《江苏省中长期教育改革与发展规划纲要（2010—2020 年）》的数据，要求本科学历人员 2015 年达到 35%，2020 年达到 60%以上，均已达到，民转公幼儿园 2020 年本科学历人员也已达到 65%。说明公办幼儿园对教师学历很是重视。专科及以上学历要求无论是 2015 年的 90%以上，还是 2020 年的 100%，虽提升不少，但都没有达标。这和农村公办幼儿园在编人员少、聘用教师不稳定、没有学历提升奖励机制等因素有关系。

(三) 教师资格

2016 年教育部修订的《幼儿园工作规程》第四十一条指出:"幼儿园教师必须具有《教师资格条例》规定的幼儿园教师资格。"

由表 2-3 可知,20 所幼儿园中,有幼儿园教师资格证的公办幼儿园从 2014 年的 68% 上升至 2020 年的 77%,民转公幼儿园从 2014 年的 23% 上升到 2020 年的 51%。拥有教师资格证的教师数逐步增加,但是没有达到良好甚至优秀的比例。我们在调研中还发现:因为福利待遇的问题,有些持有教师资格证的教师流动到了培训机构,进一步造成了持有教师资格证的教师比例的减少。

表 2-3 2014 年和 2020 年海门区农村公办幼儿园幼儿教师中具有教师资格证情况一览表

年份	园所性质	具有教师资格证(均值比例/%)
2014	公办	68
	民转公	23
2020	公办	77
	民转公	51

(四) 性别结构

教师合理的性别结构对于幼儿健康人格的培养具有重要意义。男性教师的开朗、自信、勇敢、豁达等特点,可为儿童树立学习的榜样。当前,幼儿教师性别结构严重失衡,有数据显示,近年我国幼儿园中男性教师的比例约为 3%。

由表 2-4 可知,受调研的 20 所农村公办幼儿园中,有男性教师的幼儿园占比从 2014 年的 0.05% 上升到了 2020 年的 0.6%,这是一个可喜的增长。但是,全国幼儿园中男性教师的占比仍偏低,还有待提高。

表 2-4 2014 年和 2020 年海门区农村公办幼儿园中有男性教师的幼儿园占比情况

年份	有男性教师的幼儿园占比/%
2014	0.05
2020	0.60

(五) 支教园长、副园长

教育部等六部门《关于加强新时代乡村教师队伍建设的意见》提出:"畅通城乡一体配置渠道,重点引导优秀人才向乡村学校流动。"

由表 2-5 可知,为了加快农村幼儿园建设及师资培养进度,近年来,南通市教育体育局委派大量城区幼儿园优秀骨干教师去农村幼儿园支教。参与调研的 20 所公办幼儿园都有支教园长或支教副园长。他们有的带领民转公幼儿园规范办园,有的带领幼儿园创省优质幼儿园,有的带领幼儿园推进实施课程游戏化建设,等等。我们相信,一个专业的幼儿园园长能带出一批专业的幼儿园教师,从而促进农村幼儿园优质均衡地发展。

表2-5　2014年和2020年海门区农村公办幼儿园中支教园长、副园长的人数情况

单位：人

类别	年份	
	2014	2020
支教园长	4	13
支教副园长	2	13
总计	6	26

（六）骨干教师

骨干教师是提升幼儿园保教质量的中坚力量，对整个幼儿园教师群体起着引领、示范的作用。

由表2-6可知，本次受调研的20所农村公办幼儿园，从2014年的零数据，到2020年各项荣誉下骨干教师人数的显著增长，这是大力振兴乡村教育的结果。但是，上述都是在编人员，况且其中相当一部分人还是表2-5中的支教园长与支教副园长，真正一线教师的比例并不高。聘用教师只能获得园部的一些荣誉，这不能大力激发其工作积极性。这也是同工不同酬的一种表现。

表2-6　2020年海门区农村公办幼儿园中有相应荣誉骨干教师的园所数量及骨干教师人数情况

专业荣誉（共同体、海门区）	有相应荣誉骨干教师的园所数/所	骨干教师数/人
海门区学科带头人	2	2
海门区骨干教师	3	4
海门区教坛新秀	1	1
海门区德育骨干教师	1	1
共同体学科带头人	5	11
共同体骨干教师	7	10
共同体教坛新秀	3	6

（七）福利待遇

良好的工作和生活条件及较为优厚的教师待遇，尤其是非在编教师待遇，已经成为影响教师队伍稳定的重要因素。随着国家对学前教育的重视度越来越高，投入也在逐年增加。

由表2-7可知，海门区农村公办幼儿园聘用教师的工资福利待遇得到了改善和提高，不过月工资仅为2 500元左右。社会保障体系有了显著改善，交纳五险的幼儿园从2014年的3所上升为2020年的13所，但是缴纳公积金的园所依然很少。同工同酬和大环境一样，没有实现。

表 2-7　2014 年和 2020 年海门区农村公办幼儿园教师平均工资与社会保障情况

年份	月平均工资/所		社会保障/所		
	2 000 元以下	2 000 元以上	三险	五险	一金
2014	18	2	15	3	0
2020	3	17	5	13	4

综上所述，农村幼儿园教师数量不足、结构不优、水平不高等问题突出。农村幼儿园以聘用教师为主，教师学历不高，福利待遇偏低，同工不同酬，发展空间受限。而且，幼儿教师社会地位偏低，在受访地区还有这样一种说法："带小不如带老，保教不如保姆。"这不仅导致了优秀人才不愿学幼师、学了幼师不愿从事幼教工作，还导致了已有师资不断流失。

针对这些可能影响教育公平的问题，我们应该仔细分析主观与客观原因，提出相应的对策与建议。

1. 加快进编，偏向学前教育专业

首先，要加快幼儿园教师的进编速度。教师考编后可先进入市区一流幼儿园培训学习，然后下到乡镇坚守 5 年，成才后分流到乡镇或市区服务、发展，成为各级各类的精英。在合同制幼师的工资结构里，要体现学历的差异，鼓励教师自我进修，提高文化素质。其次，要偏向学前教育专业。在进编考试中，提高门槛，减少非专业教师的准入，并在考试内容上增加对幼儿了解、职业认同、逻辑思维的考核，技能技巧的考核应融合在活动设计中，而非单纯的技能展示。这样才会让幼教队伍趋于专业。

2. 公办增"量"，加快升等、创优

根据 2021 年 5 月 19 日江苏省教育厅召开的"江苏学前教育这十年"新闻发布会公布的数据，截至 2020 年年底，全省有幼儿园 7903 所，其中，公办幼儿园 4 736 所，占比为 60%；3 167 所民办幼儿园中普惠性民办幼儿园有 2 388 所，占比为 75%。全省在园幼儿 254.07 万名，学前 3 年幼儿毛入园率达 98%，普惠性幼儿园覆盖率（在公办和普惠民办幼儿园就读幼儿占比）超过 85%，超额完成国家确定的"达 80%"这一目标任务。公办幼儿园覆盖率达 63.83%，省、市优质幼儿园覆盖率达 88%，基本形成公益普惠的学前教育公共服务体系。另外，在园就读的外省随迁子女从 2012 年的 15.99 万名增长到 2021 年的 26.58 万名。截至 2021 年 5 月，江苏全省幼儿园专任教师数从 9.47 万名增加到 16.78 万名，专任教师与幼儿比从 1∶23.3 提高到 1∶15.1，平均班额从 36.3 人降至 31.4 人。目前，大专以上学历教师占比提升至 74.16%；全省有初级以上职称的教师 2.39 万名；特级教师 98 人，其中，正高级教师 43 人。江苏省还免费培养了 3176 名男幼师，有效解决了幼儿园教师性别结构失衡问题。[1] 在已有成绩的基础上，必须进一步深化幼儿园内涵发展，追求精细化管理，追求教育品质。从园所实际出发，做好、做精幼儿园的各项工作。

---

[1]　江苏普惠性幼儿园覆盖率超过 85%[EB/OL].（2021-05-21）[2023-08-01].https://www.gov.cn/xinwen/2021-05/21/content_5609777.htm.

3. 民办提"质",做好管评帮扶

通过正面宣传和肯定,加强引导和鼓励,办好民办学前教育。既要遵循教育规律,又要遵循经营规律。要坚守教育核心价值,为幼儿一生幸福奠定可持续发展的基础;坚守办园的底线,要在遵守法律法规和社会公德的前提下取得合理回报。建议民办幼儿园处理好三个关系:一是处理好经济利益与社会效益的关系,二是处理好远期目标与近期目标的关系,三是处理好规范与特色的关系。

同时,继续选派优秀的支教园长,支持偏远、落后的幼儿园发展,通过共同体的带、帮、扶提升乡镇幼儿园教育教学质量。当然,民办幼儿园要想留住幼儿教师,就必须提高幼儿教师的工资待遇,解决幼儿教师的养老保险问题;要重视幼儿园的教育管理,做到管理要人性化,同时设立内部培训平台,让幼儿教师在幼儿园不断提升自己,给他们提供发展的平台;另外,还要关心幼儿教师,从精神层面和物质层面满足幼儿教师的需求,给幼儿教师提供良好的工作氛围,让他们尽最大的努力为幼儿园做贡献,促进民办幼儿园的发展与提升。

4. 重视培训,多种形式提高专业素养

一方面,有目的、有计划地对幼儿教师进行定期、分批培训,网络培训要给幼儿教师充分的时间静下心来学习,全面提高幼儿教师的专业水平。对于乡镇民办幼儿园,除共同体扶持之外,必须加大在岗在职的培训力度。要求每一个在岗在职的幼儿教师都必须持有教师资格证。鼓励广大幼师积极参加培训学习,通过考核提高自己的专业能力,成为一个能进班的合格幼师。把不合格的、不能当班的、素质差的幼儿教师清出幼教队伍。另一方面,从更高的层次来说,需要开阔眼界,吸纳新观念,需要有专家从专业层次的角度来引领。可以把专家请过来,把全市的教研活动的重点放在"专业层次的引领"上,把教研和培训结合在一起做。每月一次的全市教研活动可以请各个领域的专家,不一定要特别"大腕",一些高校的、南通地区"接地气"的专家也行,帮助幼儿教师从通识理论到应知应会、从人文素养到专业发展、从教学智慧到课程研发等多方面提升理念,并分析教研活动的现场,进行现场的诊断与互动,和大师交流,才能更快成长。我们相信通过这种"幼儿园常规教学+共同体教研+全市培训"的方式,幼儿教师会很快进步。

同时,要继续推进区域共同体建设,根据具体情况积极探索适合自身特点的管理模式,整体推进区域共同体及各成员园的文化建设、品牌创建、队伍成长、管理创新、质量提升等工作,各成员园之间建立全方位的良性互动机制,让更多的幼儿真正享受到教育共同体各成员园优质、均衡发展的成果。

5. 保障安全,加大幼儿园硬件投入

进一步加大对学前教育的资金投入,扩大学前教育的资源,构建起以政府为主导,社会积极参与、公办、民办并举,覆盖城乡、布局合理的学前教育公共服务体系。加强师生安全教育和学习安全管理,提高预防灾害、应急避险和防范违法犯罪活动的能力。学校安全工作直接关系着儿童的安危、家庭的幸福、社会的稳定。尤其是学龄前儿童,安全知识比较缺乏,自卫意识比较淡薄,防御能力比较低下,更需要家长、幼儿园和全社会的精心照顾和全力呵护。

第一，对校舍进行安全鉴定。要对园舍状况进行调查、统计，对园舍进行安全鉴定，比如，园舍会不会遭受洪涝、地质灾害、台风及雷击等各类威胁；有没有达到国家规定的抗震设防标准。此外，栏杆、卫生间、楼梯等具备使用功能的，是否符合国家相关设计规范。同时，严格落实新建小区公建配套幼儿园的建设。建立配套的幼儿园功能室，通过配套园舍建设，逐步解决园所缺乏和原有园所办学条件滞后的问题。加强对幼儿园建设的指导、过程管理及个案研究，使幼儿园建设规模符合幼儿身心发展规律和幼儿园教育规律。调整区域内教育资源，通过改建扩建、缩小规模、减少班额等方式扩大生均面积，通过多种途径改善幼儿园的办学条件。

第二，强化意识，以预防为主。做好各类预案，定期进行演习。特别是节假日、大型活动等，认真进行以防火、防盗、防投毒、防重大责任事故为重点的安全检查，对查出的问题及时采取补救措施，预防火灾事故的发生。消防措施、器材定点定位，建立档案，专人管理，定期维修、保养、更换，确保完好、有效。建立校车档案，校车驾驶员须经交管部门的资格审核，合格后方可上岗，做好校车安全管理制度。

基于以上的措施、方法，各地区都应该根据实际情况，提出建设意见，努力做到公办民办同步、市区乡镇同步。如进一步加快学前教育均衡发展进程，全面落实党的提高质量、促进公平的工作方针，采用推进区域共同体建设的方式，根据具体情况积极探索适合自身特点的管理模式，遵循办学模式多样化原则、管理资源共享原则、优质资源全覆盖原则，整体推进区域共同体及各成员园的文化建设、品牌创建、队伍成长、管理创新、质量提升等工作，各成员园之间建立全方位的良性互动机制，让更多的幼儿真正享受到教育共同体各成员园优质、均衡发展的成果，优化整合教育资源，深入推进学前教育改革与创新，以点带面，区域推进，促进幼儿教育和谐、均衡、持续发展。办好人民满意的幼儿教育，努力让每个孩子都能享有公平而有质量的教育，让师生共同享受公平教育的幸福，任重道远，且行且思！

（南通市海门区机关幼儿园　王丽，南通市海门区东洲幼儿园　潘春霞）

第二节　小学教育的痛点、堵点、难点与对策建议

随着社会经济的不断发展、城镇化进程的加快，一个越来越让人担忧的现象凸显出来：相比于发达城市的中小学校现代化水平的不断提高，另一端的乡村学校逐渐式微。一方面，城市的学校生源爆满，超大规模学校、超大班额的班级比比皆是；另一方面，乡村学校生源锐减，乡村小学生源流失"吃不饱"、城市小学生源暴增"吃不下"的现象愈演愈烈。

一、乡村小学之困与发展出路探寻

（一）乡村小学的生源萎缩

1. 现状描述

2021年，海安市小学一年级新生不足20人的学校一共有12所，其中，最多的有

19人，最少的只有6人。曲塘镇小学教育集团的5所小学中，有3所学校一年级新生人数不足20人，分别是李庄小学15人、章郭小学17人、顾庄小学19人，而这3所小学的学生总人数分别是李庄小学98人、章郭小学124人、顾庄小学103人。与这3所小学情况相似的是海安市内的其他9所一年级新生不足20人的小学，同样也是小规模学校。这些小学过去大部分也是乡镇级的中心小学，人丁兴旺时规模并不小，如李庄小学在2013年秋学期开学时，学生总人数一度达到430多人，当时的三至六年级都是"双轨"教学，有的教学班级也达到50多人。如今学生人数逐年减少，2021年已经不足100人了。而这种乡村小学生源萎缩几乎成为普遍现象，以"小学生源萎缩"为关键词在网站搜索，几乎全国各地的农村学校都难以幸免。

2. 带来的影响

一是生源的萎缩造成了学校人气的衰减，甚至造成了恶性循环，生源少了又导致教师流失，教师流失更加速了学生的流失；二是生源的萎缩致使学校的办学信心和动力大打折扣，校长和教师会因此丧失信心和干劲；三是随着生源的萎缩，政府和教育行政部门也很着急，在积极寻找对策，其中，撤并是方法之一，这也就导致了一些小规模学校的"消亡"；等等。

3. 原因分析

对于上述问题形成的原因，国内已有的研究表明：一是社会经济发展的原因。随着经济的发展和城镇化进程的加快，乡村的综合发展速度不及城市（镇）的发展速度快，城市（镇）相对而言能更好地提供优质教育，所以但凡经济状况许可的家庭都想方设法在城市（镇）买房，求得一个学位，以便孩子在城里入学就读。二是家庭需求的原因。有的是父母进城务工，导致子女随迁求学；有的是从众心理驱使，父母易随大流。三是学校的原因。学校教学设施不完备。近几年来，乡村小学的办学设施不断完善，但与城镇小学相比依然有很大的差距。师资力量较为薄弱，教师水平有待提高，课程设计存在局限性。由于学校缺乏足额的师资力量和应有的教学设施，乡村小学的教学只能围绕语文、数学、外语3门核心课程展开，其他的诸多课程，如音乐、美术、科学、体育等虽有涉及，但因缺乏专业教师的指导，学生能获得的专业知识非常有限，课程无法长期坚持下去，最后仍然回归到核心课程的学习上。一味地占用大量时间学习语文、数学、外语3门主课，课程设计显得有些不足，学生的德、智、体、美、劳得不到充分的发展。

4. 已有探索

如皋市刘海村位于丁堰镇东南，区位虽然偏僻，但是村民都比较富裕，孩子随父母到城市定居和随迁求学的情况比较普遍。这几年，学校施教范围内的适龄儿童数量呈逐年下降趋势。刘海小学是2017年由政府投资拆旧新建的，被列为南通市为民办实事工程，于2019年春季投入使用，几乎来过这所小学的人都被其独特的风格吸引。没有一座楼房，全是白墙青瓦，刘海小学是南通市唯一一所书院式学校。当初拆旧建新时，当地老百姓很不领情，甚至有人说："你建得再好，我的孩子也不来上学！"经过几年的努力，目前老百姓已逐步认同这所学校，甚至已经喜爱上了这所家门口的"好学校"。2019年，刘海小学秋学期一年级招收新生18人，2021年一年级招收新生21人。

经济学家、北京大学教授何帆计划每年出一本书以记录中国社会经济的发展变化情况。在《变量：看见中国社会小趋势》中，何教授称赞四川省广元市利州区范家小学是"中国教育理念最先进的学校"。而范家小学是建设乡村"小而美"小学的典范。广元市的做法是结合自身实际，从优化改善农村教学环境和教育质量入手，通过创建乡村小规模学校联盟和在全市范围内开展"美丽乡村学校"评选等措施，为农村学校"抱团"优质发展走出一条可借鉴、能复制的路子。

（二）乡村小学非教育教学负担过重

1. 现状描述

俗话说"麻雀虽小，五脏俱全"，乡村小学虽然学生人数少、教师人数少，可是相应的工作一项也不会少。许许多多的工作都是非教育教学类的，为的是应付上级的检查，甚至是被动无效的。仅开学以来不到一个月的时间里，各级各类学校都会迎接诸多检查、填报相关表格，诸如开学工作检查、疫情防控检查、学生安全教育平台的更新、阳光食堂操作平台培训、开展"青少年法治宣传月"活动、举办"家庭学法达人赛"、学校安全工作月报、提交学历学位证书、参加镇2020"青蓝工程"师徒结对仪式、参加教师节庆祝大会、做好中小学"三定"工作、迎接国家卫生城市检查、迎接全国文明城市检查、迎接网络安全检查、迎接校园安全和校车安全检查、食品安全宣传周启动仪式、迎接学校卫生检查等，不胜枚举。乡村小学总共才十五六名教师，每项工作都必须有人去做，而且现在都强调过程管理、留痕管理，所以只要是检查就必须提供台账资料，否则就会被判为不合格。

2. 带来的影响

一是严重影响教育教学，比如，某星期二的下午在市局教师发展中心召开阳光食堂管理人员会议，必须出席会议的有分管负责人、具体负责人、智能称菜系统的操作人员、司务长等，这些人中有一部分会有课，但只能去调课，实在调不了的，就请别的教师代课，这必然会影响本来的教学工作。二是养成了教师疲于应付的消极心理，凡此种种的检查上报，逐渐让具体操办人丧失了兴趣，也就难免会出现"复制""修改"后上报的情况。三是造成了教师对相关政策的不信任，上级三令五申，要求减轻教师的过重负担，但实际上没有多大改观，甚至愈演愈烈，这必然导致基层学校和教师对相关要求的怀疑和不信任。

3. 原因分析

为什么不能够让教师安安静静地教书、管好一个班呢？一是监管的上级部门太多，管到乡村小学的上级部门，少说有市教育局、镇党委、镇政府、镇教育管理办公室，还有属地的相关管理部门（如镇市场监督局、镇文明办、镇团委等），因为"河长制进校园"政策的实行，镇水利站也成为学校的上级部门之一。二是为压实责任、加强责任传导，有时会出现重复检查，如教育体育局勤工办和市场监督管理局会同时对食堂进行检查。三是为了体现管理到位，上级相关部门都需要过程性的资料，强调留痕管理。

4. 政策建议

2019年12月，中共中央办公厅、国务院办公厅印发《关于减轻中小学教师负担进一步营造教育教学良好环境的若干意见》（以下简称《意见》），对减少中小学教师的检查评比事项、不得随意向教师摊派任务等做出规定。《意见》表示，党和国家高度重视教师工作，在倡导全社会尊师重教、推进教师管理体制机制改革、落实教师待遇保障等方面采取了一系列政策举措，取得了显著成效。但出于种种原因，目前中小学教师还存在负担较重的问题，主要表现为：各种督查、检查、评比、考核等事项名目多、频率高；各类调研、统计、信息采集等活动交叉重复，有的布置随意；一些地方和部门在落实安全稳定、扫黑除恶、创优评先等工作时，经常向学校和教师摊派任务。教育部教师工作司司长任友群说："这极大地干扰了学校正常的教育教学秩序，给教师增加了额外负担。对此，必须牢固树立教师的天职是教书育人的理念，切实减少对中小学校和教师不必要的干扰，把宁静还给学校，把时间还给教师。"[1]《意见》要求，要遵循教育教学规律，聚焦教师立德树人、教书育人的主责主业，坚决反对形式主义和官僚主义。随后，多地出台《中小学教师减负清单》，以保障《意见》的落实。然而，减负清单的出台，并不意味着万事大吉，如何把减负清单真正落实到位，仍是考验。

（三）乡村小学的投入不足

1. 现状描述

近年来，乡村小学的办学设施在不断完善，比如，基本实施了"校安工程"，对老旧的校舍进行了加固，修了塑胶操场，装了电子白板一体机，但与城镇小学相比依然有很大的差距，主要表现在：一是校舍陈旧甚至破落。章郭小学和李庄小学占地面积都不小，差不多接近20 000平方米，生均占地面积大大超出上级的要求。两所小学之所以能有如此大的校园，是因为数年前当地的初中撤并了，校舍空闲出来，所以才将小学搬迁到这里。目前主要在使用的教学楼都经过"校安工程"的加固，但是校园内多余的楼房（老教学楼、宿舍楼等）并未加固，总体而言，建筑物相对老旧甚至破旧。二是设备设施陈旧。仅举一例，几年前因教育现代化验收的需要而统一装备的电子白板一体机，经过五六年的运转，发挥了积极的作用，但是已经接近使用年限，很多投影仪的灯光亮度削弱，伴随着不断出现的其他问题，不少投影仪处于无法使用的状态，而维修费用又较高，学校无力承担。三是无力添置相关设备。比如，偌大的镇中心小学竟然连一台数码相机也没有。

2. 带来的影响

一是相比于城市中新建学校所拥有的现代化的建筑和优美的环境，乡村小学老旧的建筑、没落的环境，自然让学生（家长）、教师丧失对学校的认同，更谈不上有归属感。二是设备设施的损坏，直接导致使用的困难和不方便，甚至损害学生的健康。三是设备的缺失严重影响工作的开展，进而影响了办学水平的提高。

3. 原因分析

一是客观上，随着乡村小学的生源萎缩，学校有走向消亡的可能，自然就导致投入的减少。二是县域因整体的财力有限，往往会选择性地投入，权衡之下会有所偏重，受伤的则是弱小者。三是乡村小学教学人员有限，缺乏后勤管理人才，学校教师大多身兼数职，既要忙教学，又要参与学校的日常管理，明显力不从心。学校的重心在教学上，

---

[1] 张烁. 切实减轻中小学教师负担 完善师德师风建设长效机制[N]. 人民日报，2019-12-17（07）.

因而在基础设施建设方面心有余而力不足,而学校相应的教学设备跟不上,基础设施不健全,又反过来影响了学校的教学发展。

4. 政策建议

2018年4月25日,国务院办公厅下发了《关于全面加强乡村小规模学校和乡镇寄宿制学校建设的指导意见》。2018年11月12日,江苏省政府办公厅出台了《关于全面加强乡村小规模学校和乡镇寄宿制学校建设的实施意见》。2019年3月6日,江苏省教育厅发文,要求认真贯彻落实国务院办公厅《关于全面加强乡村小规模学校和乡镇寄宿制学校建设的指导意见》,按照"统筹规划、合理布局,重点保障、兜住底线,内涵发展、提高质量"的基本原则,切实加强乡村小规模学校和乡镇寄宿制学校的建设和管理,扎实推进城乡义务教育优质均衡发展,努力办好人民满意的教育。文件的主要要求包括统筹学校布局规划。按照"科学评估、应留必留、先建后撤、积极稳妥"的原则从严掌握小规模学校撤并,严格履行撤并程序,设置撤并过渡期,视生源情况做必要调整,做好衔接工作,切实办好保留学校。加快标准化建设。小规模学校配备必要的教学设施设备和功能教室,改善生活卫生条件;明确寄宿制学校的基本生活条件标准,保证开展共青团活动、少先队活动、文体活动、心理咨询、卫生保健等必需的场地与设施。2020年年底,两类学校在各方面要满足教育教学和提高教育质量的实际需要,基本实现县域内城乡义务教育一体化发展。强化师资队伍建设。教师编制向小规模学校倾斜,按照生师比与班师比相结合的方式进行核定,适当增加寄宿制学校编制。教师待遇向两类学校倾斜,在省、乡镇工作人员补贴政策的基础上,按照不低于20%的比例提高乡村小规模学校、教学点教师补贴发放标准。着力解决两类学校教师周转住宿问题,将符合条件的乡村学校教师纳入当地住房保障体系。加大经费保障力度。健全"城乡统一、重在农村、以县为主"的义务教育经费保障机制,重点向农村义务教育倾斜,向两类学校倾斜。提升办学质量和水平。促进优质教育资源共享,推进乡镇中心学校同小规模学校一体化办学、协同式发展、综合性考评。依托智慧教育云平台,推进网络优质课程资源建设。开展城乡学校网上结对,构建一体化的网络联合学校群,推动城区优质学校与两类学校开展同步课堂、双师课堂、在线答疑辅导及教师同步备课与教研等活动。

近年来,国家采取了一系列重大政策措施,不断加强农村义务教育,乡村学校的办学条件得到了明显改善。但乡村学校仍是教育的短板,迫切需要进一步加强建设。相信在各级政府的落实之下,乡村小学的前景是值得期待的。

二、县城小学教育面临的主要问题与对策

近年来,各级政府对教育的投入明显增加,反映在小学教育上,主要是新建学校、易地搬迁学校、改扩建学校,以及教育教学设施的更新换代等。以海安市为例,新建了城南实验小学、长江路小学;易地重建了李堡中心小学、开发区实验学校、明道小学丹凤校区;原址重建了海师附小海光校区;启用了城南实验小学西校区,实验小学、城南实验小学扩建工程正在进行中;实验小学北校区、南屏小学、高新区实验小学已选址,有望近期动工;各学校的教学设施设备也在不断更新换代,已经逐步从"白板"时代跨入"一体机"时代。但是,城市化进程、经济快速发展产生的吸附作用、教育高地

产生的聚集效应等，明显超出了人们的预估，小学教育在取得长足发展的同时，也面临着突出的矛盾。

第一，学校布局与教育需求之间的矛盾。2020—2021学年段，海安市共有42所小学（不含特殊教育学校），其中，城区（含城郊）只有4所学校的9个校区，广大的乡镇地区有38所小学。城区4所学校的学生总数为19 562名，其余38所学校的学生总数为15 848名，城区学校学生总数已经超过全市的55%。几年之后，这一比例将会更高，因为2019年、2020年城区学校一年级新招学生总数均已超过全市的五分之三。这一矛盾导致了超大规模学校的增加，也使得大班额化解难度加大。

第二，师资配置与学校需求之间的矛盾。2020—2021学年段，海安市城区4所小学校9个校区的教师总数为1 032人，乡镇小学教师总数为1 448人，即城区学校以占全市41.6%的教师人数承担了超过全市55%学生的教育教学任务。城区小学，以及工业发展较好且吸引外来人口较多的开发区、李堡镇、滨海园区的部分小学的师生比明显高于其他地区，最大的师生比是最小的2倍多。这导致城区学校及东部地区有的学校教师工作量明显高于其他地区学校。进城已经成为大部分乡镇教师的非选项。

第三，教师结构与教学需求之间的矛盾。这里的"教师结构"是从学科角度分析的。海安市的小学在编教师有2 480人，其中，音乐、美术课在编教师各有106人，体育课在编教师有152人，科学课在编教师有34人，信息技术课在编教师有51人，道德与法治课在编教师有25人，结构不均衡现象一目了然。需求矛盾突出的课是道德与法治、科学、体育。在小学，道德与法治课主要由语文、数学教师兼教，而科学、体育课的兼职教师就比较难选。从教材使用、课程设置等方面可以看出，国家对这3门课程非常重视，但从教师结构角度来看，教学质量保障的压力很大。

经过调研，海安市出现的现象其实是苏中、苏北乃至全国很多地区普遍存在的现象，因此，不论是从实现教育现代化的角度，还是从推动江苏教育继续领跑全国的角度，深入研究、寻找对策、解决这些问题，具有很强的现实意义。当然，上述矛盾的形成日积月累，解决也不可能是一朝一夕之事，但积极应对，举措得力，不但可以遏制矛盾加深的趋势，而且可以有效缓解，乃至早日化解矛盾。

第一，制定强制性教育用地规划考核制度。进城农民，教育"移民"，外来创业者、务工者，为地方政府的土地财政提供了强有力的支撑，推动了地价、房价的不断上涨，地价的持续上扬却使得政府舍不得预留教育用地，不完全根据人口密度预留教育用地，甚至将规划的教育用地变更为上市土地。因此，一些大中城市要求开发商开发住宅小区时必须配套建设学校，但这种做法在县区很少见到。所以，要真正解决县区普遍存在的超大规模学校、班额等问题，必须制定对县区政府有很强约束性的考核制度，促使地方政府在城市规划时留足教育用地，不挪用教育用地，从基础设施上保障小学教育真正迈上现代化新台阶。

第二，根据实际适度调整教育布局。让所有的孩子都有学上，都能就近入学，是办好人民满意的教育的重要指标，因此，虽然农村地区学校撤并较多，但原来的乡镇中心小学都被保留下来了。这些学校原来都具有一定的规模，但随着农民进城数量的增加，大多出现了生源减少的现象，在校学生数逐年递减。以海安市2020—2021学年段为例，学生总数不足 200 人的小学多达 16 所，不足 100 人的小学有 4 所，近几年，每年都有学校一年级新招学生数不到 10 人。虽然学校规模小，但这些学校都是按照每班 3 位教师的标准配置的。这成为导致不同学校师生比差距拉大的原因之一。苏中、苏北地处平原，乡村道路基本硬化，交通便捷，出行大多是依靠电动车，学生上学在路上的时间基本在 15 分钟以内。根据以上情况，政府可以尝试将少数学生很少的学校暂时关闭，将学生分流到附近规模较大的学校。教育行政部门则可以统筹安排，鼓励部分教师调动或交流到教师相对缺少的学校。将来，视情势发展再推广或改变这一做法。

第三，恢复专科与全科相结合的教师培养办法。20 世纪八九十年代，面向小学的师范教育基本采用专科与全科相结合的教师培养办法，即音乐、体育、美术等专业性相对较强的学科学生进行专科培养，其他学生接受全科教育，毕业后根据学校需要安排岗位。但随着入职门槛的提高，21 世纪以来参加工作的教师基本是本专科学校毕业生。这些教师的学历层次无疑是提高了，但知识面相对较窄、基本功不扎实等问题也暴露出来，不容易适应所学专业以外的学科教学。因此，可以在师范院校尝试恢复面向小学的全科教师培养，让这些毕业生有更强的适应性。同时，鉴于小学科学知识覆盖面广、实验操作多，也可以在师范院校试行面向小学的科学教师培养，以解决小学科学教师严重短缺的问题。

（海安市曲塘小学教育集团　顾荣，海安市城南实验小学　许习白）

第三节　初中教育的痛点、堵点、难点与对策建议

基础教育改革已经进入内涵发展的新时代。均衡发展、标准化发展、一体化发展的核心是提高教育质量。初中是基础教育的"软肋"，而农村初中面临的挑战更大。

一、城镇化提速背景下乡村教育被边缘化

（一）现象探析

近年来，城镇化进程提档速度加快，人们将更多的注意力、更多的资源投入城镇发展及解决由此带来的问题上，而城郊、乡村学校在资金保障上，在问题解决的行动、措施上，跟进比较慢，譬如，涉农街道的农村学校的性质界定、农村初中面对大量留守青少年、寄宿生宿舍条件普遍较差、寄宿生管理的经费很难得到落实、农村骨干教师队伍不稳定，乡村初中很容易变成不值得投注目光的地方。因此，在资源不足的情况下，不少乡村初中校长求"稳"心态较重，学校更难以从被边缘化的境遇中突围出去。

择校现象的出现能从另一个角度反映初中学校发展的不均衡。一方面，城郊、偏远农村初中规模本就不大，且一直呈缩小趋势，有些初中就像风雨飘摇中的"小舢板"，而随着人员向城区加速聚集，城区初中则出现大班额、"航母校"的现象；另一方面，经费使用不均衡，农村初中生均公用经费标准虽有所提升，但部分学校公用经费被截留严重。经费拮据、无自主权的小规模初中早就成了教育中的"特困户"。在预算外资金使用上，农村初中明显存在弱势，校长常被戏称为"化缘校长"。维持学校正常运转的

年缺口在几十万元，有时重点项目也得不到保证，学校想做的事一直是"永远美好的愿景"。这就是体制机制造成学校之间经费使用的不平等、不平衡。

（二）探索突破

对农村初中的重视，不能一直停留在口头上、规划中。其一，校舍必须坚固、适用，符合抗震、消防等安全要求；学生桌椅须定期调整、更换；还须解决图书不足且老旧、传统理化生实验室严重老化、体育运动场地不达标等问题；学生宿舍、厕所、教师流转宿舍等须满足现代生活需要。其二，大幅度地提高教师培训所需资金。

对因城镇化加快导致人口向城区聚集的现实，政府与主管部门应尽早谋划，先期介入，打破以镇区为中心的规划格局，从县域范围统筹农村初中学校布局。建议既要向中心镇布局，又要留存部分边远初中，按照现有学校空间和硬件设施严控学生总数和班额，坚决杜绝大班额现象。建议以立法形式严控班额，按照社会经济发展的省情，初中班额应控制在35人左右，不超过40人，并逐步向小班额方向转变。只有班额适当，才能真正实现因材施教，才有可能关注学生的个性成长，这样的教育才符合人性，满足社会发展要求，才可能算得上是抓住教育现代化的核心，实现高质量的发展。

二、农村初中非骨干教师流动难，而年轻骨干教师单向流动明显加快，导致一些农村初中教师队伍老化、结构性缺编

（一）现象探析

农村初中青年人才流失严重，这一问题没有得到有效解决。一方面，多数农村初中总量超标，有的甚至还很严重；另一方面，能胜任一线工作的教师人数不足。在学校超编人员当中，老、弱、病占比大，特别是弱的问题还没有得到有效解决，部分教师缺少精气神；学校还存在严重的人浮于事、吃"大锅饭"、平均主义的现象，给国家资源造成极大浪费。

虽然主要学科教师配备相对齐全，但政治、历史、地理、生物、音乐、体育、美术，特别是劳动、信息技术课教师配备不全，小规模学校小学科教学的教师专业化困难较大。音乐、体育、美术、劳动、信息技术的教学，本是全面育人体系中的重要内容，却成了初中教育的短板。同样，教育技术现代化在推进，但校际有差距，多数初中并未配备智慧教室、移动终端等设施设备，学生用机老旧，教室配备的现代教学设备也明显老化。教室、功能室数量不足，初中传统理化生实验室改造、信息技术教室设备更换、劳动实践教室建设及各功能室管理人员配备、培训有的不够重视，有的没有起步。

（二）探索突破

第一，教育行政主管部门应组织力量对学校教师现状实施大排查，摸清学校的基本情况。一方面，依据小班化、师生比缩小趋势，对乡村小规模初中、寄宿制初中合理增加编制数，将因农村学生寄宿住校增加的工作列入教师工作量；优化学科教师结构、合理配备骨干教师，对小规模且课时量少的学科，可以采用区域内初中走校教学模式，缓解部分学科缺编问题。另一方面，要盘活学校教师现有存量，对因病不正常在岗的，因病、因老需要减轻工作量的，因不能适应教育教学改革需要的，逐一梳理，对不能在一线上课的教师该休息的在家休息、该转岗的转岗、该学习进修的停课"充电"，对不想

在校任职或者确实不能履行岗位职责的，该流出教育系统的让其流出。教师进、出两个口应通畅有序。

第二，落实好县管校聘、教师定期交流制度。交流做到城乡一体化、一元化，乡镇初中间、乡镇与城区初中间双向、多向流动，既要保持学校稳定，又要方便教师生活，实现校际教师专业能力、管理水平的相对均衡，特别是要把薄弱初中学校的办学质量的底托高。既把教师流动作为教师职位晋升的必备条件，又适当给教师增加不同经历、不同文化背景的交流机会，以及因为交流适当增加教师专业成长的压力、推动力。具体怎样操作，也需要顶层设计，探索出科学的、序列化的操作体系和细则。

第三，充分利用教师资格定期注册、低职高聘、绩效考核发放等制度，打破"大锅饭"，激发不同层级职务教师的工作动力。教师资格定期注册，不能"走过场"，应与师德诚信、教育理念、工作过程、专业素养、课堂教学、课程改革效果等重点工作结合起来。考核必须向一线倾斜、向骨干教师倾斜、向绩优高效者倾斜，向为教育高质量发展做出贡献的教师倾斜，向积极投身课改、专注立德树人的教师倾斜。

三、教师职业认同和幸福感亟待提高

（一）现象探析

教育是生命影响生命的事业，教师决定着学校教育的品质。一些新入职教师对工作感到迷茫、有偿家教屡禁不止、部分教师专业成长缺少动力，致使课程改革推进困难重重。教师薪酬水平偏低、职业吸引力不强、身心亚健康占比较大、工作幸福指数常年在低谷徘徊等问题不解决，将直接影响教育生态和学校高质量发展。一些流于形式的研修活动，以及各种无效的有奖问答、与教育并无瓜葛的考核、空有名目的培训等，更是放大了职业倦怠的负面情绪。

（二）探索突破

加强对学校基层干部的考核，在严格干部职位的情形下，对任职合格的行政干部给予适当的工资薪酬，对优秀者大胆奖励。地方政府和行政主管部门要推进依法治校，保障学校的办学自主权，依法对学校办学与管理行为加以监督。坚持推进学校现代制度建设，落实和扩大学校人、财、物、课程管理自主权。推进实施中小学校长职级制和过程性评价诊断，让更优秀的人愿意当校长且乐于成为名校长。落实校长在干部聘任、教师评聘等方面的用人权。落实学校在教师职称评聘、评先树优等方面的话语权，在绩效工资、优秀教师激励等方面的分配权及在内部机构设置方面的管理权。

四、评价导向不够清晰、权力与责任边界不够明晰

（一）现象探析

评价既是办学的指挥棒、方向标，也是办学活力的总开关。因为缺乏科学的质量标准，而且多元评价、发展性评价等手段未能建立，所以一所学校办得好还是差，很容易直接简单化地拿分数、拿升学说事。如果放任这种单一、片面的教育评价导向被社会功利主义、政府错误的政绩观（主要着眼于升学率、高分人数）"绑架"，就会造成教育短视，办学左右为难，必然使学校丧失活力。在强调培优拔尖的时候，如果走极端，评

价便会更多地指向高分层、普高升学率,那么农村初中大量的留守儿童和困难生怎么办?是敷衍还是放弃?口头上强调均衡发展,实则上还在变相地拿教育成绩排名,这让校长和教师都处于两难境地,又何谈让学校走出僵化的困境呢?

谈到一所学校,校长的权力与责任是不可避免的话题。但校长在学校的权力有多大?责任有多少?这二者还对等吗?实事求是地讲,当前的学校办学自主权是缺位的,体制机制没有理顺或者不健全,评价体系落后、单一,导致初中校长职业倦怠比较严重,学校活力空间大为缩小。我们拒绝不受束缚的、容易滋生腐败的权力,但是"带着镣铐的舞蹈"也使很多有思想、有抱负、有情怀、有能力的校长退而求其次,沦落为一个"维持会会长"。

(二) 探索突破

第一,拓展、完善以履职尽职为核心的政府评价,着力解决地方政府对教育领导不力、重视不够、投入不足、管理不善、"放管服"(简政放权、放管结合、优化服务)不到位等问题。当前,要聚焦教育发展中的阶段性重点问题,如小班化后师资教室的筹备、农村寄宿制初中的经费投入、留守少年的"控辍保学"、农村初中教师的队伍建设、"五育"并举的落实、对学校的评价导向等,督促政府采取有力措施加以纠正、破解。

第二,推进以校务管理、全面育人和特色建设为重点的学校评价。一是校务管理评价以推动学校依法办学、科学管理为根本,以教育部2018年研制的《中小学校管理评价》为蓝本,实现县本化,结合上面提到的县域乡村初中现代化达标标准,对学校实施管理评价。二是坚决破除评价一所学校好坏、办学水平高低聚焦升学率、高分层的评价标准,着重考察评价育人成效的过程性、发展性和增值性,着重考查从初一开学到初三毕业3年中坚持"五育"并举的教育方略,以及学生个体发展、提升、改善情况。三是通过评价,推进学校特色办学、高品质办学,重点考查办学理念、育人目标、特色课程、教师设备、教材支撑,以及学生成长、课程实施和课程活动的主体性、广泛性及可测量性等。

第三,坚持以立德树人为根本目标的师生评价,强化初中综合素质评定工作。深化教师评价机制,一是重视教师思想品德素养状况,把师德师风和职业道德放在第一标准、首要位置;二是强化教师常规工作的过程性评价;三是推进对教师现代教育理念、课程改革(含课堂教学)的能力水平、师生关系、学生发展、师德师风等重点指标的评价。

五、教师的观念转变有困难

(一) 现象探析

课堂教学改革必先引领教师观念的彻底转变,要彻底打破一讲到底、以考代学的教育现状。所有的改革探索必先走出固定的、习惯的舒适区,走进焦虑的、痛苦的探索期和创新区。所以改革能否成功,关键靠教师的认同力、转变力、坚持力和创新力,否则在改革之初就会"夭折"或半途而废。很多来如东景安初中考察调研的教师,交流时都谈到这些问题:他们的课堂改革很多是因为教师的不认同和不坚持而功亏一篑的,还有就是教师队伍不稳定，导致学校的课堂文化传承有很大的困难。像景安初中仅2020年就有5位培养多年的、课堂改革的中坚力量流出，所以学校每年都会出现"培训新教师—教师流动—我们再培训"的这一循环使命和任务。

（二）探索突破

景安初中坚持课堂教学改革10多年，充分发挥行政引领的作用，逐步引领教师转变观念、积极探索和努力实施。长此以往，全校上下形成让课堂教学改革探索成为一种习惯养成和责任认同的意识。下面以景安初中为例进行分析。

一要汲取学校精神，激发教师源于内心的责任感。随着时代的发展、物质文化的提升，人们追求物质享受、生活品位提高的意识越来越强，尤其是年轻人，这无可厚非。在众多职业中，教师，尤其是乡村教师，可谓生活平淡、经济拮据，好像被排斥于五彩世界之外，一任岁月流淌、青春消磨。那凭借什么才能让乡村教师抵制世俗诱惑，奠定人生的精神支柱呢？凭责任，凭学生的欣赏和家长的认可，凭"桃李满天下，杏坛定乾坤"的幸福。责任心的确立，会赋予教师强大的心理能量和人格力量，会给教师以生命价值的提升。

景安初中是一所以烈士命名的学校，学校所推崇的文化主张就是"责任在肩，幸福成长"，所提炼的学校精神就是"敢为人先的竞争精神、突破传统的改革精神、尊重规律的科学精神、团结协作的团队精神、与时俱进的创新精神"。精神往往是工作、生活的支柱和动力，我们汲取学校精神，强化责任意识，增强了师生的认同感和归属感，赋予了乡村教师强烈的正能量。

二要寻求教学变革，促进教师的多元发展。教学是一潭"活水"，常变常新，千万不能故步自封，陷入泥淖。为了学校的优质发展，我们要多思考、多创新，不断更新教学理念，创新办学思路，而这恰恰又给师生发展带来契机，创设了多元发展的平台，为教师发展赋了新能源和新天地。在课堂教学改革中，"弄潮儿"向涛头立，让教学能手、乡村名师的培养成为师资队伍建设的主流。作为一所农村初中，能走进教育视界，逐渐成长为全国课改知名学校，这完全得益于学校10多年来潜心钻研、努力推进的课堂教学改革。这一步的迈进，成就了学校，成就了学生，更成就了教师。在这改革的浪潮中，学校想方设法，引领与转变教师原先固有的观念，大胆创新、积极改变、超越自我。在加强师资队伍建设时，学校充分挖掘有利资源，创设发展平台，大力培养青年骨干教师，让他们成为课堂改革的"弄潮儿"，充分发挥其积极的引领作用，使其成长为出自教学一线的课堂改革实践专家，成为学校走向外界的一张亮丽的名片。

随着课堂教学改革的推进不断深入，"合作学习景中样式"研究已日趋成熟，成果也颇为显著，尤其是在课堂改革浪潮中通过不断摔打、锤炼，很多教师脱颖而出，真正成长为来自教学一线的课堂教学改革实践型名师。学校将这些教师组建成课改团队，建立校园人才库，并接受多方邀请，多人次在全国范围内执教公开课、研讨课，增强了学校的辐射、引领效应。独特的教学方式、积极的课堂生态、学生的学习自信培养等方面对课堂观摩者产生了极大的震撼，得到了极好的评价和极高的赞誉。

三要以团队建设为平台，注重教师的个性化发展。要使每一位教师都能得到相应发展，必须加强团队建设，以团队作为教师成长的土壤。这样既能使教师相互学习、相互促进、共同提升，又能让他们增强自我内驱力，注重个性化发展。学校在教师队伍建设方面，着重打造系列团队，为教师发展赋予团队的力量。① 加强骨干教师后备团队建设。近年来，随着教师队伍流动性的增强，学校每年都会有新的教师进来，为学校发展注入新鲜血液。为了让新教师能在最短的时间内熟悉学校的课堂改革理念、课堂学习模式，熟练驾驭学校的课堂教学操作流程、运行方法和实施细节，学校每年进行新教师课堂教学改革入模培训，开展了多轮次的试水课、舞台课、研讨课、比武课等教学研讨活动。学校将这些新教师吸纳进入骨干教师后备团队，使他们一年内的成长目标明确化、完成任务表格化、完成质量数字化，做到"一年内上路子，两年内压担子，三年内结果子"，真正成长为学校课堂教学改革工作中的青年骨干教师，让品牌教育成就教师。② 创设党员工作室示范岗。为了充分发挥党员的先锋模范作用，尤其是学校课堂改革推进中的引领作用，学校召开全体党员会议，认真选拔党员中的骨干力量，创设了8个党员工作室，给党员骨干教师一个空间、一个团队、一个主题，让他们带领一部分教师学习研讨，共同成长。值得一提是，景安初中的优秀党员佘晓芹老师以自己的党员工作室为平台，加强语文教研组建设，成功将语文组4位教师培养成了南通市名优人才。③ 加强学科组建设，提升教师的学科素养。教育质量要提升，关键要教师善于研究、善于思考，努力提升自身的业务能力和学科素养，所以学科组建设是学校工作的主抓手。④ 设立学科宣言。为了凸显学科特质，明确教学主张，获得学科的归属感，学校设立学科宣言，作为教学引领。⑤ 有效开展研学。确保学科组研学活动正常有效开展，做到四定：定时间、定地点、定程序、定内容。⑥ 评选明星学科。每学年根据学科的教学质量和组员的专业发展，评选明星学科。其中，学校的英语学科质量历年稳居全县一二名，成为一道亮丽的风景线。

六、大班额制约课改实施

（一）现象探析

以景安初中为例，景安初中推行的小组合作学习，之所以能顺利开展，一个重要因素是学校是小班化教学试点学校，有相应的时间、空间，让合作学习有效开展并真正落地。很多学校在调研交流中都有一个共同的困惑和难题，那就是班额太大，很多美好设想和宏伟蓝图都无法实施，化为泡影。

（二）探索突破

我们认为，可从教育行政层面通盘考虑、统筹安排，真正实现优质均衡教育，推动城乡义务教育一体化发展。从硬件实施投入、教师队伍建设、学校办学规模等方面长远规划，科学实施，千万要杜绝城市教育膨化、乡村教育萎缩荒芜的现象。可科学推行集团化办学，在生源、师资、办学理念、文化构建等方面真正做到资源共享，同步发展。

七、学校课程建设力量薄弱

（一）现象探析

受办学理念、地域差异、教育教学资金投入等因素的影响，各学校的课程建设力、引领力良莠不齐。课堂教学改革不是单一的、单向的，而应该走向多元化、立体化。学校的发展应对标上海的学校，教育教学改革的推进，要从课内走向课外、从校内走向校外，尤其是育人的目标要在关注全体的基础上，更注重个性化发展，要构建符合个性化发展的课程建设体系。

(二) 探索突破

尝试在基础型课程的学科课程中进行项目学习和主题学习。充分发挥校本课程（拓展型课程、研究型课程）的功能，以实现三个课程目标：知识与技能的拓展，满足不同学生个性化发展的需要；凸显学生自主发展和自我教育；教学方式得到全面转变。以主题学习（内容统整）和项目学习（内容统整+教学方式变革）为课程统整的基本线索，构建集基础型、拓展型和研究型于一体的新型课程，从而更加凸显实践性、探究性、跨学科和活动的多样性。

八、行政执行力、创新力不强

(一) 现象探析

一个好校长就是一所好学校，一个好校长就是一个好团队。校长不只是一名行政领导，更是学校的精神领袖。一所学校，既要有源远流长的文化传承，又要有校长理念引领下的文化呈现，二者相辅相成。所以，学校的办学理念、办学思路、文化创设等，都应该深深烙上校长的人性色彩和理念印记，只有这样，方能提升校长的执行力，赋予教师成长的引领力。

(二) 探索突破

做一名有品位的校长。校长受众人推崇，是众望所归，所以必须是饱学之士、儒雅之人，谈吐自定，举止从容。校长要是一个有气度的人，在韬光养晦之中，又可显露锋芒；在温文尔雅之中，又可绵力无穷。校长更要是一个有品位的人，考虑问题要高瞻远瞩，处事方式要灵活多变。这样的校长方能让别人折服，从而增强自身的感召力。

做一名讲民主的校长。校长不能只是简单地对人下行政命令，更多的要铸造自身的人格魅力，尤其要具有民主思想和民主作风。自古以来，校长只有虚怀若谷，才能海纳百川；只有礼贤下士，才能汇集人才。对待教师、处理事情，要以人为先，与人为善。多为别人着想，多站在别人的角度考虑问题，尊重别人的想法，顾及他人的难处。这样的作风，教师们也会欣然接受。

做一名有气度的校长。校长，作为学校的精神领袖，更多考虑的是学校的办学思想、办学之路、学校特色文化的创建。校长不应亦步亦趋，唯唯诺诺，整天陷于繁杂事务的泥淖。平时要想得多、看得多、说得少、管得精，要让话语和行动起到点石成金的效果。

做一名会教学的校长。校长必须是教学的引领者、课堂上的一把好手，对教学质量要严抓细管，教学风格要独特鲜明，教学能力要为师之楷模。校长只有融身教学，才能把握教学动态，敏锐发现问题；只有投身课堂，才能感受教师生活的价值、乐趣所在，才能使最根本的教师角色不褪色；更主要的是，校长只有直面教学，才能在教师面前有话语权、权威性。

九、教学中立德树人难以落地

（一）现象探析

立德树人是教育的根本任务。而在平时的教育教学中，学校往往将立德树人简单地同德育活动等同起来，将立德树人从课堂教学中、学科学习中剥离开来，不能充分设置学科的教学情境，不注重学生的在场体验，不能将立德树人渗透到教学的每一个环节、每一个细节，不能让立德树人在课堂学习中落地生根。

（二）探索突破

校园是学生生活、学习的主要场所，课堂是学生学习知识、提升能力、培养意志品质的主阵地。以景安初中为例，"合作学习景中样式"是在教师的关怀下着力培养小组成员的"学友情结"和"助人品质"，努力实现学校"为现代社会培养优秀公民，为学生幸福人生奠定基础"的办学理念，引领农村孩子志存高远，胸怀天下。学校推行的"问题伴学"既是一种教学模式，也是一种教学理念，其含义有两种：一是问题相伴的学习，即学习是基于问题而展开的，是发现问题、解决问题、再生问题和创生新问题的过程；二是学习是群体游戏、活动等方式的学习，是知情相融的学习，是充满童趣的快乐学习，学习的过程是同学之间互学互帮的过程。所以，"问题伴学"就是基于问题的合作学习，是基于自主探究、互助友爱、共同提升的合作学习。

1. 小组文化

根据多伊奇（M. Deutsch）的目标结构理论，合作型目标结构是指团体成员有着共同的目标，只有当所有成员都达到目标时，个体自身才能达到目标，获得成功。为此，小组成立后，小组成员共同商讨、制定出自己的小组名称、奋斗目标、励志口号、合作的内部约定等，形成独特的小组文化。每个小组就是一个小集体，每个小组都有一块小阵地。在他们的阵地里，我们可以欣喜地看到小组成员互助互爱、学习小组集体成长的历程。在成长过程中，学生也将找到自己集体归属的幸福感。

2. 小组关爱

合作学习开展后，将小组关爱作为合作的重要动力，把小组关爱作为新课改下对师德师能的新要求。教师既要对学生个别关爱，又要以小组为单位集体关爱。具体要求是：每天与一个小组集体谈心；每课重点辅导一个小组；每课参与两个小组活动；每课点评三个小组状态；每位教师包干两个合作小组；每周组织一次组长集中培训；每月进行一次小组表彰。在这样的氛围中，学生才能体会到集体成长的快乐。

3. 前置补弱

在合作学习中，学困生成为课堂关注的重点。为了给予学困生更多的关爱和帮助，学校利用寄宿制的有利条件，在晚自习时间进行前置补弱，让学生独立预习、独立思考、独立作业，对学困生进行组内帮扶或教师个别辅导，将学困生的培补提前到预习阶段，使学困生在步入课堂学习前就能掌握基本知识，这样就能让所有的学生在课堂上"齐步走"。学校提出八项要求来加强前置补弱工作：前置补弱，超前辅导；兴趣小组，专题辅导；配备教师，包干辅导；过程关注，时时辅导；强化教育，思想辅导；作业面批，个别辅导；循序渐进，过关辅导；小组成员，分工辅导。

4. 爱心工程

景安初中，作为一所农村寄宿制学校，为了给留守儿童撑起一把保护伞，实施了"1+3+5"爱心工程，即1名党员干部带领3名教师，这3名教师每人负责5名留守儿童，关心留守儿童的生活、学习，让他们感受到家的温暖，培育积极情感。

合作学习的文化构建，始终把课堂作为立德树人的主阵地，师生情谊、伙伴情结和助人品质得到有效培育，并形成了积极的情感、态度和价值观，努力让每一名学生处于最温暖、最有效的学习状态下。

（如东县童店初级中学　沈素兵，如东县景安初中　林来建）

第四节　普高教育的痛点、堵点、难点与对策建议

眼下，素质教育的大旗猎猎作响，但应试教育似乎"颇有市场"。高考之下，社会与家庭对升学率的渴望，助推"素质教育"的异化，教师困惑、学生辛苦、家长无奈。高中教育高质量发展面临诸多困境。

一、高中教育发展不平衡、不充分与高质量教育诉求之痛

对标"强富美高"新江苏的建设目标，江苏高中教育的主要矛盾是江苏人民对高质量高中教育的需要与高中教育发展不平衡、不充分之间的矛盾。

1. 当下江苏高中教育发展不平衡的突出表现

① 区域、城乡教育发展不平衡。城乡之间，苏南、苏中、苏北之间，在高中教育投入、教育理念、教学范式等方面存在较大差异。

② 学校之间发展不平衡。重点高中与普通高中在教育资源、教育环境、发展潜力等方面存在较大差距；优质高中教育资源分布的不平衡，影响了受教育的质量。为追求优质高中教育资源引发的择校，既增加了家庭的经济负担，又加大了越级上行就读的高中学生的学习压力。

③ 学科之间发展不平衡。语文、数学、英语学科受到高度重视，选一（物理、历史）、选二（化学、政治、生物、地理）学科在教学课时安排、师资力量上明显处于弱势，非高考学科则处于边缘化境地。学科之间发展的不平衡影响到学生全面素质的提升。

只有教育均衡才能实现教育公平，进而才会实现社会公平。应当以资源流动解决教育发展不平衡问题，着力解决区域、城乡、校际发展的不平衡问题，前瞻性关注江苏新高考模式下学科发展的不平衡及潜在危机。

针对江苏高中教育发展的不平衡问题，有如下几条政策建议可供参考。

第一，加大对高中教育相对落后地区与学校的专项财政投入。财政投入是公立学校发展的物质保障，要确保资金用在补短板的关键领域。

第二，着力构建优质高中师生资源均衡化的体制机制。创新实施"志愿支教""签约帮扶""强弱结对"等教育帮扶工程。

第三，构建有利于高中教育均衡发展的现代教育体系。积极培育多元市场主体，采用公办、民办、混合办学等多种方式，实现各种性质的办学机构的互相促进、互为补充。

第四，高中学校坚持全面育人的指导思想。克服"唯高考化"的办学思路，打破功利化的办学惯性，妥善处理高考升学与学生全面发展的关系，根据国家标准推进教学实施，防止功利化的学校课程安排，办有良心、有温度的高中教育。

2. 当下江苏高中教育发展不充分的突出表现

① 人才培养目标落实不充分。高中阶段，以知识学习为主要内容的"智育"培养仍占主流，人才培养模式相对于提高学生的社会责任感、创新精神和实践能力的要求还有较大差距，死记硬背式的知识点学习、"应试"现象还比较严重，素质教育思想和立德树人根本任务还没有在实践层面得到有效落实。

② 满足个性化、多样化高中教育需求的办学模式发展不充分。虽然我国高中教育水平有了大幅度提高，但高中教育质量及内涵发展仍有待进一步提升，个性化供给不足，多样化选择不够，普通高中的学校特色发展不鲜明。

③ 服务国家战略发展需要的人才培养结构、学科专业结构和知识能力结构不尽合理。受江苏高考分值设计的影响，理化学科教学的研究性与深度不够，应对创新型国家建设需求和以人工智能为代表的第四次产业革命的挑战，显得短视。

④ 校本课程开发、高中社团建设、人文素养提升不充分。常常是形式大于内容，"雷声大雨点小"，思想政治教育没有在学科教学中得到充分、合理的渗透。

要真抓实干解决教育发展不充分的问题。我们有如下几条政策建议可供参考。

第一，狠抓人才培养目标不放松。普通高中要紧扣立德树人这一根本任务，重视对学生的创新能力、实践能力的培养，突出国家意识、奉献意识、团队意识、劳动意识、节约意识的养成。

第二，普通高中要结合各自的核心竞争力，突出自身优势，针对高中不同学习阶段、不同学生最突出、最紧迫的需求提供专业化教育。

第三，重视物理、化学学科的教学设置。坚持创新是引领发展的第一动力，让高中教育更好地服务于创新型国家的发展战略。

第四，加大校本课程开发、社团建设、人文素养提升的力度。重视校本课程开发的制度化、规范化建设，做到有设计、有落实、有检查。为学校社团活动在经费和时间上创设条件，重视文明守法习惯的细节化养成。

总之，江苏高中教育应坚持国家教育方针，遵循教育规律、人才成长规律及社会发展规律，尊重学生和家长的合理需求，坚持挖掘潜力、改善供给原则，为广大学生提供更多的选择机会、更合适的发展方向和更高的教育质量，打造一批具有明显学科优势、系统完整的学科课程体系、高水平教师队伍及丰富文化内涵的特色高中，满足学生个性化发展需求。要以江苏省高品质示范高中的建设为引领，让普通高中教育顺应新时代经济社会发展对人才的更高要求，回应江苏人民对"满意的教育"这一命题的期盼。

典型案例

如皋市把推进教育优质均衡作为促进教育公平、实现教育惠民的战略举措，统筹推进办学条件、教学改革、教师队伍、教育管理等各方面优质、均衡发展，创新推进联盟学区建设，加大师资均衡配置力度，赢得了广大老百姓的大力支持。优质、均衡成为如皋教育的重要品牌。该市被江苏省政府表彰为"江苏省促进义务教育均衡发展先进县（市、区）"。全国媒体纷纷聚焦如皋教育，积聚"优质、均衡"的雪球效应。当前，该市经江苏省推荐，启动了全国义务教育优质、均衡发展县（市、区）创建工作。部分媒体报道列举见表 2-8。

表 2-8　2011—2019 年部分媒体报道如皋教育优质、均衡发展情况一览表

时间	来源	标题
2011 年 11 月 30 日	《中国教育报》	积聚优质、均衡的"雪球效应"
2011 年 11 月 30 日	新华网	江苏如皋推进"活动单导学"模式推进教育均衡
2012 年 1 月 11 日	《中国日报》	江苏如皋多措并举推进义务教育优质、均衡发展
2012 年 12 月 20 日	人民网	如皋推动教育资源优质、均衡 真正实现"零择校"
2012 年 12 月 20 日	《新华日报》头版	"零择校"，最大的受益者是百姓
2013 年 7 月 1 日	《中国教育报》头版头条	好学校办到学生家门口
2014 年 4 月 28 日	中国政府网、新华网、人民网等	江苏如皋：这里的孩子为何"零择校"？
2014 年 12 月 22 日	中国新闻网	江苏如皋促义务教育均衡发展 市域范围实现"零择校"
2014 年 12 月 23 日	腾讯网	如皋义务教育均衡让每个孩子享有同样灿烂的教育阳光
2014 年 12 月 23 日	中青在线	江苏如皋实现"零择校"
2014 年 12 月 26 日	中国江苏网	打破择校瓶颈 南通如皋促进义务教育均衡发展显实效
2014 年 12 月 30 日	中国网	江苏如皋：促进教育公平是所有家庭的共同心愿
2015 年 5 月 6 日	人民网	如皋：让孩子在家门口享受优质教育
2015 年 7 月 27 日	人民网	"教育均衡看如皋"系列报道之一——江苏如皋"零择校"背后：软硬件建设走向均衡化
2015 年 7 月 28 日	人民网	"教育均衡看如皋"系列报道之二——江苏如皋过半学校为近 5 年新建 农村城市一个样
2015 年 7 月 29 日	人民网	"教育均衡看如皋"系列报道之三——江苏如皋：教师抓阄选学校 城乡流动成常态
2015 年 9 月 18 日	江苏教育网	如皋市成立联盟学区推进城乡教育优质、均衡
2015 年 10 月 21 日	江苏教育新闻网	如皋："活动单导学"助力义务教育优质、均衡
2015 年 11 月 12 日	中国教育新闻网	江苏如皋：建立教师交流机制实现教育均衡发展
2017 年 1 月 17 日	中华人民共和国教育部门户网	教育优质、均衡 发展普惠于民
2017 年 12 月 5 日	《中国教育报》	江苏如皋："三种交流"促城乡师资一体化
2018 年 10 月 17 日	江苏电视台	让教育向美而行
2019 年 5 月 6 日	《中国教育报》	融合教育的多维加法

二、普通高中新教材知识传授与价值认同的教学冲突

江苏使用的高中新教材，其编写坚持以习近平新时代中国特色社会主义思想为指导，坚守正确的政治方向和育人导向，注重增强学生的道路自信、理论自信、制度自信、文化自信，传承红色基因，打好中国底色，坚定维护国家意识形态安全；强调对学生进行辩证唯物主义与历史唯物主义教育；强调在坚定文化自信的基础上，树立人类命运共同体意识。

高中新教材强调与时俱进，取材新颖，努力呈现政治、经济、文化、科技、社会、生态等各方面发展的新理念、新进展、新变化、新成就，体现了时代特色。立足于学生适应现代生活和未来发展的需要，贯彻"创新、协调、绿色、开放、共享"的发展理念，落实国家创新驱动发展战略，使教材的内容和呈现方式有利于创新型人才的培养。

新教材聚焦发展学生的学科核心素养，培养创新精神和实践能力，力求学生在学完学科课程之后，能树立正确的价值观念，养成必备品格和关键能力。

总的来说，江苏使用的普通高中教材，具有独特的整体优势。但在教学实践中，鉴于教学课时的限制，教师常常面临着新教材课时教学容量大、知识琐碎、需要拓展补充的内容多的问题，以及受到学生所处的年龄阶段与社会阅历的制约，一些饱含政治站位、价值认同的观点、思想难以让学生发自内心地认同，现实生活的反差让学生怀疑课堂教学的真实性，生硬的说教、强行的观点灌输无法达到教育教学润物无声的境界。

结合江苏教育发展的实际，为解决新教材知识传授与价值认同的教学冲突，我们可以做以下尝试。

第一，培养高中生的中华文化认同感，奠定社会主义核心价值观教育的文化基础。培养学生对中华优秀传统文化、革命文化和社会主义先进文化的认同和传承，以及对其他国家和民族优秀文化的理解和尊重。在坚定文化自信、厚植文化底蕴的基础上，构建人类命运共同体理念，形成包容的胸怀和开阔的文化视野，成为具有跨文化交际沟通能力的人。

① 教师应在教学中充分融入我国优秀传统文化、革命文化、社会主义先进文化教育，让学生客观地认识历史、了解历史，引导学生辩证地看待传统，培养学生的独立思考能力，让学生能够多角度、全方位地体悟中西文化的差异，明确中华文化在世界整体文化发展史中的实际地位。

② 开展凸显中华文化认同的实践活动。通过组织丰富多彩的学习实践活动，对学生进行中华优秀传统文化、革命文化、社会主义先进文化认同感的培养，在活动中让学生细心观察和发现生活中的文化现象，体会其中蕴涵的文化内容。开展诸如以"考察家乡的民俗文化"为主题的实践活动，让学生在实践中感受民族文化，并加深记忆。

③ 充分利用网络平台推进中华文化认同教育。运用丰富的网络资源，加强学生对民族文化和西方文化的认识，鼓励学生到开放性的信息平台中去搜索有价值的信息，将网络的互动、快捷的功能充分利用起来，激发学生对于优秀传统文化、革命文化、社会主义先进文化的研究兴趣。

第二，以法治化建设推动历史和公民教育，培养高中生的政治认同感。以法律和规章制度等形式，明确各级各类学校都必须重视基于社会主义核心价值观的政治认同教育，将学科教学与社会热点有机结合，让学生在鲜活的事实中感受政治认同；通过小组探究，增进政治认同感；通过活动型课堂教学模式，培养政治认同，在活动中增进政治参与的意识与技能；通过阅读社会科学书籍与报刊，撰写读后感，获得并深化正确的政治认知，从而达到促进高中学生政治认同感不断提升的目的。

第三，构建核心价值理念心理接收机制，奠定机制基础。针对新时代高中生的心理特点，找准高中生核心价值效果的心理切入点，应用交叉学科的先进理念和教育方法，构建全面、有效的社会主义核心价值观教育心理接受机制。通过升国旗、唱国歌、参与节日庆典活动等形式，培养高中生的爱国主义精神和中华民族大家庭意识。

结合新教材的特点，通过建构以激发课堂中的动机和创设有效的学习环境为分析单位的教学心理框架，结合类似道德模范评比、国家荣誉表彰等活动，为道德活动参与心理要素的激活提供必需构件，增进学生对新时代中国特色英雄形象的心理认同，强化高中生社会主义核心价值观的教育效果。

第四，完善社会主义核心价值教育培育范式，提升价值认同的实效性。普通高中要根据教育部提出的人才培养目标，进行课程开发与设置，并结合高中学生的认知特点创造性实施，以多样化情境多维度呈现教学内容，使学生能从不同角度了解各种概念、原则，从而实现内化学生情感理念的教学目标，为中国特色社会主义事业培养"合格公民"。

一要着力加强育德意识和育德能力培养。把握世界观、人生观、价值观这个"总开关"，教育者要发自内心地增进对党和国家路线、方针、政策的思想认同、理念认同、情感认同。

二要着力挖掘专业课程育人资源。在开发课程时要拓展课程中的价值教育点，教学目标要引入、导向价值认同点，将其由"自选动作"变成"规定动作"。要将增强学生的政治认同、国家意识、文化自信、公民人格作为育人目标，讲好中国故事。

三要坚持以人为本、协同发展的教育理念。从学科属性、现实问题出发，推动知识传授和价值引领协同发展，构建知识传授和价值引领同频共振的教育新格局。通过知识传授、情感诱导、思想沟通、实践活动等方式，改变受教育者的知、情、意、行，将外在的政治理念、道德要求、法律原则内化为受教育者的内心信仰和行为自觉。

四要开展服务社会与他人的活动，让社会主义核心价值观认同教育落地生根。通过有计划地开展服务社区、服务他人的志愿者活动，高中生体会到帮助他人的快乐，感受到自身劳动的价值与意义，从而摆脱简单说教式核心价值教育的困境。

脱离知识和逻辑的价值观教育无法很好地培养学生的价值认同，甚至还会使学生产生思想抵触和价值排斥。空洞地讲解马克思主义，不仅不能将马克思主义与新时代中国的改革发展、热点问题、社会矛盾等结合起来，还会导致学生质疑马克思主义。显然，只有在知识传授中渗透价值观教育，让价值引领植根于知识传授之中，促进知识传授和价值引领的同频共振，才能更好地实现新教材知识传授与价值认同的协同发展。

三、普通高中新教材突破校内合作与校际融合期盼

高中新教材涉及思想政治、语文、历史、数学（A、B两个版本）、英语、物理、化学、生物、地理、体育与健康、美术、日语、俄语、信息技术等学科，是人民教育出版社历史上第十一套高中教材。新教材的编写建立在一线教学实践和扎实的科研基础之上，有继承、有发展，注重基础与前瞻性，通过国际与国内主要版本教材的对比分析，突出新教材与老教材的纵横衔接，凸显新教材图文科学性与教学适切性，使教材体系的构建、素材的选择、内容的呈现、配套资源的建设更具科学性。

要把握好新教材的精神实质，单凭教师个体的力量，无论是从精力层面还是从能力层面，都难以达到，这就迫切需要校内合作与校际融合，以团队的力量，通过资源的共享，助推新教材的运用达到新高度。教师之间的合作交流是学生全面发展的需要。任何一位教师都不可能是全才，不可能是超人。钟启泉先生在《学会反思学会合作》中说：从"工匠型教师"转化为"专家型教师"的关键是——学会反思，学会合作。古人云：独学而无友，则孤陋而寡闻。教师的反思也是如此。教师的教育教学活动是在一定的背景下进行的，这种背景离不开教师群体的活动。教师的反思必须在群体活动之中进行，相互切磋，取长补短，坦诚地交流看法和意见。实行友善监督，不虚美、不隐恶，坦诚相见，互不设防，相互监督、相互激励，发挥集体智慧的力量，互动发展，在讨论与交流之中得到启发，达到群体素质共同提高的目的。

教师与教师的合作，是心灵的碰撞、思维的交流，是一个完善的过程。正所谓"团结就是力量""合作是金"，如果能充分发挥各科教师的合力，那么就能提高教学效率、完善教学模式。如数学教师要准备一堂高质量的教学公开课，除教师本人的努力之外，音乐教师可以给予音乐配乐方面的指导；信息技术教师可以与其共商课件制作；美术教师可以给予色彩方面的启发；其他数学教师可以帮助其改进教学设计。为了推进新课程改革，大家互相帮助，团结一致，努力奋发，一丝不苟，互相激发灵感，从中也可以体会到人世间的真、善、美。大家只有将智慧聚在一起，才能各自光芒四射。

新教材的有序实施需要集体的力量、集体的智慧，要求教师尽快从传统教育教学的孤军奋战转变到协同作战轨道上来，让新教材教学在合作中实现新的超越。提升新教材的运用水准，个体钻研与校内备课组合作是基础。

其一，教师要善于啃硬骨头，下大力气研究新教材。要结合课标解读，把握新教材的特点，在教材的整体架构下，推敲章节、段句，真正弄懂、吃透教材，探索适合每个章节的教学形式，形成新教材的宝贵教学资源，为后来者积累经验。

其二，教师要高度重视集体备课，最大限度地发挥团队的作用。要群策群力，以集体智慧完善对新教材的理解，坚决反对单打独斗式的"个人英雄主义"。备课组组长要统筹谋划，带好头，形成良好风气，统一教学内容、教学进度，同类型班级之间不得私定资料、随意整班增加作业量。

其三，教师要重视相互听课，形成挤时间听课的年级氛围。在新教材面前，没有老教师之说，要以包容的心态应对教学新形势。要保持虚心学习的姿态，努力让研究走向

深与透,肯下一番"笨"功夫,通过集体备课与相互听课取长补短,不断优化教学过程,这样的个体才能出彩,这样的团队才有竞争力。

其四,教师要加强教学科研,实现教学与科研相互促进。新教材是出科研成果的新契机,在研究新教材的过程中,或者发现新教材的瑕疵,或者提出对新内容知识关联的感悟,或者呈现对教学内容、教学形式的新探索,凡此种种,形成教学随笔、教学论文,既可以为个人发展创造条件,理性的思考又有利于对教材教法的研究走向深入。

他山之石,可以攻玉。让普通高中新教材的运用达到新高度,迫切需要加强校际合作。提高校际合作的认知水平与机制保障。新教材背景下的高中教学是个新课题,应当对校际合作的必要性有新的认识,发挥行政主导的力量,根据教学序度及实际需要,开展不同区域层面的校际研讨与合作,推动课程主体的自主性和能动性的发挥。

加强校际教育合作内容的设计和开发。新教材的教法研讨应当避免沦为形式主义,要推动基于实际需要的校际合作设计与开发。通过校际合作,探索线上线下、课堂内外、理论与实践相结合的教育途径。整合不同学校主体的个性化特色资源。校际合作不一定要基于同质性学校,相反,异质性学校之间可能更适合开展校际协作实践,其合作机制可以归纳为三个特质——共同性、差异性和创造性,即通过不同学校之间探讨共同性的主题,开展主题探究活动,寻找发现差异性的学习资源,最终共同建构校际协作成果。

重视发挥校际合作中龙头学校的牵引作用。"火车跑得快,全靠车头带。"校际合作的良性运行,需要聚焦龙头学校,发挥好龙头学校的牵引作用。龙头学校牵引下的新教材校际协作探究共同体,应当明确沟通方式和渠道,建立校际协作交流机制,围绕新教材教学序度建构共同的课程主题,设计相关校际协作探究考察活动,形成包括主题框架、教学设计方案、拓展活动方案在内的教材研讨实施框架。

积极探索基于新教材研究的校际融合新路径。通过区域内及区域间校际交流资源共享,校际进行交流与合作,取长补短,直面新教材教学实施中的困境,研讨、探索、演绎新教材的恰当形式,将校际研讨活动日常化、制度化,在工作中利用网络平台组建微信群、QQ 群组,教师足不出户就能共同探讨与解决新教材实施中遇到的问题。组织学校相互听评课,实现基础资源包共享,扬长补短,减少重复劳动,提高新教材的研究效率。

选派骨干教师参加短期培训进修、听课学习活动,开阔视野,更新观念。围绕新教材研究,相互推荐优秀教师、青年教师登台亮相,做报告,开讲座,上示范课、研究课,在实践中提升自我。加强基于新教材的教育科研管理,做到新教材使用中备课组有课题、时时有研究。

典型案例

在过去的几年里,宿豫中学曾与省内名校如皋中学有过校际交流与合作,但受学校发展的历史原因不同等的影响,合作一直没有走向深度化、具体化。2019 年 11 月,如皋中学左伯华校长一行来到宿豫中学,洽谈两校深度合作事项。宿豫中学纪文杰校长强调两校的交流多在"实"字上下功夫，从课堂教学、教研活动到课题研究，以及顶岗等方面提出了学校的想法。纪校长还提议创新互动形式，共同开创工作新局面，确保"资源共享、优势互补、带动提升"的合作交流卓有成效，进一步探索校际协同发展的模式和途径。左伯华校长对双方的合作倡导"相互需要的交流"。从"大课堂"的角度来破解课堂教学的高效问题；利用德育教育的针对性来处理好学生与教师的关系、学生与同伴的关系及学生与自我的关系，从而让学生静静地学、静静地考；通过管理的科学性来激发教师的积极性。

四、普通高中学生个性化发展与学校整体目标诉求的现实博弈

新时期的高中教育，必须坚持面向全体学生，尊重学生的个性，强化人人成才、多样成才和终身学习、系统培养的理念，让每个学生都能得到全面和充分的发展。

指向高考的高中教育，如何从个性化发展目标出发建构适合师生、学校发展的学校课程体系，是每一所普通高中绕不开的课题。满足学生个性化发展，需要投入财力、精力、时间为每个学生制订方案，差别化组织落实。囿于学校自身资源的局限，这在一定程度上对学校发展整体目标的达成构成了离心力。就学校整体运行而言，相对统一的教学设计更便于管理与考核；对于不同层次的学校而言，学生个性化发展与学校整体目标诉求成了两难选择。

伴随着全国和江苏教育改革步伐的加快，高考的人才选拔机制日益多样化，这为学生个性化发展与学校整体目标诉求的达成提供了现实可能性。

第一，坚持以生为本，优化学校办学结构。学生是学校的主体，是教育的直接受惠群体，实现公平而有质量的高中教育的着力点要放在以生为本的办学改革层面，坚持以学生为本，回到以学生发展为中心的立场，建构符合学校校情、发挥学校优势、凸显学校特色、蕴藏学校专业办学逻辑的改革思路和发展道路。同时，高中教育要立足学校教育实际，加强学校薄弱环节的建设，改变"千校一面"式办学，努力创造和建设丰富且有思想的学习活动，为学生提供更多适合的教育选择。

支持学科教师立足技术优势为学生提供"量体裁衣"式的教学计划，减轻学生课业负担。同时，注重传统教学方案诊断，以促进学生多元化发展为目的，在引导教师分层设计教学方案的同时，重视对学生综合素质的培养，以此为基础，优化传统"分数为王"的学生评价。

第二，聚焦学科素养，培养关键能力，推动高中课程校本化实施。通过课程意识、教学行为、师生关系、教育观念四个方面的转变，重构培养学生能够适应其终身发展和社会发展需要的必备品格和关键能力的课堂教学，在学科实践活动中发展学生个性，提升学生的综合素质，回归育人的教育本真。

注重课程建设，坚持国家课程与校本课程并行发展。一方面，坚持国家课程开齐、开足、开好，发挥学校的主动性，因地制宜地对既有课程进行统整，在打造精品课程之余缩减边缘课程，保证国家课程大纲要求科目的课程够、课时足。另一方面，基于学生发展需要展开高中学段校本课程建设，挖掘区域自然、社会和人文资源，使之融入校本教材、课堂教学及课外实践，显现校本课程发展学生自主性、灵活性的思想，激发学生

的主体意识，以课程建设为契机，推进学生实现自身价值。

第三，重视家校合作，推进家校沟通与合作育人。家庭教育是现代教育的重要一环，学校重视家校合作，引入家庭教育的力量来丰富学校育人结构，是实现公平而有质量的高中教育的必然选择。一方面，学校借助家委会定期组织家校沟通，依据学生的表现向家长提出教育孩子的方案以作参鉴。同时，家校沟通中家长讲出的对于孩子教育的所思所感，学校要及时回应并给予科学的优化建议。另一方面，借助互联网沟通便捷的优势，利用微信、钉钉、QQ 等社交平台向家长汇报学生在校学习与生活的表现，以图文日志等形式展示学生成长风采，让家长理解、接纳、参与和支持学校教育，积极促成家校合作，实现个性化育人。

第四，以特色化学校建设实现学生个性发展与学校整体目标的和谐。让每一个高中生获得适合自己的教育是高中教育改革与发展的方向及重点，在坚持办学方向、办学标准、办学质量统一的基础上，普通高中通过特色发展为每个学生提供适合的教育，既是对教育规律的充分遵循，也是对学校活力的有效激发。

通过"一校一品牌，一校一特色"等办学路径提高教育水平。不同学校要结合各自的核心竞争力，突出自身优势，针对高中不同学习阶段、不同学生最突出、最紧迫的需求提供专业化教育。

以差异化的教育培养个性化、多样化、复合型人才。创新班探索、小班化实践、导师制培养，凡此种种，通过差异化教育，使"适合的教育才是最好的教育"这一理念真正成为教育现实。

着眼于培养学生迎接新时代诸多挑战的能力。通过合作学习、实践学习、兴趣小组、志愿者活动等形式，培养学生的家国情怀、团队合作意识、奉献社会意识、守正创新意识、拼搏奋斗意识，在专业化、差异化的基础上，形成精品化教学内容，着力提升学生的创新精神和创造能力。

总之，高中教育要坚持有教无类、因材施教的原则，把"为了每个学生"与"为了全体学生"相结合，构建高中学生的全面培养体系，为不同禀赋的高中生提供有差异的教育。

典型案例 1

江苏省如皋中学高度重视学生全面而有个性的发展，坚持家校合作制订培养方案，努力开足开好音乐课、美术课，多年坚持开展才艺表演、大合唱、运动会花样入场式、书画评比等系列活动，为有艺术特长的学生搭建平台，鼓励有体育、艺术特长的学生外出参加比赛，激发其艺术灵感与学习兴趣。2020 年高考，原高三（11）班的朱宇桐以艺考全省第 80 名的成绩被中央戏剧学院录取；原高三（3）班的董一诺以艺考全省第 31 名的成绩被上海大学录取。（表 2-9）

表 2-9　近年来如皋市中小学校参加省级及以上课程基地（项目）一览表

级别	学校	项目	学校	项目	学校	项目
国家级（2个）	安定小学	STEM	白蒲小学	STEM	—	—
省级（26个）	如皋中学	化学	东陈初中 外国语学校	"悦读"英语 Park 模式	特殊教育学校	学前教育配套项目
	第一中学	"绿色东皋"	白蒲初中	理趣化学	下原中心幼儿园	"亲亲自然，乐乐童年"
	白蒲中学	数学	安定小学	明达教育	如皋师范学校附属小学幼儿园	STEM
	江安中学	革命传统	如皋师范学校附属小学	主题整合	如皋师范学校附属小学	STEM
	石庄中学	人文体育	开发区实验小学	小学游戏	安定小学	STEM
	长江中学	生态教育	九华小学 安定小学	长寿饮食	白蒲小学	STEM
	港城实验学校 外国语学校	数学自主互动"教""学"平台	何庄小学 开发区实验小学	乒乓文化	如皋师范学校附属小学	家校共育
	搬经初中 如皋初中	"文苑咀华"	永平小学	哨口风筝	教育局	生活德育·生态体验
	开发区实验初中 如皋初中	慧读	特殊教育学校	学前教育	—	—

典型案例 2

如皋市坚持立德树人，深化课程改革，大力推进阅读、体艺、社团建设等，多元化、特色化成为学校内涵建设的魅力。同时，改革高中招生录取方式，4 所高中试点特长生自主招生，向下对接义务教育阶段社团建设，向上策应高校自主招生，形成了小学、初中、高中、高校学生个性特长一体化培养的完整教育链条。"活动单导学"教学改革获国家级基础教育类教学成果二等奖。2018 年，如皋师范学校附属小学、安定小学分别获得国家级基础教育类教学成果一、二等奖（其中，一等奖小学组全省 1 个、全国 8 个）；如皋中等专业学校、如皋第一中等专业学校分别获得国家级职业教育类教学成果一、二等奖，位列省县（市、区）榜首。目前，如皋市共有各类省级及以上课程基地（项目）28 个。近五年，学生参加江苏省教育厅组织的"中学生与社会"作文大赛，获初中组一等奖 34 个、高中组一等奖 23 个。如皋市现有学生社团 3 000 多个，组建社团联盟 36 个。丰富多彩的社团，既促进了学生生动活泼的发展，又让如皋教育在中央电视台等媒体和各类赛事中频频亮相（部分列举见表 2-10）。2018 年新增 4 项师生发明，成功申报国家级专利。人民网以"江苏如皋学校普及免费社团：学生视野宽了　灵气足了"为题，对如皋市社团建设进行了专题报道。

表2-10 近年来如皋市学生社团国际比赛和全国比赛获奖一览表

学校	社团名称	年份	赛事名称	比赛成绩
白蒲小学	跳绳社团	2014	世界跳绳锦标赛	金牌
开发区实验小学	排舞社团	2016	全国排舞总决赛	金牌
特殊教育学校	排舞社团	2016	全国首届特殊教育学校排舞公开赛	特等奖
开发区实验小学	啦啦操社团	2017	全国啦啦操联赛暨中国啦啦操之星争霸赛	金牌
磨头小学	毽球社团	2017	全国少儿毽球锦标赛	金牌
江安小学	机器人社团	2017	全国中小学信息技术创新与实践大赛（NOC）智能机器人大赛	一等奖
港城实验学校	柔力球社团	2017	中国柔力球公开赛	一等奖
奚斜小学	空竹社团	2017	国际空竹邀请赛	金牌
丁北小学	太极社团	2017	国际武术大赛	金牌
开发区第二实验小学	航模社团	2017	全国青少年纸飞机通讯赛总决赛	一等奖
大高小学	啦啦操社团	2017	中国青少年啦啦操精英赛	冠军
如皋中学	编程社团	2017	全国青少年信息学奥林匹克联赛	一等奖
如皋师范学校附属小学	数学社团	2017	全国华罗庚金杯少年数学邀请赛初赛	7人入围全国总决赛
安定小学	数学社团	2017	全国华罗庚金杯少年数学邀请赛初赛	7人入围全国总决赛
开发区第二实验小学	创新坊	2018	中国少年科学院小院士评选活动	2名学生入选
开发区第二实验小学	创客社团	2018	第一届中国青少年人工智能及创客大赛决赛	2人获一等奖
江安小学	创客社团	2018	第一届中国青少年人工智能及创客大赛决赛	2人获一等奖
磨头小学	创客社团	2018	第一届中国青少年人工智能及创客大赛决赛	2人获一等奖
如城实验小学	朗诵社团	2018	全国小学生朗诵大赛	特等奖
江中小学	手之灵球社	2018	江浙沪校园手球锦标赛	冠军
加力小学	啦啦操社团	2018	全国啦啦操联赛	冠军（儿童丁组）

续表

学校	社团名称	年份	赛事名称	比赛成绩
江安小学	信息技术社团	2018	全国中小学信息技术创新与实践大赛（NOC）总决赛	二等奖
港城实验学校	3D打印社团	2018	全国中小学信息技术创新与实践大赛（NOC）总决赛	二等奖
石庄小学	机器人社团	2018	全国中小学信息技术创新与实践大赛（NOC）总决赛	二等奖
江安小学	啦啦操社团	2018	全国啦啦操联赛	冠军（儿童丙组）
如城实验小学	舞蹈社团	2018	中国青少年音乐舞蹈艺术节	金奖
搬经小学	机器人社团	2018	Botball国际机器人大赛中国公开赛	一等奖
夏堡小学	魅力篮球社团	2018	FSBB花式篮球邀请赛	一等奖
开发区实验小学	啦啦操社团	2018	全国啦啦操联赛	第一名
白蒲小学	跳绳社团	2018	世界跳绳锦标赛	金牌
丁北小学	太极社团	2018	中国太极好少年大赛总决赛	金奖
如城实验小学	扬琴社团	2018	中国影响力童星电视艺术盛典全国总决赛	特等奖
高新区实验小学	趣味数独社团	2018	中国数独锦标赛	2名学生入选国家数独少年预备队

备注：2019—2022年，因疫情原因，学生基本没外出参加比赛，故不做统计。

五、普通高中学生个人成长目标的缺失与发展路径的异化

虽然我们的教育从小学时期就注意引导学生树立远大理想，但在中考、高考分数重压之下，"树立远大理想"的重要性被实际后置。高中阶段谈理想，貌似成为一个遥远而又陈旧的话题。

调查发现，不少高中生价值取向偏差、自我认识不清、目标意识淡薄，个人发展定位模糊、定向多变、盲目准备、追求功利。理想的缺位与低俗化让不少高中生的学习生活显得被动、无趣、松散，"脚踩西瓜皮，滑到哪里算哪里"，经不起挫折与失败的捶打，一次考试的不理想导致些许人际关系的紧张，常会使学生痛苦万分，厌学、抑郁的比例呈上升趋势。

在江苏新高考模式下，面对高二的选科，由于理想的缺位，生涯规划被漠视，不少学生不是基于国家发展需要、个人兴趣爱好、未来发展规划进行科目选择，而是以哪个学科相对好学、容易得高分、容易在高考中胜出作为主要考量尺度。实际上，这未必切合自身的个性优势与发展诉求，不仅贻误了自己的成长，而且加剧了眼下学校师资结构的失衡，影响了高中教育的理性、健康发展。

2019年4月，习近平总书记在纪念五四运动100周年大会上指出："新时代中国青

年要树立远大理想。青年的理想信念关乎国家未来。青年理想远大、信念坚定,是一个国家、一个民族无坚不摧的前进动力。青年志存高远,就能激发奋进潜力,青春岁月就不会像无舵之舟漂泊不定。正所谓'立志而圣则圣矣,立志而贤则贤矣'。青年的人生目标会有不同,职业选择也有差异,但只有把自己的小我融入祖国的大我、人民的大我之中,与时代同步伐、与人民共命运,才能更好实现人生价值、升华人生境界。离开了祖国需要、人民利益,任何孤芳自赏都会陷入越走越窄的狭小天地。"[1]

基于高中教育教学的实际,参照一定数量学生个体的转化经历,我们发现,避免发展路径的异化,应当从个人成长目标的科学确立开始。

第一,以正确的三观引领个人成长目标走向。一些高中生群体的个人成长目标正在由以往的理想主义变为明显的实用主义,即过分看重经济因素,带有明显的追求实惠和功利化倾向。新时代有担当、有作为的青年,个人成长目标首先要服从于报效国家、服务人民,要着眼于中国特色社会主义进入新时代的主要矛盾,抛弃自己的狭隘、私利,要有这样的境界。高中生还要以提高综合能力素养为具体目标,在全面发展的同时培养优势学科、兴趣学科,以此来调动自己的学习积极性,形成适合自己的良好学习范式,并推广至自己的弱势学科学习上,带动整体学科的发展。

正确的世界观、人生观、价值观教育切忌大而空,生硬的说教无法走进学生的内心。不妨通过开展"中国梦·我的梦"主题书画展,把核心价值观教育与开展中国梦主题教育结合起来;组织先进典型宣讲团,用身边典型的亲身经历,深入浅出地讲解中华民族奋斗史、改革开放史,讲解两个一百年奋斗目标,用中国梦夯实共同思想基础和理想信念,引导高中生把个人理想融入国家富强、民族复兴、人民幸福的伟大事业中;开展以"学雷锋、见行动""爱学习、爱劳动、爱祖国"等为主题的活动,潜移默化地渗透"三观"教育;利用各种节假日、党史、国史重大事件纪念日,重要人物纪念日等节点,开展主题班会教育活动。

第二,基于社会发展需要与自身条件,确立人生目标。由于高中生知识储备、社会阅历及对自身的了解等方面都存在不足,导致其在发展目标规划过程中容易走入误区。我们调查发现,不少高中生对国家和社会当前与今后较长时期的发展走向与需求缺乏了解与研究,对自己未来的发展疲于思考,找不到发展方向,或者只有一个模糊的概念。有的高中生对个人发展目标定位过高、过于理想化。

高中生不仅需要正确地认识自己的个性特质,对自己的优势和劣势进行全面分析,从朋友、同学的评价中获得反馈信息来认识自己,更要注意具体量化的评价。在自我认知的基础上,明确发展目标,评估个人目标与现实之间的差距,依据实际的变化合理修正个人成长目标。若既能仰望天空,又能脚踏实地,则理想可期。

第三,以前瞻性学科教学助推个人成长目标的生成。高中各学科都肩负着帮助学生树立正确人生目标的责任,应当以前瞻性思维推进学科教学,凸显学科发展过程中重要人物、重要事件的关键性作用,不妨以花絮的形式适当介绍重要历史人物的生平,强调年轻时代树立远大志向对于学科建树的方向性意义,引导学生基于自身优势和社会发展

---

[1] 习近平. 在纪念五四运动100周年大会上的讲话[N]. 人民日报, 2019-05-01 (02).

需要确立适合自己的人生规划。

  第四，以个人成长目标带动全面而有个性的发展。所谓"全面发展"，有两层含义：一是德、智、体、美、劳各方面皆得到发展，综合素质逐步提高；二是各学科都要学好，综合实力逐步增强。所谓"个性发展"，也有两层含义：一是具有独立思考的能力、自主学习的能力、自我管理的能力；二是具有个人的兴趣、爱好、特长、优势学科。全面发展尤其是个人品德，将决定一个人将来的宽度和厚度，是发展的底色；个性发展尤其是个体的特长和优势学科，将决定一个人的高度，是发展的特色。先打好底色，再求特色，然后在目标的驱动下全面而有个性地发展，让每一个高中生成为最好的自己。

  高中教育的高质量发展，应当是体现新发展理念的发展，是稳中求进的发展。江苏高中教育的改革发展，应当在稳的前提下，有所进取、以进求稳，更好地满足江苏人民多样化、多层次、多方面的高中教育需求。因此，实现江苏高中教育的高质量发展，要贯彻落实新发展理念，守正创新，在危机中育新机，于变局中开新局；要用发展的初心去审视高中教育发展的问题，让高中教育更好地满足人民群众美好生活的需要；要按发展的规律去推进高中教育的创新，深刻认识和把握好高中教育发展的内在规律；要以发展的转型去推动高中教育品质的提升，发展江苏特色高水平的优质高中教育。

（江苏省如皋中学 刘顺然）

第三章 ◆ 问卷设计：

指向基础教育高质量发展战略重点的实证研究

第一节 "江苏基础教育高质量发展"调查问卷（学前教育）

（公共部分）

（人口学基础数据统计）

1. 您所在的设区市是（   ）。（请在对应圆圈内选择）
   ○ 南京市   ○ 无锡市   ○ 徐州市   ○ 常州市
   ○ 苏州市   ○ 南通市   ○ 连云港市   ○ 淮安市
   ○ 盐城市   ○ 扬州市   ○ 镇江市   ○ 泰州市
   ○ 宿迁市

2. 您工作单位所在地是（   ）。（请在对应圆圈内选择）
   ○ 设区市市区   ○ 区县（县级市）城区
   ○ 乡镇

3. 您的职务是（   ）。（请在对应圆圈内选择）
   ○ 教育行政管理人员   ○ 学前教育教研员
   ○ 幼儿园园长/副园长   ○ 一线教师

（面向教育行政管理人员）

一、区域学前教育发展情况（请您根据本地区学前教育基本情况进行选择）

1. 本地区公办幼儿园占比是（   ）。
   A. 10%以下   B. 10%—29%   C. 30%—49%   D. 50%—69%
   E. 70%—90%   F. 90%以上

2. 本地区省、市优质幼儿园占比是（   ）。
   A. 10%以下   B. 10%—29%   C. 30%—49%   D. 50%—69%
   E. 70%—90%   F. 90%以上

3. 根据省、市相关幼儿园办园标准，本地区需要整改的幼儿园占比是（   ）。
   A. 10%以下   B. 10%—29%   C. 30%—49%   D. 50%—69%
   E. 70%—90%   F. 90%以上

4. 本地区经评估涉及"校安工程"危房改造的幼儿园占比是（　　）。
   A. 10%以下　　　　B. 10%—29%　　　C. 30%—49%　　　D. 50%—69%
   E. 70%—90%　　　F. 90%以上　　　　G. 本地区未对幼儿园校舍做评估

5. 本地区2020年度学前教育财政拨款（含预算外投入）占基础教育财政拨款总量的比例是（　　）。
   A. 5%以下　　　　B. 5%—9%　　　　C. 10%—14%　　　D. 15%—19%
   E. 20%—25%　　　F. 25%以上

6. 本地区在编幼儿园教师在学前教育教师中的占比是（　　）。
   A. 10%以下　　　　B. 10%—29%　　　C. 30%—49%　　　D. 50%—69%
   E. 70%—90%　　　F. 90%以上

7. 本地区男性幼儿教师占学前教育专任教师的比例是（　　）。
   A. 1%以下　　　　B. 1%—4%　　　　C. 5%—9%　　　　D. 10%—14%
   E. 15%—20%　　　F. 20%以上

8. 本地区政府购买劳务派遣的非在编教师占全体非在编教师的比例是（　　）。
   A. 10%以下　　　　B. 10%—29%　　　C. 30%—49%　　　D. 50%—69%
   E. 70%—90%　　　F. 90%以上

9. 本地区幼儿园专任教师具有本科及以上学历的占比是（　　）。
   A. 10%以下　　　　B. 10%—29%　　　C. 30%—49%　　　D. 50%—69%
   E. 70%—90%　　　F. 90%以上

10. 本地区幼儿园专任教师具有学前教育教师资格证的占比是（　　）。
    A. 10%以下　　　　B. 10%—29%　　　C. 30%—49%　　　D. 50%—69%
    E. 70%—90%　　　F. 90%以上

11. 本地区幼儿园专任教师具有学前教育专业背景的占比是（　　）。
    A. 10%以下　　　　B. 10%—29%　　　C. 30%—49%　　　D. 50%—69%
    E. 70%—90%　　　F. 90%以上

12. 本地区幼儿园专任教师具有县（市、区）级及以上骨干教师专业荣誉称号的占比是（　　）。
    A. 10%以下　　　　B. 10%—29%　　　C. 30%—49%　　　D. 50%—69%
    E. 70%—90%　　　F. 90%以上

13. 本地区幼儿专任教师年龄段分布占比分别是（　　）。（请在对应圆圈内选择）

年龄段	A. 10%以下	B. 10%—19%	C. 20%—29%	D. 30%—39%	E. 40%—50%	F. 50%以上
（1）50岁及以上	○	○	○	○	○	○
（2）40—49岁	○	○	○	○	○	○
（3）30—39岁	○	○	○	○	○	○
（4）20—29岁	○	○	○	○	○	○
（5）20岁以下	○	○	○	○	○	○

14. 具有本地区户籍的适龄入园幼儿毛入学率为（　　）。
    A. 50%以下　　　　B. 50%—69%　　　C. 70%—89%　　　D. 90%—95%
    E. 96%—98%　　　 F. 99%　　　　　　G. 100%

15. 本地区缺乏家庭照顾的留守儿童、单亲家庭儿童、孤儿等特殊情况幼儿占已入园幼儿的比例是（　　）。
    A. 10%以下　　　　B. 10%—19%　　　C. 20%—29%　　　D. 30%—39%
    E. 40%—50%　　　 F. 50%以上

16. 本地区平均每（　　）召开一次全体一把手园长工作会议。
    A. 月度　　　　　　B. 季度　　　　　　C. 半年　　　　　　D. 一年

17. 本地区平均每（　　）召开一次分管安全工作园长工作会议。
    A. 月度　　　　　　B. 季度　　　　　　C. 半年　　　　　　D. 一年

18. 2020年，本地区举办了（　　）学前教育骨干教师集中（含网络）主题活动。
    A. 1次　　　　　　B. 2次　　　　　　C. 3次及以上　　　D. 没有

19. 2020年，本地区举办了（　　）全体学前教育教师集中（含网络）主题培训活动。
    A. 1次　　　　　　B. 2次　　　　　　C. 3次　　　　　　D. 3次以上
    E. 没有

20. 本地区学前教育均衡发展的举措有（　　）。（多选）
    A. 选派支教园长　　　　　　　　　　B. 选派支教教师
    C. 城乡教师轮岗　　　　　　　　　　D. 公办、民办教师轮岗
    E. 集团化（共同体、联合）办园　　　F. 教研共同体
    G. 其他

21. 就所在县（市、区）而言，学前教育纳入义务教育的可行性是（　　）。
    A. 条件成熟，可全面实行　　　　　　B. 条件成熟，可试点实行
    C. 条件不成熟，可试点实行　　　　　D. 不具备条件，无法实行

二、作为学前教育管理人员，您对学前教育高质量发展的战略重点、实施策略与路径有什么意见和建议，请简要陈述。

（面向教科研人员）

一、身份特征信息

1. 您的性别是（　　）。
   A. 男　　　　　　　B. 女

2. 您的年龄为（　　）。
   A. 25岁　　　　　　B. 26—35岁　　　　C. 36—45岁　　　　D. 46—55岁
   E. 56—60岁

3. 您的详细教研员身份是（　　）。
A. 大市级学前教育专职教研员　　　　B. 大市级学前教育兼职教研员
C. 县（市、区）级学前教育专职教研员　D. 县（市、区）级学前教育兼职教研员
4. 您的专业技术职称是（　　）。
A. 初级教师　　　B. 中级教师　　　C. 高级教师　　　D. 正高级教师
5. 您的最高专业荣誉称号是（　　）。
A. 县（市、区）级骨干教师　　　　B. 大市级骨干教师
C. 江苏省特级教师

二、区域学前教育发展情况

1. 本地区公办幼儿园占比是（　　）。
A. 10%以下　　　B. 10%—29%　　　C. 30%—49%　　　D. 50%—69%
E. 70%—90%　　　F. 90%以上
2. 本地区省、市优质幼儿园占比是（　　）。
A. 10%以下　　　B. 10%—29%　　　C. 30%—49%　　　D. 50%—69%
E. 70%—90%　　　F. 90%以上
3. 作为教研员，您认为以下素养中最重要的是（　　）。
A. 跟随上级，按部就班完成任务　　　B. 勤学善思，拥有深厚理论素养
C. 躬身实践，锤炼引领示范能力　　　D. 甘为人梯，培养精干教师队伍
E. 沟通协调，为幼儿园发展服务
4. 本地区平均每（　　）召开一次全体业务园长工作会议。
A. 月度　　　B. 季度　　　C. 半年　　　D. 一年
5. 2020年，本地区举办了（　　）学前教育骨干教师集中（含网络）主题活动。
A. 1次　　　B. 2次　　　C. 3次及以上　　　D. 没有
6. 2020年，本地区举办了（　　）全体学前教育教师集中（含网络）主题培训活动。
A. 1次　　　B. 2次　　　C. 3次　　　D. 3次以上
E. 没有
7. 您了解幼儿园教研现状，最常用的方式是（　　）。
A. 听取园长或业务园长汇报　　　　B. 各教研共同体推荐
C. 沉浸式调研　　　　　　　　　　D. 问卷调查
E. 其他
8. 2020年度，您到幼儿园实地调研的频次是（　　）。
A. 每所幼儿园调研至少一次　　　　B. 80%以上的幼儿园调研至少一次
C. 60%以上的幼儿园调研至少一次　　D. 40%以上的幼儿园调研至少一次
E. 20%以上的幼儿园调研至少一次
9. 您所组织的培训活动内容，最主要的来源是（　　）。
A. 上级部门部署的中心工作　　　　B. 本地区学前教育发展中暴露的问题
C. 核心团队的研究成果　　　　　　D. 相关专家的意见

10. 您所组织的培训活动常用的形式有（　　）。（多选）

A. 专题讲座　　　　B. 沙龙研讨　　　C. 现场分析　　　　D. 园所交流

E. 外出观摩　　　　F. 以赛代培　　　G. 其他

11. 您所组织的培训活动最常选用的专家是（　　）。（多选）

A. 本人　　　　　　　　　　　　　　B. 县（市、区）学前教育精英

C. 大市及以上教科研专家　　　　　　D. 教育主管部门领导

E. 高校教授　　　　　　　　　　　　F. 其他相关领域专家

12. 您所组织的实践型培训内容有（　　）。（多选）

A. 听评集体教育活动　　　　　　　　B. 幼儿游戏行为的观察与分析

C. 环境创设与利用　　　　　　　　　D. 游戏材料的投放与利用

E. 活动设计与组织　　　　　　　　　F. 幼儿发展水平评估

G. 教师基本功训练　　　　　　　　　H. 与幼儿、家长的沟通艺术

I. 特殊需要儿童康复训练　　　　　　J. 安全与应急救护

13. 您所组织的理论型培训内容有（　　）。（多选）

A. 教育学原理　　　　　　　　　　　B. 儿童心理学

C. 儿童游戏理论　　　　　　　　　　D. 幼儿园教育指导纲要

E. 幼儿园工作规程　　　　　　　　　F.《3—6岁儿童学习与发展指南》

G. 学前教育相关政策法规

14. 您所在地区2020年举办了（　　）学前教育教师专业素养现场比赛。

A. 1次　　　　　B. 2次　　　　　C. 3次及以上　　　　D. 没有举办

15. 您所在地区幼儿园文化建设举措有（　　）。（多选）

A. 有明确的园本教育主张　　　　　　B. 有园徽、园歌等彰显教育主张

C. 营造园所文化氛围　　　　　　　　D. 有相应的保障制度

E. 在园所历史传承基础上开展文化建设　F. 社区、园所、家庭文化共建

16. 您所在地区文化氛围浓厚的幼儿园占比是（　　）。

A. 80%以上　　　B. 60%—80%　　　C. 40%—59%　　　D. 40%以下

17. 您所在地区目前使用的课程活动方案主要来源是（　　）。

A. 大市统一配发　　　　　　　　　　B. 县（市、区）统一配发

C. 幼儿园自主开发　　　　　　　　　D. 加盟机构统一配发

18. 您所在地区幼儿园集体教学中有（　　）内容。（多选）

A. 汉语拼音教学　　　　　　　　　　B. 汉字读写

C. 外语认读拼写训练　　　　　　　　D. 游戏活动

E. 数字书写运算训练

19. 您所在地区学前教育均衡发展的举措有（　　）。（多选）

A. 选派支教园长　　　　　　　　　　B. 选派支教教师

C. 城市、乡村教师轮岗　　　　　　　D. 公办、民办教师轮岗

E. 集团化（共同体、联合）办园　　　F. 教研共同体

20. 就所在县（市、区）而言，学前教育纳入义务教育的可行性是（　　）。

A. 条件成熟，可全面实行　　　　　　B. 条件成熟，可试点实行

C. 条件不成熟，可试点实行　　　　　D. 不具备条件，无法实行

三、作为教研员，您对学前教育高质量发展的战略重点、实施策略与路径有什么意见和建议，请简要陈述。

（面向园长、副园长）

一、身份特征信息

1. 您的性别是（　　）。

A. 男　　　　　　　　B. 女

2. 您的年龄是（　　）。

A. 25 岁及以下　　B. 26—35 岁　　C. 36—45 岁　　D. 46—55 岁

E. 56—60 岁

3. 您的专业技术职称是（　　）。

A. 未参评　　　　B. 初级教师　　　C. 中级教师　　　D. 高级教师

E. 正高级教师

4. 您的最高专业荣誉称号为（　　）。

A. 暂未获得

B. 乡镇（街道）或集团（共同体）级骨干教师

C. 县（市、区）级骨干教师

D. 大市级骨干教师

E. 江苏省特级教师

5. 您工作的幼儿园属于（　　）。

A. 城区公办幼儿园　　　　　　　　B. 城区民办普惠性幼儿园

C. 城区民办非普惠性幼儿园　　　　D. 乡村公办幼儿园

E. 乡村民办普惠性幼儿园　　　　　F. 乡村民办非普惠性幼儿园

二、园所发展概况

1. 您工作的幼儿园的办园历史是（　　）。

A. 5 年及以内　　B. 6—10 年　　C. 11—40 年　　D. 41—70 年

E. 70 年以上

2. 您工作的幼儿园在文化建设上的举措有（　　）。（多选）

A. 有明确的园本教育主张　　　　　B. 有园徽、园歌等彰显教育主张

C. 营造园所文化氛围　　　　　　　D. 有相应的保障制度

E. 在园所历史传承基础上开展文化建设　F. 社区、园所、家庭文化共建

3. 根据您的估算，您工作的幼儿园所在学区或招生范围的房价（　　）。
　　A. 高于本地区平均水平 50%以上　　　B. 高于本地区平均水平 20%以上
　　C. 与本地区平均水平持平　　　　　　D. 低于本地区平均水平

4. 您工作的幼儿园全体幼儿人均户外活动面积是（　　）。
　　A. 8 平方米及以上　B. 5—7 平方米　　C. 2—4 平方米　　D. 1 平方米及以下

5. 本地区幼儿专任教师年龄段分布占比分别是（　　）。（请在对应圆圈内选择）

年龄段	A. 10%以下	B. 10%—19%	C. 20%—29%	D. 30%—39%	E. 40%—50%	F. 50%以上
（1）50 岁及以上	○	○	○	○	○	○
（2）40—49 岁	○	○	○	○	○	○
（3）30—39 岁	○	○	○	○	○	○
（4）20—29 岁	○	○	○	○	○	○
（5）20 岁以下	○	○	○	○	○	○

6. 您工作的幼儿园专任教师具有幼儿教师资格证的情况是（　　）。
　　A. 全部具有　　　　B. 80%以上具有　　C. 60%—79%具有　D. 40%—59%具有
　　E. 20%—39%具有　F. 20%以下具有

7. 您工作的幼儿园专任教师具有学前教育学历的占比是（　　）。
　　A. 全部具有　　　　B. 80%以上具有　　C. 60%—79%具有　D. 40%—59%具有
　　E. 20%—39%具有　F. 20%以下具有

8. 您工作的幼儿园专任教师中具有县（市、区）级及以上骨干教师专业荣誉称号的占比是（　　）。
　　A. 10%以下　　　B. 10%—29%　　　C. 30%—49%　　　　D. 50%—70%
　　E. 70%以上

9. 您工作的幼儿园每个班的教师和保育员配置是（　　）。
　　A. 两教一保　　　B. 一教一保　　　C. 两教　　　　　　D. 一教

10. 您工作的幼儿园非在编幼儿教师的工资及福利待遇是（　　）。（如本园无此类情况，请根据区域普遍情况选择）
　　A. 与相同条件的在编教师一样或更高　B. 比在编教师略低
　　C. 按照江苏省规定的最低工资标准发放　D. 有拖欠工资的现象

11. 您工作的幼儿园教师参加上级教育主管部门组织的继续教育情况是（　　）。
　　A. 全员参加
　　B. 在编教师全员参加，非在编教师免费自愿参加
　　C. 在编教师全员参加，非在编教师有偿自愿参加
　　D. 在编教师全员参加，非在编教师不参加

12. 您工作的幼儿园普特融合资源教师政策落实情况是（　　）。

A. 有普特融合资源教师且有相应岗位

B. 无普特融合资源教师，或无相应岗位

C. 无普特融合资源教师，但有随班就读教师，有园本激励

D. 无普特融合资源教师，但有随班就读教师，无园本激励

13. 您工作的幼儿园主要使用的课程活动方案来源是（　　）。

A. 大市统一配发　　　　　　　B. 县（市、区）统一配发

C. 幼儿园自主开发　　　　　　D. 加盟机构统一配发

14. 您工作的幼儿园班级集体教学中有（　　）内容。（多选）

A. 汉语拼音教学　　　　　　　B. 汉字读写

C. 外语认读拼写训练　　　　　D. 游戏活动

E. 数字书写运算训练

15. 您工作的幼儿园开展家校共育的主要方式有（　　）。（多选）

A. 家长、学校传授经验　　　　B. 家长开放日互通有无

C. 利用家长资源开展校外拓展活动　D. 邀请有特长的家长入园做兼职教师

E. 其他形式

16. 上级行政部门统一组织的幼儿集中体检，每（　　）一次。

A. 1 年　　　　B. 2 年　　　　C. 3 年　　　　D. 3 年内未组织

17. 所在县（市、区）学前教育均衡发展的举措有（　　）。（多选）

A. 选派支教园长　　　　　　　B. 选派支教教师

C. 城市、乡村教师轮岗　　　　D. 公办、民办教师轮岗

E. 集团化（共同体、联合）办园　F. 教研共同体

G. 其他

18. 据您了解，所在县（市、区）幼儿园"校安工程"实施情况是（　　）。

A. 不清楚　　　　　　　　　　B. 所在地区无 C 级及以上危房

C. "校安工程"正在实施中　　　D. 已经评估，暂未实施

E. 暂未评估

19. 2020 年，您收到的所在县（市、区）教育主管部门下发的文件（含通知）数量大约有（　　）。

A. 10 件以下　　B. 10—19 件　　C. 20—29 件　　D. 30—39 件

E. 40—50 件　　F. 50 件以上

20. 就所在县（市、区）而言，学前教育纳入义务教育的可行性是（　　）。

A. 条件成熟，可全面实行　　　B. 条件成熟，可试点实行

C. 条件不成熟，可试点实行　　D. 不具备条件，无法实行

三、作为幼儿园园长，您对学前教育高质量发展的战略重点、实施策略与路径有什么意见和建议，请简要陈述。

（面向一线教师）

一、身份特征信息

1. 您的性别是（　　）。
   A. 男　　　　　　　　B. 女
2. 您的年龄是（　　）。
   A. 25 岁及以下　　B. 26—35 岁　　C. 36—45 岁　　D. 46—55 岁
   E. 56—60 岁
3. 您的专业技术职称为（　　）。
   A. 未参评　　　　B. 初级教师　　C. 中级教师　　D. 高级教师
   E. 正高级教师
4. 您的最高专业荣誉称号是（　　）。
   A. 暂未获得
   B. 乡镇（街道）或集团（共同体）级骨干教师
   C. 县（市、区）级骨干教师
   D. 大市级骨干教师
   E. 江苏省特级教师
5. 您工作的幼儿园属于（　　）。
   A. 城区公办幼儿园　　　　　　　　B. 城区民办普惠性幼儿园
   C. 城区民办非普惠性幼儿园　　　　D. 乡村公办幼儿园
   E. 乡村民办普惠性幼儿园　　　　　F. 乡村民办非普惠性幼儿园

二、园所发展概况

1. 您工作的幼儿园的办园历史为（　　）。
   A. 5 年及以内　　B. 6—10 年　　C. 11—40 年　　D. 41—70 年
   E. 70 年以上　　F. 不清楚
2. 您工作的幼儿园在文化建设上的举措有（　　）。（多选）
   A. 园长明确解读过幼儿园教育主张　　B. 设计有园徽并呈现在显著位置上
   C. 创作有园歌并要求师生会唱　　　　D. 幼儿园要求班级营造文化氛围环境
   E. 有相应的保障制度
   F. 所在班级参与过社区、园所、家庭文化共建活动
3. 您工作的幼儿园所在学区或招生范围的房价是（　　）。
   A. 高于本地区平均水平 50% 以上　　B. 高于本地区平均水平 20% 以上
   C. 与本地区平均水平持平　　　　　　D. 低于本地区平均水平
4. 您所在班级的幼儿人数是（　　）。
   A. 45 人以上　　B. 35—45 人　　C. 25—34 人　　D. 25 人以下
5. 你们班的活动室和寝室总面积是（　　）。
   A. 90 平方米以上　　　　　　　　B. 80—90 平方米
   C. 70—79 平方米　　　　　　　　D. 70 平方米以下

6. 您所在班级教师和保育员的配置是（　　）。

A. 两教一保　　　　B. 一教一保　　　　C. 两教　　　　　　D. 一教

7. 据您所知，您工作的幼儿园非在编幼儿教师的工资及福利待遇为（　　）。（若本园无此类情况，请参考所在区域情况选择）

A. 与相同条件在编教师一样或更高　　　B. 比在编教师略低

C. 按照江苏省规定的最低工资标准发放　D. 有拖欠工资的现象

8. 2018—2020 年，您参加县（市、区）集体教研活动的次数是（　　）。

A. 1 次　　　　　　B. 2 次　　　　　　C. 3 次及以上　　　D. 没参加过

9. 您所在班级 2020 年度开展了（　　）班级主题活动。

A. 1 次　　　　　　B. 2 次　　　　　　C. 3 次及以上　　　D. 没有开展过

10. 2018—2020 年，您执教公开课或开设讲座的最高层次是（　　）。

A. 园级　　　　　　　　　　　　　　B. 乡镇（街道）或集团（共同体）级

C. 县（市、区）级　　　　　　　　　D. 大市级

E. 省级及以上　　　　　　　　　　　F. 没有

11. 2020 年，您参加了教育主管部门组织的（　　）教师继续教育活动（含网络）。

A. 没有　　　　　　B. 1 次　　　　　　C. 2 次　　　　　　D. 3 次及以上

12. 您主持或参与过（　　）级课题研究。

A. 园所　　　　　　　　　　　　　　B. 乡镇（街道）或集团（共同体）

C. 县（市、区）　　　　　　　　　　D. 大市

E. 江苏省及以上　　　　　　　　　　F. 没有参与过

13. 2020 年，您发表、获奖或交流的最高级别论文的级别是（　　）。

A. 县（市、区）　　B. 大市　　　　　C. 江苏省及以上　　D. 没有论文

14. 您工作的幼儿园开展家校共育的主要方式有（　　）。（多选）

A. 家长、学校传授经验　　　　　　　B. 家长开放日互通有无

C. 利用家长资源开展校外拓展活动　　D. 邀请有特长的家长来园做兼职教师

E. 其他形式

15. 你们班在集体教学中有（　　）内容。（多选）

A. 汉语拼音教学　　　　　　　　　　B. 汉字读写

C. 外语认读拼写训练　　　　　　　　D. 游戏活动

E. 数字书写运算训练

16. 您符合以下条件（　　）。

A. 赴乡村幼儿园支教骨干教师

B. 赴民办幼儿园支教骨干教师

C. 乡村或民办幼儿园赴优质幼儿园轮岗教师

D. 未参加过支教、轮岗活动

17. 您所在班级幼儿集中体检，每（　　）一次。

A. 1 年　　　　　　B. 2 年　　　　　　C. 3 年　　　　　　D. 3 年内未组织

18. 您所在班级每天户外活动的时间是（　　）。
　　A. 半小时以内　　　　　　　　　　B. 0.5—1 小时
　　C. 1—1.5 小时　　　　　　　　　　D. 1.5 小时以上
19. 您对本地区学前教育管理的总体评价是（　　）。
　　A. 非常满意　　B. 比较满意　　C. 不太满意　　D. 不满意
20. 您对工作的幼儿园教育质量的总体评价是（　　）。
　　A. 非常满意　　B. 比较满意　　C. 不太满意　　D. 不满意

三、作为幼儿园教师，您对学前教育高质量发展的战略重点、实施策略与路径有什么意见和建议，请简要陈述。

第二节　"江苏基础教育高质量发展"调查问卷（小学教育）

（公共部分）

（人口学基础数据统计）

1. 您所在的设区市是（　　）。（请在对应圆圈内选择）
　　○ 南京市　　　　○ 无锡市　　　　○ 徐州市　　　　○ 常州市
　　○ 苏州市　　　　○ 南通市　　　　○ 连云港市　　　○ 淮安市
　　○ 盐城市　　　　○ 扬州市　　　　○ 镇江市　　　　○ 泰州市
　　○ 宿迁市
2. 您工作单位所在地是（　　）。（请在对应圆圈内选择）
　　○ 设区市市区　　　　　　　　　　○ 区县（县级市）城区
　　○ 乡镇
3. 您的职务是（　　）。（请在对应圆圈内选择）
　　○ 教育行政管理人员　　　　　　　○ 小学教研员
　　○ 校长/副校长　　　　　　　　　　○ 一线教师

（面向教育行政管理人员）

区域小学教育发展情况（请您根据本地区小学教育基本情况进行选择）
1. 您认为造成学生课业负担过重的主要原因是（　　）。（限选 3 项）
　　A. 功利的教育价值观　　　　　　　B. 教育评价方式不当
　　C. 教师教学效率不高　　　　　　　D. 管理督查不到位
　　E. 教师布置的作业多　　　　　　　F. 家长布置的额外学习任务多
　　G. 参加校外教育机构的辅导多　　　H. 其他

2. 您所在地区校际的教师队伍，在这些方面有差距吗？（请在对应圆圈内选择）

项目	没有差距	差距很小	差距较大	差距很大	不清楚
教师素质	○	○	○	○	○
生师比	○	○	○	○	○
学科结构合理性	○	○	○	○	○
年龄结构合理性	○	○	○	○	○
教师待遇	○	○	○	○	○

3. 您所在地区校际的办学条件，在这些方面有差距吗？（请在对应圆圈内选择）

项目	没有差距	差距很小	差距较大	差距很大	不清楚
班额	○	○	○	○	○
校额	○	○	○	○	○
信息技术装备	○	○	○	○	○
专用教室及装备	○	○	○	○	○
生均活动面积	○	○	○	○	○

4. 您所在地区校际的教育经费，在这些方面有差距吗？（请在对应圆圈内选择）

项目	没有差距	差距很小	差距较大	差距很大	不清楚
公用经费	○	○	○	○	○
维护经费	○	○	○	○	○
建设经费	○	○	○	○	○

5. 您所在学校（本地学校）教师评价考核的主要内容有（　　）。（多选，限选 5 项）

A. 学科素养　　　　　　　　B. 师德水平
C. 执教公开课　　　　　　　D. 课堂教学与基本功比赛
E. 教育教学文章的发表与获奖　F. 参加课题研究
G. 班级的班风、学风　　　　H. 学生的考试成绩
I. 学生的素养发展　　　　　J. 家长与学生的满意度
K. 其他

6. 下列教师评价、考核方式对教师发展的效果如何？（请在对应圆圈内选择）

方式	非常有效	比较有效	一般	不够有效	基本无效	负面效果
职称评审	○	○	○	○	○	○
绩效考核	○	○	○	○	○	○
专业称号评选	○	○	○	○	○	○
行政表彰奖励	○	○	○	○	○	○

7. 您所在地区推进教育教学改革的实际情况如何？（请在对应圆圈内选择）

项目	非常有效	比较有效	效果不明显	没有	负面效果
课程改革	○	○	○	○	○
课堂改革	○	○	○	○	○
作业改革	○	○	○	○	○
评价改革	○	○	○	○	○
教育教学信息化改革	○	○	○	○	○

8. 您所在地区网络平台与资源的作用如何？（请在对应圆圈内选择）

项目	非常有效	比较有效	效果不明显	没有	负面效果
网络教学平台与资源	○	○	○	○	○
网络评价平台与资源	○	○	○	○	○
网络办公平台与资源	○	○	○	○	○
网络管理平台与资源	○	○	○	○	○
校外教育机构网络平台与资源	○	○	○	○	○

9. 您所在地区推进教育教学改革的主要困难是（　　）。

A. 政府的教育政绩观　　　　　　B. 社会的人才观
C. 学校的质量观　　　　　　　　D. 教师的教学观
E. 家长的教育观　　　　　　　　F. 教育行政部门的管理能力
G. 教师的教学能力　　　　　　　H. 其他

10. 促进教育均衡，需要一系列强化教育内部治理的制度支撑。据您所知，贵校或所在地区有这些制度吗？执行情况如何？（请在对应圆圈内选择）

项目	科学有效，执行到位	执行不力	不够科学有效	没有	不清楚
入学全纳制度	○	○	○	○	○
均衡编班制度	○	○	○	○	○
教师流动制度	○	○	○	○	○
集团化办学制度	○	○	○	○	○
结对帮扶制度	○	○	○	○	○
薄弱学校改造制度	○	○	○	○	○
个别化课程建设制度	○	○	○	○	○
在线教育资源共享制度	○	○	○	○	○

11. 您所在的地区是否存在以下情况？（请在对应圆圈内选择）

项目	没有	少数	很多	不清楚
学校规模过大	○	○	○	○
学校班额过大	○	○	○	○
学校班额过小	○	○	○	○
外来务工人员子女不能就近入学	○	○	○	○
学校没有能力接纳施教区的所有适龄儿童入学	○	○	○	○

12. 您所在的学校与地区的教育实践中有以下情况吗？（请在对应圆圈内选择）

项目	没有	较少	一般	较多	不清楚
政府与学校权责不清	○	○	○	○	○
教师长期系统外借用	○	○	○	○	○
教师系统外临时抽调	○	○	○	○	○
收缴医保、参与动迁、招商引资等非教育事务	○	○	○	○	○
同一事项的多头管理	○	○	○	○	○
干扰教育教学的检查评估	○	○	○	○	○
干扰教育教学的评比、展示、演出等	○	○	○	○	○

13. 您所在地区的网络环境如何？（请在对应圆圈内选择）

项目	非常正面	比较正面	无所谓	有负面作用	负面作用大
网络环境对学生发展的作用	○	○	○	○	○
网络环境对教师工作的作用	○	○	○	○	○
网络环境对学校管理的作用	○	○	○	○	○
网络环境对教育行政的作用	○	○	○	○	○

（面向教科研人员）

区域小学教育发展情况

1. 您所在学校（本地学校）执行课程计划的实际情况如何？（请在对应圆圈内选择）

学科	规范执行	少数被挪用	大多数被挪用	没有开设	不清楚
语文	○	○	○	○	○
数学	○	○	○	○	○
英语	○	○	○	○	○
科学	○	○	○	○	○
道德与法治	○	○	○	○	○
音乐	○	○	○	○	○
美术	○	○	○	○	○
体育	○	○	○	○	○
综合实践	○	○	○	○	○

2. 您所在学校（本地学校）对下列教学活动的重视程度如何？（请在对应圆圈内选择）

活动	非常重视	比较重视	一般	不够重视	基本没有
学科育德	○	○	○	○	○
师生阅读	○	○	○	○	○
思维培养	○	○	○	○	○
科学实验	○	○	○	○	○
劳动教学	○	○	○	○	○
审美教育	○	○	○	○	○
社会实践	○	○	○	○	○
基本（跑、跳、投等）与专项（球类、游泳、体操等）运动技能	○	○	○	○	○

3. 您所在学校（本地学校）的教师在教学中对下列内容的重视程度如何？（请在对应圆圈内选择）

内容	非常重视	比较重视	一般	不够重视	基本没有
知识与技能	○	○	○	○	○
过程与方法	○	○	○	○	○
情感、态度、价值观	○	○	○	○	○
运用知识解决问题	○	○	○	○	○

4. 您所在学校（本地学校）的教师在教学中运用下列教学方式的时间或频率如何？（请在对应圆圈内选择）

手段	非常多	比较多	一般	不够多	基本没有
教师讲授	○	○	○	○	○
自主学习	○	○	○	○	○
合作交流	○	○	○	○	○
探究体验	○	○	○	○	○

5. 您认为造成学生课业负担过重的主要原因是（　　）。（多选，限选 3 项）

A. 功利的教育价值观　　　　　　B. 教育评价方式不当
C. 教师教学效率不高　　　　　　D. 管理督查不到位
E. 教师布置的作业多　　　　　　F. 家长布置的额外学习任务多
G. 参加校外教育机构的辅导多　　H. 其他

6. 您所在学校（本地学校）对学生评价的主要方式有（　　）。（多选，限选 2 项）

A. 学生成长记录　　　　　　　　B. 考试成绩评价
C. 情境活动评价　　　　　　　　D. 语言描述评价
E. 其他

7. 您所在学校（本地学校）对学生评价的主体主要有（　　）。（多选，限选 2 项）
   A. 老师评价　　　　B. 学生自评　　　　C. 同学评价　　　　D. 家长评价
   E. 其他

8. 您所在学校（本地学校）学生的学科素养发展情况如何？（请在对应圆圈内选择）

学科素养	很好	较好	一般	较差	很差
品德素养	○	○	○	○	○
科学素养	○	○	○	○	○
语文素养	○	○	○	○	○
数学素养	○	○	○	○	○
英语素养	○	○	○	○	○
艺术素养	○	○	○	○	○
体育素养	○	○	○	○	○
劳动素养	○	○	○	○	○
心理素养	○	○	○	○	○
信息素养	○	○	○	○	○

9. 您所在学校（本地学校）学生的综合素养发展情况如何？（请在对应圆圈内选择）

综合素养	很好	较好	一般	较差	很差
文化理解与传承	○	○	○	○	○
审辨思维	○	○	○	○	○
创新素养	○	○	○	○	○
沟通素养	○	○	○	○	○
合作素养	○	○	○	○	○

10. 您所在学校（本地学校）学生发展的主要问题有（　　）。（多选，限选 5 项）
    A. 具备不良的价值倾向　　　　B. 不良道德行为增多
    C. 性别特征弱化　　　　　　　D. 厌学
    E. 体质差　　　　　　　　　　F. 低俗的阅读与审美
    G. 心理健康问题增多　　　　　H. 实践能力较差
    I. 沉迷网络　　　　　　　　　J. 睡眠时间偏少
    K. 其他

11. 您所在地区校际的教师队伍，在这些方面有差距吗？（请在对应圆圈内选择）

项目	没有差距	差距很小	差距较大	差距很大	不清楚
教师素质	○	○	○	○	○
生师比	○	○	○	○	○
学科结构合理性	○	○	○	○	○
年龄结构合理性	○	○	○	○	○
教师待遇	○	○	○	○	○

12. 在保障校内教育均衡方面，贵校或本地学校做得怎么样？（请在对应圆圈内选择）

项目	非常好	比较好	比较差	非常差	不清楚
各类学生全部入学	○	○	○	○	○
均衡分班	○	○	○	○	○
个性化社团课程	○	○	○	○	○
个别化教学	○	○	○	○	○
对残障儿童科学施教	○	○	○	○	○

13. 您认为下列集体研修方式的有效性如何？（请在对应圆圈内选择）

研修方式	很有效	较有效	一般	效果较差	基本无效
县级及以上教研活动	○	○	○	○	○
区镇学科教研组活动	○	○	○	○	○
学校教研组或备课组活动	○	○	○	○	○
课题组活动	○	○	○	○	○
学校年级组活动	○	○	○	○	○
名师工作室活动	○	○	○	○	○
乡村骨干教师培育站	○	○	○	○	○
同事间的日常商讨	○	○	○	○	○
网络在线培训与研讨	○	○	○	○	○

14. 对您帮助最大的研修方式是（　　）。（多选，限选5项）

A. 集体备课　　　　　　　　　　B. 同事相互听课（说课）及评课

C. 请专家听课、指导　　　　　　D. 观摩名师、优课教学现场或录像

E. 学习课堂实录、教学案例　　　F. 学习教育教学理论书籍、文章

G. 撰写读书笔记或教学反思笔记　H. 同事的教学与学习心得交流

I. 聆听专家或专业人员的专题报告　J. 开展微型课题（小课题、个人课题）研究

K. 承担省、市规划课题研究　　　L. 参加省、市、县各类教科研活动

M. 参加互联网远程培训　　　　　N. 参加网络研讨

O. 参加各种学历进修活动　　　　P. 其他

15. 您所在学校（本地学校）教师评价考核的主要内容有（　　）。（多选，限选5项）

A. 学科素养　　　　　　　　　　B. 师德水平

C. 执教公开课　　　　　　　　　D. 课堂教学与基本功比赛

E. 教育教学文章的发表与获奖　　F. 参加课题研究

G. 班级的班风、学风　　　　　　H. 学生的考试成绩

I. 学生的素养发展　　　　　　　J. 家长与学生的满意度

K. 其他

16. 下列教师评价、考核方式对教师发展的效果如何？（请在对应圆圈内选择）

方式	非常有效	比较有效	一般	不够有效	基本无效	负面效果
职称评审	○	○	○	○	○	○
绩效考核	○	○	○	○	○	○
专业称号评选	○	○	○	○	○	○
行政表彰奖励	○	○	○	○	○	○

17. 您认为所在地区学业质量监测对优化教育教学的作用如何？（请在对应圆圈内选择）

项目	很有效	比较有效	一般	不够有效	负面效果
增强教学责任心	○	○	○	○	○
优化教师教学	○	○	○	○	○
规范实施课程计划	○	○	○	○	○
促进教学研究	○	○	○	○	○
优化学校教学管理	○	○	○	○	○
为教育行政决策提供参考	○	○	○	○	○

18. 您认为所在地区学业质量监测对学生发展的作用如何？（请在对应圆圈内选择）

项目	很有效	比较有效	一般	不够有效	负面效果
提升学生考试成绩	○	○	○	○	○
减轻学生课业负担	○	○	○	○	○
增强学生体质	○	○	○	○	○
保障学生睡眠	○	○	○	○	○
引领学生阅读	○	○	○	○	○
引领学生网络生活	○	○	○	○	○

19. 您所在地区推进教育教学改革的实际情况如何？（请在对应圆圈内选择）

项目	非常有效	比较有效	效果不明显	没有	负面效果
课程改革	○	○	○	○	○
课堂改革	○	○	○	○	○
作业改革	○	○	○	○	○
评价改革	○	○	○	○	○
教育教学信息化改革	○	○	○	○	○

20. 您所在地区网络平台与资源的作用如何？（请在对应圆圈内选择）

项目	非常有效	比较有效	效果不明显	没有	负面效果
网络教学平台与资源	○	○	○	○	○
网络评价平台与资源	○	○	○	○	○
网络办公平台与资源	○	○	○	○	○
网络管理平台与资源	○	○	○	○	○
校外教育机构网络平台与资源	○	○	○	○	○

21. 您所在地区推进教育教学改革的主要困难是（　　）。

A. 政府的教育政绩观　　　　　　B. 社会的人才观
C. 学校的质量观　　　　　　　　D. 教师的教学观
E. 家长的教育观　　　　　　　　F. 教育行政部门的管理能力
G. 教师的教学能力　　　　　　　H. 其他

22. 促进教育均衡，需要一系列强化教育内部治理的制度支撑。据您所知，贵校或所在地区有这些制度吗？执行情况如何？（请在对应圆圈内选择）

项目	科学有效，执行到位	执行不力	不够科学有效	没有	不清楚
入学全纳制度	○	○	○	○	○
均衡编班制度	○	○	○	○	○
教师流动制度	○	○	○	○	○
集团化办学制度	○	○	○	○	○
结对帮扶制度	○	○	○	○	○
薄弱学校改造制度	○	○	○	○	○
个别化课程建设制度	○	○	○	○	○
在线教育资源共享制度	○	○	○	○	○

23. 您所在的地区是否存在以下情况？（请在对应圆圈内选择）

项目	没有	少数	很多	不清楚
学校规模过大	○	○	○	○
学校班额过大	○	○	○	○
学校班额过小	○	○	○	○
外来务工人员子女不能就近入学	○	○	○	○
学校没有能力接纳施教区的所有适龄儿童入学	○	○	○	○

24. 您所在地区的网络环境如何？（请在对应圆圈内选择）

项目	非常正面	比较正面	无所谓	有负面作用	负面作用大
网络环境对学生发展的作用	○	○	○	○	○
网络环境对教师工作的作用	○	○	○	○	○
网络环境对学校管理的作用	○	○	○	○	○
网络环境对教育行政的作用	○	○	○	○	○

（面向校长、副校长）

区域小学教育发展情况

1. 您所在学校（本地学校）执行课程计划的实际情况如何？（请在对应圆圈内选择）

学科	规范执行	少数被挪用	大多数被挪用	没有开设	不清楚
语文	○	○	○	○	○
数学	○	○	○	○	○
英语	○	○	○	○	○
科学	○	○	○	○	○
道德与法治	○	○	○	○	○
音乐	○	○	○	○	○
美术	○	○	○	○	○
体育	○	○	○	○	○
综合实践	○	○	○	○	○

2. 您所在学校（本地学校）对下列教学活动的重视程度如何？（请在对应圆圈内选择）

活动	非常重视	比较重视	一般	不够重视	基本没有
学科育德	○	○	○	○	○
师生阅读	○	○	○	○	○
思维培养	○	○	○	○	○
科学实验	○	○	○	○	○
劳动教学	○	○	○	○	○
审美教育	○	○	○	○	○
社会实践	○	○	○	○	○
基本（跑、跳、投等）与专项（球类、游泳、体操等）运动技能	○	○	○	○	○

3. 您认为造成学生课业负担过重的主要原因是（　　）。（多选，限选 3 项）
   A. 功利的教育价值观　　　　　　　B. 教育评价方式不当
   C. 教师教学效率不高　　　　　　　D. 管理督查不到位
   E. 教师布置的作业多　　　　　　　F. 家长布置的额外学习任务多
   G. 参加校外教育机构的辅导多　　　H. 其他

4. 您所在学校（本地学校）对学生评价的主要方式有（　　）。（多选，限选 2 项）
   A. 学生成长记录　　B. 考试成绩评价　　C. 情境活动评价　　D. 语言描述评价
   E. 其他

5. 您所在学校（本地学校）对学生评价的主体主要有（　　）。（多选，限选 2 项）
   A. 老师评价　　　　B. 学生自评　　　　C. 同学评价　　　　D. 家长评价
   E. 其他

6. 您所在学校（本地学校）学生的学科素养发展情况如何？（请在对应圆圈内选择）

学科素养	很好	较好	一般	较差	很差
品德素养	○	○	○	○	○
科学素养	○	○	○	○	○
语文素养	○	○	○	○	○
数学素养	○	○	○	○	○
英语素养	○	○	○	○	○
艺术素养	○	○	○	○	○
体育素养	○	○	○	○	○
劳动素养	○	○	○	○	○
心理素养	○	○	○	○	○
信息素养	○	○	○	○	○

7. 您所在学校（本地学校）学生发展的主要问题有（　　）。（多选，限选 5 项）
   A. 不良的价值倾向　　　　　　　　B. 不良道德行为增多
   C. 性别特征弱化　　　　　　　　　D. 厌学
   E. 体质差　　　　　　　　　　　　F. 低俗的阅读与审美
   G. 心理健康问题增多　　　　　　　H. 实践能力较差
   I. 沉迷网络　　　　　　　　　　　J. 睡眠时间偏少
   K. 其他

8. 您所在地区校际的教师队伍，在这些方面有差距吗？（请在对应圆圈内选择）

项目	没有差距	差距很小	差距较大	差距很大	不清楚
教师素质	○	○	○	○	○
生师比	○	○	○	○	○
学科结构合理性	○	○	○	○	○
年龄结构合理性	○	○	○	○	○
教师待遇	○	○	○	○	○

9. 您所在地区校际的办学条件，在这些方面有差距吗？（请在对应圆圈内选择）

项目	没有差距	差距很小	差距较大	差距很大	不清楚
班额	○	○	○	○	○
校额	○	○	○	○	○
信息技术装备	○	○	○	○	○
专用教室及装备	○	○	○	○	○
生均活动面积	○	○	○	○	○

10. 您所在地区校际的教育经费，在这些方面有差距吗？（请在对应圆圈内选择）

项目	没有差距	差距很小	差距较大	差距很大	不清楚
公用经费	○	○	○	○	○
维护经费	○	○	○	○	○
建设经费	○	○	○	○	○

11. 在保障校内教育均衡方面，贵校或本地学校做得怎么样？（请在对应圆圈内选择）

项目	非常好	比较好	比较差	非常差	不清楚
各类学生全部入学	○	○	○	○	○
均衡分班	○	○	○	○	○
个性化社团课程	○	○	○	○	○
个别化教学	○	○	○	○	○
对残障儿童科学施教	○	○	○	○	○

12. 您认为下列集体研修方式的有效性如何？（请在对应圆圈内选择）

研修方式	很有效	较有效	一般	效果较差	基本无效
县级及以上教研活动	○	○	○	○	○
区镇学科教研组活动	○	○	○	○	○
学校教研组或备课组活动	○	○	○	○	○
课题组活动	○	○	○	○	○
学校年级组活动	○	○	○	○	○
名师工作室活动	○	○	○	○	○
乡村骨干教师培育站	○	○	○	○	○
同事间的日常商讨	○	○	○	○	○
网络在线培训与研讨	○	○	○	○	○

13. 您所在学校（本地学校）教师评价考核的主要内容有（　　）。（多选，限选5项）

　　A. 学科素养　　　　　　　　　　B. 师德水平
　　C. 执教公开课　　　　　　　　　D. 课堂教学与基本功比赛
　　E. 教育教学文章的发表与获奖　　F. 参加课题研究
　　G. 班级的班风、学风　　　　　　H. 学生的考试成绩
　　I. 学生的素养发展　　　　　　　J. 家长与学生的满意度
　　K. 其他

14. 下列教师评价、考核方式对教师发展的效果如何？（请在对应圆圈内选择）

方式	非常有效	比较有效	一般	不够有效	基本无效	负面效果
职称评审	○	○	○	○	○	○
绩效考核	○	○	○	○	○	○
专业称号评选	○	○	○	○	○	○
行政表彰奖励	○	○	○	○	○	○

15. 您认为所在地区学业质量监测对优化教育教学的作用如何？（请在对应圆圈内选择）

项目	很有效	比较有效	一般	不够有效	负面效果
增强教学责任心	○	○	○	○	○
优化教师教学	○	○	○	○	○
规范实施课程计划	○	○	○	○	○
促进教学研究	○	○	○	○	○
优化学校教学管理	○	○	○	○	○
为教育行政决策提供参考	○	○	○	○	○

16. 您认为所在地区学业质量监测对学生发展的作用如何？（请在对应圆圈内选择）

项目	很有效	比较有效	一般	不够有效	负面效果
提升学生考试成绩	○	○	○	○	○
减轻学生课业负担	○	○	○	○	○
增强学生体质	○	○	○	○	○
保障学生睡眠	○	○	○	○	○
引领学生阅读	○	○	○	○	○
引领学生网络生活	○	○	○	○	○

17. 您所在地区推进教育教学改革的实际情况如何？（请在对应圆圈内选择）

项目	非常有效	比较有效	效果不明显	没有	负面效果
课程改革	○	○	○	○	○
课堂改革	○	○	○	○	○
作业改革	○	○	○	○	○
评价改革	○	○	○	○	○
教育教学信息化改革	○	○	○	○	○

18. 您所在地区网络平台与资源的作用如何？（请在对应圆圈内选择）

项目	非常有效	比较有效	效果不明显	没有	负面效果
网络教学平台与资源	○	○	○	○	○
网络评价平台与资源	○	○	○	○	○
网络办公平台与资源	○	○	○	○	○
网络管理平台与资源	○	○	○	○	○
校外教育机构网络平台与资源	○	○	○	○	○

19. 您所在地区推进教育教学改革的主要困难是（　　）。

A. 政府的教育政绩观　　　　B. 社会的人才观
C. 学校的质量观　　　　　　D. 教师的教学观
E. 家长的教育观　　　　　　F. 教育行政部门的管理能力
G. 教师的教学能力　　　　　H. 其他

20. 促进教育均衡，需要一系列强化教育内部治理的制度支撑。据您所知，贵校或所在地区有这些制度吗？执行情况如何？（请在对应圆圈内选择）

项目	科学有效，执行到位	执行不力	不够科学有效	没有	不清楚
入学全纳制度	○	○	○	○	○
均衡编班制度	○	○	○	○	○
教师流动制度	○	○	○	○	○
集团化办学制度	○	○	○	○	○
结对帮扶制度	○	○	○	○	○
薄弱学校改造制度	○	○	○	○	○
个别化课程建设制度	○	○	○	○	○
在线教育资源共享制度	○	○	○	○	○

21. 您所在地区是否存在以下情况？（请在对应圆圈内选择）

项目	没有	少数	很多	不清楚
学校规模过大	○	○	○	○
学校班额过大	○	○	○	○
学校班额过小	○	○	○	○
外来务工人员子女不能就近入学	○	○	○	○
学校没有能力接纳施教区的所有适龄儿童入学	○	○	○	○

22. 您所在的学校设施设备配置情况如何？（请在对应圆圈内选择）

项目	完全满足	基本满足	勉强维持	严重不足	不清楚
生均占地面积	○	○	○	○	○
生均活动面积	○	○	○	○	○
学校专用教室与装备	○	○	○	○	○
信息化教学装备与维护	○	○	○	○	○
现代化办公装备	○	○	○	○	○
学校校舍及设施维护	○	○	○	○	○

23. 您认为本校的教师是否能满足和促进学校高质量发展？（请在对应圆圈内选择）

项目	完全满足	较好满足	勉强维持	严重不足	不清楚
在编教师数	○	○	○	○	○
教师学科结构	○	○	○	○	○
行政人员	○	○	○	○	○
教辅人员	○	○	○	○	○
后勤人员	○	○	○	○	○

24. 您认为所在地区的教师队伍建设制度是否科学？（请在对应圆圈内选择）

项目	合理	较合理	一般	很不合理	无所谓
职称评聘标准	○	○	○	○	○
职称层级指标结构	○	○	○	○	○
教师休假、校际调动等管理制度	○	○	○	○	○
工资待遇与当地公务员相比	○	○	○	○	○

25. 您所在的学校与地区的教育实践中有以下情况吗？（请在对应圆圈内选择）

项目	没有	较少	一般	较多	不清楚
政府与学校权责不清	○	○	○	○	○
教师长期系统外借用	○	○	○	○	○
教师系统外临时抽调	○	○	○	○	○
收缴医保、参与动迁、招商引资等非教育事务	○	○	○	○	○
同一事项的多头管理	○	○	○	○	○
干扰教育教学的检查评估	○	○	○	○	○
干扰教育教学的评比、展示、演出等	○	○	○	○	○

26. 您学校所在社区与学校协同育人的情况如何？（请在对应圆圈内选择）

项目	非常符合	基本符合	不够符合	不符合
有协同教育的意识	○	○	○	○
建立协同教育的组织	○	○	○	○
注重开发社区教育资源为学校教育服务	○	○	○	○
有一定的参与教育频率	○	○	○	○

27. 您所在地区的网络环境如何？（请在对应圆圈内选择）

项目	非常正面	比较正面	无所谓	有负面作用	负面作用大
网络环境对学生发展的作用	○	○	○	○	○
网络环境对教师工作的作用	○	○	○	○	○
网络环境对学校管理的作用	○	○	○	○	○
网络环境对教育行政的作用	○	○	○	○	○

28. 您所在的学校（本地学校）家校合作的频率及有效性情况如何？（请在对应圆圈内选择）

项目	经常	偶尔	无	非常有效	比较有效	有些效果	基本无效
家长委员会	○	○	○	○	○	○	○
家长会	○	○	○	○	○	○	○
家长代表评议学校	○	○	○	○	○	○	○
家长教育课程	○	○	○	○	○	○	○
家长开放日	○	○	○	○	○	○	○
网络班级群	○	○	○	○	○	○	○
家访	○	○	○	○	○	○	○
家长志愿者活动	○	○	○	○	○	○	○

（面向一线教师）

区域小学教育发展情况

1. 您所在学校（本地学校）执行课程计划的实际情况如何？（请在对应圆圈内选择）

学科	规范执行	少数被挪用	大多数被挪用	没有开设	不清楚
语文	○	○	○	○	○
数学	○	○	○	○	○
英语	○	○	○	○	○
科学	○	○	○	○	○
道德与法治	○	○	○	○	○
音乐	○	○	○	○	○
美术	○	○	○	○	○
体育	○	○	○	○	○
综合实践	○	○	○	○	○

2. 您所在学校（本地学校）对下列教学活动的重视程度如何？（请在对应圆圈内选择）

活动	非常重视	比较重视	一般	不够重视	基本没有
学科育德	○	○	○	○	○
师生阅读	○	○	○	○	○
思维培养	○	○	○	○	○
科学实验	○	○	○	○	○
劳动教学	○	○	○	○	○
审美教育	○	○	○	○	○
社会实践	○	○	○	○	○
基本（跑、跳、投等）与专项（球类、游泳、体操等）运动技能	○	○	○	○	○

3. 您所在学校（本地学校）的教师在教学中对下列内容的重视程度如何？（请在对应圆圈内选择）

内容	非常重视	比较重视	一般	不够重视	基本没有
知识与技能	○	○	○	○	○
过程与方法	○	○	○	○	○
情感、态度、价值观	○	○	○	○	○
运用知识解决问题	○	○	○	○	○

4. 您所在学校（本地学校）的教师在教学中运用下列教学方式的时间或频率如何？（请在对应圆圈内选择）

手段	非常多	比较多	一般	不够多	基本没有
教师讲授	○	○	○	○	○
自主学习	○	○	○	○	○
合作交流	○	○	○	○	○
探究体验	○	○	○	○	○

5. 您认为造成学生课业负担过重的主要原因是（　　）。（多选，限选 3 项）
A. 功利的教育价值观　　　　　　B. 教育评价方式不当
C. 教师教学效率不高　　　　　　D. 管理督查不到位
E. 教师布置的作业多　　　　　　F. 家长布置的额外学习任务多
G. 参加校外教育机构的辅导多　　H. 其他

6. 您所在学校（本地学校）对学生评价的主要方式有（　　）。（多选，限选 2 项）
A. 学生成长记录　　　　　　　　B. 考试成绩评价
C. 情境活动评价　　　　　　　　D. 语言描述评价
E. 其他

7. 您所在学校（本地学校）对学生评价的主体主要有（　　）。（多选，限选 2 项）
A. 老师评价　　B. 学生自评　　C. 同学评价　　D. 家长评价
E. 其他

8. 您所在学校（本地学校）学生的学科素养发展情况如何？（请在对应圆圈内选择）

学科素养	很好	较好	一般	较差	很差
品德素养	○	○	○	○	○
科学素养	○	○	○	○	○
语文素养	○	○	○	○	○
数学素养	○	○	○	○	○
英语素养	○	○	○	○	○
艺术素养	○	○	○	○	○
体育素养	○	○	○	○	○
劳动素养	○	○	○	○	○
心理素养	○	○	○	○	○
信息素养	○	○	○	○	○

9. 您所在学校（本地学校）学生的综合素养发展情况如何？（请在对应圆圈内选择）

综合素养	很好	较好	一般	较差	很差
文化理解与传承	○	○	○	○	○
审辨思维	○	○	○	○	○
创新素养	○	○	○	○	○
沟通素养	○	○	○	○	○
合作素养	○	○	○	○	○

10. 您所在学校（本地学校）学生发展的主要问题有（　　）。
A. 不良的价值倾向　　　　　　　　B. 不良道德行为增多
C. 性别特征弱化　　　　　　　　　D. 厌学
E. 体质差　　　　　　　　　　　　F. 低俗的阅读与审美
G. 心理健康问题增多　　　　　　　H. 实践能力较差
I. 沉迷网络　　　　　　　　　　　J. 睡眠时间偏少
K. 其他

11. 您所在地区校际的教师队伍，在这些方面有差距吗？（请在对应圆圈内选择）

项目	没有差距	差距很小	差距较大	差距很大	不清楚
教师素质	○	○	○	○	○
生师比	○	○	○	○	○
学科结构合理性	○	○	○	○	○
年龄结构合理性	○	○	○	○	○
教师待遇	○	○	○	○	○

12. 在保障校内教育均衡方面，贵校或本地学校做得怎么样？（请在对应圆圈内选择）

项目	非常好	比较好	比较差	非常差	不清楚
各类学生全部入学	○	○	○	○	○
均衡分班	○	○	○	○	○
个性化社团课程	○	○	○	○	○
个别化教学	○	○	○	○	○
对残障儿童科学施教	○	○	○	○	○

13. 您认为下列集体研修方式的有效性如何？（请在对应圆圈内选择）

研修方式	很有效	较有效	一般	效果较差	基本无效
县级及以上教研活动	○	○	○	○	○
区镇学科教研组活动	○	○	○	○	○
学校教研组或备课组活动	○	○	○	○	○
课题组活动	○	○	○	○	○
学校年级组活动	○	○	○	○	○
名师工作室活动	○	○	○	○	○
乡村骨干教师培育站	○	○	○	○	○
同事间的日常商讨	○	○	○	○	○
网络在线培训与研讨	○	○	○	○	○

14. 对您帮助最大的研修方式是（　　）。（多选，限选5项）

A. 集体备课　　　　　　　　　　B. 同事相互听课（说课）及评课

C. 请专家听课、指导　　　　　　D. 观摩名师、优课教学现场或录像

E. 学习课堂实录、教学案例　　　F. 学习教育教学理论书籍、文章

G. 撰写读书笔记或教学反思笔记　H. 同事的教学与学习心得交流

I. 聆听专家或专业人员的专题报告　J. 开展微型课题（小课题、个人课题）研究

K. 承担省、市规划课题研究　　　L. 参加省、市、县各类教科研活动

M. 参加互联网远程培训　　　　　N. 参加网络研讨

O. 参加各种学历进修活动　　　　P. 其他

15. 您所在学校（本地学校）教师评价考核的主要内容有（　　）。（多选，限选5项）

A. 学科素养　　　　　　　　　　B. 师德水平

C. 执教公开课　　　　　　　　　D. 课堂教学与基本功比赛

E. 教育教学文章的发表与获奖　　F. 参加课题研究

G. 班级的班风、学风　　　　　　H. 学生的考试成绩

I. 学生的素养发展　　　　　　　J. 家长与学生的满意度

K. 其他

16. 下列教师评价、考核方式对教师发展的效果如何？（请在对应圆圈内选择）

方式	非常有效	比较有效	一般	不够有效	基本无效	负面效果
职称评审	○	○	○	○	○	○
绩效考核	○	○	○	○	○	○
专业称号评选	○	○	○	○	○	○
行政表彰奖励	○	○	○	○	○	○

17. 您认为所在地区学业质量监测对优化教育教学的作用如何？（请在对应圆圈内选择）

项目	很有效	比较有效	一般	不够有效	负面效果
增强教学责任心	○	○	○	○	○
优化教师教学	○	○	○	○	○
规范实施课程计划	○	○	○	○	○
促进教学研究	○	○	○	○	○
优化学校教学管理	○	○	○	○	○
为教育行政决策提供参考	○	○	○	○	○

18. 您认为所在地区学业质量监测对学生发展的作用如何？（请在对应圆圈内选择）

项目	很有效	比较有效	一般	不够有效	负面效果
提升学生考试成绩	○	○	○	○	○
减轻学生课业负担	○	○	○	○	○
增强学生体质	○	○	○	○	○
保障学生睡眠	○	○	○	○	○
引领学生阅读	○	○	○	○	○
引领学生网络生活	○	○	○	○	○

19. 您所在地区推进教育教学改革的实际情况如何？（请在对应圆圈内选择）

项目	非常有效	比较有效	效果不明显	没有	负面效果
课程改革	○	○	○	○	○
课堂改革	○	○	○	○	○
作业改革	○	○	○	○	○
评价改革	○	○	○	○	○
教育教学信息化改革	○	○	○	○	○

20. 您所在地区网络平台与资源的作用如何？（请在对应圆圈内选择）

项目	非常有效	比较有效	效果不明显	没有	负面效果
网络教学平台与资源	○	○	○	○	○
网络评价平台与资源	○	○	○	○	○
网络办公平台与资源	○	○	○	○	○
网络管理平台与资源	○	○	○	○	○
校外教育机构网络平台与资源	○	○	○	○	○

21. 您所在地区推进教育教学改革的主要困难是（　　）。

A. 政府的教育政绩观　　　　　　B. 社会的人才观
C. 学校的质量观　　　　　　　　D. 教师的教学观
E. 家长的教育观　　　　　　　　F. 教育行政部门的管理能力
G. 教师的教学能力　　　　　　　H. 其他

22. 促进教育均衡，需要一系列强化教育内部治理的制度支撑。据您所知，贵校或所在地区有这些制度吗？执行情况如何？（请在对应圆圈内选择）

项目	科学有效，执行到位	执行不力	不够科学有效	没有	不清楚
入学全纳制度	○	○	○	○	○
均衡编班制度	○	○	○	○	○
教师流动制度	○	○	○	○	○
集团化办学制度	○	○	○	○	○
结对帮扶制度	○	○	○	○	○
薄弱学校改造制度	○	○	○	○	○
个别化课程建设制度	○	○	○	○	○
在线教育资源共享制度	○	○	○	○	○

23. 您认为所在地区的教师队伍建设制度是否科学？（请在对应圆圈内选择）

项目	合理	较合理	一般	很不合理	无所谓
职称评聘标准	○	○	○	○	○
职称层级指标结构	○	○	○	○	○
教师休假、校际调动等管理制度	○	○	○	○	○
工资待遇与当地公务员相比	○	○	○	○	○

24. 您所在的学校与地区的教育实践中有以下情况吗？（请在对应圆圈内选择）

项目	没有	较少	一般	较多	不清楚
政府与学校权责不清	○	○	○	○	○
教师长期系统外借用	○	○	○	○	○
教师系统外临时抽调	○	○	○	○	○
收缴医保、参与动迁、招商引资等非教育事务	○	○	○	○	○
同一事项的多头管理	○	○	○	○	○
干扰教育教学的检查评估	○	○	○	○	○
干扰教育教学的评比、展示、演出等	○	○	○	○	○

25. 您所在地区的网络环境如何？（请在对应圆圈内选择）

项目	非常正面	比较正面	无所谓	有负面作用	负面作用大
网络环境对学生发展的作用	○	○	○	○	○
网络环境对教师工作的作用	○	○	○	○	○
网络环境对学校管理的作用	○	○	○	○	○
网络环境对教育行政的作用	○	○	○	○	○

26. 您所在的学校（本地学校）家校合作的频率及有效性情况如何？（请在对应圆圈内选择）

项目	经常	偶尔	无	非常有效	比较有效	有些效果	基本无效
家长委员会	○	○	○	○	○	○	○
家长会	○	○	○	○	○	○	○
家长代表评议学校	○	○	○	○	○	○	○
家长教育课程	○	○	○	○	○	○	○
家长开放日	○	○	○	○	○	○	○
网络班级群	○	○	○	○	○	○	○
家访	○	○	○	○	○	○	○
家长志愿者活动	○	○	○	○	○	○	○

第三节 "江苏基础教育高质量发展"调查问卷（初中教育）

（公共部分）

（人口学基础数据统计）

1. 您所在的设区市是（　　）。（请在对应圆圈内选择）
   ○ 南京市　　○ 无锡市　　○ 徐州市　　○ 常州市
   ○ 苏州市　　○ 南通市　　○ 连云港市　○ 淮安市
   ○ 盐城市　　○ 扬州市　　○ 镇江市　　○ 泰州市
   ○ 宿迁市

2. 您工作单位所在地是（　　）。（请在对应圆圈内选择）
   ○ 设区市市区　　　　　　○ 区县（县级市）城区
   ○ 乡镇

3. 您的职务是（　　）。（请在对应圆圈内选择）
   ○ 教育行政管理人员　　　○ 初中教研员
   ○ 校长/副校长　　　　　○ 一线教师

（面向教育行政管理人员）

区域初中教育发展情况（请您根据本地区初中教育基本情况进行选择）

1. 您所在地区初中执行课程计划的实际情况如何？（请在对应圆圈内选择）

学科	规范执行	少数被挪用	大多数被挪用	没有开设	不清楚
音乐	○	○	○	○	○
美术	○	○	○	○	○
体育	○	○	○	○	○
微机	○	○	○	○	○
大课间活动	○	○	○	○	○

2. 您所在地区初中对下列教学活动的重视程度如何?(请在对应圆圈内选择)

活动	非常重视	比较重视	一般	不够重视	基本没有
学科育德	○	○	○	○	○
师生阅读	○	○	○	○	○
思维培养	○	○	○	○	○
科学实验	○	○	○	○	○
劳动教学	○	○	○	○	○
审美教育	○	○	○	○	○
社会实践	○	○	○	○	○
运动技能	○	○	○	○	○

3. 您认为造成学生课业负担过重的主要原因是(　　)。(多选,限选3项)

　A. 功利的教育价值观　　　　　　B. 教育评价方式不当
　C. 教师教学效率不高　　　　　　D. 管理督查不到位
　E. 教师布置的作业多　　　　　　F. 家长布置的额外学习任务多
　G. 参加校外教育机构的辅导多　　H. 其他

4. 您所在地区初中对学生评价的主要方式有(　　)。(多选,限选2项)

　A. 学生成长记录　　　　　　　　B. 考试成绩评价
　C. 情境活动评价　　　　　　　　D. 语言描述评价
　E. 其他

5. 您所在地区初中对学生评价的主体主要有(　　)。(多选,限选2项)

　A. 教师评价　　B. 学生自评　　C. 同学评价　　D. 家长评价
　E. 其他

6. 您所在地区初中学生的学科素养发展情况如何?(请在对应圆圈内选择)

学科素养	很好	较好	一般	较差	很差
品德素养	○	○	○	○	○
科学素养	○	○	○	○	○
语文素养	○	○	○	○	○
数学素养	○	○	○	○	○
英语素养	○	○	○	○	○
艺术素养	○	○	○	○	○
体育素养	○	○	○	○	○
劳动素养	○	○	○	○	○
心理素养	○	○	○	○	○

7. 您所在地区初中学生的综合素养发展情况如何？（请在对应圆圈内选择）

综合素养	很好	较好	一般	较差	很差
人文底蕴	○	○	○	○	○
科学精神	○	○	○	○	○
学会学习	○	○	○	○	○
健康生活	○	○	○	○	○
责任担当	○	○	○	○	○
实践创新	○	○	○	○	○

8. 您所在地区初中校际的教师队伍，在这些方面有差距吗？（请在对应圆圈内选择）

项目	差距很大	差距较大	差距很小	没有差距	不清楚
教师素质	○	○	○	○	○
生师比	○	○	○	○	○
学科结构合理性	○	○	○	○	○
年龄结构合理性	○	○	○	○	○
教师待遇	○	○	○	○	○

9. 您认为下列集体研修方式的有效性如何？（请在对应圆圈内选择）

研修方式	很有效	较有效	一般	效果较差	基本无效
县级及以上教研活动	○	○	○	○	○
区镇学科教研组活动	○	○	○	○	○
学校教研组或备课组活动	○	○	○	○	○
课题组活动	○	○	○	○	○
学校年级组活动	○	○	○	○	○
名师工作室活动	○	○	○	○	○
乡村骨干教师培育站	○	○	○	○	○
同事间的日常商讨	○	○	○	○	○

10. 您所在地区初中教师评价考核的主要内容有（　　）。（多选，限选5项）

A. 学科素养　　　　　　　　　　　B. 师德水平

C. 执教公开课　　　　　　　　　　D. 课堂教学与基本功比赛

E. 教育教学文章的发表与获奖　　　F. 参加课题研究

G. 班级的班风、学风　　　　　　　H. 学生的考试成绩

I. 学生的素养发展　　　　　　　　J. 家长与学生的满意度

K. 其他

11. 下列教师评价、考核方式对教师发展的效果如何？（请在对应圆圈内选择）

方式	非常有效	比较有效	一般	不够有效	基本无效	负面效果
职称评审	○	○	○	○	○	○
绩效考核	○	○	○	○	○	○
专业称号评选	○	○	○	○	○	○
行政表彰奖励	○	○	○	○	○	○

12. 您所在地区学业质量监测对学校与教师发展的作用如何？（请在对应圆圈内选择）

方式	非常有效	比较有效	一般	不够有效	基本无效	负面效果
增强教学责任心	○	○	○	○	○	○
优化教师教学	○	○	○	○	○	○
规范实施课程计划	○	○	○	○	○	○
促进教学研究	○	○	○	○	○	○
优化学校教学管理	○	○	○	○	○	○
为教育行政决策提供参考	○	○	○	○	○	○

13. 您所在地区学业质量监测对学生发展的作用如何？（请在对应圆圈内选择）

项目	很有效	比较有效	一般	不够有效	负面效果
提升学生考试成绩	○	○	○	○	○
减轻学生课业负担	○	○	○	○	○
增强学生体质	○	○	○	○	○
保障学生睡眠	○	○	○	○	○
引领学生阅读	○	○	○	○	○
引领学生网络生活	○	○	○	○	○

14. 您所在地区推进教育教学改革的实际情况如何？（请在对应圆圈内选择）

项目	没有	负面效果	效果不明显	比较有效	非常有效
课程改革	○	○	○	○	○
课堂改革	○	○	○	○	○
作业改革	○	○	○	○	○
评价改革	○	○	○	○	○

15. 您所在地区推进初中教育教学改革的主要问题是（　　　）。（多选，限选1—3项）

A. 只注重升学，少关注育人

B. 停留在理念上，缺少实际行动

C. 课程零散，不能形成高效体系

D. 教育视野狭窄，学生生活封闭单调

E. 教师创生和实施课程能力不强

F. 机械实施国家课程，效率不高

G. 校本课程开发低水平，不能满足学生需求

H. 其他

16. 您认为初中教育教学改革的重要举措有（　　）。（多选，限选 1—3 项）

A. 课程满足学生个性化学习需要

B. 课程体系结构化、科学化和灵活化

C. 建立落实校本化的全员、全科育人机制

D. 优化校长和教师的教育观

E. 建立学生健康底线评价制度

F. 实施中考改革，优化初中教育评价机制

G. 建立大教育联动机机制（学校、家庭、社区联动）

H. 其他

17. 您所在区域重大教育决策出台，征求意见的途径是（　　）。（多选）

A. 书面征求相关部门意见　　　　B. 在线公示（针对适合公开的重大政策）

C. 召开座谈会征求学校（校长）意见　D. 书面征求所属科室意见

E. 主动征求专家意见　　　　　　F. 其他

18. 您认为实现教育高效治理的有效举措有（　　）。（多选）

A. 加大政府"放管服"改革力度，落实学校自主办学权

B. 推进管办分离，建立多元社会评价机制

C. 完善学校法人治理结构，建立学校治理机制

D. 建立学校重大决策公开机制

E. 建立学生参与学校治理机制

F. 建立社会多元参与学校管理制度

G. 建立教育决策咨询委员会

H. 其他

（面向教科研人员）

区域初中教育发展情况

1. 您所在地区初中执行课程计划的实际情况如何？（请在对应圆圈内选择）

学科	规范执行	少数被挪用	大多数被挪用	没有开设	不清楚
音乐	○	○	○	○	○
美术	○	○	○	○	○
体育	○	○	○	○	○
微机	○	○	○	○	○
大课间活动	○	○	○	○	○

2. 您所在地区初中对下列教学活动的重视程度如何？（请在对应圆圈内选择）

活动	非常重视	比较重视	一般	不够重视	基本没有
学科育德	○	○	○	○	○
师生阅读	○	○	○	○	○
思维培养	○	○	○	○	○
科学实验	○	○	○	○	○
劳动教学	○	○	○	○	○
审美教育	○	○	○	○	○
社会实践	○	○	○	○	○
运动技能	○	○	○	○	○

3. 您所在地区初中教师在教学中对下列内容的重视程度如何？（请在对应圆圈内选择）

内容	非常重视	比较重视	一般	不够重视	基本没有
知识与技能	○	○	○	○	○
过程与方法	○	○	○	○	○
情感、态度、价值观	○	○	○	○	○
运用知识解决问题	○	○	○	○	○

4. 您所在地区初中教师运用下列教学方式的时间或频率如何？（请在对应圆圈内选择）

手段	非常多	比较多	一般	不够多	基本没有
教师讲授	○	○	○	○	○
自主学习	○	○	○	○	○
合作交流	○	○	○	○	○
探究体验（实验）	○	○	○	○	○

5. 您所在学校学生发展的主要问题有（　　　）。（多选，限选 5 项）

A. 近视率高　　　　　　　　　　B. 肥胖率增高
C. 不良行为增多　　　　　　　　D. 厌学（学习被动）
E. 责任心不强　　　　　　　　　F. 低俗的阅读与审美
G. 心理健康问题增多　　　　　　H. 实践能力较差
I. 沉迷网络　　　　　　　　　　J. 睡眠时间偏少
K. 性别特征弱化　　　　　　　　L. 其他

6. 您所在地区初中对学生评价的主要方式有（　　　）。（多选，限选 1—2 项）

A. 学生成长记录　　　　　　　　B. 考试成绩评价
C. 活动过程评价　　　　　　　　D. 语言描述评价
E. 其他

7. 您所在地区初中对学生评价的主体主要有（　　　）。（多选，限选1—2项）
   A. 教师评价　　　　B. 学生自评　　　　C. 同学评价　　　　D. 家长评价
   E. 其他

8. 您所在地区学校学生的学科素养发展情况如何？（请在对应圆圈内选择）

学科素养	很好	较好	一般	较差	很差
品德素养	○	○	○	○	○
科学素养	○	○	○	○	○
语文素养	○	○	○	○	○
数学素养	○	○	○	○	○
英语素养	○	○	○	○	○
艺术素养	○	○	○	○	○
体育素养	○	○	○	○	○
劳动素养	○	○	○	○	○
心理素养	○	○	○	○	○

9. 您所在地区学校学生的综合素养发展情况如何？（请在对应圆圈内选择）

综合素养	很好	较好	一般	较差	很差
人文底蕴	○	○	○	○	○
科学精神	○	○	○	○	○
学会学习	○	○	○	○	○
健康生活	○	○	○	○	○
责任担当	○	○	○	○	○
实践创新	○	○	○	○	○

10. 您所在地区初中校际的教师队伍，在这些方面有差距吗？（请在对应圆圈内选择）

项目	差距很大	差距较大	差距很小	没有差距	不清楚
教师素养	○	○	○	○	○
生师比	○	○	○	○	○
学科结构合理性	○	○	○	○	○
年龄结构合理性	○	○	○	○	○
教师待遇	○	○	○	○	○

11. 你所在地区初中在保障校内教育均衡方面做得怎么样？（请在对应圆圈内选择）

项目	非常差	比较差	比较好	非常好	不清楚
各类学生全部入学	○	○	○	○	○
均衡分班	○	○	○	○	○
个性化社团课程	○	○	○	○	○
个别化教学	○	○	○	○	○
对残障儿童科学施教	○	○	○	○	○

12. 您认为下列集体研修方式的有效性如何？（请在对应圆圈内选择）

研修方式	很有效	较有效	一般	效果较差	基本无效
县级及以上教研活动	○	○	○	○	○
区镇学科教研组活动	○	○	○	○	○
学校教研组或备课组活动	○	○	○	○	○
课题组活动	○	○	○	○	○
学校年级组活动	○	○	○	○	○
名师工作室活动	○	○	○	○	○
乡村骨干教师培育站	○	○	○	○	○
同事间的日常商讨	○	○	○	○	○

13. 您认为对教师帮助最大的研修方式有（　　）。（多选，限选5项）
   A. 集体备课　　　　　　　　　　B. 同事相互听课（说课）及评课
   C. 请专家听课、指导　　　　　　D. 观摩名师、优课教学现场或录像
   E. 学习课堂实录、教学案例　　　F. 学习教育教学理论书籍、文章
   G. 撰写读书笔记或教学反思笔记　H. 同事的教学与学习心得交流
   I. 聆听专家或专业人员的专题报告　J. 开展微型课题（小课题、个人课题）研究
   K. 承担省、市规划课题研究　　　L. 参加省、市、县各类教科研活动
   M. 参加互联网远程培训　　　　　N. 参加网络研讨（QQ或微信群、BBS）
   O. 参加各种学历进修活动　　　　P. 其他

14. 您所在地区初中教师评价考核的主要内容有（　　）。（多选，限选1—5项）
   A. 学科素养　　　　　　　　　　B. 师德水平
   C. 执教公开课　　　　　　　　　D. 课堂教学与基本功比赛
   E. 教育教学文章的发表与获奖　　F. 参加课题研究
   G. 班级的班风、学风　　　　　　H. 学生的考试成绩
   I. 学生的素养发展　　　　　　　J. 家长与学生的满意度
   K. 其他

15. 下列教师评价、考核方式对教师发展的效果如何？（请在对应圆圈内选择）

评价方式	非常有效	比较有效	一般	不够有效	基本无效	负面效果
职称评审	○	○	○	○	○	○
绩效考核	○	○	○	○	○	○
专业称号评选	○	○	○	○	○	○
行政表彰奖励	○	○	○	○	○	○
教学竞赛	○	○	○	○	○	○

16. 您所在地区学业质量监测对学校与教师发展的作用如何？（请在对应圆圈内选择）

项目	很有效	比较有效	一般	不够有效	负面效果
增强教学责任心	○	○	○	○	○
优化教师教学	○	○	○	○	○
规范实施课程计划	○	○	○	○	○
促进教学研究	○	○	○	○	○
优化学校教学管理	○	○	○	○	○
为教育行政决策提供参考	○	○	○	○	○

17. 您所在地区学业质量监测对学生发展的作用如何？（请在对应圆圈内选择）

项目	很有效	比较有效	一般	不够有效	负面效果
提升学生考试成绩	○	○	○	○	○
减轻学生课业负担	○	○	○	○	○
增强学生体质	○	○	○	○	○
保障学生睡眠	○	○	○	○	○
引领学生阅读	○	○	○	○	○
引领学生网络生活	○	○	○	○	○

18. 您所在地区推进教育教学改革的实际效果如何？（请在对应圆圈内选择）

项目	没有	负面效果	效果不明显	比较有效	非常有效
课程改革	○	○	○	○	○
课堂改革	○	○	○	○	○
作业改革	○	○	○	○	○
评价改革	○	○	○	○	○

19. 您所在地区推进初中教育教学改革的主要问题是（   ）。（多选，限选 1—3 项）

A. 只注重升学，少关注育人

B. 停留在理念上，缺少实际行动

C. 课程零散，不能形成高效体系

D. 教育视野狭窄，学生生活封闭单调

E. 教师创生和实施课程能力不强

F. 机械实施国家课程，效率不高

G. 校本课程开发低水平，不能满足学生需求

H. 其他

20. 您认为初中教育教学改革的重要举措有（　　）。（多选，限选1—3项）

A. 课程满足学生个性化学习需要

B. 课程体系结构化、科学化和灵活化

C. 建立落实校本化的全员、全科育人机制

D. 优化校长和教师的教育观

E. 建立学生健康底线评价制度

F. 实施中考改革，优化初中教育评价机制

G. 建立大教育联动机制（学校、家庭、社区联动）

H. 其他

21. 您所在地区有这些促进均衡发展的制度吗？执行情况如何？（请在对应圆圈内选择）

项目	没有	不够科学	执行不力	科学有效，执行到位	不清楚
入学全纳制度	○	○	○	○	○
均衡编班制度	○	○	○	○	○
教师流动制度	○	○	○	○	○
集团化办学制度	○	○	○	○	○
结对帮扶制度	○	○	○	○	○
薄弱学校改造制度	○	○	○	○	○
个别化课程建设制度	○	○	○	○	○

（面向校长、副校长）

区域初中教育发展情况

1. 您所在学校的教师在教学中运用下列教学方式的时间或频率如何？（请在对应圆圈内选择）

手段	非常多	比较多	一般	不够多	基本没有
教师讲授	○	○	○	○	○
自主学习	○	○	○	○	○
交流合作	○	○	○	○	○
实践探究	○	○	○	○	○

2. 您所在学校学生发展的主要问题有（　　）。（多选，限选 5 项）

A. 近视率高　　　　　　　　　　B. 肥胖率增高
C. 不良行为增多　　　　　　　　D. 厌学（学习被动）
E. 责任心不强　　　　　　　　　F. 低俗的阅读与审美
G. 心理健康问题增多　　　　　　H. 实践能力较差
I. 沉迷网络　　　　　　　　　　J. 睡眠时间偏少
K. 性别特征弱化　　　　　　　　L. 其他

3. 你认为城乡教师如何交流才能更好促进教育优质均衡（　　）。（多选）

A. 农村教师到城里优秀学校顶岗学习
B. 加大行政管理岗位的交流力度
C. 硬性规定骨干教师到农村学校交流
D. 出台激励措施，鼓励优秀教师自愿交流
E. 提高农村学校教师待遇
F. 其他

4. 与本地其他学校相比，贵校或本地校际的办学条件，在这些方面有差距吗？（请在对应圆圈内选择）

项目	差距很大	差距较大	差距很小	没有差距	不清楚
班额	○	○	○	○	○
校额	○	○	○	○	○
信息技术装备	○	○	○	○	○
专用教室及装备	○	○	○	○	○
生均活动面积	○	○	○	○	○

5. 与本地其他学校相比，贵校或本地校际的教育经费，在这些方面有差距吗？（请在对应圆圈内选择）

项目	差距很大	差距较大	差距很小	没有差距	不清楚
公用经费	○	○	○	○	○
维护经费	○	○	○	○	○
建设经费	○	○	○	○	○

6. 在保障校内教育均衡方面，贵校或本地学校做得怎么样？（请在对应圆圈内选择）

项目	非常差	比较差	比较好	非常好	不清楚
各类学生全部入学	○	○	○	○	○
均衡分班	○	○	○	○	○
个性化社团课程	○	○	○	○	○
个别化教学	○	○	○	○	○
对残障儿童科学施教	○	○	○	○	○

7. 您觉得您所在地区，最需要改革或改变的是（　　）。

A. 政府的教育政绩观　　　　　　B. 社会的人才观

C. 学校的质量观　　　　　　　　D. 教师的教学观

E. 家长的教育观　　　　　　　　F. 教育行政部门的管理能力

G. 教师的教学能力　　　　　　　H. 其他

8. 促进教育均衡，需要一系列强化教育内部治理的制度支撑。据您所知，贵校或所在地区有这些制度吗？执行情况如何？（请在对应圆圈内选择）

项目	没有	不够科学	执行不力	科学有效，执行到位	不清楚
入学全纳制度	○	○	○	○	○
均衡编班制度	○	○	○	○	○
教师流动制度	○	○	○	○	○
集团化办学制度	○	○	○	○	○
结对帮扶制度	○	○	○	○	○
薄弱学校改造制度	○	○	○	○	○
个别化课程建设制度	○	○	○	○	○

9. 您所在的地区是否存在以下情况？（请在对应圆圈内选择）

项目	没有	少数	很多	不清楚
学校规模过大	○	○	○	○
学校班额过大	○	○	○	○
学校班额过小	○	○	○	○
外来务工人员子女不能就近入学	○	○	○	○
学校没有能力接纳施教区的所有适龄儿童入学	○	○	○	○

10. 您所在的学校设施设备配置情况如何？（请在对应圆圈内选择）

项目	完全满足需要	基本能满足	勉强维持	严重不足	不清楚
生均占地面积	○	○	○	○	○
生均活动面积	○	○	○	○	○
学校专用教室与装备	○	○	○	○	○
信息化教学装备	○	○	○	○	○
现代化办公装备	○	○	○	○	○
学校校舍及设施维护	○	○	○	○	○

11. 您认为本校的教师是否能满足和促进学校高质量发展？（请在对应圆圈内选择）

项目	完全满足	较好满足	勉强维持	严重不足	不清楚
在编教师数	○	○	○	○	○
教师学科结构	○	○	○	○	○
行政人员	○	○	○	○	○
教辅人员	○	○	○	○	○
后勤人员	○	○	○	○	○

12. 您认为所在地区的教师队伍建设制度是否科学？（请在对应圆圈内选择）

项目	合理	较合理	一般	很不合理	无所谓
职称评聘标准	○	○	○	○	○
职称层级指标结构	○	○	○	○	○
教师休假、校际调动等管理制度	○	○	○	○	○
工资待遇与当地公务员、事业单位人员相比	○	○	○	○	○

13. 您所在的学校有以下情况吗？（请在对应圆圈内选择）

项目	有	偶尔	没有	不清楚
教师长期系统外借用	○	○	○	○
教师系统外临时抽调	○	○	○	○
收缴医保、参与动迁、招商引资等非教育事务	○	○	○	○
同一事项的多头管理	○	○	○	○
干扰教育教学的检查评估	○	○	○	○
干扰教育教学的评比、展示、演出等	○	○	○	○

14. 您学校所在的社区与学校协同育人的情况？（请在对应圆圈内选择）

项目	非常符合	基本符合	不够符合	不符合
有协同教育的意识	○	○	○	○
建立协同教育的组织	○	○	○	○
注重开发社区教育资源为学校教育服务	○	○	○	○
有一定的参与教育频率	○	○	○	○

15. 您所在地区的网络环境如何？（请在对应圆圈内选择）

项目	非常正面	比较正面	无所谓	有负面作用	负面作用大
网络环境对学生发展的作用	○	○	○	○	○
网络环境对教师工作的作用	○	○	○	○	○
网络环境对学校管理的作用	○	○	○	○	○
网络环境对教育行政的作用	○	○	○	○	○

16. 您所在的学校家校合作的方式及有效性情况如何？（请在对应圆圈内选择）

项目	经常	偶尔	无	非常有效	比较有效	有些效果	基本无效
家长委员会	○	○	○	○	○	○	○
家长会	○	○	○	○	○	○	○
家长代表评议学校	○	○	○	○	○	○	○
家长教育课程	○	○	○	○	○	○	○
家长开放日	○	○	○	○	○	○	○
网络班级群	○	○	○	○	○	○	○
家访	○	○	○	○	○	○	○
家长志愿者活动	○	○	○	○	○	○	○

17. 您所在学校的民主决策机构有（　　）。（多选）

A. 教职工代表大会　　　　　B. 内部监督委员会

C. 家长委员会　　　　　　　D. 党支部

E. 学术委员会　　　　　　　F. 行政组

G. 学校董事（理事）会　　　H. 学生委员会

I. 其他

18. 您所在学校在办学自主权方面，落实得比较好的有（　　）。（多选）

A. 自主运用教学方式、自主实施教学评价

B. 对副校长的聘任有参与权、选择权

C. 自主择优选聘中层管理人员

D. 教师招聘有参与权

E. 自主提出年度预算建议，自主执行批准的预算项目

F. 办公经费的使用具有自主权

G. 其他

19. 作为校长，您目前最关注的学校问题是（　　）。（多选，限选1—3项）

A. 教育质量　　　　　　　　B. 升学率

C. 学校生源　　　　　　　　D. 校园安全

E. 硬件建设　　　　　　　　F. 软件建设

G. 经费来源与管理　　　　　H. 教师身心健康

I. 学生身心健康 J. 教职工待遇
K. 学校文化建设 L. 教师专业成长
M. 党建工作 N. 其他

（面向一线教师）

区域初中教育发展情况

1. 您所在学校执行课程计划的实际情况如何？（请在对应圆圈内选择）

学科	规范执行	少数被挪用	大多数被挪用	没有开设	不清楚
音乐	○	○	○	○	○
美术	○	○	○	○	○
体育	○	○	○	○	○
微机	○	○	○	○	○
大课间活动	○	○	○	○	○

2. 您所在学校对下列教学活动的重视程度如何？（请在对应圆圈内选择）

活动	基本没有	不够重视	一般	比较重视	非常重视
学科育德	○	○	○	○	○
师生阅读	○	○	○	○	○
科学实验	○	○	○	○	○
劳动教育	○	○	○	○	○
审美教育	○	○	○	○	○
社会实践	○	○	○	○	○
身心健康	○	○	○	○	○

3. 您所在学校的教师在教学中对下列内容的重视程度如何？（请在对应圆圈内选择）

内容	基本没有	不够重视	一般	比较重视	非常重视
知识与技能	○	○	○	○	○
过程与方法	○	○	○	○	○
情感、态度、价值观	○	○	○	○	○
运用知识解决问题	○	○	○	○	○

4. 您所在学校的教师在教学中运用下列教学方式的时间或频率如何？（请在对应圆圈内选择）

手段	非常多	比较多	一般	不够多	基本没有
教师讲授	○	○	○	○	○
自主学习	○	○	○	○	○
交流合作	○	○	○	○	○
实践探究	○	○	○	○	○

5. 您认为造成学生课业负担过重的主要原因是（　　　）。（限选 3 项）

    A. 功利的教育价值观　　　　　　B. 教育评价方式不当

    C. 教师教学效率不高　　　　　　D. 管理督查不到位

    E. 教师布置的作业多　　　　　　F. 家长布置的额外学习任务多

    G. 参加校外教育机构的辅导多　　H. 其他

6. 您所在学校对学生评价的主要方式有（　　　）。（限选 4 项）

    A. 学生成长记录　　　　　　　　B. 考试成绩评价

    C. 情境活动评价　　　　　　　　D. 表现描述评价

    E. 教师评价　　　　　　　　　　F. 学生自评

    G. 同学评价　　　　　　　　　　H. 家长评价

    I. 其他

7. 您所在学校学生的学科素养发展情况如何？（请在对应圆圈内选择）

学科素养	很好	较好	一般	较差	很差
品德素养	○	○	○	○	○
科学素养	○	○	○	○	○
语文素养	○	○	○	○	○
数学素养	○	○	○	○	○
英语素养	○	○	○	○	○
艺术素养	○	○	○	○	○
体育素养	○	○	○	○	○
劳动素养	○	○	○	○	○
心理素养	○	○	○	○	○

8. 您所在学校学生的综合素养发展情况如何？（请在对应圆圈内选择）

综合素养	很好	较好	一般	较差	很差
人文底蕴	○	○	○	○	○
科学精神	○	○	○	○	○
学会学习	○	○	○	○	○
健康生活	○	○	○	○	○
责任担当	○	○	○	○	○
实践创新	○	○	○	○	○

9. 您所在学校学生发展的主要问题有（　　　）。（限选 5 项）

    A. 近视率高　　　　　　　　　　B. 肥胖率增高

    C. 不良行为增多　　　　　　　　D. 厌学（学习被动）

    E. 责任心不强　　　　　　　　　F. 低俗的阅读与审美

    G. 心理健康问题增多　　　　　　H. 实践能力较差

    I. 沉迷网络　　　　　　　　　　J. 睡眠时间偏少

    K. 性别特征弱化　　　　　　　　L. 其他

10. 您认为城乡教师如何交流才能更好地促进教育优质均衡（　　）。（多选）

A. 农村教师到城里优秀学校顶岗学习

B. 加大行政管理岗位的交流力度

C. 硬性规定骨干教师到农村学校交流

D. 出台激励措施，鼓励优秀教师自愿交流

E. 提高农村学校教师待遇

F. 其他

11. 与本地其他学校相比，贵校的办学条件，在这些方面有差距吗？（请在对应圆圈内选择）

办学条件	差距很大	差距较大	差距很小	没有差距	不清楚
班额	○	○	○	○	○
校额	○	○	○	○	○
信息技术装备	○	○	○	○	○
专用教室及装备	○	○	○	○	○
生均活动面积	○	○	○	○	○

12. 在保障校内教育均衡方面，贵校做得怎么样？（请在对应圆圈内选择）

项目	非常差	比较差	比较好	非常好	不清楚
各类学生全部入学	○	○	○	○	○
均衡分班	○	○	○	○	○
个性化社团课程	○	○	○	○	○
个别化教学	○	○	○	○	○
对残障儿童科学施教	○	○	○	○	○

13. 您认为下列集体研修方式的有效性如何？（请在对应圆圈内选择）

研修方式	很有效	较有效	一般	效果较差	基本无效
县级及以上教研活动	○	○	○	○	○
区镇学科教研组活动	○	○	○	○	○
学校教研组或备课组活动	○	○	○	○	○
课题组、项目组活动	○	○	○	○	○
学校年级组活动	○	○	○	○	○
名师工作室活动	○	○	○	○	○
乡村骨干教师培育站	○	○	○	○	○
同事间的日常商讨	○	○	○	○	○

14. 您认为对您帮助最大的个人研修方式是（　　）。（多选，限选3—5项）

A. 集体备课　　　　　　　　B. 同事相互听课（说课）及评课

C. 请专家听课、指导　　　　D. 观摩名师、优课教学现场或录像

E. 学习课堂实录、教学案例　F. 学习教育教学理论书籍、文章

G. 撰写读书笔记或教学反思笔记　　H. 同事的教学与学习心得交流
I. 聆听专家或专业人员的专题报告　　J. 开展微型课题（小课题、个人课题）研究
K. 承担省、市规划课题研究　　L. 参加省、市、县各类教科研活动
M. 参加互联网远程培训　　N. 参加网络研讨（QQ或微信群、BBS）
O. 参加各种学历进修活动　　P. 其他

15. 您所在学校教师评价考核的主要内容有（　　）。（多选，限选1—5项）

A. 学科素养　　B. 师德水平
C. 执教公开课　　D. 课堂教学与基本功比赛
E. 教育教学文章的发表与获奖　　F. 参加课题研究
G. 班级的班风、学风　　H. 学生的考试成绩
I. 学生的素养发展　　J. 家长与学生的满意度
K. 其他

16. 下列教师评价、考核方式对教师发展的效果如何？（请在对应圆圈内选择）

方式	非常有效	比较有效	一般	不够有效	基本无效
职称评审	○	○	○	○	○
绩效考核	○	○	○	○	○
专业称号评选	○	○	○	○	○
行政表彰奖励	○	○	○	○	○

17. 您所在地区在推进教育教学改革的实际情况如何？（请在对应圆圈内选择）

项目	没有	负面效果	效果不明显	比较有效	非常有效
课程改革	○	○	○	○	○
课堂改革	○	○	○	○	○
作业改革	○	○	○	○	○
评价改革	○	○	○	○	○

18. 促进教育均衡，需要一系列强化教育内部治理的制度支撑。据您所知，贵校或所在地区有这些制度吗？执行情况如何？（请在对应圆圈内选择）

项目	没有	不够科学	执行不力	科学有效，执行到位	不清楚
入学全纳制度	○	○	○	○	○
均衡编班制度	○	○	○	○	○
教师流动制度	○	○	○	○	○
集团化办学制度	○	○	○	○	○
结对帮扶制度	○	○	○	○	○
薄弱学校改造制度	○	○	○	○	○
个别化课程建设制度	○	○	○	○	○

19. 您认为本校的教师是否能满足和促进学校高质量发展？（请在对应圆圈内选择）

项目	完全满足	较好满足	勉强维持	严重不足	不清楚
在编教师数	○	○	○	○	○
教师学科结构	○	○	○	○	○
行政人员	○	○	○	○	○
教辅人员	○	○	○	○	○
后勤人员	○	○	○	○	○

20. 您认为所在地区的教师队伍建设制度是否科学？（请在对应圆圈内选择）

项目	合理	较合理	一般	很不合理	无所谓
职称评聘标准	○	○	○	○	○
职称层级指标结构	○	○	○	○	○
教师休假、校际调动等管理制度	○	○	○	○	○
工资待遇与当地公务员、事业单位人员相比	○	○	○	○	○

21. 您所在的学校有以下情况吗？（请在对应圆圈内选择）

项目	有	偶尔	没有	不清楚
教师长期系统外借用	○	○	○	○
教师系统外临时抽调	○	○	○	○
收缴医保、参与动迁、招商引资等非教育事务	○	○	○	○
同一事项的多头管理	○	○	○	○
干扰教育教学的检查评估	○	○	○	○
干扰教育教学的评比、展示、演出等	○	○	○	○

22. 您所在地区的网络环境如何？（请在对应圆圈内选择）

项目	非常正面	比较正面	无所谓	有负面作用	负面作用大
网络环境对学生发展的作用	○	○	○	○	○
网络环境对教师工作的作用	○	○	○	○	○
网络环境对学校管理的作用	○	○	○	○	○
网络环境对教育行政的作用	○	○	○	○	○

23. 您所在的学校家校合作的方式及有效性情况如何？（请在对应圆圈内选择）

项目	经常	偶尔	无	非常有效	比较有效	有些效果	基本无效
家长委员会	○	○	○	○	○	○	○
家长会	○	○	○	○	○	○	○
家长代表评议学校	○	○	○	○	○	○	○
家长教育课程	○	○	○	○	○	○	○
家长开放日	○	○	○	○	○	○	○
网络班级群	○	○	○	○	○	○	○
家访	○	○	○	○	○	○	○
家长志愿者活动	○	○	○	○	○	○	○

第四节　"江苏基础教育高质量发展"调查问卷（普高教育）

（公共部分）

（人口学基础数据统计）

1. 您所在的设区市是（　　）。（请在对应圆圈内选择）
   ○ 南京市　　　○ 无锡市　　　○ 徐州市　　　○ 常州市
   ○ 苏州市　　　○ 南通市　　　○ 连云港市　　○ 淮安市
   ○ 盐城市　　　○ 扬州市　　　○ 镇江市　　　○ 泰州市
   ○ 宿迁市

2. 您工作单位所在地是（　　）。（请在对应圆圈内选择）
   ○ 设区市市区　　　　　　　○ 区县（县级市）城区
   ○ 乡镇

3. 您的职务是（　　）。（请在对应圆圈内选择）
   ○ 教育行政管理人员　　　　○ 高中教研员
   ○ 校长/副校长　　　　　　 ○ 一线教师

（面向教育行政管理人员）

一、区域普高教育发展情况（请您根据本地区普高教育基本情况进行选择）

1. 您觉得本地区教育主管部门对普通高中的作用主要体现在哪个方面？（　　）
   A. 行政管理　　　B. 业务指导　　　C. 发展服务　　　D. 保障支撑

2. 您认为本地区普通高中的教学设施配备情况如何？（　　）
   A. 先进完备，完全满足需求　　　B. 正常齐备，基本满足需求
   C. 设施落后，难以满足需求　　　D. 不太清楚

3. 您认为本地区普通高中教师的职称（务）晋升机制如何？（　　）

A. 非常科学　　　　B. 较为合理　　　　C. 情况一般　　　　D. 很不完善

4. 您认为本地区普通高中教师队伍建设的现状如何？（　　）

A. 建设机制完善，队伍结构精良　　　　B. 建设机制尚可，队伍结构合理

C. 建设机制老旧，队伍结构一般　　　　D. 建设机制太差，队伍严重落后

5. 您认为本地区在普通高中招生制度设计与实施方面做得如何？（　　）

A. 非常科学　　　　B. 较为合理　　　　C. 情况一般　　　　D. 很不完善

6. 您认为本地区普通高中课程改革存在的首要问题是什么？（　　）

A. 育人目标不科学　　　　　　　　　　B. 课程结构不合理

C. 课程内容太单一　　　　　　　　　　D. 教学方式太落后

7. 您认为阻碍教育公平的首要因素是什么？（　　）

A. 招生制度执行不规范　　　　　　　　B. 基础教育发展不均衡

C. 区域经济发展不均衡　　　　　　　　D. 上级部门教育决策不公平

8. 您认为本地区普通高中课堂教学改革做得如何？（　　）

A. 成效显著　　　　B. 初见成效　　　　C. 未见成效　　　　D. 没有改革

9. 您觉得本地区普通高中评价机制存在的最大问题是什么？（　　）

A. 评价导向不科学　　　　　　　　　　B. 评价内容不合理

C. 评价方式太单一　　　　　　　　　　D. 评价应用太局限

10. 您觉得本地区普通高中在学生发展指导方面做得如何？（　　）

A. 优秀　　　　　　B. 良好　　　　　　C. 一般　　　　　　D. 较差

11. 您觉得本地区普通高中多样特色发展情况如何？（　　）

A. 成效显著，特色鲜明　　　　　　　　B. 错位发展，初见成效

C. 方向初定，缓步推进　　　　　　　　D. 因循守旧，未有行动

12. 您认为普通高中高质量发展的核心要义是什么？（　　）

A. 实现学生的最优发展　　　　　　　　B. 提升教师职业幸福感

C. 打造学校的办学品牌　　　　　　　　D. 促进社会的公平正义

E. 满足群众的优教需求

13. 您认为普通高中高质量发展的核心表征是什么？（　　）

A. 高考录取率高　　　　　　　　　　　B. 学校影响力大

C. 学生满意度高　　　　　　　　　　　D. 教师幸福感强

E. 其他

14. 您认为制约本地区普通高中高质量发展的最大瓶颈是什么？（　　）

A. 配套设施不完善，经费支持不充足；

B. 教育发展不平衡，师资结构不合理；

C. 应试观念较严重，评价制度偏落后；

D. 五育体系不完整，育人格局不健全；

E. 其他

15. 您认为本地区普通高中实现高质量发展的关键要点在哪里？（   ）

　　A. 硬件设施的改善　　　　　　　　B. 思想观念的变革

　　C. 发展方式的转型　　　　　　　　D. 前进动能的转换

　　E. 治理体系的优化

16. 您认为哪个因素最能激发教师的教育教学活力？（   ）

　　A. 畅通职称评聘机制　　　　　　　B. 透明职务晋升渠道

　　C. 严格教师退出机制　　　　　　　D. 提升教师工资待遇

17. 在全面深化新时代教师队伍建设改革的过程中，您所在地区获得社会好评度最高的是哪一方面？（   ）

　　A. 编制管理　　B. 教师招聘　　C. 退出机制　　D. 职称评聘

　　E. 校长职级制　　F. 其他

18. 您所在地区优秀人才外流到周边城市的情况如何？（   ）

　　A. 外流较多

　　B. 有外流迹象，能及时做好相关工作留住优秀人才

　　C. 基本不外流

　　D. 不清楚

19. 您所在地区对"教师减负"的认识和落实情况如何？（   ）

　　A. 有必要建立教师减负长效机制，尚未行动

　　B. 有必要建立教师减负长效机制，正在研究中

　　C. 有必要建立教师减负长效机制，已经列出减负清单

　　D. 有必要建立教师减负长效机制，初步营造出安心、热心、舒心、静心的良好教育环境

二、您认为当前影响普通高中教育高质量发展的主要因素有哪些？（   ）（多选，限选 5 项）

　　A. 社会观念　　　B. 政策支持　　　C. 治理体系　　　D. 教育公平

　　E. 教育投入　　　F. 评价机制　　　G. 教科研引领　　H. 校长管理水平

　　I. 教师专业素养　J. 课程建设　　　K. 教学改革　　　L. 招生制度

　　M. 协同育人机制　N. 其他

（面向教科研人员）

一、区域普高教育发展情况

1. 您觉得高中学科教研员最重要的能力是什么？（   ）

　　A. 社会交往能力　　　　　　　　　B. 组织管理能力

　　C. 专业引领能力　　　　　　　　　D. 课程领导能力

2. 作为高中学科教研员，您投入时间和精力最多的是哪项工作？（   ）

　　A. 考试命题和数据分析　　　　　　B. 教学示范和指导

　　C. 组织教学研讨活动　　　　　　　D. 接受社会和上级检查

3. 您认为影响普通高中校本教研效果的首要原因是什么？（   ）
   A. 缺乏高层次的专业引领　　　　　　B. 教师缺乏内驱力
   C. 相关制度不健全或执行不力　　　　D. 流于形式，教而不研，缺乏深度
4. 您觉得普通高中教育教学质量的提升最重要的因素是什么？（   ）
   A. 校长的行政支持　　　　　　　　　B. 教研员的指导引领
   C. 区域名师贡献　　　　　　　　　　D. 团结奋进的团队文化
5. 您认为本地区普通高中课程改革存在的最大问题是什么？（   ）
   A. 育人目标不科学　　　　　　　　　B. 课程结构不合理
   C. 课程内容太单一　　　　　　　　　D. 教学方式太落后
6. 您认为阻碍普通高中教育公平的首要因素是什么？（   ）
   A. 招生制度执行不规范　　　　　　　B. 基础教育发展不均衡
   C. 区域经济发展不均衡　　　　　　　D. 上级部门教育决策不公平
7. 您觉得本地区普通高中教育评价机制存在的首要问题是什么？（   ）
   A. 评价导向不科学　　　　　　　　　B. 评价内容不合理
   C. 评价方式太单一　　　　　　　　　D. 评价应用太局限
8. 您认为本地区普通高中教师队伍建设的现状如何？（   ）
   A. 建设机制完善，队伍结构精良　　　B. 建设机制尚可，队伍结构合理
   C. 建设机制老旧，队伍结构一般　　　D. 建设机制太差，队伍结构不合理
9. 您觉得普通高中在信息技术与教育教学融合应用方面做得如何？（   ）
   A. 学校重视不够　　　　　　　　　　B. 设施配备落后
   C. 专业培训缺乏　　　　　　　　　　D. 应用意识不强
10. 本地区普通高中对学生的生涯规划教育从几年级开始？（   ）
    A. 高一年级　　　B. 高二年级　　　C. 高三年级　　　D. 没有做
11. 您觉得本地区普通高中多样特色发展情况如何？（   ）
    A. 成效显著，特色鲜明　　　　　　　B. 错位发展，初见成效
    C. 方向初定，缓步推进　　　　　　　D. 因循守旧，未有行动
12. 您认为普通高中高质量发展的核心要义是什么？（   ）
    A. 实现学生的最优发展　　　　　　　B. 提升教师职业幸福感
    C. 打造学校的办学品牌　　　　　　　D. 促进社会的公平正义
    E. 满足群众的优教需求
13. 您认为普通高中高质量发展的核心表征是什么？（   ）
    A. 高考录取率高　　　　　　　　　　B. 学校影响力大
    C. 学生满意度高　　　　　　　　　　D. 教师幸福感强
    E. 其他
14. 您认为制约本地区普通高中高质量发展的最大瓶颈是什么？（   ）
    A. 配套设施不完善，经费支持不充足　　B. 教育发展不平衡，师资结构不合理
    C. 应试观念较严重，评价制度偏落后　　D. "五育"体系不完整，育人格局不健全
    E. 其他

15. 您认为本地区普通高中实现高质量发展的关键要点在哪里？（　　）
    A. 硬件设施的改善　　　　　　　　B. 思想观念的变革
    C. 发展方式的转型　　　　　　　　D. 前进动能的转换
    E. 治理体系的优化
16. 您所在地区普通高中对"教师减负"的认识和落实情况如何？（　　）
    A. 有必要建立教师减负长效机制，尚未行动
    B. 有必要建立教师减负长效机制，正在研究中
    C. 有必要建立教师减负长效机制，已经列出减负清单
    D. 有必要建立教师减负长效机制，初步营造出安心、热心、舒心、静心的良好教育环境
17. 您认为普通高中特色建设的主要目的是什么？（　　）
    A. 打造品牌，提升知名度　　　　　B. 突出育人功能，发展学生个性特长
    C. 为学校在各项综合评估中获得加分　D. 产生良好社会影响，吸引更多生源
18. 您认为普通高中课程改革应侧重哪个方面？（　　）
    A. "五育"培养体系的建构　　　　　B. 课堂教学方式的改革
    C. 现代信息技术的融合应用　　　　D. 多元评价标准的设置
19. 您认为本地区普通高中课堂教学改革做得如何？（　　）
    A. 成效显著　　B. 初见成效　　C. 未见成效　　D. 没有改革

二、您认为当前影响普通高中教育高质量发展的主要因素有哪些？（　　）（多选，限选 5 项）
    A. 社会观念　　　B. 政策支持　　　C. 治理体系　　　D. 教育公平
    E. 教育投入　　　F. 评价机制　　　G. 教科研引领　　H. 校长管理水平
    I. 教师专业素养　J. 课程建设　　　K. 教学改革　　　L. 招生制度
    M. 协同育人机制　N. 其他

（面向校长、副校长）

一、区域普高教育发展情况

1. 您认为作为高中校长最重要的能力是什么？（　　）
    A. 社会交际能力　　　　　　　　　B. 组织管理能力
    C. 思想引领能力　　　　　　　　　D. 课程领导能力
2. 您觉得高中校长最重要的工作任务是什么？（　　）
    A. 打造学校的社会影响　　　　　　B. 取得优异的高考成绩
    C. 守护学生的健康成长　　　　　　D. 促进教师的专业发展
3. 您对校长角色的首要定位是什么？（　　）
    A. 学校文化的引领者　　　　　　　B. 人际关系的协调者
    C. 教学实践的示范者　　　　　　　D. 行政事务的管理者
4. 您对本地区校长岗位业绩评价激励机制感觉如何？（　　）
    A. 很满意　　　B. 较满意　　　C. 一般　　　D. 不满意

5. 作为校长，您投入时间和精力最多的是哪项工作？（　　）
   A. 解决学校经费问题　　　　　　B. 管理教育教学工作
   C. 接受社会和上级检查　　　　　D. 协调校内外各种事务
6. 在校本课程开发中，您发挥组织、协调与指导的作用是（　　）。
   A. 直接领导　　　B. 支持配合　　　C. 听取汇报　　　D. 完全放手
7. 贵校为了提高教学质量或打造办学特色，在国家课程实施和管理中每周灵活增减的课时数量有多少？（　　）
   A. 1课时　　　B. 2—3课时　　　C. 4课时及以上　　　D. 没有
8. 您认为阻碍教育公平的首要因素是什么？（　　）
   A. 招生制度执行不规范　　　　　B. 基础教育发展不均衡
   C. 区域经济发展不均衡　　　　　D. 上级部门教育决策不公平
9. 您认为学校特色建设的主要目的是什么？（　　）
   A. 打造品牌，提升知名度　　　　B. 突出育人功能，发展学生个性特长
   C. 为学校在各项综合评估中获得加分　　D. 产生良好社会影响，吸引更多生源
10. 校本教研是提升学校教学质量的有效途径。您认为影响学校校本教研效果的首要原因是什么？（　　）
    A. 缺乏高层次的专业引领　　　　B. 教师缺乏内驱力
    C. 相关制度不健全或执行不力　　D. 流于形式，教而不研，缺乏深度
11. 您与教职工之间的关系如何？（　　）
    A. 兄弟姐妹关系　　　　　　　　B. 上下级关系
    C. 同事加朋友关系　　　　　　　D. 不定，会随时改变
12. 通过办学实践，您认为自己属于下列哪一类型校长？（　　）
    A. 智慧事业型校长　　　　　　　B. 教学科研型校长
    C. 创新改革型校长　　　　　　　D. 服务实践型校长
13. 您觉得学校的硬件设施如何？（　　）
    A. 生活设施落后　　　　　　　　B. 教学设备老旧
    C. 功能教室不全　　　　　　　　D. 运动场所（器材）不足
14. 您觉得学校在信息技术与教育教学融合应用方面做得如何？（　　）
    A. 学校重视不够　　　　　　　　B. 设施配备落后
    C. 专业培训缺乏　　　　　　　　D. 应用意识不强
15. 您觉得学校在落实课时计划、开全开足各类课程上做得如何？（　　）
    A. 严格执行，认真落实　　　　　B. 根据情况，适度调整
    C. 服务高考，聚焦主科
16. 您觉得学校在促进学生个性发展中侧重于哪个方面？（　　）
    A. 根据个体差异，提供个性化的环境、课程和教法
    B. 发挥学生的自主性，促进学生的自我建构和自我发展
    C. 建构学习中心，让学生自由选择，主动学习
    D. 增加评价的多元性，发展个性评价

17. 您觉得在促进学生身心健康方面亟待改善的是什么？（ ）
   A. 心理健康课程的实施　　　　　B. 良好师生关系的建立
   C. 学生学业成就感的提升　　　　D. 学生精神家园的营造
18. 学校对学生的生涯规划教育是从几年级开始的？（ ）
   A. 高一年级　　B. 高二年级　　C. 高三年级　　D. 没有做
19. 学校的课程改革应侧重哪个方面？（ ）
   A. "五育"培养体系的建构　　　　B. 课堂教学方式的改革
   C. 现代信息技术的融合应用　　　D. 多元评价标准的设置

二、您认为当前影响普通高中教育高质量发展的主要因素有哪些？（ ）（多选，限选5项）

   A. 社会观念　　　B. 政策支持　　　C. 治理体系　　　D. 教育公平
   E. 教育投入　　　F. 评价机制　　　G. 教科研引领　　H. 校长管理水平
   I. 教师专业素养　J. 课程建设　　　K. 教学改革　　　L. 招生制度
   M. 协同育人机制　N. 其他

（面向一线教师）

一、区域普高教育发展情况

1. 您如何看待高中教师这一职业？（ ）
   A. 崇高　　　　　B. 重要　　　　　C. 普通　　　　　D. 艰辛
2. 您觉得自己在校的工作状态？（ ）
   A. 积极快乐　　　B. 紧张充实　　　C. 忙于应付　　　D. 疲惫压抑
3. 您对自己现有的工资待遇满意吗？（ ）
   A. 满意　　　　　B. 较满意　　　　C. 无所谓　　　　D. 不满意
4. 您对学校的工作氛围感到满意吗？（ ）
   A. 满意　　　　　B. 较满意　　　　C. 一般　　　　　D. 不满意
5. 您觉得现有的职称评聘制度合理吗？（ ）
   A. 合理　　　　　B. 基本合理　　　C. 不太合理　　　D. 很不合理
6. 您觉得现有的人才评选机制合理吗？（ ）
   A. 合理　　　　　B. 基本合理　　　C. 不太合理　　　D. 很不合理
7. 您觉得您班级的学生听话吗？（ ）
   A. 很听话　　　　B. 比较听话　　　C. 不很听话　　　D. 不听话
8. 您平均每年参加市级（含以上）培训学习有几次？
   A. 1次　　　　　B. 2次　　　　　C. 3次及以上　　　D. 没有
9. 您每年自主阅读书籍几本？（ ）
   A. 没有　　　　　B. 1本　　　　　C. 2本　　　　　D. 3本及以上
10. 您每月参加校内教学研讨活动几次？（ ）
    A. 1—2次　　　B. 3—4次　　　C. 5—6次　　　D. 7—8次

11. 近三年，您参与课题研究的情况如何？（　　）

　　A. 省级及以上课题　　　　　　　　B. 市级课题

　　C. 市级以下课题　　　　　　　　　D. 没有课题

12. 您觉得学校评判教师"教学业绩"的第一依据是什么？（　　）

　　A. 学生的学习成绩　　　　　　　　B. 学生的学习能力

　　C. 学生的道德品质　　　　　　　　D. 学生的综合素质

13. 您觉得学校的硬件设施如何？（　　）

　　A. 生活设施落后　　　　　　　　　B. 教学设备老旧

　　C. 功能教室不全　　　　　　　　　D. 运动场所（器材）不足

14. 您觉得学校在信息技术与教育教学融合应用方面做得如何？（　　）

　　A. 学校重视不够　　　　　　　　　B. 设施配备落后

　　C. 专业培训缺乏　　　　　　　　　D. 应用意识不强

15. 您觉得学校的特色办学情况如何？（　　）

　　A. 特色鲜明　　　B. 初步形成　　　C. 正在启动　　　D. 没有考虑

16. 您觉得学校在落实课时计划、开全开足各类课程上做得如何？（　　）

　　A. 严格执行，认真落实　　　　　　B. 根据情况，适度调整

　　C. 服务高考，聚焦主科

17. 您觉得学校在促进学生个性发展中侧重于哪个方面？（　　）

　　A. 根据个体差异，提供个性化的环境、课程和教法

　　B. 发挥学生的自主性，促进学生的自我建构和自我发展

　　C. 建构学习中心，让学生自由选择，主动学习

　　D. 增加评价的多元性，发展个性评价

18. 您觉得在促进学生身心健康方面亟待改善的是哪个方面？（　　）

　　A. 心理健康课程的实施　　　　　　B. 良好师生关系的建立

　　C. 学生学业成就感的提升　　　　　D. 学生精神家园的营造

19. 学校对学生的生涯规划教育是从几年级开始的？（　　）

　　A. 高一年级　　　B. 高二年级　　　C. 高三年级　　　D. 没有做

二、您认为当前影响普通高中教育高质量发展的主要因素有哪些？（　　）（多选，限选 5 项）

　　A. 社会观念　　　B. 政策支持　　　C. 治理体系　　　D. 教育公平

　　E. 教育投入　　　F. 评价机制　　　G. 教科研引领　　H. 校长管理水平

　　I. 教师专业素养　J. 课程建设　　　K. 教学改革　　　L. 招生制度

　　M. 协同育人机制　N. 其他

附：调查问卷的答题步骤

江苏省教育厅2020年教育改革发展战略性与政策性重大课题 "江苏基础教育高质量发展的战略重点、实施策略与路径研究"调查问卷答题步骤

第一步，进入问卷。

通过网址或扫描下列二维码（图3-1）进入。

图3-1 调查问卷二维码扫描入口

第二步，选择学段。

根据曾经或现在的任教学段选择（图3-2）。

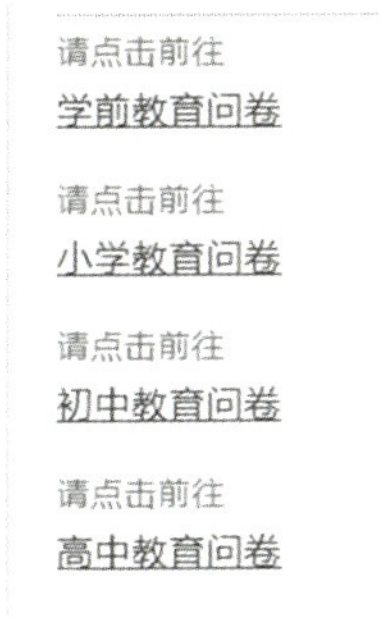

图3-2 调查问卷各学段入口

第三步，确认基础信息。

（1）如图3-3，"设区市"的相关信息在空白处下拉即可。

（2）如图3-3，"工作单位所在地""职务"选择后，系统会自动出现对应问卷。

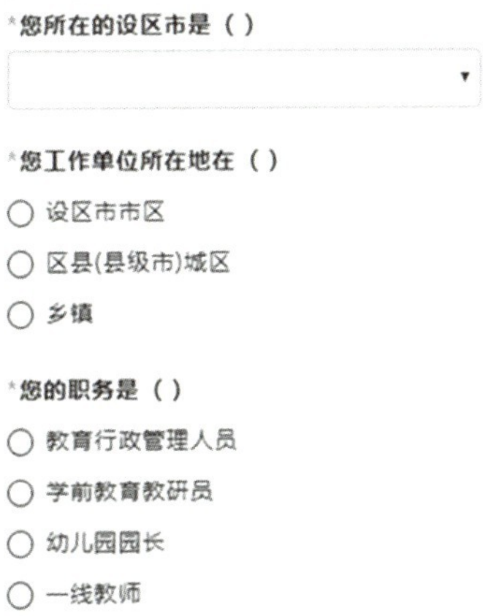

图3-3 调查问卷"公共部分"截图示例

*14您所在地区校际间的教师队伍，在这些方面有差距吗？

	没有差距	差距很小	差距较大	差距很大	不清楚
教师素质	○	○	○	○	○
生师比	○	○	○	○	○
学科结构合理性	○	○	○	○	○
年龄结构合理性	○	○	○	○	○
教师待遇	○	○	○	○	○

图 3-4　调查问卷中量表题的示例图

（2）多选题：注意"限选 1—N 项""限选 N 项"等的要求。

第四章 研究报告：

基于数据的江苏基础教育高质量发展战略性与政策性探析

第一节 学前教育高质量发展的战略重点与策略路径

至"十三五"收官，江苏基础教育取得了令人瞩目的成绩，其中，学前教育普惠健康发展，超额完成国家制定的目标。但也存在着亟待解决的问题，中共江苏省委、江苏省人民政府在《关于印发〈江苏教育现代化2035〉的通知》中指出，"学前教育供需矛盾仍然突出"，集中体现在"入园贵、入园难"等问题上。正如教育部基础教育司司长吕玉刚所说，"有学上"问题基本解决，进入"十四五"，"上好学"需求日益强烈，推进高质量发展成为基础教育最紧迫、最核心的任务。我们在苏南、苏中、苏北各选取一个代表性城市，以镇江、南通、宿迁为样本进行了江苏省学前教育高质量发展的问卷调查。

一、问卷设计

根据中共中央、国务院《关于学前教育深化改革规范发展的若干意见》和南通、镇江、宿迁三市学前教育现状，面向四类人员调查取得的成绩和存在的问题，涉及教育人员、办园性质、办园条件、活动内容、未来发展等方面，约90个次条目。以网络为平台，面向学前教育一线教师、园长（副园长）、教科研人员（含兼职）、教育行政管理人员等开展调研，共回收有效问卷南通10 477份、镇江1 142份、宿迁4 755份。当指向同一信息点的不同来源的数据基本一致时，将其作为可采信证据，以数据量较大的为准；如不一致且差距较大时，则作为无效数据，不予采用。

二、调查对象

将南通市的调查对象按区域划分，其中，南通市区3 319份，占比31.68%；县（市、区）城区2 289份，占比21.85%；乡镇4 869份，占比46.47%。将南通市的调查对象按人员性质划分，其中，一线教师9 558份，占比91.23%；园长（副园长）683份，占比6.52%；教科研人员（含兼职）112份，占比1.07%；教育行政管理人员124份，占比1.18%。将南通市的调查对象按人员性别分，其中，女性10 051份，占比95.93%；男性426份，占比4.07%。

将镇江市的调查对象按区域划分，其中，镇江市区69份，占比6.04%；县（市、区）城区386份，占比33.80%；乡镇687份，占比60.16%。将镇江市的调查对象按人员性质划分，其中，一线教师 1 053 份，占比 92.21%；园长（副园长）57 份，占比 4.99%；教科研人员（含兼职）13 份，占比 1.14%；教育行政管理人员 19 份，占比 1.66%。除教育行政管理人员之外，将镇江市的调查对象按人员性别分，其中，女性 1 044 份，占比 92.97%；男性 79 份，占比 7.03%。

将宿迁市的调查对象按区域划分，其中，宿迁市区 439 份，占比 9.23%；县（市、区）城区 2 177 份，占比 45.78%；乡镇 2 139 份，占比 44.98%。将宿迁市的调查对象按人员性质划分，其中，一线教师 4 068 份，占比 85.55%；园长（副园长）274 份，占比 5.76%；教科研人员（含兼职）348 份，占比 7.32%；教育行政管理人员 65 份，占比 1.37%。除教育行政管理人员之外，将宿迁市的调查对象按人员性别分，其中，女性 4 596 份，占比 98%；男性 94 份，占比 2%。

三、调查结果

在研究过程中，主要依据南通教育科学研究院的专项调研数据，同时兼顾教育部、江苏省教育厅的网站、监测平台和地方年度事业统计资料、数据，并通过实地走访、座谈等方式予以求证，以期从中发现问题、总结经验，真实反映广大人民群众对学前教育进一步高质量发展的期盼，为行政决策提供依据。

（一）取得的成绩

1. 幼儿园的办学条件基本情况尚可

（1）政府经费投入有保障

面向教育行政管理人员调查所在地区 2020 年度学前教育财政拨款（含预算外投入）占基础教育财政拨款总量，其中，南通 73.38%、宿迁 61.54% 的人员认为学前教育所占比例超过 10%，镇江 84.22% 的人认为学前教育所占比例超过 15%（表 4-1）。可见近年来政府对学前教育的投入力度较大。

表 4-1　2020 年度学前教育财政拨款（含预算外投入）占基础教育财政拨款总量调查表

占比	南通		宿迁		镇江	
	人数/人	占比	人数/人	占比	人数/人	占比
5% 以下	17	13.71%	17	26.15%	1	5.26%
5%—9%	16	12.90%	8	12.31%	0	0.00%
10%—14%	19	15.32%	15	23.08%	2	10.53%
15%—19%	15	12.10%	10	15.38%	2	10.53%
20%—25%	16	12.90%	8	12.31%	6	31.58%
25% 以上	41	33.06%	7	10.77%	8	42.11%

备注：1. 调查对象为教育行政管理人员。
　　　2. 数据经过修约处理，可能存在 0.1 的误差，不影响统计结果（后表不再逐一备注）。

（2）新建幼儿园数量较多

南通接近 20% 的受访园长（副园长）工作的幼儿园办园历史在 5 年及以内，10 年内的达到 31.33%。宿迁受访园长（副园长）工作的幼儿园办园历史在 5 年内的高达

21.17%，10 年内的达到 48.54%，接近一半。镇江改革开放以后的早期建设力度比较大，受访园长（副园长）工作的幼儿园办园历史在近 10 年内也达到 12.28%（表 4-2）。

表 4-2　幼儿园办园历史情况调查表

占比	南通		宿迁		镇江	
	人数/人	占比	人数/人	占比	人数/人	占比
5 年及以内	131	19.18%	58	21.17%	3	5.26%
6—10 年	83	12.15%	75	27.37%	4	7.02%
11—40 年	333	48.76%	122	44.53%	42	73.68%
41—70 年	105	15.37%	15	5.47%	6	10.53%
70 年以上	31	4.54%	4	1.46%	2	3.51%

备注：调查对象为幼儿园园长（副园长）。

（3）普惠性幼儿园覆盖率较高

此处普惠性幼儿园指的是公办幼儿园和普惠性民办幼儿园。南通市有 76.61% 的相关受访人员提出所在地区公办幼儿园占比在 50% 以上，其中，56.45% 的相关受访人员认为在 70% 以上，32.26% 的相关受访人员认为在 90% 以上。74.38% 的幼儿园园长（副园长）工作单位是公办幼儿园，21.67% 的幼儿园园长（副园长）工作单位是普惠性幼儿园，合计 96.05%。截至 2021 年 6 月，南通市海安市共有幼儿园 64 家，其中，公办幼儿园 58 家，占比为 90.63%，另外 6 家民办幼儿园也均为普惠性质，这种坚持政府办园的地区值得尊重。宿迁市 50.77% 的教育行政管理人员提出所在地区公办幼儿园占比在 50% 以上，其中，26.15% 的教育行政管理人员认为占比在 70% 以上。65.69% 的幼儿园园长（副园长）工作单位是公办幼儿园，25.54% 的幼儿园园长（副园长）工作单位是普惠性幼儿园，合计 91.23%。

镇江的情况最好，有 73.68% 的教育行政管理人员判断本地区公办幼儿园占比在 90% 以上，84.21% 的教育行政管理人员认为占比在 70% 以上。94.74% 的幼儿园园长（副园长）工作单位是公办幼儿园，5.26% 的幼儿园园长（副园长）工作单位是普惠性幼儿园，合计 100%（表 4-3、表 4-4）。

表 4-3　学前教育公办幼儿园占比情况调查表

占比	南通		宿迁		镇江	
	人数/人	占比	人数/人	占比	人数/人	占比
10% 以下	9	7.26%	10	15.38%	0	0.00%
10%—29%	9	7.26%	10	15.38%	2	10.53%
30%—49%	11	8.87%	12	18.46%	0	0.00%
50%—69%	25	20.16%	16	24.62%	1	5.26%
70%—90%	30	24.19%	6	9.23%	2	10.53%
90% 以上	40	32.26%	11	16.92%	14	73.68%

备注：调查对象为教育行政管理人员。

表 4-4 学前教育普惠性幼儿园占比情况调查表

性质	南通		宿迁		镇江	
	人数/人	占比	人数/人	占比	人数/人	占比
城区公办幼儿园	241	35.29%	93	33.94%	18	31.58%
城区民办普惠性幼儿园	114	16.69%	39	14.23%	1	1.75%
城区民办非普惠性幼儿园	21	3.07%	13	4.74%	0	0.00%
乡村公办幼儿园	267	39.09%	87	31.75%	36	63.16%
乡村民办普惠性幼儿园	34	4.98%	31	11.31%	2	3.51%
乡村民办非普惠性幼儿园	6	0.88%	11	4.01%	0	0.00%

备注：调查对象为幼儿园园长（副园长）。

（4）园所公共设施基本合规

南通82.26%的教育行政管理人员认为经过评估涉及"校安工程"危房改造的幼儿园占比在30%以下，镇江则有高达94.74%的受访人员认为占比在30%以下，宿迁稍低，但也有73.85%的受访人员认为占比在50%以下（表4-5）。

表 4-5 经过评估涉及"校安工程"危房改造情况调查表

占比	南通		宿迁		镇江	
	人数/人	占比	人数/人	占比	人数/人	占比
10%以下	91	73.39%	28	43.08%	16	84.21%
10%—29%	11	8.87%	9	13.85%	2	10.53%
30%—49%	6	4.84%	11	16.92%	0	0.00%
50%—69%	5	4.03%	5	7.69%	0	0.00%
70%—90%	2	1.61%	3	4.62%	0	0.00%
90%以上	7	5.65%	4	6.15%	0	0.00%
本地区未对幼儿园校舍做评估	2	1.61%	5	7.69%	1	5.26%

备注：调查对象为教育行政管理人员。

户外生均活动面积在5平方米以上的，南通、宿迁、镇江分别达86.38%、86.49%、84.21%（表4-6），较为均衡。

表 4-6 幼儿人均户外活动面积调查表

面积	南通		宿迁		镇江	
	人数/人	占比	人数/人	占比	人数/人	占比
8平方米及以上	387	56.66%	164	59.85%	39	68.42%
5—7平方米	203	29.72%	73	26.64%	9	15.79%
2—4平方米	88	12.88%	36	13.14%	9	15.79%
1平方米及以下	5	0.73%	1	0.36%	0	0.00%

备注：调查对象为幼儿园园长（副园长）。

2. 学前教育质量较高

（1）省、市优质园建设力度较大

江苏省学前教育高质量发展取得了较为显著的成果。能够体现学前教育质量的指标很多，这里仅借用省、市优质园评审结果。江苏省多年来借助省、市优质园创建这一手段，以评代促，以奖代补，很好地推动了幼儿园教育质量的提高。经分析，认为南通优质园建设比例在70%以上的调研人数达79.03%，认为镇江优质园建设比例在90%以上的调研人数达73.68%，认为宿迁优质园建设比例在50%以上的调研人数达52.31%（表4-7）。只考察了一个地方学前教育非全样本的情况，或有不足。但是，以镇江为代表的部分地区已经明显起到了带头作用，我们可以从中窥得一斑，以之为榜样示范。

表4-7 省、市优质园占比情况调查表

占比	南通		宿迁		镇江	
	人数/人	占比	人数/人	占比	人数/人	占比
10%以下	4	3.23%	8	12.31%	0	0.00%
10%—29%	5	4.03%	11	16.92%	1	5.26%
30%—49%	4	3.23%	12	18.46%	1	5.26%
50%—69%	13	10.48%	7	10.77%	0	0.00%
70%—90%	39	31.45%	12	18.46%	3	15.79%
90%以上	59	47.58%	15	23.08%	14	73.68%

备注：调查对象为教育行政管理人员。

同时，我们反向做了调查，即根据省、市相关幼儿园的办园标准，对需要整改的幼儿园进行了梳理，整体情况良好，具体见表4-8。

表4-8 幼儿园对照省、市办园标准须整改情况调研

占比	南通		宿迁		镇江	
	人数/人	占比	人数/人	占比	人数/人	占比
10%以下	72	58.06%	20	30.77%	14	73.68%
10%—29%	19	15.32%	12	18.46%	3	15.79%
30%—49%	14	11.29%	15	23.08%	1	5.26%
50%—69%	11	8.87%	9	13.85%	1	5.26%
70%—90%	3	2.42%	2	3.08%	0	0.00%
90%以上	5	4.03%	7	10.77%	0	0.00%

备注：调查对象为教育行政管理人员。

（2）园所文化建设有成效

通过对幼儿园的园所文化建设的一些显性指标的调查，我们可以看出各地各园都在教育引领上做了大量的工作，为幼儿入园接受高质量教育做好了准备。同时，充分利用园外资源，开展家、园、社共建，扩大教育的外延，具体见表4-9。

表 4-9　幼儿园文化建设举措调查表

项目	南通		宿迁		镇江	
	人数/人	占比	人数/人	占比	人数/人	占比
有明确的园本教育主张	636	93.12%	235	85.77%	53	92.98%
有园徽、园歌等彰显教育主张	468	68.52%	150	54.74%	44	77.19%
营造园所文化氛围	653	95.61%	235	85.77%	56	98.25%
有相应的保障制度	633	92.68%	228	83.21%	54	94.74%
在园所历史传承基础上开展文化建设	499	73.06%	169	61.68%	46	80.70%
社区、园所、家庭文化共建	578	84.63%	193	70.44%	47	82.46%

备注：调查对象为幼儿园园长（副园长），允许多选。

（3）教育内容和形式较为科学

近年来，江苏省对幼儿园教育小学化倾向进行了大力纠偏，在课程游戏化建设上开展了一系列的研究，逐步消除了不科学、不健康的教育教学行为，具体见表4-10。

表 4-10　幼儿园班集体教育活动内容调查表

内容	南通		宿迁		镇江	
	人数/人	占比	人数/人	占比	人数/人	占比
汉语拼音教学	4	0.59%	21	7.66%	0	0.00%
汉字读写	5	0.73%	20	7.30%	0	0.00%
外语认读拼写训练	3	0.44%	9	3.28%	0	0.00%
游戏活动	682	99.85%	270	98.54%	57	100.00%
数字书写运算训练	53	7.76%	61	22.26%	5	8.77%

备注：调查对象为幼儿园园长（副园长），允许多选。

3. 学前教育管理人员和师资建设有可取之处

（1）学前教育业务管理人员水平较高

南通市幼儿园园长（副园长）县级以上骨干教师达45.39%，宿迁市达36.85%，镇江市达68.42%（表4-11）。数据差异主要受公办幼儿园的数量影响。

表 4-11　幼儿园园长（副园长）专业技术荣誉获得情况调查表

层次	南通		宿迁		镇江	
	人数/人	占比	人数/人	占比	人数/人	占比
暂未获得	201	29.43%	132	48.18%	10	17.54%
乡镇（街道）或集团（共同体）级骨干教师	172	25.18%	41	14.96%	8	14.04%
县（市、区）级骨干教师	223	32.65%	59	21.53%	26	45.61%
大市级骨干教师	81	11.86%	41	14.96%	13	22.81%
江苏省特级教师	6	0.88%	1	0.36%	0	0.00%

（2）学前教育师资队伍年龄结构相对合理

南通、宿迁、镇江的幼儿园，无论是园长（副园长）还是一线教师，年龄结构相对合理，老、中、青搭配得当，且园长（副园长）主体在中年（表4-12），一线教师主体在中青年（表4-13），为学前教育未来持续高质量发展提供了人力资源。

表4-12 幼儿园园长（副园长）年龄情况调查表

年龄	南通		宿迁		镇江	
	人数/人	占比	人数/人	占比	人数/人	占比
25岁及以下	13	1.90%	25	9.12%	3	5.26%
26—35岁	90	13.18%	86	31.39%	10	17.54%
36—45岁	317	46.41%	111	40.51%	32	56.14%
46—55岁	250	36.60%	51	18.61%	12	21.05%
56—60岁	13	1.90%	1	0.36%	0	0.00%

表4-13 幼儿园一线教师年龄情况调查表

年龄	南通		宿迁		镇江	
	人数/人	占比	人数/人	占比	人数/人	占比
25岁及以下	1 728	18.08%	1 041	25.59%	190	18.04%
26—35岁	4 047	42.34%	1 934	47.54%	505	47.96%
36—45岁	2 461	25.75%	736	18.09%	268	25.45%
46—55岁	1 253	13.11%	334	8.21%	86	8.17%
56—60岁	69	0.72%	23	0.57%	4	0.38%

4. 学前教育均衡发展举措较为扎实

均衡发展的概念来自义务教育，江苏省作为基础教育的先进地区，已经在优质普惠发展的基础上向城乡幼儿园、公民办幼儿园优质、均衡方向发展。

（1）组织举措

关于组织举措的实施，南通、镇江、宿迁三地关于学前教育协同发展情况的调查，见表4-14。

表4-14 学前教育协同发展情况调查表

形式	南通		宿迁		镇江	
	人数/人	占比	人数/人	占比	人数/人	占比
选派支教园长	63	50.81%	22	33.85%	8	42.11%
选派支教教师	52	41.94%	27	41.54%	15	78.95%
城乡教师轮岗	49	39.52%	20	30.77%	13	68.42%
公办、民办教师轮岗	32	25.81%	23	35.38%	7	36.84%
集团化（共同体、联合）办园	64	51.61%	26	40.00%	14	73.68%

续表

形式	南通		宿迁		镇江	
	人数/人	占比	人数/人	占比	人数/人	占比
教研共同体	97	78.23%	27	41.54%	19	100.00%
其他	29	23.39%	24	36.92%	7	36.84%

备注：调查对象为教育行政管理人员，允许多选。

（2）管理举措

关于管理举措的实施，南通、镇江、宿迁三地关于学前教育区域工作例会情况的调查见表4-15。

表4-15 学前教育区域工作例会情况调查表

时间	南通				宿迁				镇江			
	一把手园长		分管园长		一把手园长		分管园长		一把手园长		分管园长	
	人数/人	占比	人数/人	占比	人数/人	占比	人数/人	占比	人数/人	占比	人数/人	占比
月度	92	74.19%	102	82.26%	36	55.38%	39	60.00%	12	63.16%	9	47.37%
季度	16	12.90%	16	12.90%	24	36.92%	18	27.69%	5	26.32%	7	36.84%
半年	14	11.29%	5	4.03%	5	7.69%	7	10.77%	2	10.53%	3	15.79%
一年	2	1.61%	1	0.81%	—	—	1	1.54%	—	—	0	0.00%

备注：调查对象为教育行政管理人员。

（3）培训举措

关于培训举措的实施，南通、镇江、宿迁三地关于幼儿园教师培训情况的调查见表4-16。

表4-16 幼儿园教师培训情况调查表

时间	南通				宿迁				镇江			
	骨干教师		全体教师		骨干教师		全体教师		骨干教师		全体教师	
	人数/人	占比	人数/人	占比	人数/人	占比	人数/人	占比	人数/人	占比	人数/人	占比
1次	15	12.10%	6	4.84%	10	15.38%	6	9.23%	0	0.00%	0	0.00%
2次	19	15.32%	17	13.71%	17	26.15%	13	20.00%	2	10.53%	2	10.53%
3次	—	—	12	9.68%	—	—	15	23.08%	—	—	0	0.00%
3次以上	88	70.97%	85	68.55%	34	52.31%	25	38.46%	17	89.47%	17	89.47%
没有	2	1.61%	4	3.23%	4	6.15%	6	9.23%	0	0.00%	0	0.00%

备注：1. 调查对象为教育行政管理人员。
2. 表4-16中，"骨干教师"栏的"3次以上"含3次。

（二）存在的问题

1. 学前教育存在一定程度的"入园贵"问题

江苏省"十三五"以来，新建、改扩建幼儿园 2 500 所左右，学前教育毛入园率达 98% 以上，高于全国近 15 个百分点，基本解决了"入园难"的问题。"入园贵"指的是可供选择的学前教育普惠资源（含公办幼儿园和普惠性民办幼儿园）普及率不够，数量无法满足人民群众的正常需要。教育部数据显示，2019 年全国幼儿园总数约 28.12 万所，其中，民办幼儿园约 17.32 万所，占比 61.59%。2020 年，在未见详细统计的情况下，根据"普惠性幼儿园覆盖率达到 84.74%"这个数据推算，有超过 15% 的非普惠性幼儿园。中共中央、国务院《关于学前教育深化改革规范发展的若干意见》以"部分民办园过度逐利"对此种背离教育公益属性、追求利益最大化的行为提出了严厉的批评。从调查结果来看，江苏范围的"入园贵"主要是因为民办幼儿园占比较高（表 4-17）和学区房价格较贵（表 4-18）。

表 4-17 学前教育办园性质情况调查表

性质	南通		宿迁		镇江	
	人数/人	占比	人数/人	占比	人数/人	占比
城区公办幼儿园	241	35.29%	93	33.94%	18	31.58%
乡村公办幼儿园	267	39.09%	87	31.75%	36	63.16%
城区民办幼儿园	135	19.76%	52	18.98%	1	1.75%
乡村民办幼儿园	40	5.86%	42	15.33%	2	3.51%

备注：调查对象为幼儿园园长（副园长）。

表 4-18 幼儿园学区商住房价格调查表

房价情况	南通		宿迁		镇江	
	人数/人	占比	人数/人	占比	人数/人	占比
高于本地区平均水平 50% 以上	1 428	14.94%	632	15.54%	105	9.97%
高于本地区平均水平 20% 以上	1 793	18.76%	650	15.98%	137	13.01%
与本地区平均水平持平	5 705	59.69%	2 409	59.22%	644	61.16%
低于本地区平均水平	632	6.61%	377	9.27%	167	15.86%

备注：调查对象为一线教师。

2. 部分地区学前教育教师队伍建设滞后

（1）师资基本条件偏低

在对幼儿教师的学历层次、拥有专业教师资格证和对口专业三个方面调研时发现，存在一定的问题，具体情况分别见表 4-19、表 4-20、表 4-21。

表 4-19　幼儿园专任教师具有本科及以上学历情况调查表

占比	南通		宿迁		镇江	
	人数/人	占比	人数/人	占比	人数/人	占比
10%以下	3	2.42%	7	10.77%	0	0.00%
10%—29%	15	12.10%	17	26.15%	0	0.00%
30%—49%	13	10.48%	13	20.00%	0	0.00%
50%—69%	21	16.94%	16	24.62%	4	21.05%
70%—90%	36	29.03%	4	6.15%	8	42.11%
90%以上	36	29.03%	8	12.31%	7	36.84%

表 4-20　幼儿园专任教师具有学前教育教师资格证情况调查表

占比	南通		宿迁		镇江	
	人数/人	占比	人数/人	占比	人数/人	占比
10%以下	1	0.81%	5	7.69%	0	0.00%
10%—29%	2	1.61%	10	15.38%	0	0.00%
30%—49%	10	8.06%	8	12.31%	1	5.26%
50%—69%	23	18.55%	19	29.23%	1	5.26%
70%—90%	28	22.58%	11	16.92%	4	21.05%
90%以上	60	48.39%	12	18.46%	13	68.42%

表 4-21　幼儿园专任教师具有学前教育专业背景情况调查表

占比	南通		宿迁		镇江	
	人数/人	占比	人数/人	占比	人数/人	占比
10%以下	3	2.42%	7	10.77%	0	0.00%
10%—29%	2	1.61%	9	13.85%	1	5.26%
30%—49%	6	4.84%	14	21.54%	2	10.53%
50%—69%	24	19.35%	6	9.23%	0	0.00%
70%—90%	31	25.00%	17	26.15%	4	21.05%
90%以上	58	46.77%	12	18.46%	12	63.16%

备注：表 4-19、4-20、4-21 的调查对象均为教育行政管理人员。

（2）专业发展有待提高

从幼儿教师职称评聘情况和骨干教师评选情况来看，能够更为清晰地看出学前教育师资存在着亟待弥补的短板。高级（含正高级）教师南通 1.48%、宿迁 1.37%、镇江 1.90% 的占比（表 4-22）和大市级及以上骨干/特级教师南通 0.63%、宿迁 1.43%、镇江 0.76% 的占比（表 4-23）相较于其他学段明显偏低。

表 4-22　幼儿园教师专业技术职称情况调查表

职称	南通		宿迁		镇江	
	人数/人	占比	人数/人	占比	人数/人	占比
未参评	4 729	49.48%	2 745	67.48%	411	39.03%
初级教师	3 404	35.61%	980	24.09%	407	38.65%
中级教师	1 283	13.42%	287	7.06%	215	20.42%
高级教师	137	1.43%	53	1.30%	20	1.90%
正高级教师	5	0.05%	3	0.07%	0	0.00%

表 4-23　幼儿园教师专业技术荣誉情况调查表

专业荣誉	南通		宿迁		镇江	
	人数/人	占比	人数/人	占比	人数/人	占比
暂未获得	8 020	83.91%	3 310	81.37%	751	71.32%
乡镇（街道）或集团（共同体）级骨干教师	995	10.41%	424	10.42%	156	14.81%
县（市、区）级骨干教师	482	5.04%	276	6.78%	138	13.11%
大市级骨干教师	54	0.56%	54	1.33%	8	0.76%
江苏省特级教师	7	0.07%	4	0.10%	0	0.00%

（3）人数配比不尽合理

为遵循有利于幼儿身心健康且便于管理的原则，《幼儿园工作规程（2016 版）》规定：小班 25 人，中班 30 人，大班 35 人，混合班 30 人。南通地区班额超过 35 人的达 45.03%、宿迁达 57.35%、镇江达 41.97%（表 4-24），个别地区未达到两教一保的比例达 22.79%。从一定程度上也反映了教师、职工聘用数偏少。

表 4-24　幼儿园教师任教班级儿童数调查表

班级幼儿数	南通		宿迁		镇江	
	人数/人	占比	人数/人	占比	人数/人	占比
45 人以上	1 025	10.72%	613	15.07%	77	7.31%
35—45 人	3 279	34.31%	1 720	42.28%	365	34.66%
25—34 人	4 425	46.30%	1 384	34.02%	478	45.39%
25 人以下	829	8.67%	351	8.63%	133	12.63%

另外，男性幼儿教师、园长（副园长）占比较低，除镇江之外，其他两市离发达国家"男性在幼儿园教师中一般占 6%—10%"的状况仍有一定的距离，具体情况见表 4-25。这个问题虽然已经被逐渐重视，但受历史沿革、传统观念和重视程度等因素的影响，很难在短时间内解决。

表 4-25　幼儿园园长（副园长）、一线教师性别情况调查表

性别	南通				宿迁				镇江			
	一线教师		园长（副园长）		一线教师		园长（副园长）		一线教师		园长（副园长）	
	人数/人	占比	人数/人	占比	人数/人	占比	人数/人	占比	人数/人	占比	人数/人	占比
男	379	3.97%	23	3.37%	77	1.89%	15	5.47%	78	7.41%	1	1.75%
女	9 179	96.03%	660	96.63%	3 991	98.11%	259	94.53%	975	92.59%	56	98.25%

（4）非在编教师占比较高

全国公办幼儿园非在编教师和民办幼儿园自聘教师占比达 67%，江苏虽然是经济、教育发达省份，但是在幼儿园非在编教师化解方面落后于全国平均值。以江苏省 A 市 B 区为例，幼儿园非在编教师占专任教师总数的 84.82%（表 4-26），而 C 市 D 区学前教育更是没有一个编制，给学前教育高质量发展埋下了不小的隐患。

表 4-26　江苏省 A 市 B 区幼儿园专任教师在编情况统计表

专任教师总数/人	在编教师数/人	非在编教师数/人	
		备案制（政府购买服务）	其他
942	143	520	279
		799	

3. 基础建设存在较大城乡差距

乡村幼儿园基础建设上存在着使用原中小学弃用校舍、商业用房、厂房、农村家庭建筑用房等情况。其中，部分幼儿园仍存在使用涉及"校安工程"待改造用房的情况。南通、宿迁、镇江三市的相关情况见表 4-27。

表 4-27　幼儿园"校安工程"实施情况调研表

评估情况	南通		宿迁		镇江	
	人数/人	占比	人数/人	占比	人数/人	占比
所在地区无 C 级及以上危房	299	43.78%	87	31.75%	33	57.89%
"校安工程"正在实施中	177	25.92%	36	13.14%	12	21.05%
已经评估，暂未实施	44	6.44%	9	3.28%	1	1.75%
暂未评估	19	2.78%	11	4.01%	2	3.51%
不清楚	144	21.08%	131	47.81%	9	15.79%

备注：调查对象为幼儿园园长（副园长）。

三、改革的策略

近年来，部分"两会"代表、相关社会学者和教育专家通过多种形式提出了将学

前教育纳入义务教育的想法，而且在基层单位呼声很高。

南通、镇江、宿迁三市"学前教育纳入义务教育的可行性意向"的相关情况，见表4-28。

表4-28 学前教育纳入义务教育的可行性意向调研表

意向	南通				宿迁				镇江			
	教育行政管理人员		园长（副园长）		教育行政管理人员		园长（副园长）		教育行政管理人员		园长（副园长）	
	人数/人	占比	人数/人	占比	人数/人	占比	人数/人	占比	人数/人	占比	人数/人	占比
条件成熟，可全面实行	66	53.23%	327	47.88%	28	43.08%	127	46.35%	14	73.68%	26	45.61%
条件成熟，可试点实行	41	33.06%	233	34.11%	25	38.46%	87	31.75%	2	10.53%	25	43.86%
条件不成熟，可试点实行	13	10.48%	97	14.20%	5	7.69%	41	14.96%	3	15.79%	5	8.77%
不具备条件，无法实行	4	3.23%	26	3.81%	7	10.77%	19	6.93%	0	0.00%	1	1.75%

就目前我国的社会现实来看，将学前教育直接纳入义务教育的时机还不成熟，但是可以试行"类义务教育"发展策略，即在执行学前教育相关规定的基础上参照义务教育的有关要求，促进学前教育朝着办学条件更完善、教师队伍更专业、幼儿成长更健康的方向发展。

（一）学前教育完全纳入义务教育暂不可行

对照《义务教育法（2018年修订）》，我们认为无论是于法（《义务教育法》目前只规定了学校实行九年制义务教育）、于情（国家目前还处于社会主义初级阶段的基本国情），还是于理（学前教育的对象为3—6岁幼儿，是否具有强制性须进一步研究论证），将学前教育纳入义务教育还不具备现实条件。这主要表现为以下三个方面条件的不成熟。

1. 学前教育还不能达到义务教育公益性的要求

所谓"公益性"，就是明确规定"不收学费、杂费"。公益性和免费性是联系在一起的。查看江苏省物价局、教育厅、财政厅联合下发的《江苏省幼儿园收费管理办法》，幼儿园可以收取保育教育费、住宿费、服务性收费和代收费。具体收费标准实行属地也就是设区市或县（市、区）管理，各地项目和数额虽然略有不同，但每名幼儿每个学期涉及的费用也不是个小数字。2019年教育部公布的数据显示，在读幼儿约4 713.88万人，其中，入读民办园的约2 649.44万人。如果要免除学前教育阶段的相关费用，就会涉及很大的财政问题。即使国家下决心解决，也需要一定的时间进行可执行财力的研判、相关法律的修订、有关政策的制定、多样本地区的试点反馈。

2. 学前教育还不能达到义务教育统一性的要求

统一性是贯穿义务教育始终的一个理念，即强调在全国范围内实行统一的义务教育，包括制定统一的义务教育阶段教科书设置标准、教学标准、经费标准、建设标准、学生公用经费标准等。以教育内容为例，仅在幼儿教育理念和物型课程上，就暂时无法实现（或者说不被认可）相对的统一。

3. 学前教育还不能达到义务教育义务性的要求

义务性又叫"强制性"。凡具有中华人民共和国国籍的适龄儿童、少年，不分性别、民族、种族、家庭财产状况、宗教信仰等，依法享有平等接受义务教育的权利，并履行接受义务教育的义务。家长不送幼儿入园要承担责任；幼儿园不接受适龄儿童入园要承担责任；学校不提供相应的条件要受到法律的规范。但是，对3—6岁的幼儿全员强制入园，要求过高，也不可能做到。

（二）学前教育"类义务教育"发展具备可能性

我们认为，在既考虑适应我国学前教育发展现状，又考虑应对低生育率严峻形势的情况下，学前教育高质量发展可以采用"类义务教育"的发展策略。

1. 我国的教育顶层设计为学前教育"类义务教育"发展提供了政策依据

目前，学前教育方面，国家虽未能实现义务性但做到了普及性，确保了幼儿只要愿意入园就有入园的法律保障。新修订的《中华人民共和国教育法》（以下简称《教育法》）第十八条就"普及"提出了明确的要求："国家制定学前教育标准，加快普及学前教育，构建覆盖城乡，特别是农村的学前教育公共服务体系。各级人民政府应当采取措施，为适龄儿童接受学前教育提供条件和支持。"而中共中央、国务院《关于学前教育深化改革规范发展的若干意见》也明确了"遵循学前教育规律，牢牢把握学前教育正确发展方向，完善学前教育体制机制，健全学前教育政策保障体系，推进学前教育普及普惠安全优质发展，满足人民群众对幼有所育的美好期盼"的指导思想。2021年5月31日，中共中央政治局会议审议通过的中共中央、国务院《关于优化生育政策促进人口长期均衡发展的决定》强调，要"将婚嫁、生育、养育、教育一体考虑"，进一步将学前教育普及化、普惠化提上议事日程。2022年7月28日，国务院同意建立由国务院领导同志牵头负责的国务院优化生育政策工作部际联席会议制度，进一步释放了保障生育配套政策的善意。以江苏省为例，近十年连续出台了《江苏省学前教育条例》《江苏省普惠性民办幼儿园认定管理办法（试行）》《关于实施第二期学前教育五年行动计划的意见》《关于进一步开展无证幼儿园清理整顿的通知》《关于学前教育深化改革规范发展的意见》等十余项针对学前教育高质量发展的文件，为学前教育普及化建章立制、保驾护航。

2. 学前教育事业的大发展为"类义务教育"发展提供了师资、场所和物质条件

我国学前教育虽没有全员免费但尽最大可能地做到了普惠，确保了幼儿想要入园就有入园的经济条件。教育部数据显示，"十三五"期间，我国的学前教育得到了长足发展，在幼儿园的数量特别是普惠性幼儿园的数量、入园人数、专任教师数量等方面有明显的提升趋势。

教育部网站显示，2020年，全国共有幼儿园29.17万所。入园儿童1 791.40万人，在园幼儿约4 818万人（图4-1）。其中，普惠性幼儿园在园幼儿约4 083万人，普惠性幼儿园覆盖率达84.74%（图4-2）。幼儿园共有专任教师291.34万人。学前教育毛入学率达85.2%。

图 4-1 2015—2020 年全国幼儿园在园幼儿数及学前教育毛入学率

图 4-2 2016—2020 年全国普惠性幼儿园在园幼儿数及覆盖率
（图 4-1、图 4-2 来自教育部网站）

新生人口减少和学前教育事业大发展相向而行，客观上为学前教育面向适龄儿童全容纳提供了条件。在暂不考虑"全面三孩"政策会产生明显效果的情况下，以 2020 年新出生人口数约 1 200 万作为 2023 年入园的基数，结合《中华人民共和国国民经济和社会发展第十四个五年规划和 2035 年远景目标纲要》（以下简称《国家"十四五"规划和纲要》）在"教育提质扩容工程专栏"就普惠性幼儿园提出的"以人口集中流入地、农村地区和'三区三州'为重点，新建、改扩建 2 万所幼儿园，增加普惠学位 400 万个以上"要求，可预判的是"十四五"期间，适龄幼儿不但能够全纳入园，而且可以全部进入普惠性幼儿园，其中，大部分进入公办幼儿园。以江苏省为例，早在 2012 年就颁布了《江苏省学前教育条例》，江苏省教育厅副厅长顾月华表示："立法规定各地财政性学前教育经费占同级财政性教育经费的比例应不低于 5%……全省各级政府财政性学前教育经费投入累计达 400 多亿元，占财政性教育经费的比例从 2012 年的 3.32% 提高到 2020 年的 6.77%，明显扭转了'学前教育财政投入少、办园靠收费'的现象。"[1] 截至 2020 年年底，江苏全省幼儿园有 7 903 所，其中，公办幼儿园有 4 736 所，占比为 60%，民办幼儿园 3 167 所，而这当中，普惠性民办幼儿园有 2 388 所。在园幼儿 254.07 万名，学前三年幼儿毛入园率达 98%，普惠性幼儿园（在公办和民办普

---

［1］ 江苏普惠性幼儿园覆盖率超过 85%［N］. 新华日报，2021-05-21（10）.

惠性幼儿园就读幼儿占比）覆盖率超过85%，超额完成国家确定的80%的目标任务，公办幼儿园覆盖率为63.83%，省、市优质幼儿园覆盖率达88%。[1] 基本形成了公益、普惠、健康的学前教育公共服务体系。

3. 学前教育领导机构和指导意见的完善为"类义务教育"发展提供了管理保障

我国学前教育虽没有完全统一但做到了目标趋同，确保了幼儿想要得到教育就有基本一致的教育条件、学习与发展标准。在中共中央、国务院《关于学前教育深化改革规范发展的若干意见》关于"健全各级教育部门学前教育管理机构，充实管理力量，建设一支与学前教育事业发展规模和监管任务相适应的专业化管理队伍"的指导下，目前县（市、区）级教育主管部门基本建立了基教科专设学前教育负责人、教研室专设学前教育教研员的机制。江苏省镇江市教育局还专设学前教育处，从机构与制度建设上对学前教育行为予以规范。2019年，教育部又颁发了《幼儿园责任督学挂牌督导办法》，"为行政区域内每一所经审批注册的幼儿园（含民办）配备责任督学，实施经常性督导"。专门机构的完善，教育指导、督查、评价专业人员的配备，使学前教育有了明确的行动方向。教育部颁发的《幼儿园工作规程（2016版）》《幼儿园教育指导纲要（试行）》《3—6岁儿童学习与发展指南》对幼儿园的日常教育、管理和运营给出了非常严格的规定、较为详细的指导和基本统一的标准。特别是从健康、语言、社会、科学、艺术五大领域描述了幼儿的学习与发展，并提出了相应的目标和教育建议。以江苏省为例，以《关于加强学前教育教研工作的意见》为顶层设计，先后成立了江苏省学前教育研学中心（南京师范大学教育科学学院）、江苏省"活教育"思想研究所（南京市鼓楼幼儿园）等成果推广应用研究机构，做好学前教育教科研成果的深化研究和推广工作，指明了教育教学发展的方向，使其惠及更多的幼儿园和教师。同时，以《关于开展幼儿园"小学化"专项治理工作的通知》为约束，消除了不科学、不健康的教育教学行为。

（三）学前教育可以实施"类义务教育"发展的路径

国家要求到2035年全面普及学前三年教育，并配套出台了一系列文件。虽然学前教育高质量发展路径体系建构是一个庞大的工程，但是只要贯彻到点、落实到位，学前教育完全可以做到"类义务教育"发展。

1. 完善学前教育全纳体系，为幼儿提供保育教育制度保障

这里的"全纳体系"有两重理解：一是0—6岁全纳教育，二是3—6岁全纳教育。在地方学前教育资源现状许可和未来发展可期的情况下，可以通过地域、幼儿园先行试点和某年龄段先行先试的方式开展实验探索。最终由普惠教育到"优惠"教育，直至免费教育，逐步提高"类义务教育"的标准，为学前教育最终纳入义务教育体系做好铺垫和准备工作。

---

[1] 顾月华. 在"江苏学前教育这十年"新闻发布会上的讲话[EB/OL].（2021-05-19）[2023-08-01]. http://doe.jiangsu.gov.cn/art/2021/5/18/art_64084_46.html.

(1) 以幼儿园为单位开展试点

第一,动态调节幼儿园学位数量。根据《幼儿园工作规程(2016版)》的规定,某一年出生的幼儿入园人数从小班的25人到大班的35人,可提升40%的容量学位。幼儿园可以完善分年级招生方案,配合逐年增加的幼儿园数量,逐步实现适合入园的幼儿全纳入园。

第二,丰富举办幼儿园的形式。中共中央、国务院《关于学前教育深化改革规范发展的若干意见》提出,"公办园资源不足的城镇地区,新建改扩建一批公办园。大力发展农村学前教育,每个乡镇原则上至少办好一所公办中心园,大村独立建园或设分园,小村联合办园,人口分散地区根据实际情况可举办流动幼儿园、季节班等",为灵活办园提供了依据。而在已废止的1996年版《幼儿园工作规程》中有"可设一年制或两年制的幼儿园"的说法,也不失为一种可行的路径。

(2) 以基础教育其他学段学校为单位开展试点

中共中央、国务院《关于学前教育深化改革规范发展的若干意见》中写道,"鼓励支持街道、村集体、有实力的国有企事业单位,特别是普通高等学校举办公办园,在为本单位职工子女入园提供便利的同时,也为社会提供普惠性服务"。其实,基础教育其他学段学校也可以承担类似的功能。随着新生儿的减少,生源萎缩、校舍教室闲置、教师工作量不足的问题日益凸显,通过教师转岗培训和场所设施改造添置,在一个相对独立的环境中完全可以承担部分学前教育的任务。最为典型的有两种:一是各学段均可开设0—3岁的小微托育班,既能解决本校适龄生育女教师哺育的后顾之忧,又能兼顾社区看护幼儿困难家庭;二是小学开设学前一年班,既提供了更多的幼儿园学位,又避免了幼小衔接或缺失或极端的不科学情况的发生。

(3) 以地域为单位开展试点

在经济条件、办学条件、新生人口等情况相互配合之下,学前教育能够率先实现"类义务教育"发展的地区可以先行先试,为更高层次行政决策机构提供探索建章立制的行动证据。这种想法早在21世纪初就有专家、学者提出,时任全国人大代表、广东省教育厅厅长的罗伟其在表示学前教育暂时不纳入义务教育的同时也表态:"幼儿教育免费则可由各地视财力等多方因素各自推行。"[1] 2009年,《羊城晚报》记者据此发表了题为"华南农业大学副校长温思美:幼教纳入义务教育 广东不妨先行一步"的报道,在教育界引起高度关注。江苏省镇江市扬中市已经实行了农村幼儿园小班免费一年的政策。

(4) 以时段为单位开展试点

美国大部分州将5岁幼儿学前班纳入义务教育,一部分州在此基础上将4岁幼儿纳入免费教育。欧洲的经济发达国家和一些诸如巴西、墨西哥、古巴、蒙古国等发展中国家和我国的台湾、澳门等地区已经确立了学前免费教育。全国人大代表、华中师范大学教授周洪宇分析,最靠近小学的这一年的毛入学率如果可以超过95%,那就可能具备一年纳入的机会。

---

[1] 上幼儿园比上大学还贵:省人大代表建议试点幼儿免费教育[N]. 湛江晚报, 2009-02-17 (07).

2. 规范学前教育基础建设，为幼儿提供保育教育的场所保障

随着社会经济的发展，我国城镇化建设进一步加快，计划"十四五"期间"常住人口城镇化率提高到65%"，与"全面三孩"政策叠加，势必会出现现有幼儿园资源短缺的问题，而且主要压力会重点集中在县级城镇。《国家"十四五"规划和纲要》就"新型城镇化建设工程"聚焦"县城补短板"，提出了推进县城、县级市城区及特大镇补短板，完善综合医院、疾控中心、养老中心、幼儿园、市政管网、市政交通、停车场、充电桩、污水垃圾处理设施和产业平台配套设施建设的要求。建设布局合理的园所，特别是以公办为主的普惠性园所是题中应有之义。江苏省呼应国家要求，提出实施学前教育行动计划，稳步推进学前教育服务区制度。"积极建设公办幼儿园，鼓励引导社会力量举办普惠性幼儿园。优化学前教育布局，原则上每1万左右常住人口配备1所幼儿园。"[1] 延伸至广义学前教育，《国家"十四五"规划和纲要》提出了"每千人口拥有3岁以下婴幼儿托位数，由2020年的1.8个增加至2025年的4.5个"的指标。

3. 重视学前教育专业队伍建设，为幼儿提供人力资源保障

学前教育专业队伍包括园长（副园长）、教师、保育员、卫生保健人员、炊事员、保安等。《江苏省公办幼儿园机构编制标准（试行）》和《幼儿园工作规程（2016版）》对人员配置、师生比、资格资质、工作职责给予了指导性意见。

（1）重视学前教育师范生的选择与培养

师范生的质量决定着未来教师的质量，通过政策吸引（如定向师范生培养计划、男性幼儿教师专项培养计划、优秀高校毕业生回原籍从教政策）、广泛宣传、严格遴选，让一大批优秀的学生加入学前教育师范生的队伍中。同时，要设定最低招收标准，宁缺毋滥，不能为了生源数量而无底线地降低生源质量（录取分数线）。师范生的培养有着严格的要求和程序，由各师范院校负责，此处不再赘述。

（2）重视学前教育专任教师的招录工作

国家对学前教育的高质量发展，特别是专业人才的引进高度重视，在人力资源社会保障部办公厅、教育部办公厅联合下发的《关于做好2021年中小学幼儿园教师公开招聘工作的通知》中特别强调，"重点加大幼儿园教师补充力度，推进学前教育改革发展"。江苏省委、省政府《关于全面深化新时代教师队伍建设改革的实施意见》要求"落实公办幼儿园机构编制标准"，并出台了《江苏省公办幼儿园机构编制标准（试行）》，要求"公办幼儿园事业编制按师生比1：16的比例核定，主要用于配备管理人员和骨干教师。有条件的地区可根据当地学前教育事业发展需要和财政承受能力，适当放宽师生比"。

为弥补缺口，目前可以过渡性招录使用非在编专任教师。其中，最值得肯定的是实施"银龄讲学计划"，鼓励、支持身体健康的退休优秀教师到乡村幼儿园支教，既能保障教育教学质量，发挥老教师余热，又能为缓解老龄化社会危机探索一条科学有效的路径，是一项三赢的举措。如果能拓展到城区缺编公办幼儿园，甚至是民办幼儿园将"善莫大焉"。另外，备案制、员额制、人事代理等方式也都能规范编外教师的准入和管理。

---

[1] 颜莹. 高质量发展：江苏基础教育的时代追求：专访江苏省教育厅副厅长顾月华[J]. 江苏教育研究，2021（6A）：3-8.

其中，按照"标准核定、备案管理"的原则，在有条件的地区开展公办幼儿园公益二类事业单位人员编制备案制管理试点是一个非常有价值的改革措施。备案制人员由各设区市或县（市、区）统一招聘，与事业编制人员同岗同酬，并按国家规定参加社会保险，参照事业单位职业年金水平建立年金制度，所需经费纳入同级财政预算。当教师编制有空缺时，优先从备案制教师中招聘补充。在对区域教育行政管理人员的调研中发现，在具体实施上存在一定的难度，但是至少在数量上已经产生了一定的成效。

（3）重视学前教育专任教师的职后继续教育

第一，学前教育工作性质的需要。幼儿是一个身心脆弱、最需要呵护的群体。学前教育高质量发展需要幼儿教师时刻提高自己的师德水平、专业素养，更新自己的知识储备、教育理念等。国家对教师继续教育有每年不少于72学时、5年累计不少于360学时的要求，并把这个要求作为教师资格证5年周期认证的重要依据之一。有些教育发达地区，如江苏省南通市提出了更高的要求，自2021年起，要求专业技术人员每年参加继续教育时间不少于90学时，其中，公需课不少于24学时。

第二，学前教育师资质量提升的需要。因为历史欠账多、缺口大，近年来招聘幼儿教师时，放宽了专业要求，部分教师不符合《幼儿园工作规程（2016版）》规定的"幼儿园教师必须具有《教师资格条例》规定的幼儿园教师资格"的要求，需要通过职后继续教育取得合格的学前教育学历和幼儿教师资格。同时，教育主管部门为学历提升提供了相应的激励条件，鼓励教师进一步提升学历，成为高层次人才。

第三，幼儿教师教育研究的需要。教师的教育教学工作是主业，各级教育主管部门和幼儿园业务部门要充分利用定期组织的教研活动，在最贴近教师的教育教学现场，用教师喜闻乐见的形式，提升教师的业务能力。在这一方面，具有中国特色的教研体系得到了其他国家教育同行的高度认可，选拔自一线优秀教师的教研员队伍做出了卓越的成绩，他们开发的培训内容丰富，受到了教师的欢迎。

第四，改变民办幼儿园薄弱状况的需要。教师职后培训应该更多地关注民办幼儿园中的教师，这是整个学前教育最大的短板。中共中央、国务院《关于学前教育深化改革规范发展的若干意见》提到，通过培训教师、教研指导等方式支持普惠性民办幼儿园的发展。我们认为，在实际操作中应该涵盖所有幼儿园。因为《中华人民共和国民办教育促进法实施条例》（以下简称《民办教育促进法实施条例》）要求民办学校建立教师培训制度，为受聘教师接受相应的思想政治培训和业务培训提供条件，并将之作为合同约定。主管部门主动介入是强制要求民办幼儿园严格执行、安排教师参与继续教育培训的一种手段，并加以监管，将之作为年审时的重要依据。这样做的原因有两个：一是民办幼儿园的举办者因为经济利益不愿意组织教师全员参加继续教育培训，这就违反了民办学校应每年在学费收入中安排不少于5%的资金用于教师队伍建设的要求，侵犯了民办学校教师在业务培训上享有与公办学校教师同等待遇的权利。二是民办幼儿园存在着违反"实施学前教育……的民办学校应当按照国家有关规定配备专任教师"的规定，使用缺少资质或无资质人员的情况。学前教育业务管理部门在配合监管部门严格清理的过渡阶段，更要有超乎常规的人文关怀式的培训、辅导。如果这批人员中有乐于从事学前教育的并通过正规途径提升成为合规教师的，或者在合规教师满足需要后转为保育人员的，应该乐见其成。

（4）重视区域学前教育优质师资的流动机制的建立

义务教育管理集团制度、骨干教师支教（交流）制度对促进区域教育优质均衡发展起到了良好的作用。学前教育可以仿照这种模式，采用省、市优质幼儿园与薄弱幼儿园结对帮扶、捆绑考核，选派公办幼儿园优秀的骨干教师赴薄弱公办幼儿园、民办幼儿园担任园长（副园长）或业务负责人，反向选派优秀青年教师赴优质幼儿园顶岗学习等方式，逐步补齐短板，整体提升区域学前教育质量。

4. 正视学前教育课程实施指导意见研制的必要性，为薄弱幼儿园和幼儿教师提供教育课程资源支持

学前教育的地区之间、园所之间均衡发展的瓶颈主要在教师，教师之间教育水平的差距主要在对课程的理解、执行和具体实施能力上。《民办教育促进法实施条例》规定，"实施学前教育的民办学校开展保育和教育活动，应当遵循儿童身心发展规律，设置、开发以游戏、活动为主要形式的课程"。但是，问题在于占比超过60%的民办幼儿园中的一部分受因于自身条件和教师水平，没有能力开发出符合要求的园本课程。而学前教育较为成熟的物型课程又因"适应儿童个体发展"的要求始终处于争论之中，无法全面推广。针对园长（副园长）调查的所在园主要使用课程活动方案的来源看，12.74%由大市统一配发，42.46%由县（市、区）统一配发，37.34%由幼儿园自主开发，7.47%由加盟机构统一配发，这造成了园所之间的软条件，即课程开发与实施之间的差距。教育部颁发的《3—6岁儿童学习与发展指南》列举了一些教育途径和方法，这对于专业院校毕业、在正规幼儿园工作、有较好管理团队或成熟教师指导的幼儿教师来说，已经可以凭此自主开发课程，实施教育活动。如果能够提供更为详细的指导意见，甚至是可供选择的多样化课程，应该是对薄弱幼儿园、待成熟教师的最大支持。江苏省学前教育主管部门正是关注到这方面的问题，出台了《关于开展幼儿园课程游戏化建设的通知》，设置了江苏省幼儿园综合课程研究所（南京市实验幼儿园）、江苏省幼儿经历学习课程研究所（无锡市实验幼儿园）等机构，在"'十三五'期间投入1亿元遴选、建设了284个课程游戏化项目"[1]，为学前教育课程建设提供了指导意见和示范样本。如果后期在此基础上按照幼儿成长规律从课程的科学性、系统性、适切性等上进一步论证，提供一个基础性课程样本，应该可以尽可能地避免学前教育的随意、无序、低效甚至是无效、反科学的情况发生。

5. 适度拓展学前教育涵盖范围，为有需求的幼儿提供健康成长的保障

（1）学前教育前置拓展

在条件允许的情况下，适度前置拓展学前教育的涵盖范围，这也是国家应对老龄化社会的战略之一。从历史来看，我国有0—3岁托育服务（托儿所）的传统经验可以传承，逐步恢复应该有迹可循；从现实来看，经济合作与发展组织中约1/4的国家的0—3岁婴幼儿接受育幼服务，丹麦、冰岛等国则超过1/2。而我国2020年实际进入各类托育机构的婴幼儿比例仅为4.1%，育幼服务供给总量短缺。《国家"十四五"规划和纲要》

---

[1] 颜莹. 高质量发展：江苏基础教育的时代追求：专访江苏省教育厅副厅长顾月华[J]. 江苏教育研究，2021（6A）：3-8.

要求,"发展普惠托育服务体系,健全支持婴幼儿照护服务和早期发展的政策体系。加强对家庭照护和社区服务的支持指导,增强家庭科学育儿能力。严格落实城镇小区配套园政策,积极发展多种形式的婴幼儿照护服务机构,鼓励有条件的用人单位提供婴幼儿照护服务,支持企事业单位和社会组织等社会力量提供普惠托育服务,鼓励幼儿园发展托幼一体化服务。推进婴幼儿照护服务专业化、规范化发展,提高保育保教质量和水平"。这方面我国还有很大的发展工作空间。从国家卫生健康委员会(以下简称"国家卫健委")开展的"城市家庭3岁以下婴幼儿托育服务需求调查"来看,城市中超过1/3的0—3岁幼儿家庭表示存在托育需求,其中,没有祖辈参与照料的家庭需求更高,达到43.1%。[1] 在托育工作暂属国家卫健委统筹管理的情况下,教育部门应该主动介入,响应中共中央、国务院《关于优化生育政策促进人口长期均衡发展的决定》"鼓励和支持有条件的幼儿园招收2至3岁幼儿"的号召,在现有少量开设婴幼班(俗称"小小班")的基础上,与国家卫健委等部门通力合作,做出进一步的探索。如有可能,行政上应该明确合作共管,或者转换隶属管理关系。上海市在"十三五"期间,全市16个区的900多个早教指导站覆盖所有街镇,提供托育服务的机构有816家,中心城区已实现"一街镇一普惠";2021年2月,上海市与教育部签署新一轮战略合作协议,其中,教育领域民心工程之一是"三岁以下幼儿托育资源供给上,未来5年新增2万个以上托额"[2]。

(2)学前教育后置拓展

教育部出台的《关于大力推进幼儿园与小学科学衔接的指导意见》,在"幼儿园入学准备教育指导要点"中对幼儿园在"幼小衔接"应尽的职责做了详细的规定。在严格执行"幼小衔接"相关规定的前提下,科学、有效、人性、公益的学前教育后置拓展工作大有作为,尤其是指向特殊儿童的关爱行动,在融合教育推进中目前还处于薄弱区域。

6. 全力帮扶社会弱势群体,给每一位困难家庭幼儿以同等入园的机会

对社会弱势群体(特殊儿童、流动务工人员随迁子女、经济困难家庭子女等)入园,国家和社会在政策、法律及公益辅助上给予了最大力度的支持和关注。以《江苏省学前教育家庭经济困难儿童政府资助经费管理暂行办法》为例,提出的学前教育政府平均资助比例是很高的,占在园幼儿总数的10%。如果加上幼儿园减免收费(事业收入的3%—5%用于减免收费、提供特殊困难补助等)、社会力量公益资助等,受惠幼儿接受普惠性学前教育的数量则会更多。

(海门区中小学教师研修中心 龚向东)

表4-29为学前教育高质量发展的问题导向、症结探析与政策建议汇总表。

---

[1] 李璐. 一体考虑"三孩"配套政策[J]. 瞭望,2021(23):34-35.
[2] 赵玉成,潘晨聪. 展示信仰的力量,呈现教育的梦想:第18届上海教育博览会综述[J]. 上海教育,2021(7A):42,55.

表 4-29 学前教育高质量发展的问题导向、症结探析与政策建议汇总表

问题点（战略重点的研究方向）	参考值（高质量发展的国家意志）	数据研判（综合全国及江苏相关数据分析）	症结探析（实事求是，刨根问底）	政策建议（问题解决的策略、路径）	研究成果的政策性转化[包括江苏省—南通市—县(区)的]
入园难、入园贵	《教育法》第十八条："国家制定学前教育标准，加快普及学前教育，构建覆盖城乡，特别是农村的学前教育公共服务体系。各级人民政府应当采取措施，为适龄儿童接受学前教育和普惠性学前教育提供条件和支持。"第三十九条："国家、社会及其他教育机构应当根据残疾人身心特性实施教育，并为其特殊需要帮助和便利。" 国务院《关于深入推进新型城镇化建设的若干意见》："保障进城务工人员随迁子女以流入地公办学校为主接受义务教育，以公办幼儿园和普惠性民办幼儿园为主接受学前教育。" 《国家"十四五"规划和纲要》："学前三年毛入园率提高到90%以上。" 中共中央、国务院颁发的《乡村振兴战略规划（2018—2022年）》："发展农村学前教育，每个乡镇至少办好1所公办中心幼儿园。"	教育部发布《2020年全国教育事业统计主要结果》指出：2020年底，全国共有幼儿园29.17万所。入园幼儿1 791.40万人，在园幼儿4 818.26万人。其中，普惠性幼儿园在园幼儿4 082.83万人，普惠性幼儿园覆盖率达到84.74%。幼儿园共有专任教师291.34万人，学前教育毛入学率达到85.2%。 截至2020年底，江苏省幼儿园有7 903所，其中，公办为4 736所，占比为60%，民办园3 167所，而这当中，普惠性民办园有2 388所。在园幼儿254.07万名，学前三年幼儿毛入园率98%，普惠性幼儿园（在公办园和普惠性民办幼儿园就读幼儿占比）覆盖率超过85%，超额完成国家确定的80%的目标任务，公	中共中央、国务院《关于学前教育深化改革规范发展的若干意见》："由于底子薄，欠账多，目前学前教育仍是整个教育体系的短板，发展不平衡不充分问题十分突出。"全国人大常委会委员张勇认为："学前教育、定位不清，义务教育、高等教育相比，存在着重视不够的问题。" 从普及性角度分析，按照惯例，基础阶段的教育入学率要迈过95%的门槛才能真正称为"实现了普及"。现实社会的既有学前教育学位要完全满足这些要求仍然存在一定的缺口。《人民日报》提出：城镇小区配套幼儿园是重要的公共服务资源，但因监管不到位，存在他用、少建、缓建、故挪作他	试行"类义务教育"发展策略，即在执行学前教育相关规定的基础上参照义务教育的有关要求，促进学前教育向着专业、更公益普惠的学前教育体系。大力发展公办幼儿园和规范普惠性社会力量与提供普惠性学前教育服务。原则上每1万名左右常住人口配备1所幼儿园，城镇小区配套幼儿园一律为公办幼儿园或普惠性民办幼儿园，全面实行教育行政区划制度。到2025年，全市新建、改扩建幼儿园70所以上，增加幼儿园学位约20 000个，普惠性幼儿园覆盖率保持在90%以上，省市优质幼儿园覆盖率达到90%以上，公办幼儿园覆盖率达65%以上。规范发展民办幼儿园，稳步实施分类管理改革，坚	《南通市"十四五"教育发展规划（2022）》：推进学前教育"幼有优育"。完善"幼有优育"，布局合理、公益普惠的学前教育公共服务体系。 教师队伍更专业，幼儿成长更健康，特别是学前教育事业全面普适向发展。 完善学前教育全纳体系，为幼儿提供保育全纳教育保障。全纳体系，一是指0—6岁全纳教育，二是指3—6岁全纳教育。在当地方学前教育资源许可和未来发展可期的情况下，可以通过地域、幼儿园先行试行试点，以某年龄段实验探索。最终由普惠教育到"优惠"教育，逐步提高"类义务教育"的标准，为学前教育最终做好入义务教育体系最终做好铺垫和准备工作。

144

第四章 研究报告：基于数据的江苏基础教育高质量发展战略性与政策性探析

续表

问题点（战略重点的研究方向）	参考值（高质量发展的国家意志）	数据研判（综合全国及江苏相关数据分析）	症结探析（实事求是、创根问底）	政策建议（问题解决的策略、路径）	研究成果的政策性转化［包括江苏省—南通市—县（区）的］
入园难、入园贵	儿童、完善县乡村学前教育公共服务网络。《国家"十四五"规划和纲要》：以人口集中流入地、农村地区为重点，新建、改扩建2万所幼儿园，增加普惠学位400万个以上。中共中央、国务院《关于学前教育深化改革规范发展的若干意见》："公办园资源不足的城镇地区，新建扩建一批公办园。大力发展农村学前教育。每个乡镇原则上至少办好一所公办中心园，大村独立建园或设分园，小村联合办园，人口分散地区根据实际情况可举办流动幼儿园、季节班等。""老城（棚户区）改造、新城开发和居住区建设，应地扶贫搬迁应将配套建设幼儿园纳入公共管理和公共服务设施建设规划，并按照相关标准和规范予以建设，确保配套幼儿园与居民住宅同步建设，同步设计，同步建设，同步验收，同步交付使用	办幼儿园率为63.83%，省、市优质园率达88%。南通市学前教育三年毛人园率达99%以上，公办幼儿园覆盖率67.35%，普惠民办幼儿园覆盖率达90%以上，但是幼儿园尤其是国家级优质普惠园总量不足，到2025年，国家级普惠县（市、区）达到60%以上。残疾幼儿学前三年入园率达95%。园长（副园长）和一线教师中分别有9.66%、14.94%的人认为所在园边房价水平均为于本地区房价平均水平的20%平均以上，其中，分别有34.55%、33.70%的人认为园边房价为高于50%以上。区域45.03%的班级幼儿数超过35人，其中有10.72%的班级达到或超过45人。	用，办成营利性幼儿园等乱象。导致幼儿园之间的路途距离远，人园用时更多，增加了安全风险，部分幼儿因此被动放弃入园。部分民办幼儿园过度逐利，社会资本通过兼并收购，受托经营，加盟连锁，利用可变利益实体，协议控制国有资产或集体资产举办的幼儿园，非营利性幼儿园。上市公司通过股票市场融资投资，购买营利性幼儿园。其中一些举办者的办园动机不纯，以盈利为目的，收费较高，在基础建设与维护、教具学材投放与使用、教师聘用与培训等方面却较为困难。幼儿园收费创办人从成本必然导致创办出发：一是降低办学的扩大班级人数的意愿；二是降低办学成本，包括减少熟悉教师和辅教人员的数量，基	规范学前教育基础教育行为，为幼儿提供保育教育的场所有保障。建设布局合理的园所，特别是以公办为主的普惠园所，稳步推进学前教育服务区制度。优化学前教育布局，原则上每1万名左右常住人口配备1所幼儿园。每千人口托位数，由2020年的1.8个增加至2025年的4.5个。推动城乡学前教育优质、均衡发展，改变城区幼儿园学位紧张，乡镇幼儿园人员短缺的现状。	决是制过度逐利行为。积极推进全域普及创建国家学前教育普及普惠县（市、区），实施学前教育质量提升工程，加强课程游戏化建设，科学实施幼小衔接，健全幼儿园保教质量评估体系，提升幼儿园保教质量。加强对幼儿园办园行为的动态监管，全面巩固消除无证幼儿园工作成果，实施质量提升工程。加强幼儿园课程游戏化建设，科学实施幼小衔接，健全幼儿园保教质量评估体系，建幼儿园保教质量评估体系，提升幼儿园保教质量。（市、区）60%的县（市、区）创成"国家级学前教育普及普惠县（市、区）"。江苏省海安市坚持由政府办学前教育，截至2021年4月，全市共有幼儿园64家，其中，公办幼儿园58家，占比90.63%，另外6家民办幼儿园也均为普惠性质。

145

续表

问题点（战略重点的研究方向）	参考值（高质量发展的国家意志）	数据研判（综合全国及江苏相关数据分析）	症结探析（实事求是，刨根问底）	政策建议（问题解决的策略、路径）	研究成果的政策性转化[包括江苏省—南通市—县（区）的]
入园难、入园贵	用。配套幼儿园由当地政府统筹安排，办成公办园或委托办成普惠性民办园，不得办成营利性幼儿园。" 中共中央、国务院《关于学前教育深化改革规范发展的若干意见》："鼓励支持有企事业单位、特别是国有企事业单位、高等学校举办公办园，在为本单位职工子女入园提供便利的同时，也为社会提供普惠性服务。" 《幼儿园工作规程》（2016版）：按照有利于幼儿身心健康目便于管理的原则规定，小班25人，中班30人，大班35人，混合班30人。	—	一是使用不合格师资；二是缺少组织教师参与业务培训和学历提升的愿望，更遑论组织教师参加教科研活动。	—	镇江学前教育机构建了"事业以公益普惠为主，园所以公办为主，经费以公共财政为主，师资以公办教师为主，管理以'五为主'发展格局。目前，全市共有幼儿园277所，在园幼儿86 237人，普惠性幼儿园覆盖率达92.25%，公办幼儿占比70.13%，优质幼儿园在园幼儿占比达92.33%。镇江市教育局为此专门设立了学前教育处（全省唯一）。学前教育财政投入逐年增长，连续六年超过教育总投人的6%，句容市、扬中市分别达到11.38%和9.6%。扬中市还实行了农村幼儿园小班免费一年政策。

146

续表

问题点（战略重点的研究方向）	参考值（高质量发展的国家意志）	数据研判（综合全国及江苏相关数据分析）	症结探析（实事求是，刨根问底）	政策建议（问题解决的策略、路径）	研究成果的政策性转化［包括江苏省—南通市—县（区）的］
学前教育师资队伍建设滞后	中共中央、国务院《关于学前教育深化改革规范发展的若干意见》："各地要及时补充公办园教职工，严禁‘有编不补'，长期使用代课教师，民办园按照配备标准配足配齐教职工。各类幼儿园按照国家相关规定配备卫生保健人员。"人力资源社会保障部办公厅、教育部办公厅《关于做好2021年中小学幼儿园教师公开招聘工作的通知》：重点加大幼儿园教师补充力度，推进学前教育改革发展。江苏省委、省政府《关于全面深化新时代教师队伍建设改革的实施意见》《江苏省公办幼儿园机构编制标准（试行）》：公办幼儿园机构编制按师生比1:16的比例核定，主要用于配备管理人员和骨干教师。有条件的地区可根据当地学前教育事业发展需要和财	全国公办幼儿园和民办幼儿园在编教师占比达67%，区域教师0.41%的教师反映班级中只有"一教一保"，2.78%的教师反映没有保育员，0.05%的教师反映班级中只有一个教师。区域一线男性幼儿教师园长（副园长）占比为3.97%，男性占比为3.37%，无一名男性学前教育教研员。幼儿园无普特融合资源教师或无相应岗位的占比为51.98%。区域参加调研的园长（副园长）认为所在园专任教师全部具有幼儿教师资格证的有62.66%，全部具有学前教育学历的有52.12%。有23.79%的教师参加过县级及以上的课例研究，有28.71%的教师未参加包括园所在内的任何课题研究，58.68%的教师没有论	—	重视学前教育专业队伍建设，为幼儿提供人力资源保障。重视学前教育师范生的选择与培养。通过师范生培养计划，男性幼儿教师专项培养计划，优秀高校毕业生回原籍从教政策）广泛宣传，严格筛选，让一大批优秀的学前教育师范生加入学前教育教师队伍中。重视学前教育专任教师的招录工作。落实公办幼儿园机构编制标准，加大幼儿园教师补充力度。实施"银龄讲学计划"，鼓励支持身体健康的退休优秀教师到乡村幼儿园支教。重视学前教育专任教师的职后继续教育。自2021年起，江苏省南通市要求专业技术人员每年参加继续教育时间不少于90学时，其中，公需课不少于24学时。	—

续表

问题点（战略重点的研究方向）	参考值（高质量发展的国家意志）	数据研判（综合相关数据分析江苏反国反）	症结探析（实事求是，刨根问底）	政策建议（问题解决的策略、路径）	研究成果的政策性转化[包括江苏省一南通市一县（区）的]
学前教育师资队伍建设滞后	政策受能力，适当放宽师生比。中共中央、国务院《关于全面深化新时代教师队伍建设改革的意见》：逐步将幼儿园教师学历提升至专科。《幼儿园工作规程（2016版）》《教师资格条例》：必须具有《幼儿园教师资格》规定的幼儿园教师资格。中共中央、国务院《关于学前教育深化改革规范发展的若干意见》："各地要根据学前教育特点和幼儿园教师专业标准，完善幼儿园教职称评聘标准，畅通高级职称评聘通道，提高高级职称比例。对做出突出贡献的幼儿园园长、教师，按照国家有关规定予以表彰奖励。"《民办教育促进法实施条例》：民办学校建立教师培训制度，为受聘教师接受相应的思想政治培训和业务培训提供条件。民办中小学校应安排不少于年5%的费收入资金用于教师队伍建设。	文发表的经历。1.48%教师的高级（含正高级）的县级以上骨干教师占比明显偏低。5.67%教师占比和11.53%未参加2020年教育部门组织的包括网络培训在内的继续教育活动，是民办幼儿园教师特别区域幼儿园教师中有26.55%的县级以上集体教研活动教师三年里未参加过。	—	—	—

续表

问题点（战略重点的研究方向）	参考值（高质量发展的国家意志）	数据研判（综合全国及江苏省相关数据分析）	症结探析（实事求是、刨根问底）	政策建议（问题解决的策略、路径）	研究成果的政策性转化[包括江苏省一南通市一县（区）的]
教师待遇偏低	教育部印发《幼儿园责任督学挂牌督导办法》：为行政区域内每一所经审批注册的幼儿园（含民办）配备责任督学，实施经常性督导。中共中央、国务院《关于学前教育深化改革规范发展的若干意见》："各地要认真落实公办园教师工资待遇保障政策，经费统筹中统筹安排，所需资金从地方财政预算中统筹安排。民办园要参照当地公办园教师工资收入水平，合理确定相应教师的工资收入。各类幼儿园依法规范足项为教职工缴纳社会保险和住房公积金。"有条件的地方可试点实施乡村公办幼儿园教师生活补助政策。按照政府购买服务范围的规定，可将公办园中保育员、安保、厨师等服务纳入政府购买服务范围，所需资金从地方财政预算中统筹安排。	教师和园长（副园长）分别有42.18%、49.34%的人认为编教师工资略低，51.74%、44.51%的人认为非在编教师比在编教师工资低，能按照江苏省标准领取工资，更有2.03%、0.15%的教师遇到了拖欠工资的情况。	—	—	常态化开展办园行为督导。完善学前教育投入机制，加强师资队伍建设，将创建国家级学前教育普及普惠县（市、区），幼儿园教师工资待遇、巩固成果纳入县（市、区）政府履行教育职责督导评价的重要内容。南京市不断强化师资队伍建设。加大了幼儿教师招聘规模和专任教师增加编制从1.1万人增加到2.1万人，非在编教师工资不低于全市城镇年平均工资，对坚守农村和特殊教育岗位的幼儿教师发放专项奖励。工作3年以内的年轻教师可以申请宿舍或者租房补贴。

续表

问题点（战略重点的研究方向）	参考值（高质量发展的国家意志）	数据研判（综合全国及江苏相关数据分析）	症结探析（实事求是，刨根问底）	政策建议（问题解决的策略、路径）	研究成果的政策性转化[包括江苏省—南通市—县(区)的]
学前教育的滞后发展一定程度上导致了"少子化"的发生	中共中央在《关于制定"十四五"规划和二〇三五年远景目标的建议》中提出"发展普惠托育服务体系，降低生育、养育、教育成本，促进人口长期均衡发展"的表述。《国家"十四五"规划和远景目标纲要》：发展普惠托育服务体系，健全支持婴幼儿照护服务和早期发展的政策体系。加强对家庭的支持指导，增强家庭科学育儿能力。严格落实城镇小区配套幼儿园政策，积极发展多种形式的婴幼儿照护服务机构，支持企事业单位和社会组织等提供普惠托育服务，支持和引导社会力量提供婴幼儿照护服务，推进幼儿照护服务一体化发展，规范化发展，提高保育保教质量和水平。《关于优化生育政策促进人口长期均衡发展的决定》：鼓励幼儿园招收2至3岁幼儿。	第七次全国人口普查数据表明，2020年我国育龄妇女总和生育率为1.3，已经处于较低水平。中共南通市委市政府制定的国民经济和社会发展第十四个五年规划和二〇三五年远景目标建议》提出：子"超少人子深化度"老社龄会化"。以南通市海门区为例，1990年前后的年均新生儿数量约为14 800人，到2020年只有5 628人（快报数，非人口普查数），减少了约9 587人。2020年，实际进入各类托育机构的婴幼儿比例仅为4.1%。从国家卫健委开展的城市0—3岁婴幼儿家庭服务需求调查来看，城市中超过1/3的家庭3岁以下婴幼儿有托育服务需求，其中，没有祖辈参与照料的家庭需求更是高达43.1%。	长期以来，相关部门和专家对我国人口和育龄妇女数据掌握不准确，对未来预判不科学，统计口径不一致，地方政府转嫁财政负担的特别是广义学前教育的特殊性。在大量幼儿园"公转民"的同时，取消了小部分幼儿园中设置了学前教育"小小班"的"小小班"的设置，仅在少部分幼儿园中招收为有限的2—3岁幼儿，0—3岁托育极为缺失。	对社会弱势群体（特殊儿童、流动儿童、经济困难家庭随迁子女、外来务工人员随迁子女等）入园，国家和社会公益辅助在政策、法律及公益辅助上给予最大力度的支持和关注。在条件允许的情况下适度前置、拓展学前教育的涵盖范围。	《江苏省学前教育家庭经济困难儿童资助管理暂行办法》：学前教育资助平均标准为每生每年1 000元，平均资助比例为在园儿童总数的10%，其中，苏南、苏中和苏北地区分别按8%、10%和12%的比例确定。上海"十三五"期间，全市16个区有900多个早教指导站覆盖所有街镇；提供托育服务的机构有816家，中心城区已实现"一街镇一普惠"。2021年2月，上海市与教育部签署新一轮合作战略协议，其中，教育合作领域的工程之一是"三岁以下婴幼儿托育资源供给上，未来5年新增2万个以上托额"。

续表

问题点 (战略重点的研究方向)	参考值 (高质量发展的国家意志)	数据研判 (综合全国及 江苏相关数据分析)	症结探析 (实事求是,刨根问底)	政策建议 (问题解决的策略、路径)	研究成果的政策性转化 [包括江苏省一南通市一县(区)的]
课程建设质量有待提高	《民办教育促进法实施条例》：实施学前教育的民办学校开展保育和教育活动,应当遵循幼儿身心发展规律,设置以游戏发展为主要形式的活动,开发式的课程。	有12.74%的园长(副园长)称课程由大市统一配发,42.46%的园长(副园长)称课程由县(市、区)统一配发,37.34%的园长(副园长)称课程由幼儿园自主开发,7.47%的园长(副园长)称课程由加盟机构统一配发,这导致了园所之间的软条件,即课程开发与实施之间的差距。	幼儿园的参与举办方更加多元,有政府、个人、企业、民间机构,其对学前教育的认识不一,举办的动机不一,虽然有国家"课程游戏化"的统领,但是最终呈现的课程样态不尽相同,水平参差不齐。在实施过程中的理解和效果也不尽相同。	以省、市结对试点项目为引领,健全幼小衔接机制,研制衔接课程。	《南通市"十四五"教育发展规划(2022)》：建立完善的教研工作体系,落实课程审议制度,形成区域层面课程实施指导手册；开展幼儿园课程游戏化建设项目评选,形成南通课程指导示范例……2021年组织开展课程游戏化项目评审,选树培育优秀项目。开展幼小衔接研讨和现场推进,明确幼小衔接阶段性目标。2022—2023年,建立常态化课程研讨机制,研制课程资源手册,全面推行入学准备和入学适应教育,建立健全联合教研机制。2024—2025年,形成本地区成熟的课程资源手册,建立完善的幼儿园质量评估体系,全面提升学前课程实施质量。

第二节　小学教育高质量发展的战略重点与策略路径

党的十九届五中全会提出了"建设高质量教育体系"的国家战略，2020年习近平总书记在江苏视察期间赋予江苏"争当表率、争做示范、走在前列"的重要使命。助力江苏教育高质量发展，我们以南通、镇江、宿迁为样本进行了江苏省小学教育高质量发展的问卷调查。

一、问卷设计

我们认为，教育质量是教育过程与结果满足教育目的的程度，现阶段体现为基于立德树人的核心素养发展观和"全面、全程、全方位"的育人观。教育的过程与结果又受到一些主客观因素的制约，主要有资源配置、内部管理、外部环境。这样就形成了关于教育质量的判断结构，通过实践观察与访谈，我们有针对性地在每一个项目中选择了部分重要指标，设计了如下问卷结构（表4-30）。

表4-30　"江苏基础教育高质量发展"调查问卷（小学教育）指标结构表

一级指标	二级指标	三级指标
教育目的的达成度	教育结果	学科素养、综合素养、不良发展
	教育过程	课程计划执行、各类学生活动重视程度、学生过重学业负担成因、教育教学改革认同度
资源配置均衡度	校际均衡	师资、经费、办学条件
	校内均衡	招生全纳、均衡编班、个别化教学、特殊儿童教育
内部管理支撑度	教师评价	职称评审、绩效考核、专业称号评选、行政表彰奖励指标与适切性
	学生评价	学业质量监测的有效性
外部环境支持度	政校关系	办学自主权
	社校关系	协同意识、协同组织、协同教育、协同频率
	家校关系	各种家校共育组织及有效性

二、调查对象

调查过程采用行政推动下的全员参与与随机抽样相结合的方式。调查的区域范围覆盖了设区市市区、区县（县级市）城区和乡镇，其中，"设区市市区"占比为14.04%，"区县（县级市）城区"占比为39.93%，"乡镇"占比为46.03%。调查的对象涉及一线教师、校长（副校长）、教育行政管理人员和教科研人员，区域占比、调查对象占比合理，与实际分布比例基本吻合，调查反馈的数据具有一定的可信度。

三、调查结果

我们透过统计数据进行直观分析,同时辅以典型选项的讨论与访谈、突出现象的局部深度调研,力求全面反映调查范围内关于小学教育发展质量的较为翔实的现实状况,为后续高质量发展政策的制定提供基础性依据。

(一)教育目的达成度

我国教育目的现阶段的指向是"立德树人",表现就是学生素养的发展。所以,教育目的的达成度,从结果来看就是学生素养的发展,从过程来看就是教育过程的素养导向。

1. 学科素养

我们统计了南通、镇江、宿迁三地的学科教师对学生学科素养发展情况的认同度,占比如图4-3所示。从整体情况来看,教师对学生学科素养的整体认同度不高,而且呈现出两极分化的现象。最高的语文学科也不足75%,最低的信息学科仅有45.65%,科学、艺术、劳动、心理学科均低于60%。在统计的3个地级市中,镇江和南通基本相当,宿迁的情况与镇江、南通差距较大。

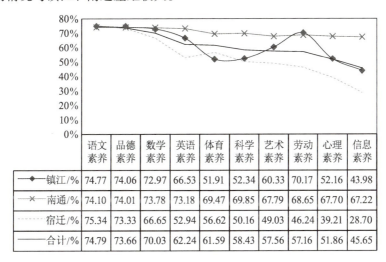

图4-3　南通、镇江、宿迁三地学科教师对学生学科素养发展情况认同度的统计图

2. 综合素养

根据北京师范大学中国教育创新研究院发布的《21世纪核心素养5C模型研究报告(中文版)》提出的"5C"[文化理解与传承(Culture Competency)、审辩思维(Critical Thinking)、创新(Creativity)、沟通(Communication)、合作(Collaboration)],我们对教师的认同情况进行了调查,统计结果如图4-4所示。与学科素养相比,学生综合素养发展比较平衡,但整体发展水平偏低,三地除南通稍高之外,镇江、宿迁基本相当。

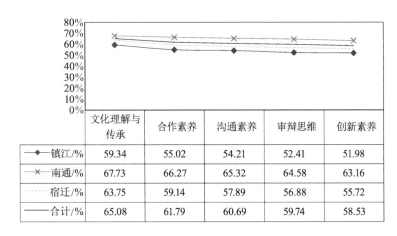

图 4-4　南通、镇江、宿迁三地学科教师对学生综合素养发展情况认同度的统计图

3. 学生发展不良现象

经过访谈，我们列举了学生素养发展的突出问题，针对这些突出问题，我们对南通、镇江、宿迁三地的小学教师进行了调查，统计结果如图 4-5 所示。认为学生实践能力差的教师占比最高，超过了 40%，其后依次是学生体质差、心理问题多、厌学、有不良的价值倾向、沉迷网络等问题。在三地比较中，我们发现南通、镇江的教师认为学生实践能力差、心理问题多、沉迷网络的问题更严重，南通的教师认为学生体质差、学生不良道德行为增多的问题更严重。

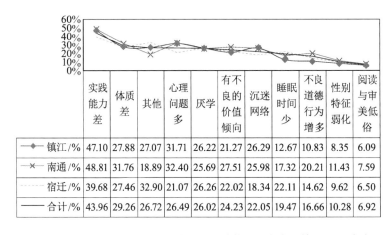

图 4-5　南通、镇江、宿迁三地学科教师对学生不良发展情况认知统计图

4. 课程计划执行

课程计划的规范执行是实现教育目的的基本保障。经过调查，南通、镇江、宿迁三地的教师对学校课程计划规范执行的认可度很高（图 4-6），各学科选择开齐开足的教师占比均在 95% 左右。相比较而言，综合实践课程规范开设的认同度稍低一点。

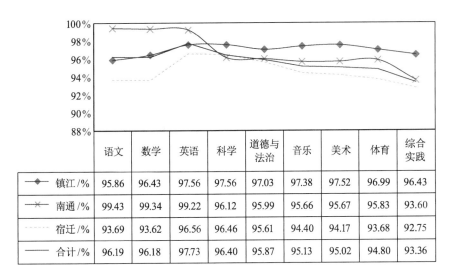

图 4-6　南京、镇江、宿迁三地学科教师对课程计划规范执行情况认同度的统计图

5. 学生活动重视程度

学生活动是学生素养发展的土壤，我们通过访谈列举了学生主要的学习活动，并统计了南通、镇江、宿迁三地教师选择"学校重视的活动类型"的占比情况，统计结果见图 4-7。从图中可以看出，教师普遍认为学校比较重视各类学生活动，相比较而言，对劳动教学、科学实验、审美教育、社会实践的重视程度不够，有近 20% 的教师认为没有得到重视。将三地比较来看，镇江的教师对学生活动重视度更认同，明显高于南通、宿迁两地。

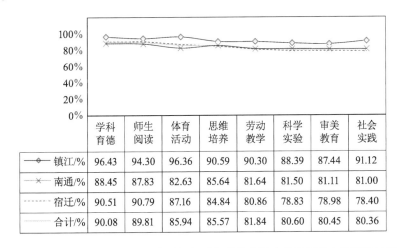

图 4-7　南通、镇江、宿迁三地学科教师对各类学生活动的重视程度情况的统计图

6. 学生过重学业负担成因

减轻学生过重学业负担是当前提高教育品质、建设健康教育形态的重要举措。通过访谈，我们列举了其主要成因供教师选择，统计结果见图 4-8。结果表明，"功利的教育价值观"高居榜首，占比超过 50%。"教育评价方式不当""参加校外教育机构的辅导多"占比近 40%，而"家长布置的额外学习任务多"也占比近 30%。

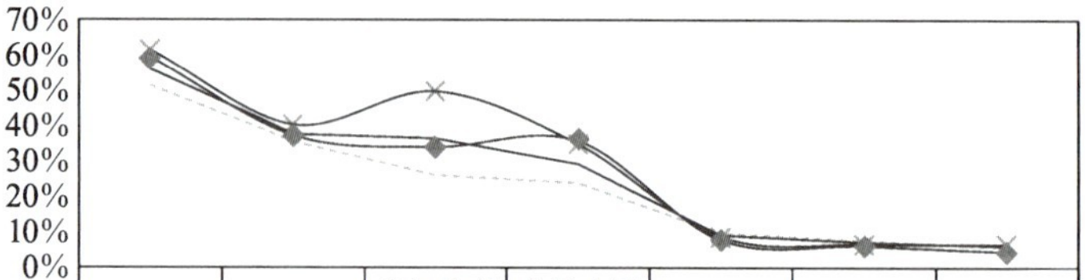

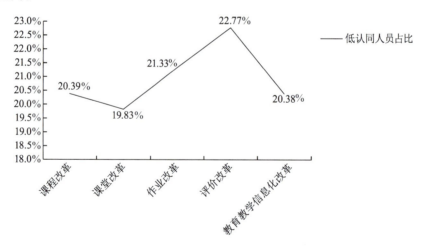

	功利的教育价值观	教育评价方式不当	参加校外教育机构的辅导多	家长布置的额外学习任务多	管理督查不到位	教师教学效率不高	教师布置的作业多
镇江/%	59.41	37.19	33.97	35.70	7.78	6.09	4.42
南通/%	61.47	40.24	49.67	34.84	8.70	6.59	6.61
宿迁/%	51.35	35.39	26.04	23.81	9.60	7.56	5.70
合计/%	56.09	37.52	36.34	29.19	9.10	7.06	5.99

图 4-8 南通、镇江、宿迁三地学科教师对学生学业负担成因选择情况的统计图

7. 教育教学改革认同度

教育教学改革是不断优化教育教学过程的举措与动力。我们将教师对当前学校主要的教育教学改革的认同度进行了调查，统计结果见图 4-9。由图可见，教师对课程改革、课堂改革、作业改革、评价改革、教育教学信息化改革的认同度比较高，但仍存在不小的优化空间。

图 4-9 南通、镇江、宿迁三地学科教师对教育教学改革认同度的统计图

同时，我们通过访谈列举了教育教学改革推进的主要困难，调查了教师对这些困难的认同度，统计结果见图 4-10。结果表明：改革的最大阻力首先是家长的教育观，其次是政府的教育政绩观、社会的人才观与学校的质量观，对教师的教学观与教学能力也有比较大的影响。

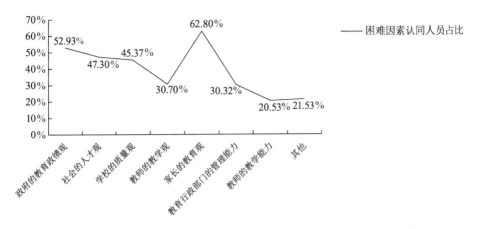

图 4-10　南通、镇江、宿迁三地学科教师对教育教学改革推进的主要困难的认同度的统计图

(二) 教育配置均衡度

教育资源的配置是制约教育质量的重要客观因素，资源配置是否优质均衡既从基础条件上影响着教育教学能否高质量实施，又决定着每一个孩子能否同样享受均衡的教育教学的机会、条件与个性化举措等。

1. 师资均衡

我们调查了南通、镇江、宿迁三地的小学校长（副校长）对师资、办学条件、经费均衡的认同情况。图 4-11 统计了校长（副校长）们认为校际师资差距的情况，从整体来看，校长（副校长）们认为当地学校教师年龄结构合理性与生师比不够均衡的占比近 40%，说明区域教师数量配置与年龄结构化配置不合理现象比较严重。比较三地的情况，教师素质、学科结构、教师待遇均呈现出镇江、南通、宿迁依次递减的趋势。

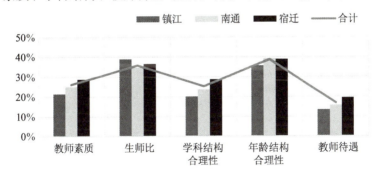

图 4-11　南通、镇江、宿迁三地校长（副校长）对师资均衡认同情况的统计图

2. 办学条件均衡

图 4-12 统计了校长（副校长）们认为校际办学条件在班额、校额、信息技术装备、专用教室及装备、生均活动面积等方面存在差距的情况，从中可以看出，大校额、大班额与小微学校共存，造成校际办学资源严重不均衡。比较南通、镇江、宿迁三地的情况，镇江市的办学条件均衡情况优于南通和宿迁，而南通的情况整体不如镇江与宿迁。

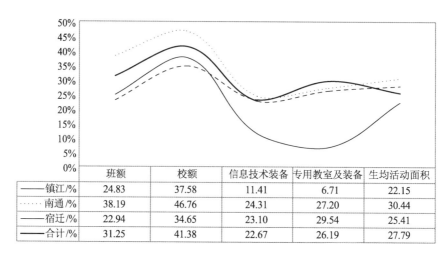

图 4-12　南通、镇江、宿迁三地校长（副校长）对办学条件均衡情况调查统计图

3. 经费均衡

图 4-13 统计了校长（副校长）们认为校际经费在公用经费、维护经费、建设经费等方面存在差距的情况，显然对公用经费的认同程度比较高，但对维护经费、建设经费，校长（副校长）们的认同度稍低一些。比较南通、镇江、宿迁三地的情况，镇江市经费均衡情况较好，南通的建设与维护经费均衡度最低。

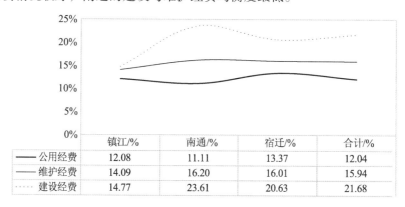

图 4-13　南通、镇江、宿迁三地校长（副校长）对经费均衡情况调查统计图

4. 教育教学均衡

图 4-14 统计了校长（副校长）们认为教育教学均衡在各类学生全部入学、均衡分班、个性化社团课程、个别化教学、对残障儿童科学施教等方面存在差距的情况。从整体情况来看，教育教学均衡情况很好，各类学生全部入学、均衡分班认同比例近 100%，相比较而言，学生的个别化教学难度高，所以校长（副校长）们的认同比例略低。

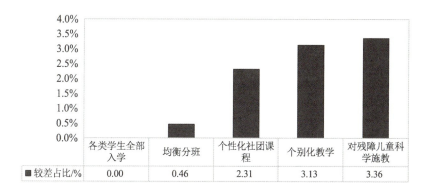

图 4-14　南通、镇江、宿迁三地校长（副校长）对教育教学均衡情况调查统计图

（三）内部管理支撑度

内部管理是指优化教育教学行动机制以达成教育目的，它对教育质量的支撑度是衡量教育高质量发展的一个重要指标。针对内部管理是否能有效支撑，我们选择了作用力比较大的教师评价管理和学生学业质量监测管理两个调查选项。另外，在教育现代化背景下，信息化手段被大量应用于学校管理，为此，我们也调查了教师对各类网络平台认同的情况。

1. 教师评价

我们调查了教师对现行的教师职称评审、绩效考核、专业称号评选、行政表彰奖励等评价激励制度的认同情况，统计结果见图 4-15。总的来看，10%左右的教师认为当前的教师评价制度无效或有负面效果。

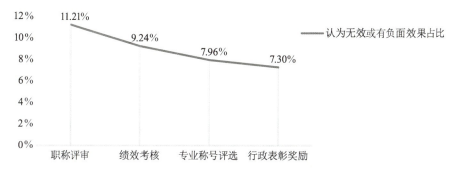

图 4-15　南通、镇江、宿迁三地学科教师对现行教师评价方式认同度统计图

为了进一步寻找原因，我们对常用的教师评价指标进行了调查，统计结果见图 4-16。可见，学校对教师的评价主要看的是教师的师德水平，而对体现教师工作效果的学生的素养发展、承担工作量、家长与学生的满意度等指标，学校的重视程度明显偏低。

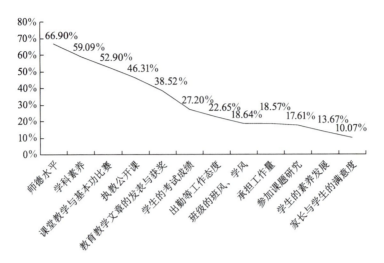

图 4-16　南通、镇江、宿迁三地学科教师对现行教师评价指标重视情况的调查统计图

2. 学业质量监测

学业质量监测是教学质量最直接的保障措施。在实际教学中，学业质量监测究竟发挥了怎样的作用呢？我们从教与学两个方面进行了调查，统计结果见图 4-17 和图 4-18。

从图 4-17 可以看出，从教的角度来看，学业质量监测主要发挥的作用是压实教师的教学责任、促进教师优化自身的教学，而对优化学校的教学管理、教学研究，以及为行政决策提供参考的作用有限。

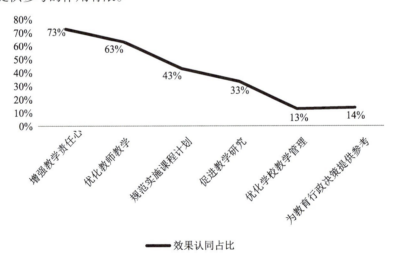

图 4-17　南通、镇江、宿迁三地学科教师对学业质量监测作用认同情况的统计图（一）

从图 4-18 可以看出，从学的角度来看，学业质量监测对提升学生考试成绩与减轻学生课业负担、增强学生体质、引领学生阅读发挥了一定的作用。但值得注意的是，认为学业质量监测效果不明显或存在负面效应的教师合计占比超过 15%。

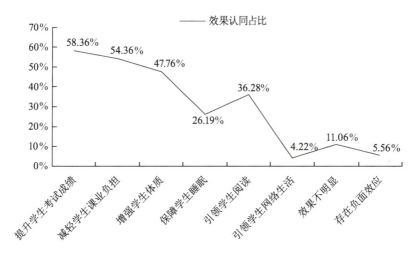

图 4-18　南通、镇江、宿迁三地学科教师对学业质量监测作用认同情况的统计图（二）

3. 网络平台作用

网络化、信息化在现代教育教学及管理中的应用越来越多，尤其在新冠疫情的影响下，线上教学与办公成为一种重要手段。教师究竟怎么看待这些平台发挥的作用呢？我们对此做了调查，统计结果见图 4-19。从图中可以看出，对网络教学平台与资源、网络评价平台与资源、网络办公平台与资源、网络管理平台与资源的低认同教师占比都在 20% 左右。

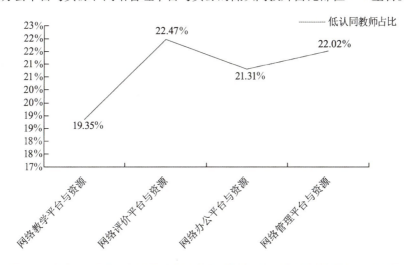

图 4-19　南通、镇江、宿迁三地学科教师对网络平台作用的认同情况的统计图

（四）外部环境支持度

教育的高质量发展离不开良好的支持性环境。政府、社会、家庭与学校良好的互动是最重要的外部环境。

1. 政校关系

根据现代学校制度，学校应该是自主办学的实体，政校关系应该建立在法律的基础上。那实际情况怎么样呢？我们经过访谈选择了一些政府、官员随意干扰学校人权、事权等的行为，让校长（副校长）判断自己所在学校是否存在这些行为，统计结果见图

4-20。从图中可以看出,政府、官员对学校的干扰情况比较严重,认同同一事项的多头管理的校长(副校长)超过50%,认同政府与学校权责不清的校长(副校长)超过30%。50%以上的校长(副校长)认为存在干扰教育教学的检查评估与校外活动(评比、展示、演出等)等情况,30%左右的校长(副校长)认为存在学校被迫抽调人员参加动迁等非教育事务的情况。

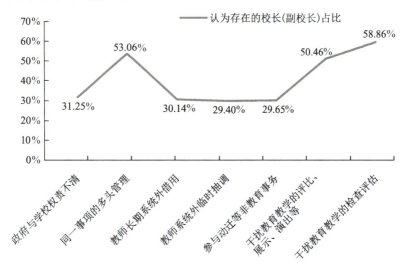

图 4-20 南通、镇江、宿迁三地校长(副校长)对学校受干扰情况的认同统计图

2. 社校协同

社区是学校发展的土壤。我们从意识、组织、服务、频率四个方面调查了校长(副校长)的认同情况,统计结果见图 4-21。显然,社区与学校协同育人的情况没有得到应有的重视,缺乏专门的柔性组织机构与工作机制,社区与学校的资源共建共享的局面没有形成,就是点状的社区教育参与频率也不高。

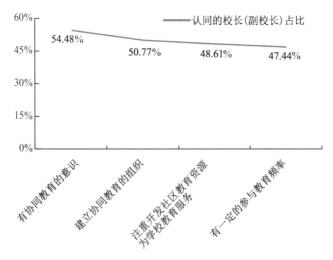

图 4-21 南通、镇江、宿迁三地校长(副校长)对社校协同育人认同情况的统计图

3. 家校共育

家庭、学校是孩子接受教育的重要地方，伴随孩子时间最长，对孩子影响最深。家校共育是充分发挥教育功能，走向高质量教育的重要环节。经过观察与访谈，我们列举了当下家校协作共育的主要形式，请校长（副校长）选择发挥较好作用的形式，统计结果见图 4-22。结果表明：校长（副校长）们对家长会、家长委员会的作用认同度较高，其次是家访、家长开放日。而目前比较普遍的网络班级群、家长代表评议学校和家长志愿者活动、家长教育课程等认同度比较低，均不足 30%。

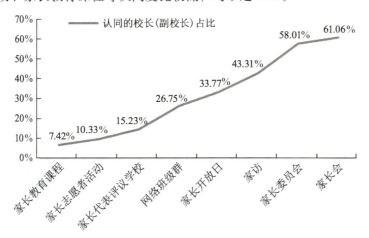

图 4-22　南通、镇江、宿迁三地校长（副校长）对家校共育认同情况的统计图

四、结论与建议

（一）小学教育高质量发展的战略重点

1. 学生发展模式亟待突破

以立德树人为旨归，以核心素养发展为标志，这是当前教育高质量发展的方向。一方面，我们需要从知识的接受教学转向从知识产生、理解到知识运用的教学；另一方面，我们需要跳出单纯的分科教学，实现知识的跨学科整合，以解决生活中的实践问题，实现知识世界与生活世界的共生融通，培养有理想、有本领、有担当的社会主义建设者与接班人。

但是，调查结果表明，无论是学科素养还是综合素养，学生发展的教师认同度不高，学生实践能力差、体质差、心理问题多发、厌学、沉迷网络等问题比较突出。学校虽然重视规范执行课程计划与开展学生活动，但学生学业负担依然较重，劳动教育、科学实验、审美教育、社会实践等需要学校进一步重视。教育教学改革不断在推进，但教师对课程改革、课堂改革、作业改革、评价改革、教育教学信息化改革的认同度还有待提高，特别是要改变家长的教育观、政府的政绩观、社会的人才观与学校的质量观，还有教师的教学观与教学能力等，情况复杂，困难重重。所以，实现学生发展模式的突破转型迫在眉睫。

2. 资源配置制度亟待优化

当前，教育处于社会城市化、人口流动化、方式信息化的大背景下，如何让每一个学生享受公平、均衡的教育资源,这对教育资源的配置提出了很高的要求。但从师资与办学条件的调查结果来看,目前苏南、苏中、苏北的校长(副校长)对区域教师的数量配置与年龄结构化配置、校际办学条件配置均有一定程度的不认同;从经费调查结果来看,校长(副校长)们认为,除公用经费有比较稳定和均衡的保障之外,学校的维护经费、建设经费保障的差距很大;从个别化教育教学举措来看,根据每个学生的个性提供个别化的课程与教学,尚有很大的努力空间。所以,如何正确处理好城市化进程中的城乡资源配置,以及流动人口教育、个别化教育、信息化教育等资源配置,亟待研究和出台相对应的配置制度。

3. 教育内部管理制度亟待完善

内部管理制度是学校教育教学最直接的支撑,教育教学的第一资源与动力是人,是教师和学生。因此,教师管理制度、学生学业管理制度是学校内部管理制度最重要的部分。但是,调查结果表明:教师对教师评价制度认同度不高,竟然有10%左右的教师认为当前的教师评价制度无效或有负面效果,而且评价指标明显走偏,更多关注是教师的师德水平,但对体现教师工作过程与成效的学生的素养发展、承担工作量、家长与学生的满意度等指标重视程度不够。教师对当前的学生学业质量监测制度的认同度更低,认为学业质量监测对教与学的效果不明显或存在负面效果的教师超过15%。因为信息化的蓬勃发展,各种网络平台与资源也遍布学校管理与教育教学全过程,但20%左右的教师对网络教学平台与资源、网络评价平台与资源、网络办公平台与资源、网络管理平台与资源保持低认同度。所以,为了小学教育的高质量发展,学校内部管理制度亟待优化。

4. 教育生态治理制度亟待出台

当今的学校已经不再是"象牙塔"与"世外桃源"一样的存在,信息技术为学校与社会的融合提供了可能,社会经济水平的提升等让政府、家庭、社会关心、融入教育成为必须。但是,教育如何与政府、社会、家庭实现良性的互动,目前尚未形成健全的教育生态治理制度。调查表明:学校的办学自主权不断受到挤压,政府与学校权责不清,政府、官员对学校的干扰情况比较严重,干扰教育教学的检查评估、学校被迫抽调人员参加动迁等非教育事务时有发生。社区与学校协同育人意识不强,缺乏专门的柔性组织机构与工作机制。家校共育还停留在基础层面的开家长会上,通过家长委员会协调重要事务,以及家访、家长开放日等,但面对信息化背景、家长自身晚熟、隔代教育等缺乏科学的应对策略。所以,亟待出台相关制度,实现教育生态治理正常化。

(二) 小学教育高质量发展的策略路径

1. 加强教育生态治理的政府顶层设计

优化教育的发展环境、加强教育的生态治理需要系统思考、整体设计。第一,厘清政府部门与学校的权责关系,整合不同部门的相同或相似职能,出台政府部门与学校职责清单,把充分尊重学校的法人地位与办学自主权落到实处。特别是严禁随意从学校抽调、占用人员,统筹严控进校园的非教育性事务,统筹各类创建、评比和资料报表,整合学校的各类信息平台,精简、合并各类重复性的资料、表格填报,切实解决非教育性事务严重影响办学质量的问题。第二,社区牵头建立社区教育委员会等柔性协同教育机构,由社区管理者、学校人员广泛吸纳社区内企业、事业单位、农庄等,以及社会有能人士参与，讨论、制定工作章程，形成社区与学校协同育人的工作机制。第三，在原有学校主导的家校共育的基础上，统筹妇联、民政局、教育局、社区、老干部局等机构的力量，建立县级家庭教育委员会，统筹进行家长教育工作，建立各级各类家长学校，开发家长教育课程，在结婚、生育及孩子入学、升学等关键节点进行家长强迫教育，不断优化家庭教育环境和家校协作共育。

2. 建立教育布局预警研判与教育资源整合利用机制

目前，教育资源的错配问题主要体现为学校布局调整和资源调配与教育实际需求之间的矛盾。进一步追问，一方面，因为学校布局的调整相对滞后，造成大校额、大班额与小微学校、班级共存，教育资源配置困难。因此，教育行政部门要建立教育需求的调研反馈机制，按照相关教育资源配置周期，前瞻性研判区域内学校布局变化的趋势，提前做好学校布局规划的调整，按时做好规划的落实工作。另一方面，面对不断发展的形势，我们缺乏制度的创新。布局调整对解决城镇学校大班额、校额的资源配置问题是快捷、有效的，面对乡村学校多为小微学校的问题，我们需要建立以区镇为单位的集团化办学，实行区镇一体化管理，资源统一调配，成果整体考核，以集团化办学实现资源共享，实现优质、均衡的发展。

针对学校教育教学最重要的资源——师资配置问题，我们认为，针对师资配置与学校办学需求之间的矛盾，区域内应建立师资队伍建设的结构性预警机制，分步骤、多渠道地解决学校师资配备的结构性问题，其中，矛盾较为突出的是道德与法治、科学、体育等学科，省域范围内师范院校应统筹落实专科与全科相结合的教师培养体系。针对教育师资需求与编制落实之间的矛盾，认真落实国家教育优先发展战略，科学细化编制标准，精准测算各类教师编制和配套职工编制，有规划、有计划、有步骤地落实教职工编制。针对教师队伍的城乡失调问题，建立县域教师统筹机制，明确统筹责任，明确落实统筹工作的日常工作机构和工作流程，明确相关的责任考核挂钩办法，明确考核结果的公示制度。

3. 制定科学的教师评价与职称荣誉评聘制度

教师管理是学校管理的关键。我们认为，目前的教师评价制度助长了教师的功利性价值追求，迫切需要建立基于教师工作积分的评价制度。首先，新的制度要建立合理的结构，把教师教育实绩、个人素养、区域贡献、学术成绩等因素，根据不同发展阶段的教师的发展特征确定合适的结构比例。其次，认真研究、提取能够体现教育实绩、个人素养、区域贡献、学术成绩等因素的过程性表现指标，并及时形成教师专业发展档案。最后，根据教师专业发展档案，赋予教师专业发展积分，所有的教师评价等均以过程积分为依据。

在此基础上，针对教师职称与荣誉的门槛问题、结构问题、运用问题，应科学研判和优化制度。在门槛问题上，建立基层学校与行政部门共同参与的指标体系；在结构问题上，根据有利于事业发展的原则设置各级职称指标，真正落实国家、省的各类指导性要求（如教科研人员的指标结构等）；在运用问题上，打破职称的终身制，与实际工作岗位、工作业绩挂钩，落实待遇。

4. 优化小学学业教育质量监测制度

目前，国家和省、市已经建立义务教育学业质量监测制度，通过问卷和笔试的形式对各县（市、区）义务教育学业水平与教学过程进行监测。但是，监测反馈一般采取书面报告的形式，时间滞后，监测结果缺乏科学的分析和应用途径，所以对实际教育教学工作的指导、促进作用不大。

为了切实将国家的教育目的与要求落到实处，需要进一步优化国家与省、市义务教育学业质量监测制度。一是取消设区市义务教育学业质量监测，如果可能的话，整合国家与省义务教育学业质量监测，一次监测分国家级抽样和省级抽样两个层面实施，避免基层学校疲于应付。二是采取分县（市、区）现场反馈与书面反馈相结合的模式，现场反馈应由政府督导部门组织，教育行政部门参与，监测专家支持。反馈意见简单明了，重点应落在基于常模的县（市、区）的主要成绩、存在问题和发展建议上。三是形成反馈意见，整改落实机制，充分发挥监测对实践的指导作用。

为了促进学校教育教学行为的改变，打通国家教育目的与要求落实的"最后一公里"，我们建议建立县级学业质量监测制度。目前，各县（市、区）也在进行学业质量监测，但说到底就是不同形式的书面统考，在国家"双减"政策实施之后，义务教育阶段对各学校的学业质量监测就是一块空白。所以，教育行政部门应加强县（市、区）教育评价人才的培养与培训，依托教师发展中心建立义务教育学业质量监测中心，借鉴国家和省学业质量监测的模式，建立县级学业质量监测制度。

5. 研制特殊家庭儿童的关照政策

在目前城市化、人员流动性大的背景下，特殊家庭儿童越来越多，主要有外来务工/创业人员子女、祖孙留守家庭儿童等。目前各级教育行政部门已经切实保障了各类儿童享受同等入学与教育的机会。但是，这些家庭的儿童都有各自特殊的情况，例如，有些外来务工人员子女来自边远省份，当地教学水平与流动地区严重脱节，同时家庭环境与生活文化的差异较大，但学校缺乏这样的个别化教学制度。所以，我们建议各级政府研制特殊家庭儿童的关照政策，为特殊家庭儿童的个别化教学提供经费支持，可用于个别化教学的人员津贴、课程开发、教学实施等，同时经费的发放与学校特殊家庭儿童的个别化教学评价挂钩。

（海安市教师发展中心　徐金贵、何春光）

表 4-31 为小学教育高质量发展的问题导向、症结探析与政策建议汇总表。

第四章 研究报告：基于数据的江苏基础教育高质量发展战略性与政策性探析

表 4-31 小学教育高质量发展的问题导向、症结探析与政策建议汇总表

问题点（战略重点的研究方向）	参考值（高质量发展的国家意志）	南通、镇江、宿迁数据（综合数据的研判阐释）	症结探析（实事求是、创根问底）	政策建议（问题解决的策略、路径）	研究成果的政策性转化
学生发展模式亟待突破	2019年6月23日，中共中央、国务院《关于深化教育教学改革全面提高义务教育质量的意见》指出："树立科学的教育质量观，深化课程改革，构建德智体美劳全面培养的教育体系，健全立德树人落实机制，着力坚定理想信念、厚植爱国主义情怀、加强品德修养、增长知识见识、培养奋斗精神、增强综合素质，坚持学生引导学生爱劳为先，教育引导学生爱党爱国爱人民爱社会主义，坚持全面发展，为学生终身发展奠基；坚持面向全体，办好每所学校、教好每名学生；坚持知行合一，让学生成为生活和学习的主人。"教育部等六部门《关于印发〈义务教育质量评价指南〉的通知》指出："义务教育质量评价包括县域、学校、学生三个层面，三者紧密联系、各有侧重，围绕贯彻党的教育方针，以促进学生全面发展为目标，各有侧重。"	学生素养发展的教师科学素养：教师对学生学科素养的整体认同度不高，而且呈现出两极分化的现象。最高的语文学科也仅有75%，最低的信息学科仅有45.65%，科学（57.56%）、艺术（57.16%）、劳动（51.86%）、心理均低于60%。综合素养：与学科素养发展相比较均衡，但整体水平偏低，文化理解与传承为65.08%，合作素养为61.79%，沟通素养为60.69%，审辩思维为59.74%，创新素养为58.53%。三地除南通稍高之外，镇江、宿迁基本相当。对三地小学教师进行了学生素养发展的问题调查，认为学生实践能力差的教师占比最高，超过了40%，其他依次是学生体质差（29.26%）、	基层学校受诸多方面因素的影响，对非语文、数学、英语学科素养的培养还很不到位。教育教学改革在不断推进，但教师对课程、课堂、作业、评价、信息化改革的认同度还有待提高，特别是改变家长的教育质量观、社会的人才观与学校的质量观，还有教师教学能力等，情况复杂，困难重重。长期以来，我国基础教育人才培养过程存在着认识与实践分离的状况，在课程实施上，过于注重学科课程，忽视甚至轻视实践课程。在目前城市化、人员流动性大的背景下，特殊家庭儿童越来越多，主要有外来工子女、人员子女、相亲留守家庭儿童等。目前，各级教育行政部门已经切实保障了各类儿童与教育机会均等，实施了各类人群的入学与同等享受教育	县域层面：建立规范的义务教育质量评价制度。借助教育部等六部门《关于印发〈义务教育质量评价指南〉的通知》为契机，以科学的教育质量评价为引领，遵循教育教学规律，坚持德育为先、全面发展，注重提高学生的综合素质，培养学生的正确价值观、必备品格和关键能力，树立正确的政绩观，办好每所学校，关心每名学生成长。坚决克服唯分数、唯升学倾向，不给学校下达升学指标，不单纯以升学率评价学校，校长和教师，不举办重点学校。学校层面：一是全面落实"三全育人"制度，坚持科学教育质量观，落实德、智、体、美、劳全面培养要求，坚持全方位育人，深入实施素质教育，促进学生全面发展、健康成长。	2019年，海安市政府《关于印发创建"全国（省）义务教育优质均衡发展县（市、区）"实施方案的通知》的第三条指出，"进一步落实素质教育'立德树人、深人实践社会主义核心价值观'，把社会主义核心价值观教学全过程，努力提升学生核心素养，积极培养具有向上品质、健全人格、强健体魄、创新本领、创业意识、一专多能的创新创业型人才。"深入开展高科技教育和环保、国防等专题教育，提高学生的创新精神和综合实践能力，并普及和提高机器人和3D设计，航模等科技活动。减轻学生过重课业负担，引导社会家庭要求，坚持育人为本，全面实施素质教育，促进学生全面发展，健康成长。引导形成更加科学的人才观念和教育观念。

167

续表

问题点（战略重点的研究方向）	参考值（高质量发展的国家意志）	南通、镇江、宿迁数据（综合数据的研判阐释）	症结探析（实事求是，刨根问底）	政策建议（问题解决的策略、路径）	研究成果的政策性转化
学生发展模式有待突破	重，相互衔接，内在统一，构建成完整的义务教育质量评价体系。"学生发展质量评价。主要包括学生身心发展、学业发展、劳动与社会实践、审美素养、品德发展五个方面重点内容，旨在促进学生德智体美劳全面发展，培养适应终身发展和社会发展需要的正确价值观、必备品格和关键能力。"	心理问题多（26.49%），厌学（26.02%），有不良的价值倾向（24.23%），沉迷网络（22.05%）。学生实践活动重视不够，学生学业负担依然较重。教师认为各类学生评价比较重视而比较轻视劳动、审美实验、劳动教育、社会实践等的重视度不够，有近20%的教师认为没有得到重视。在调查学生课业负担成因时，结果表明"功利性教育评价"占比超过50%，"教育评价方式不当"占比近40%，"家长布置的辅导作业多"占比近40%，而"家长布置的额外学习任务多"也占比近30%。从个别化教学情况看，根据每一名学生的个性化教学，尚有很大的努力空间。在统计校长（副校长）们认为校内均衡各类学生全	会。但是，这些家庭的儿童都各有各自特殊的情况，例如，有些外来务工人员子女来自边远省份，当地教学水平与流动地区严重脱节，同时家庭环境差异很大，但学校缺乏这样的个别化教学制度。	二是构建"五育"并举课程体系。坚持"五育"并举和全面育人导向，高质量实施国家课程，高品质开发校本课程，加强课程的综合性，构建高质量学校课程体系，切实促进学生人的全面发展。三是建立健全学生素质档案制度。关注学生素养的发展是教育教学质量最根本的落脚点。必须加强档案建设和使用，客观反映学生德、智、体、美、劳全面发展体系水平及变化情况。四是合理推进家长协同开展家访活动、家长座谈会、学习交流会等，邀请有需求的家长切实参与教育讨论，在合理融合感性的碰撞中帮助家长敞开心扉，直面	探索学校参与的课后服务新模式，营造宽松的成长环境，切实减轻学生课外学习负担。2021年，海安市委、市政府《关于加快建设海安市科技教育强市的意见》指出："不断丰富中小学科技创新实践活动，鼓励学生运用多学科知识，开展创造性劳动。完善政府、学校、家庭、社会相结合的多元投入机制，建立系列化实践基地体系，推动全市中小学研学旅行深入开展。"《南通教育现代化2035规划》指出：完善义务教育质量保障体系，实施义务教育质量提升工程，不断优化课堂教学质量，提高教育教学质量。保障工作人员子女随迁子女接受义务教育，完善留守儿童关爱服务体系。

续表

问题点 (战略重点的研究方向)	参考值 (高质量发展的国家意志)	南通、镇江、宿迁数据 (综合数据的研判阐释)	症结探析 (实事求是、刨根问底)	政策建议 (问题解决的策略、路径)	研究成果的政策性转化
学生发展模式亟待突破	—	部入学,均衡分班,个性化社团课程,个别化教学等方面存在差距来看,校内均衡情况好,各类学生全部入学,均衡比例近100%,相比较而言,学生的个别化教学难度高,所以校长(副校长)们的认同比例略低,个别化教学占比为3.13%,对残障儿童科学实施较差占比为3.36%。	—	教育焦虑,明确教育焦虑的来源,并在批评性反思中理解、认同,内化,践行合理的教育价值观。五是研制特殊家庭儿童的关照政策。为特殊家庭儿童的个别化教学提供经费支持,用于个别化教学的人员津贴、课程开发、教学实施等,经费的发放与学校特殊家庭儿童教学评价挂钩。	—

续表

问题点（战略重点的研究方向）	参考值（高质量发展的国家意志）	南通、镇江、宿迁数据（综合数据的研判阐释）	症结探析（实事求是，刨根问底）	政策建议（问题解决的策略、路径）	研究成果的政策性转化
资源配置制度亟待优化	国务院《关于统筹推进县域内城乡义务教育一体化改革发展的若干意见》指出："各地要依据义务教育学校教职工编制标准，按照中央有关要求，合理核定义务教育学校教职工编制。"教育部、国家发展改革委员会、财政部《关于推动义务教育薄弱环节改善与能力提升工作的意见》指出："要根据义务教育事业发展区域内的办学条件和财力状况，优化完善基本办学条件，新建、改扩建必要的城镇学校，满足城镇学生入学需求，避免产生新的大班额现象。"国务院办公厅《关于进一步调整优化结构提高教育经费使用效益的意见》指出："科学规划教育事业发展规划。各地要加强财政支出中期规划与教育事业发展规划的统筹衔接。"	从师资办学条件的调查结果来看，目前苏南、苏中、苏北对区域教师的数量配置、年龄结构、校际办学条件的不均衡配置有一定程度的不认同。从整体来看，校长（副校长）们选择当地学校教师年龄结构合理性与生师比不够均衡的占比近40%，说明区域教师数量配置不合理现象结构化程度比较严重；比较三地情况，教师素质、教师待遇均呈现出镇江、南通、宿迁依次递减的趋势。三地校长（副校长）们表示，大班额与小微学校并存，造成校际办学资源严重不均衡。比较三地校长们的情况，镇江市的办学条件均优于南通和宿迁，而南通整体不如镇江与宿迁。从经费调查结果来看，校长（副校长）们认	目前教育资源的配置问题主要体现为学校布局调整和资源调配与教育实际需求之间的矛盾。进一步追问，一方面，因为学校布局的调整相对滞后，造成大校额、大班级与小微学校并存，另一方面，教育资源配置困难；不断发展的形势与我们所缺乏的创新，学校维护所需要的资金、校际之间会受到各种因素的影响而产生一定的差距。	建立教育布局预警研判与教育资源调整合理用机制。教育行政部门要建立机制，按照相关教育布局反馈机制，按照相关教育布局反馈与学校实际需求的调研，做好学校布局规划调整，提前做好学校布局规划调整的趋势变化的研判工作，及时做好规划调整，落实工作。面对乡村办学多为小微学校的问题，需要建立以镇为单位的集团化办学体制，实行区镇统一体化管理，资源一体化调配，成果一体化共享。针对学校管理集团化的趋势，我们认为，集团化办学模式最重要的是资源配置问题，师资配置之问题。对学校教师资源配置的结构性矛盾，针对学校师资队伍建设多渠道预警机制，分步骤多道多应对建立的结构的问题，其中突出的是德立法治、科学、体育等学科，省域范围内师范院	2021年，海安市委、市政府《关于加快建设教育强市的意见》指出："全方位推进集团化办学。积极创新办学体制和管理机制，全方位推动基础教育集团化办学，推进集团化办学模式，多样化、集约化、集团化城区依托优质校，实行全方位大集团化办学模式，进一步扩大优质教育资源的辐射作用。大力推行区集团化镇村集团共同总校，实现集团效益。巩固深化集团化办学模式。集团化镇区总校，大集团镇村集团为单位，统筹资源、业务管理、人事管理、业务管理，统筹人才培养，促进区域办学规模、质量提升。"完善编制管理办法，实施教师岗位设置区域统筹，实行岗位职称评聘改革，严格聘后管理。健全中小学教师定期注册制度，将注册不合格人员坚

170

续表

问题点 (战略重点的研究方向)	参考值 (高质量发展的国家意志)	南通、镇江、宿迁数据 (综合数据的研判阐释)	症结探析 (实事求是、刨根问底)	政策建议 (问题解决的策略、路径)	研究成果的政策性转化
资源配置制度亟待优化	财政规划要充分考虑教育经费需求。教育事业发展规划要合理确定阶段性目标和任务,及时调整教育发展阶段,不可持续违背教育规律、违背国家意志的政策。	为,除公用经费有比较稳定和均衡的保障之外,均衡维护经费、建设经费,校长(副校长)们的均衡认同度情况,镇江市比较三地情况稍低一些。经费均衡情况较好,南通均衡维护经费均衡建设与维护经费均衡度最低。	—	校应统筹落实专科与全科相结合的教师培养体系。针对教育师资需求与编制落实之间的矛盾,认真落实国家教育优先发展战略,精准测算各类教师编制和配套职工编制,有规划、有计划、有步骤地落实教职工编制。针对教师队伍的城乡失调问题,建立县域教师统筹机制,明确落实统筹工作的日常工作机构和工作流程,明确相关的责任考核挂钩办法,明确考核结果的公示制度。 依法落实义务教育财政投入。	决退出教学岗位。" 2019年,海安市政府办公室《关于印发创建"全国(省)义务教育优质均衡发展县(市、区)"实施方案的通知》第六条指出:"依法落实义务教育财政投入。""完善城乡一体化的义务教育发展机制,经费投入向农村义务教育学校、规模较小学校(含随班就读)、寄宿制学校倾斜,确保农村学校经费投入增幅总体高于城区学校公费投入增幅。"

171

续表

问题点（战略重点的研究方向）	参考值（高质量发展的国家意志）	南通、镇江、宿迁数据（综合数据的研判阐释）	症结探析（实事求是，刨根问底）	政策建议（问题解决的策略、路径）	研究成果的政策性转化
教育内部管理制度亟待完善	中共中央、国务院印发《深化新时代教育评价改革总体方案》指出："突出教育教学实绩。把认真履行教育教学职责作为评价教师的基本要求，引导教师上好每一节课、关爱每一个学生。幼儿园教师把游戏和一日生活作为评价的重要内容。探索建立中小学教师教学述评制度，每学期对每个任课教师进行学生述评，述评情况纳入教师考核内容。完善中小学教师绩效工资分配办法，向教学一线和教育教学实绩突出的教师倾斜。健全'双师型'教师认定、聘用、考核等评价标准，突出实践技能水平和专业教学能力。规范高校教师聘用和职称评聘条件设置，不得将国（境）外学习经历作为限制性条件。"	教师对教师评价制度认同度不高。有10%左右的教师认为当前的教师评价制度无效或有负面效果，而且目前评价的指标明显走偏，更多关注的是教师的师德水平(66.90%)，其次是学科素养(59.09%)，但对体现教师工作过程与成效的承担工作量(18.57%)，学生的发展(13.67%)，家长与学生的满意程度(10.07%)等指标重视程度不够。教师对当前的学业监测制度的认同度低。从教学监测的角度来看，学业监测的作用主要发挥在压实教师的教学责任(72.74%)，促进教师优化自身的教学(63.10%)，对优化学校的教学管理(12.86%)，促进教学研究(33.42%)，以及为行政决策提供参考(13.73%)的作用有限。值得注意的是，认为学业质量监测效果为负面作用的占有相当的比例。	现行教师评价存在评价固化、评价主体单一，评价方法单调等问题，更多关注静态的标准和显性的成绩，无法关注教师教育过程性、动态性及创新性的隐形教育成果。国家和省、市已经建立义务教育学业质量监测制度，通过问卷和笔试的形式对各县(市、区)义务教育学业水平与教学过程进行监测，但是以书面报告反馈一般是监测结束后一年多，时间滞后，监测结果缺乏科学分析和应用途径，所以对实际教育教学工作的指导与促进作用不大。	第一，制定科学的教师评价与职称荣誉评聘制度。教师管理的关键是校管理，教师评价助长了教师评价的功利性价值追求，迫切需要建立基于教师工作积分的评价制度。首先，新的制度要建立合理的结构，把教师教育的结构，个人素养，区域贡献，学术成绩等因素，根据不同发展阶段的教师的发展特征确定合适的结构比例。其次，认真研究，提取能够体现教育实绩、个人素养、区域贡献、学术成绩等因素的过程性表现指标，并及时形成教师专业发展档案。最后，根据教师专业发展积分，赋予所有教师发展积分，所以基础上，针对教师职称、结合具体门槛问题，进行科学研判和优化制度。在门槛问题，结合具体门槛问题，运用在此基础上，针对教师职称问题，结合具体门槛问题，运用化制度。在门槛问题，进行科学研判和优化制度。	2019年，海安市政府发布《关于印发县(省)义务教育优质均衡发展县(市、区)实施方案的通知》第五条指出："优化绩效考核办法，根据分类考核，做到多劳多得、优绩优酬。进一步提高课时工作量在绩效工资分配中的权重，重点向一线教师、骨干教师、班主任倾斜，班主任工作按技能等绩效岗位不同特点实施教学、管理、工勤技能等岗位分类考核，做到多劳多得、优绩优酬。进一步提高课时工作量在绩效工资分配中的权重，重点向一线教师、骨干教师、班主任倾斜，班主任工作量按本地教师标准课时工作量的一半计算。"

续表

问题点 (战略重点的研究方向)	参考值 (高质量发展的国家意志)	南通、镇江、宿迁数据 (综合数据的研判阐释)	症结探析 (实事求是、刨根问底)	政策建议 (问题解决的策略、路径)	研究成果的政策性转化
教育内部管理制度亟待完善	把参与教研活动、编写教材、案例，指导学生毕业设计、就业、创新创业，社会实践、社团活动、竞赛展演等计人工作量。"2022 年 4 月，教育部等八部门《关于印发〈新时代基础教育强师计划〉的通知》指出："政策保障。各地要满腔热忱关心教师、完善教师评价制度和标准，制定出台当地教师激励支持政策，推进中小学教师减负，在全社会营造尊师重教的良好风尚。要将依法规范实教师待遇保障作为底线要求，支持服务教师专业发展和终身成长，确保各项政策措施全面落实到位、真正取得实效。"中共中央、国务院《关于深化教育教学改革全面提高义务教育质量的意见》"健全质量评价体系。建立以发展素质教育为导向的科学评价体系，国家制定县域义务教育质量、学校办学质量、学生发展质量评价标准。	不明显或存在负面效应的教师合计占比超过 15%。从学业质量监测的角度来看，学业质量监测对提升学生考试成绩（58.36%）与减轻学生课业负担（54.36%）、增强学生体质（47.76%）、引领学生阅读（36.28%）同样值得注意的是，认为学业质量监测效果不明显或存在负面效应的教师合计占比超过 15%。教师对网络教学、办公、管理平台与资源保持低认同度评价，网络教学（19.35%）、评价（22.47%），办公（21.31%）管理平台与资源（22.02%）的低认同教师占比都在 20% 左右。	—	上，建立基层学校与行政部门共同参与的指标体系；在结构问题上，根据有利于事业发展指标的原则设置各级职称指标，真正落实国家、省的各类指导性要求（如教科研人员的指标结构等）；在运用问题上，打破职称的终身制，工作岗位、工作绩与实际工作挂钩，落实待遇。 第二，优化中小学学业质量监测体系。目前，国家和省、市已经建立义务教育学业质量监测制度，监测结果缺乏科学的分析和应用途径，所以对实际教育教学工作的指导促进作用不大。为了切实将国家教育目的与需求落实到省、市义务教育学	—

173

续表

问题点（战略重点的研究方向）	参考值（高质量发展的国家意志）	南通、镇江、宿迁数据（综合数据的研判阐释）	症结探析（实事求是、刨根问底）	政策建议（问题解决的策略、路径）	研究成果的政策性转化
教育内部管理制度亟待完善	县域教育质量评价突出考查地方党委和政府对教育教学改革、条件保障和价值导向，组织领导等。学校办学质量评价突出考查学校坚持全面培养，提高学生综合素质以及办学行为，队伍建设，学业负担，社会满意度等。学生发展质量评价突出考查学业发展、兴趣特长和身心健康，坚持和完善国家义务教育质量监测制度，强化过程性和发展性评价，建立监测平台，定期发布监测报告。"	—	—	业质量监测制度。一是取消设区市义务教育学业质量监测，整合国家学业质量与省义务教育学业质量监测，一次监测分国家级抽样和省级抽样两个层面实施，避免基层学校疲于应付。二是采取分县（市、区）现场反馈与书面反馈相结合的模式，现场反馈应由政府教育行政部门组织，监测专家参与，督导发挥监测对实践的指导作用。三是整改落实机制，重点在落在基于常模的县（市、区）的主要问题和发展建议上。为了促进学校教育教学行为的改变，打通国家的"最后一公里"，我们建议建立县级学业质量监测制度。目前，各县（市、区）也在进行学业质量监测，倡说到底就是不同形式的书面统

174

第四章 研究报告：
基于数据的江苏基础教育高质量发展战略性与政策性探析

续表

问题点 （战略重点的研究方向）	参考值 （高质量发展的国家意志）	南通、镇江、宿迁数据 （综合数据的研判阐释）	症结探析 （实事求是，刨根问底）	政策建议 （问题解决的策略、路径）	研究成果的政策性转化
教育内部管理制度亟待完善	—	—	—	考，在国家"双减"政策实施之后，义务教育阶段对各学校的学业质量监测就是一块空白。所以，教育行政部门应加强县（市、区）教育评价人才的培养与培训，依托教师发展中心，建立义务教育学业质量监测中心，借鉴国家和省学业质量监测的模式，建立县级学业质量监测制度。	—

175

续表

问题点（战略重点的研究方向）	参考值（高质量发展的国家意志）	南通、镇江、宿迁数据（综合数据的研判阐释）	症结探析（实事求是，刨根问底）	政策建议（问题解决的策略、路径）	研究成果的政策性转化
教育生态治理制度亟待出台	教育部人部门《关于进一步激发中小学办学活力的若干意见》指出：围绕问题导向，"坚持问题导向，学校管得过严、干扰太多，激励不够不足等突出问题，着力破解体制机制约束和影响中小学办学活力的困难和问题。""坚持放管结合。明晰政府、学校权责边界，处理好政府办学主体责任和学校办学主体地位之间的关系，做到放权到位、监管到位。精简规范校园'进校园'专题教育活动，严格规范各类'进校园'专题教育活动，有效排除对学校正常教育教学工作的干扰。"教育部《关于加强家庭教育工作的指导意见》指出："强化学校家庭教育工作指导。各地教育行政部门要切实加强对区域内中小学幼儿园家庭教育工作的指导，推动形成政府主导，部门协作，学校组织，社会支持的	学校的办学自主权不断受到挤压。政府与学校权责不清，政府官员对学校的干扰情况比较严重，认同同一事项的校长（副校长）超过50%，认同政府与学校权责不清的校长（副校长）超过30%。50%以上存在干扰教育教学的检查评估（评比、展示、演出等）等情况，30%左右的校长（副校长）认为存在学校被迫抽调人员参加非教育教学事务的情况。在学校协同社区情况方面调查了校长（副校长）们从意识、组织、服务，频率四个方面，校长（副校长）们认同"完全满足"的约占40%，认同"勉强维持"的约占50%。校长（副校长），家长委员会、家长会作用认同度较高，分别	政府部门与学校职责不清。社区与学校协同育人的重视，缺乏专门机构，社区与学校的组织机构，社区与学校共建没有形成，就是点状的社区教育参与，频率也不高。家校共育层面的开展在基础上、通过重要事务，家长开放日等。	第一，厘清政府部门与学校的权责关系，整合不同部门的相似职能，出台政府部门与学校职责清单，把充分尊重学校自主权的法人地位与学校办学自主权落实到处。特别是严禁随意从事学校抽调、占用人员，统筹推进校园的非教育性事务、统筹各类报表平台，合并各类重复性的资料、表格填报，切实解决非教育性事务严重影响办学质量的问题。第二，社区教育委员会牵头建立社区教育委员会机构。由社区管理学校内企业、事业单位、学校社区，以及社会能人士参与，讨论制定工作章程，形成社区与学校协同育人的工作机制。第三，在原有学校共育的基础上，统筹妇联、民政局等主导，学校家庭社会协同育人等	2019年，海安市政府办公室《关于印发创建"全国义务教育优质均衡发展县（市、区）"实施方案的通知》指出："着力推进义务教育学校标准化建设。实施义务教育学校标准化建设工程。按照省定办学标准，对新建的学校，按照省定标准设计建设。对现有学校，在全面核查的基础上，逐一建立一校一策、台账，坚持一校一策，通过薄弱学校改造工程，不断改善薄弱学校办学条件，进一步缩小校际差距。健全义务教育现代化监测制度，动态掌握每一所义务教育学校的基础办学条件，校园建设、教育装备、教师队伍，教育教学状态信息，及时分析，补齐短板。"

176

续表

问题点（战略重点的研究方向）	参考值（高质量发展的国家意志）	南通、镇江、宿迁数据（综合数据的研判阐释）	症结探析（实事求是 刨根问底）	政策建议（问题解决的策略、路径）	研究成果的政策性转化
教育生态治理制度亟待出台	家庭教育工作格局。中小学幼儿园要建立健全家庭教育工作机制，统筹家长委员会、家长学校、家长会、家访、家长开放日、家长接待日等各种家校沟通渠道，逐步建成以学校管理的校长、中小学德育主任、幼儿园班主任、德育老师为主体，专家学者和优秀家长共同参与，专兼职相结合的家庭教育骨干力量。将家庭教育工作纳入教育行政干部和中小学校长培训内容，加强家庭教育立法，强化监护主体责任。社区家长学校建设点、家长指导服务站点建设，为家长提供公益性家庭教育指导服务。充分发挥家校主导作用，密切家校联系。"中共中央、国务院《关于深化教育教学改革全面提高义务教育质量的意见》指出："重视家庭教育。加快家庭教育立法，强化监护主体责任。"	为61.06%和58.01%。其次是家访（43.31%），家长开放日（33.77%），目前比较普遍的网络班级群，家长代表评议学校和家长教育志愿者等活动，家长教育认同度比较低，均不足30%。其中，家长教育课程认同度只有7.42%。	—	教育局、社区、老干部局等机构的力量，建立县级家庭教育委员会，统筹进行各级家长教育工作，建立各级各类家长学校，开发家长教育课程，在结婚、生育及孩子入学、升学等关键节点进行家长强迫教育，不断优化家庭教育环境和家校协作共育。	—

177

续表

问题点 (战略重点的研究方向)	参考值 (高质量发展的国家意志)	南通、镇江、宿迁数据 (综合数据的研判阐释)	症结探析 (实事求是、刨根问底)	政策建议 (问题解决的策略、路径)	研究成果的政策性转化
	家长要树立科学育儿观念,切实履行家庭教育职责,加强与孩子沟通交流,培养孩子的好思想、好品行、好习惯,理性帮助孩子确定成长目标,克服盲目攀比,防止增加孩子过重课外负担。"	—	—	—	—
教育生态治理制度亟待出台					

第三节 初中教育高质量发展的战略重点与策略路径

2022年1月，我们借助网络在南通市开展了问卷调查。调查对象为初中一线教师、初中校长（副校长）、教科研人员和教育行政管理人员。收回有效问卷10 063份（总样本10 078份，其中，无效问卷15份），其中，县（市、区）城区参与人数占34.30%，南通市区5.14%，乡镇60.56%；初中一线教师占92.48%，初中校长（副校长）占4.07%，教科研人员占0.78%，教育行政管理人员占2.67%。调查显示，大家对南通初中教育公平、课程改革和学生发展现状的满意度较高，但也存在不少问题。

一、存在问题

针对各类调查对象设计的问题约有20个，有的问题有不同的子选项。通过对数据的研读分析，我们选择了能影响初中教育发展的关键性问题，主要有以下四个方面。

（一）教育均衡还不够全面、优质

1. 城乡办学条件还有差距

本校与其他学校相比，31.70%的校长（副校长）认为信息技术装备"差距很大或较大"，17.80%的校长（副校长）认为"没有差距"；37.56%的校长（副校长）认为专用教室及装备"差距很大或较大"，16.10%的校长（副校长）认为"没有差距"；29.51%的校长（副校长）认为生均占地面积"差距很大或较大"，20.73%的校长（副校长）认为"没有差距"；31.22%的校长（副校长）认为生均活动面积"差距很大或较大"，20.24%的校长（副校长）认为"没有差距"（表4-32）。30%左右的教师也认为以上四个方面"差距很大或较大"，20%左右的教师认为"没有差距"。

表 4-32 初中校长（副校长）对校际办学条件的判断

项目	不清楚	差距很大	差距较大	差距很小	没有差距
信息技术装备	1.71%	7.80%	23.90%	48.78%	17.80%
专用教室及装备	1.95%	9.02%	28.54%	44.39%	16.10%
生均占地面积	3.17%	8.78%	20.73%	46.59%	20.73%
生均活动面积	2.68%	9.76%	21.46%	45.85%	20.24%

2. 还存在大班额、大学校现象

本校与其他学校相比，32.84%的教师认为班额"差距很大或较大"，17.03%的教师认为"没有差距"；35.91%的教师认为校额"差距很大或较大"，15.70%的教师认为"没有差距"（图4-23）。

52.19%的校长（副校长）认为本地区"少数"学校规模过大，10.73%的校长（副校长）认为"很多"学校规模过大，34.88%的校长（副校长）认为"没有"规模过大学校；51.71%的校长（副校长）认为"少数"学校班额过大，10.49%的校长（副校长）认为"很多"学校班额过大，34.39%的校长（副校长）认为"没有"学校班额过大；44.15%的校长（副校长）认为"少数"学校班额过小，3.41%的校长（副校长）认为

"很多"学校班额过小，46.10%的校长（副校长）认为"没有"学校班额过小（图4-24）。

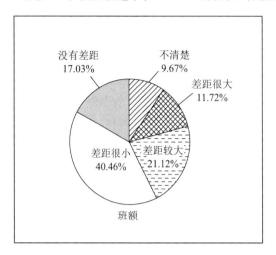 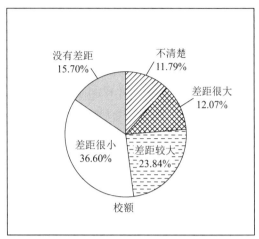

图 4-23 初中教师对校际班额和校额的判断

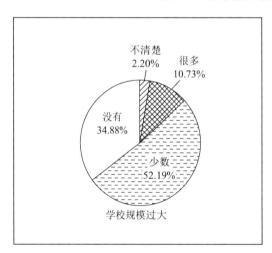 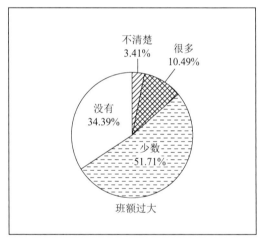

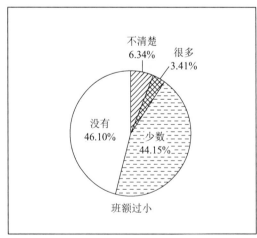

图 4-24 初中校长（副校长）对校际学校规模和班额的判断

3. 城乡教师队伍差距较大

37.92%的教育行政管理人员认为本地校际教师素质"差距很大"或"差距较大";42.38%的教育行政管理人员认为校际生师比"差距很大"或"差距较大";34.57%的教育行政管理人员认为校际教师学科结构合理性"差距很大"或"差距较大";51.67%的教育行政管理人员认为校际教师年龄结构合理性"差距很大"或"差距较大",农村初中教师年龄结构大多不合理;40.52%的教育行政管理人员认为校际教师待遇"差距很大"或"差距较大"(表4-33)。教科研人员的问卷数据与教育行政管理人员基本一致。

表4-33 教育行政管理人员对校际教师队伍差异的判断

项目	不清楚	差距很大	差距较大	差距很小	没有差距
教师素质	2.23%	8.92%	29.00%	50.93%	8.92%
生师比	1.49%	10.78%	31.60%	46.10%	10.04%
学科结构合理性	1.86%	9.29%	25.28%	53.53%	10.04%
年龄结构合理性	1.86%	14.50%	37.17%	38.29%	8.18%
教师待遇	1.86%	13.38%	27.14%	46.84%	10.78%

(二)课程改革还不能满足发展需要

1. 学生素质发展状况不佳

在对所在地区初中学生发展的主要问题的调研中,被教科研人员排在前5位的问题是:近视率高(94.87%),睡眠时间偏少(74.36%),实践能力较差(58.97%),厌学(学习被动)(57.69%),肥胖率增高(50.00%);被教师排在前5位的问题是:近视率高(79.64%),厌学(学习被动)(72.15%),责任心不强(55.51%),实践能力较差(49.65%),睡眠时间偏少(47.74%);被校长(副校长)排在前5位的问题是:近视率高(80.98%),厌学(学习被动)(72.68%),心理健康问题增多(67.32%),实践能力较差(59.76%),责任心不强(45.85%)。调查显示,初中生整体素质发展不佳,近视率高,学习主动性低下,实践能力不足。

2. 课程不能完全满足学生需要

31.61%的教师认为课程改革"效果不明显""没有效果""负面效果"(综合为"不够好",下同),30.00%的教师认为课堂改革"不够好",34.47%的教师认为作业改革"不够好",34.55%的教师认为评价改革"不够好"(图4-25),大约三成的教师对课程改革不持正面态度。教科研人员对"初中教育教学改革的主要问题"排在前5位的问题是:只注重升学,少关注育人(52.56%);教育视野狭窄,学生生活封闭单调(50.00%);停留在理念上,缺少实际行动(33.33%);教师创生和实施课程能力不强(30.77%);校本课程开发低水平,不能满足学生需求(29.49%)。教育行政管理人员对这个问题的看法与教科研人员完全一致,只是人数占比略有出入。

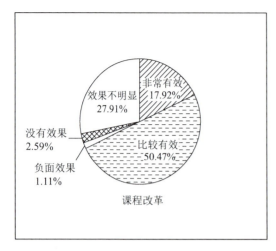
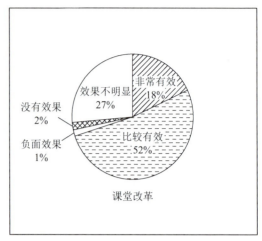
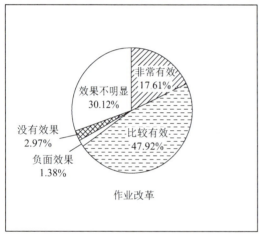
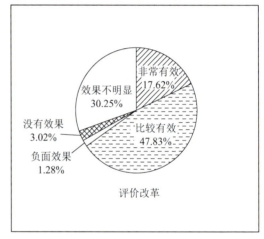

图 4-25　初中教师对课程改革效果的判断

3. 学习及评价落后于时代发展的要求

79.68%的教师认为学校对学生的最主要的评价方式为"考试成绩评价"，75.59%的教师认为"学生成长记录"也是主要评价方式；87.73%的教育行政管理人员认为"考试成绩评价"是对学生最主要的评价方式，其次是"学生成长记录"（80.30%），可见"唯分数"现象在初中教育中是客观现实。至于评价主体，88.46%的教科研人员和 92.94%的教育行政管理人员认为教师是第一评价主体。至于运用新技术对学生学业发展进行过程性评价尝试的初中几乎不存在。评价方式的落后让学生发展的内生力几乎丧失。

（三）教师发展还缺乏内在发展力

1. 评价激励机制不能高效激发内驱力

对"职称评审"，48.16%的教师持积极评价态度（包括"非常有效""比较有效"，下同），51.84%的教师不持积极评价态度（包括"基本无效""不够有效""一般"，下同）；对"绩效考核"，49.84%的教师持积极评价态度，50.16%的教师不持积极评价态度；对"专业称号评选"，50.08%的教师持积极评价态度，49.92%的教师不持积极评价态度；对"行政表彰奖励"，50.89%的教师持积极评价态度，49.11%的教师不持积极评价态度（图4-26）。55.36%的教师对"职称评聘标准"不持积极评价态度（包括"无所谓""很不合理""一般"，下同）。57.70%的教师对"职称层级指标结构"不持积极评价态度。关于"工资待遇"，35.56%的教师持满意态度（包括"合理""较合理"，下同），64.44%的教师持不满意态度（包括"无所谓""很不合理""一般"，下同）；27.32%的校长（副校长）持满意态度，72.68%的校长（副校长）持不满意态度（图4-27）。

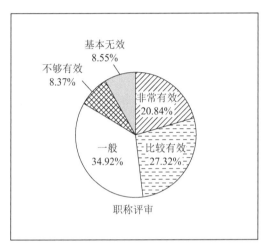
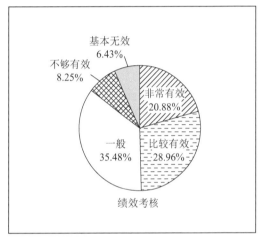
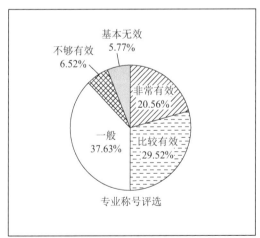
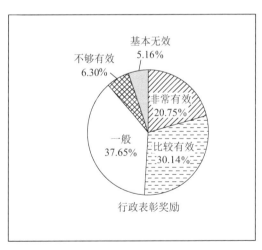

图 4-26　初中教师对教师评价激励机制的态度

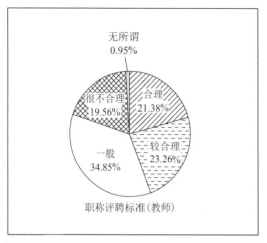
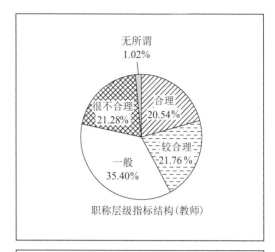
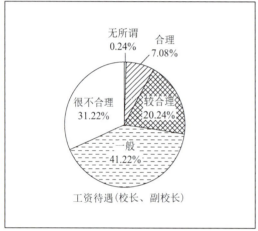
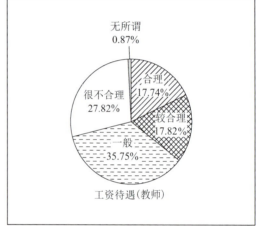

图 4-27 初中教师、校长（副校长）对职称制度和待遇的评价

2. 教师研修管理制度低效

25%左右的教师认为集体备课、各类教科研活动、课题活动的效果"一般""较差""无效"；对名师工作室、乡村骨干教师培育站等活动，超过30%的教师不持积极评价态度。教师在回答"对自己帮助最大的研修方式是什么"时，居于前6位的研修方式是：观摩名师、优课教学现场或录像（74.76%），同事相互听课（说课）评课（70.83%），集体备课（70.29%），请专家听课、指导（50.57%），学习课堂实录、教学案例（48.51%），同事的教学与学习心得交流（29.12%）。教科研人员对此问题的回答与教师基本一致，只是第6位的换成了"撰写读书笔记或教学反思笔记（35.90%）"。可见，当前教师研修侧重关注如何上好课，而学习研究、新技术运用、研修制度系统构建则不被大家关注。

（四）教育治理体系还不够现代化

1. 学校办学自主权无法真正落实

针对校长（副校长）调查关于学校受干扰的情况有：干扰教育教学的检查评估（58.54%）；同一事项的多头管理（53.90%）；干扰教育教学的评比、展示、演出等

（52.44%）；教师系统外临时抽调（30.48%）；教师长期系统外借用（27.56%）；收缴医保、参与动迁、招商引资等非教育事务（26.83%）（表4-34）。针对教师的相关调查，结果基本一致。学校发展内生力在这些外在强制的干扰中被严重抑制了。

表4-34 初中校长（副校长）认为的对学校办学的干扰情况

项目	有	偶尔有	不清楚	没有
教师长期系统外借用	7.07%	20.49%	7.32%	65.12%
教师系统外临时抽调	4.63%	25.85%	7.07%	62.44%
收缴医保、参与动迁、招商引资等非教育事务	7.56%	19.27%	8.29%	64.88%
同一事项的多头管理	19.27%	34.63%	6.34%	39.76%
干扰教育教学的检查评估	22.20%	36.34%	4.63%	36.83%
干扰教育教学的评比、展示、演出等	17.56%	34.88%	4.15%	43.41%

2. 学校民主治理没有得到真正落实

调查校长（副校长），初中学校民主决策机构有：教职工代表大会（98.05%），党支部（86.83%），行政组（82.20%），内部监督委员会（79.51%），家长委员会（76.83%），学生委员会（34.15%），学术委员会（11.22%），学校董事（理事）会（7.56%），其他（4.15%）。近三分之二的初中没有学生委员会，学术委员会和学校董事（理事）会拥有率低，教师和社会参与学校管理的占比很小。至于这些机构是否有完善的运行机制、是否真正发挥了作用，还需要进一步调研。从个别了解到的情况来看，学校民主治理的主体缺失较多，学校发展内生力不足，学校治理现代化任重道远。

二、原因分析

1. 促进教育公平政策的精准性不够

近年来，国家和省、市出台了不少促进初中教育均衡发展的政策，这些政策对促进各地教育优质均衡发展的原则性有余、精准性不够，还不能从源头上解决教育公平的瓶颈性问题。比如，城乡教师队伍问题，政策建议的交流、挂职、顶岗等表面举措，并不能从根本上解决农村教师"留得住、教得好"的问题。地方政府从经济发展角度出发，利用政策推动人员向城市集聚时，不能关注乡村教育资源的优化，造成了初中教育"城市挤、农村弱"的局面。

2. 课程改革推进机制的服务性缺失

20年来，我国初中课程改革基本是自上而下的改革，是基于组织推进的改革，但初中学生作为课程改革的被服务者几乎没有发言权。课程内容是不是他们需要的？实施方式是不是他们喜欢的？学习评价是否能促进他们的发展？对于这些关键问题，课程改革者似乎不太关心。这严重削弱了初中生的自我发展意识和动力。课程改革服务性的缺失导致了初中学生综合素质发展不佳，调查显示，当前初中生近视率竟然达85%左右，导致了课程不能满足学生需求、教学方式落后于时代发展要求、教育评价远远落后于学生需求。

3. 促进教师发展政策的激励性不够

近年来，国家相继出台了关于教师队伍建设的重要政策，涉及全面改革、师德师风、乡村教师、教科研，对教师专业发展起到了积极的引领作用。但是，当前相关政策的激励性还不够，还不能真正将教师作为一个独立的责任主体来看待，因此，教师在发展过程中"被发展""被研修""被考核"的情况还比较普遍。没有教师自主发展、自主评价的研修制度和评价考核是低效的。教育政策不是一种高高在上的权威，而是一种促进教师发展的持续改进的服务制度，必须充分激发教师发展的内驱力。

4. 教育治理体系制度的开放性缺失

尽管国家出台了营造良好教育教学环境和激发中小学办学活力的意见，但是教育治理现代化任重道远。教育生态系统保持活力的前提是每个子系统之间保持开放性。开放性意味着每种教育主体都公平参与了教育治理过程，都真正奉献了治理智慧。当前，初中教育治理制度的开放性基本缺失，导致了政府与学校职权不清，政府管得过多、过死，教育负担重；导致了学校重要治理主体的缺位，初中生基本不能参与学校管理，家长也只是形式上参与，社会参与还没有开始行动。

三、政策建议

基于对初中教育调研发现的主要问题和原因分析，我们发现，除教育优质均衡发展的基本保障问题之外，其他三个方面的问题均直接指向或导致了初中教育发展内生力的缺乏。这些发展内生力包括初中学生发展内生力、教师发展内生力和初中教育系统内生力。我们试图以新发展理念为指导，运用系统思维和项目思维，从政策的源头上探寻解决初中教育发展的内生力问题，促进初中教育高质量发展，特此提出如下政策建议。

1. 建立教育精准服务机制，促进教育优质、均衡发展

初中教育精准服务机制包含服务学校、服务学生、服务教师三个方面。建立城乡初中精准服务机制，让每所初中得到其迫切需要的服务，最终实现城乡初中优质、均衡发展。教育精准服务机制必须与地方经济社会发展战略、乡村振兴战略相融合。建议建立精准服务学校的四项机制。一是建立新型基础设施建设机制。以新发展理念为引领，以高质量发展为目标，以信息化为主导，建设数字化、智能化新型基础设施体系，将每所初中建设成新型学习中心。二是建立教育设施后续服务机制。建立区域统筹、城乡一体化的教育设施后续动态服务机制，让每所初中的教育设施使用好、维护好、流转好，充分发挥教育设施的作用。三是建立初中教育共同发展机制。建立政府牵头、学校自主参与的城乡联动的初中教育发展共同体，积极探索城乡初中共同发展的创新举措，提高每所初中的办学质量。四是建立初中教师应急储备机制。建立优秀退休教师、社会兼职教师人才库，采用政府购买服务，充实农村初中教师队伍，促进城乡初中教师队伍优质、均衡的发展。

2. 优化课程改革推进机制，促进学生全面发展

建立基于学生需要的课程改革推进机制，让课程改革理念和方案转换为高效的初中课程服务，促进每个学生的自主发展、全面发展和个性发展。具体而言，课程改革推进机制应包含以下四个方面的工作机制。一是建立基于融合的课程开发机制。建立区域课程融合开发领导小组，提出课程融合开发指南和标准，引导学校基于自身特点开发、建立融合国家课程、地方课程和校本课程的灵活动态的课程体系，改变初中课程零散、低

效的现状,切实减轻学生的课业负担,保障学生的身心健康。二是建立基于选择的课程实施机制。打破以往初中课程机械实施的程式,建立具有学校特色的课程实施机制,课程体系清晰、内容丰富,学生能够自主选择自我需要的拓展课程。三是建立基于共享的学习中心机制。以开放融合为追求,将课程建设实施与学习中心相结合,引导各初中将学校建成各具特色的开放、共享的各类学习中心,初步实现学习方式的智能升级。四是建立基于创新的多元评价机制。运用新理念、新技术,创新教育评价方式,建立多元化、立体式初中教育评价机制。建立有学生、教师、家长和社会参与的学生日常学习过程动态评价机制,完善初中教育质量监测机制。改革高考、中考评价方式,增加选择性,强化发展性,破除"唯分数""唯升学"的桎梏。

3. 完善教师发展激励制度,促进教师自主发展

没有教师的自主发展,就没有教师的全面发展。改革创新现有教师管理及评价制度,以充分激发教师发展的内生力,实现教师的自主发展、自我超越和幸福成长。一是建立基于自主的、高效的教师研修制度。建立上下贯通、上宏观下微观、层次清晰的教师研修机制,制定教师研修工作标准与指南,实行教师研修学分银行制度,实现教师自愿自主的研修发展。二是建立基于合作的动态灵活的职称评聘制度。建立与岗位相对应、与实绩相匹配的动态灵活的职称评审制度,探索基于团队合作的职称岗位聘任机制,破除"唯论文""唯学历"的桎梏,根除职称评聘与岗位分离、与工作实绩脱节现象。三是建立基于实绩的、完整的教师荣誉制度。建立上下贯通、简明有效的教师荣誉制度,坚决废除地方教育行政部门关于教师评选评比的其他项目,让教师安心工作、享受工作,消除"帽子满天飞,人人看帽子"现象。四是建立基于绩效的、动态的待遇提升机制。建立完善教师工资待遇提升的常态化机制,大幅度提升农村教师的工作待遇,真正保障教师工资收入不低于当地公务员。

4. 建设现代化学校制度,推进教育治理现代化

推进教育治理体系和治理能力现代化,有利于激发教育发展的内生动力,有利于形成全社会关心支持教育、监督教育的良好生态。当前,迫切需要建立以下三个方面的制度。一是建立政府教育权力清单制度。依法梳理教育行政部门的权力清单,推进责任清单管理,简政放权,落实学校自主办学权。建立教育活动准入机制,大力清减督查考核、社会事务进校园、随意干扰学校正常办学现象。废除直属与非直属初中之分,所有初中身份一律平等。二是建立教育"管—办—评"分离体制。教育行政部门和地方政府管方向、管政策、管保障;学校依法自主办学,依法依靠学校自治管理机构,实施教育过程管理;社会第三方机构依法监测和评价学校办学质量。三是建立开放多元的学校治理制度。学校依法制定学校章程,依靠学校章程治理学校。建立多元化、民主化的自治管理机构(学校理事会、学术委员会、学生委员会、家长委员会等),充分调动教师、学生和家长参与学校治理的主动性和积极性。

(如东县教师发展中心　顾新民)

表 4-35 为初中教育高质量发展的问题导向、症结探析与政策建议汇总表。

表 4-35 初中教育高质量发展的问题导向、症结探析与政策建议汇总表

问题点（战略重点的研究方向）	参考值（高质量发展的国家意志）	南通、镇江、宿迁调研数据（综合数据的研判阐释）	症结探析（实事求是，刨根问底）	政策建议（问题解决的策略、路径）	研究成果的政策性转化
初中教育发展不够优质均衡	《义务教育法》（2021修订）第三十二条："县级人民政府教育行政部门应当均衡配置本行政区域内学校间资力量，组织校长、教师的培训和流动，加强对薄弱学校的建设。" 2016年7月，国务院颁布的《关于统筹推进县域内城乡义务教育一体化改革发展的若干意见》指出："科学推进城乡学校标准化建设，全面改善贫困地区义务教育薄弱学校基本办学条件。提升教育信息化水平，全面提升信息技术能力，促进优质教育资源共享。""县级教育行政部门要建立消除大班额工作台账，对大班额学校实行销号管理，避免产生新的大班额问题。各省级人民政府要于2016年年底前将消除大班额专项规划报国家教育体制改革领导小组备案。"	城乡办学条件还有差距。南通调研数据显示，本校与其他学校相比，31.70%的信息技术装备（副校长）认为"差距很大或较大"，17.80%的校长（副校长）认为"没有差距"；37.56%的校长（副校长）认为"差距很大或较大"，16.10%的校长（副校长）认为"没有差距"；29.51%的校长（副校长）认为"差距很大或较大"，20.73%的校长（副校长）认为"没有差距"；31.22%的校长（副校长）认为"差距很大或较大"，20.24%的校长（副校长）认为"没有差距"。30%左右的教师也认为以上四个方面"差距很大或较大"，20%左右的教师认为"没有差距"。还存在大班额现象，大班学校多，本校与其他	促进教育公平政策的精准性不够。近年来，国家和省、市出台了不少促进初中教育均衡发展的政策，这些政策对促进各地优质教育均衡发展的原则性虽有余，精准性不够，还不能从源头解决教育公平的原发性问题。 城乡教师队伍问题，政策建议的交流、挂职，顶岗等措施，并不能从根本上解决农村教师"留得住、教得好"的问题。地方政府从经济发展角度出发，采用农村集聚时，却不能关注乡村教育资源的优化，造成了初中教育"城市挤、农村弱"的局面。 教育教学设施设备注重建设，轻视后期服务管理，装备理念落后，不能满足学生教师多样化学习的需要。资源不能互补联通	建立初中教育精准服务机制，促进教育均衡发展。初中教育精准服务机制包含服务学校、服务学生、服务教师三个方面。建立城乡初中精准服务机制，让每所初中得到其迫切需要的服务，最终实现城乡初中优质、均衡发展。建议建立精准振兴战略机制，乡村振兴战略与教育精准扶贫战略相融合。 一是建立初中教师储备机制，建立优秀退休教师人才库，采用政府购买服务，充实农村初中教师队伍，促进城乡初中教师队伍优质、均衡的发展。 二是建立教育设施后续服务机制，建立区域教育设施多样化服务机制，城乡一体化统筹，实现区域优质教师资源共享。	2020年9月8日，如东县委、县政府关于印发《如东县教育现代化2035》的通知指出："优化教育资源供给，根据预测初生源数做足增量，弥补短板，有序推动城乡县域义务教育布局科学调整，优化新一轮义务教育优质均衡发展机制。重视乡村小规模学校建设，依照小而优、小而美促进乡村小规模学校的健康发展。""构建城乡教师一体化专业发展模式，促进城乡教师优质组建教师共同体，完善教师办法，推动城镇优秀教师流动管理和考核办法，推动乡镇优秀教师，校长（副校长）向乡村学校、薄弱学校流动，实现区域优质教师资源共享。""教育教学与信息技术深度融合。

续表

问题点（战略重点的研究方向）	参考值（高质量发展的国家意志）	南通、镇江、宿迁数据（综合数据的研判阐释）	症结探析（实事求是,刨根问底）	政策建议（问题解决的策略,路径）	研究成果的政策性转化
初中教育发展不够优质均衡	2021年7月,教育部等六部门《关于推进教育新型基础设施建设构建高质量教育支撑体系的指导意见》指出:"以教育新基建壮大新动能,创造新供给,服务新需求,促进线上线下教育融合发展,智能升级,融合创新。""汇聚大资源,推动物理空间和网络空间相融合的新校园,开发教育创新应用,支撑教育流程再造、模式重构。"	学校相比,32.84%的教师认为班额"差距很大"或"差距大",17.03%的教师认为"没有差距";35.91%的教师认为"差距较大"。52.19%的校长(副校长)认为南通"少数"学校规模过大,10.73%的校长(副校长)认为"很多",34.88%的校长(副校长)认为"没有"规模过大学校;51.71%的校长(副校长)认为"少数"学校班额过大,10.49%的校长(副校长)认为"很多"学校班额过大,34.39%的校长(副校长)认为"没有"学校班额过大。城乡教师队伍差距还较大。37.92%的教育行政管理人员认为南通校际教师素质"差距很大"或"差距大";42.38%的教育行政管理人员认为校际生师比"差距大",34.57%的教育行政管理人员认为校际教师学科结构合理性差	—	流转好,充分发挥教育共同体的作用。三是建立初中教育自主参与教育发展的机制,建立政府牵头,学校联动的初中教育发展共同体,积极探索城乡初中共同发展的创新举措,提高每所初中的办学质量。四是建立新型基础设施建设新发展理念为引领,以高质量发展为目标,以信息化、智能化为主导,建设数字化、智能化新型基础设施体系,将每所初中建设成新型学习中心。	2035年,学校开设人工智能课程的比例显著提升,逐步形成基于脑科学的高速化、基于人工智能的精准学习、基于人格化的创新学习、基于新技术的高阶学习。

续表

问题点 (战略重点的研究方向)	参考值 (高质量发展的国家意志)	南通、镇江、宿迁数据 (综合数据的研判阐释)	症结探析 (实事求是、刨根问底)	政策建议 (问题解决的策略、路径)	研究成果的政策性转化
初中教育发展不够优质均衡	—	距很大"或"差距较大";51.67%的教育行政管理人员认为校际教师年龄结构合理性"差距很大"或"差距较大",农村初中教师年龄结构大多不合理;40.52%的教育行政管理人员认为校际教师待遇"差距很大"或"差距较大"。	—	—	—

续表

问题点（战略重点的研究方向）	参考值（高质量发展的国家意志）	南通、镇江、宿迁数据（综合数据的研判阐释）	症结探析（实事求是，刨根问底）	政策建议（问题解决的策略、路径）	研究成果的政策性转化
初中课程不能很好地满足发展需要	2019年6月23日，中共中央、国务院《关于深化教育教学改革全面提高义务教育质量的意见》指出："树立科学的教育质量观，深化改革，构建德智体美劳全面培养的教育体系，健全立德树人落实机制，着力夯实学生成长基础，着力培养认知能力，促进思维发展，激发创新意识，加强品德修养，增长知识见识，培养奋斗精神，增强综合素质。坚持引导学生爱党爱国爱人民爱社会主义，坚持全面发展，为学生终身发展奠基；坚持面向全体，办好每所学校，教好每一名学生；坚持知行合一，让学生成为生活和学习的主人。" 2020年10月13日，中共中央、国务院印发《深化新时代教育评价改革总体方案》指出："改进中小学校评价，促进义务教育学校全面落实立德树人根本任务。义务教育学校评价重点评价促进学生全面发展、保障学生平等权益、引领教师专业发展、提升教育教学水平、营造良好教育生态等方面的成效。"	学生素质发展状况不佳。在对南通地区初中学生发展的主要问题的调研中，被教科研人员排在前5位的问题是：睡眠时间偏少（94.87%），近视率高（74.36%），厌学（学习被动）（57.69%），肥胖（58.97%），实践能力较差（50.00%）；被教师排在前5位的问题是：近视率高（79.64%），厌学（学习被动）（72.15%），实践能力不强（55.51%），睡眠时间偏少（49.65%），责任心不强（47.74%）；被校长（副校长）排在前5位的问题是：近视率高（80.98%），厌学（学习被动）（72.68%），心理健康问题增多（67.32%），实践能力较差（59.76%），责任心不强（45.85%）。调查显示，初中生整体素质发展不佳，初中生主动学习能力、实践能力不足。	课程改革推进机制的服务性缺失。20年来，我国初中课程改革基本是自上而下的改革，是基于组织推进的改革，但初中学生作为课程改革、课程改革方案转换为高效的初中课程改革服务，促进每个学生的自主发展，全面发展？课程改革是基于他们需要的？课程改革实施方式是否是他们喜欢的？课程改革评价是否能促进他们的发展？这些似乎不太关心。这些关键问题，课程改革严重削弱了初中生时代的自我发展意识和动力。课程改革服务性的缺失导致了初中学生综合素质发展不佳，调查显示，当前初中生近视率竟然达85%左右，导致学生需求、教学方式落后于时代发展要求、教育评价远远落后于学生需求，"唯升学"现象大量存在。	优化初中课程改革推进机制，促进基于学生全面发展。建立基于学生推进机制，让课程改革推进的理念、方案转换为高效的初中课程改革服务，促进每个学生的自主发展，全面发展。具体而言，课程改革推进应包含以下四个方面的工作机制。 一是建立基于融合的课程开发机制。建立区域课程融合开发领导小组，提出课程融合开发的指南和标准，引导学校基于自身特点开发、建立融合国家课程、地方课程和校本课程体系，改变初中课程零散、低效的现状，切实减轻学生的课业负担，保障学生身心健康。 二是建立实施机制，以任初中课程机械实施的课程，建立具有学校特色的课程实施机制，	2020年9月8日，如东县委、县政府关于印发《如东县教育现代化2035》的通知指出："精准推进课程教学改革。以学生核心素养为目标，有序推进基础教育课程改革，持续深化课堂教学改革，促进学生学习成为有针对性和高效能的深度学习。提高校本课程质量，推动课程功能转变，增强课程的综合性和选择性，拓展丰富课程资源，转变学生的学习方式，满足不同潜质学生的发展需求。到2035年，全县学校逐渐实现向学习支持中心和学习支持中心转变，更好地满足学生多样化的教育需求。" "推进育人方式改革创新。着力培养学生终身发展、适应时代要求的关键能力和必备品格。充分挖掘学生成长的

191

续表

问题点（战略重点的研究方向）	参考值（高质量发展的国家意志）	南通、镇江、宿迁数据（综合数据的研判阐释）	症结探析（实事求是，刨根问底）	政策建议（问题解决的策略，路径）	研究成果的政策性转化
初中课程不能很好地满足发展需要	谐育人环境，建设现代学校制度以及学业负担、社会满意度等情况。国家制定义务教育办学质量评价标准，完善义务教育质量监测制度，加强义务教育质量监测结果运用，促进义务教育优质均衡发展。"	课程不能完全满足学生需要。南通地区31.61%的教师认为课程改革"效果不够好"，30.00%的教师认为课堂改革"不够好"，34.47%的教师认为作业改革"不够好"，34.55%的教师认为评价改革"不够好"，大约三成的教师对课程改革不持正面态度。教科研人员对"初中教学改革的主要问题"排在前5位的问题是：只注重升学，少关注育人（52.56%）；教育视野闭塞，缺少实际行动（50.00%）；停留在理念上，缺少实际行动（33.33%）；教师能力不强（30.77%）；校本课程开发低水平，不能满足学生需求（29.49%）。教育行政管理人员与教科研人员对这个问题的看法完全一致，只是人数占比略有出入。	—	课程体系清晰，内容丰富，学生能够自主选择自我需要的拓展性课程。三是建立学习中心机制。以开放、融合为主实施学习中心，将课程建设与中心相结合，引导各具特色的开放学校建成各类学习中心，共享的各类学习中心，初步实现学习方式的智能升级。四是建立基于创新的多元评价机制。运用新理念、新技术，创新教育评价方式，建立多元化的初中教育多元评价体系。建立学生、教师、家长和社会参与的学生日常学习过程动态评价机制，完善初中教育质量监测机制。改革中考、中考评价方式，增加选择性，强化发展性，破除"唯分数""唯升学"的桎梏。	个性化潜力，发挥人的积极性、主动性和创造性，实现人的全面协调可持续发展。"建立基于核心素养的教育质量评价体系，创新综合素质评价，实施'基于标准，分级取'的招生综合评价，实施基于标准，分级录取的招生综合评价模式，推动育人评价由知识导向转为综合素质、核心素养，关键能力的导向，推动从结果性测量向以诊断和激励为主的过程性评估转变。

192

续表

问题点 (战略重点的研究方向)	参考值 (高质量发展的国家意志)	南通、镇江、宿迁数据 (综合数据的研判阐释)	症结探析 (实事求是,刨根问底)	政策建议 (问题解决的策略、路径)	研究成果的政策性转化
初中课程不能很好地满足发展需要	—	学习评价落后发展要求。79.68%的教师认为学校对学生的最主要的评价方式为"考试成绩评价",75.59%的教师认为"考试成绩"也是主要评价方式;87.73%的教育管理人员认为"考试成绩评价"是对学生最主要的评价方式,"学生成长记录"(80.30%),可见"唯分数"现象在初中教育中是客观现实。至于评价主体,88.46%的教科研人员和92.94%的教育行政管理人员认为教师是第一评价主体。至于运用新技术发展进行过程性评价发展的初中几乎不存在,评价方式的落后让学生发展的内生力几乎丧失。	—	—	—

续表

问题点（战略重点的研究方向）	参考值（高质量发展的国家意志）	南通、镇江、宿迁数据（综合数据的研判阐释）	症结探析（实事求是、刨根问底）	政策建议（问题解决的策略、路径）	研究成果的政策性转化
初中教师专业发展缺乏活力	2019年11月15日，教育部等七部门印发的《关于加强和改进新时代师德师风建设的意见》指出："把立德树人成效作为检验学校一切工作的根本标准，切实把师德师风作为评价教师队伍素质的第一标准，将社会主义核心价值观贯穿师德建设全过程，严格规范、强化日常教育督导，加大教师权益保护力度，倡导全社会尊师重教，激励广大教师努力成为'四有'好老师。" 2018年1月20日，中共中央、国务院《关于全面深化新时代教师队伍建设改革的意见》指出："开展全员培训，促进教师终身学习和专业发展。转变培训方式，推动信息技术与教师培训的有机融合，实行线上线下相结合的混合式研修。改进培训内容，紧密结合教育教学实际，使教师静心钻研教学，组织高质量培训，使教师静心钻研教	评价激励机制不够高效。宿迁市调研数据显示，对"职称评审"，53.34%的教师持积极评价，46.66%的教师不持积极评价；对"绩效考核"，51.38%的教师持积极评价，48.62%的教师不持积极评价；对"专业号评选"，50.99%的教师持积极评价，49.01%的教师不持积极评价；对"行政表彰奖励"，53.62%的教师持积极评价，46.38%的教师不持积极评价。47.18%的教师对"职称评聘标准"不持积极评价。51.29%的教师对"职称结构指标"不持积极评价。关于工资待遇，42.26%的教师持满意态度，57.74%的教师持不满意态度；40.78%的校长（副校长）持满意态度，59.22%的校长（副校长）持不满意态度。	促进教师发展政策的激励性不够。近年来，国家相继出台了关于教师队伍建设的重要政策，涉及全面改革，教科研、乡村教师专业发展、师德师风，对教师积极性的引领还起到了积极相关作用。但是，当前相关政策的激励性还不够，不能真正将教师作为一个独立的责任主体来看待，因此，教师发展过程中"被发展""被考核""被研修"的情况还比较普遍，自主评价、自主发展、自主考核的教育政策不多。教育高质量持续改进服务制度是一种促进教师发展必须要改善充分激发教师发展的内驱力。	以简约高效的激励机制，激发初中教师专业发展的主体意识。教师专业发展工作的总方针应当是"帮助教师成为自身专业发展的主人"。让教师专业成为"自觉的发展""自由的发展""自醒的发展"。"比要到处搞、帽子满天飞"，堆成山。破除不合理的教师激励评价机制，以简约高效的激励政策引导教师静心从教、悉心育生、幸福生活。 一是建立自主式研修制度。从教师发展需要出发，建立基于自主的教师研修机制，提升教师的道德力、学习力和思辨力。建立上下贯通、宏观下微观、层次分明、清晰的国家研修标准指南，实行研修学分制，实行混合式研修，推行线上线下相结合的自主选学，实行培训学分管理，建立培训学分银行。" "明确教师的特别重要地位，凸显教师职业的公共属性，强化教师承担的国家使命和公共教育的国家服务贵任，确立公办中小学教职人员作为公家公职人员作为特殊的法律地位。"	2020年9月8日，如东县委、县政府《关于全面深化新时代教师队伍建设的实施意见》指出："将教师队伍建设作为教师队伍建设的首要标准。做优教师全员培训，改进培训内容，实行培训一线实际，组织高质量培训，使教师静心钻研教学，切实提升教学水平，转变培训方式，实现线上线下相结合的混合式研修；推行线上自主选学，实行培训学分管理，建立培训学分银行。"

续表

问题点（战略重点的研究方向）	参考值（高质量发展的国家意志）	南通、镇江、宿迁数据（综合数据的研判阐释）	症结探析（实事求是，刨根问底）	政策建议（问题解决的策略、路径）	研究成果的政策性转化
初中教师专业发展缺乏活力	研教学，切实提升教学水平。推行培训自主选学，实行培训学分银行，建立培训与学历教育衔接的"立交桥"。"深化中小学教师职称和考核评价制度改革，适当提高中小学中级、高级教师岗位比例，畅通教师职业发展通道。完善符合中小学特点的岗位管理制度，实现职称与教师聘用衔接，推行中小学校长职级制改革，拓展校长专业化发展空间。进一步完善职称评价标准，建立符合中小学教师岗位特点的考核评价体系，坚持教师德才兼备、全面考核，突出教育教学实绩，引导教师潜心教书育人。加强教师管理，激发教师的工作活力。完善相关政策，防止形式主义等检查干扰正常教育教学。不简单用升学率、学生考试成绩等评价教师……加强中小学校长考核评价，督促提高素质能	镇江市调研数据显示，"职称评审"，51.2%的教师持积极评价，48.80%的教师不持积极评价；对"绩效考核"，47.34%的教师持积极评价，52.66%的教师不持积极评价；对"专业称号评选"，48.40%的教师持积极评价，51.60%的教师不持积极评价；对"行政表彰奖励"，52.02%的教师持积极评价，42.49%的教师不持积极评价；对"职称评聘标准"，56.05%的教师对"职级指标结构""不持积极评价"，关于教师"工资待遇"，38.74%的教师持满意态度，61.26%的教师持不满意态度；44.82%的校长（副校长）持满意态度，55.18%的校长（副校长）持不满意态度。宿迁市调研数据：教师研修管理制度低效。	—	二是建立台阶式职称制度。根据现职称评聘与岗位分离、实绩脱节现象，建立学校学术委员会，依据工学龄（有教师德自然晋升三个台阶的教师（一级教师、二级教师、三级教师），能上能下，能进能退，由学术委员会认定。废除《教师法》规定之外其他所有表彰项目，废除将证书与职称评定直接挂钩制度。三是建立绩效化工资制度。根据绩效与岗位分离的现象，开展"职称、待遇脱离"的现象，建立完善教师工资待遇提升工作的常态化机制，大力幅度提升农村教师的工作待遇，真正保障教师工资收入不低于当地公务员。	"完善教师待遇保障机制。建立教师工资联动机制，增长公务员工资收入本县公务员绩效统筹总量时必须核定教师工资同步考虑教师，工作绩效等否决项目实施，核定教师绩效工资本县公务员实际收入水平，确保教师平均工资收入水平不低于本县公务员平均工资水平。"

续表

问题点 (战略重点的研究方向)	参考值 (高质量发展的国家意志)	南通、镇江、宿迁数据 (综合数据的研判阐释)	症结探析 (实事求是，刨根问底)	政策建议 (问题解决的策略，路径)	研究成果的政策性转化
初中教师专业发展缺乏活力	力，完善优胜劣汰机制。" 2020年7月31日，教育部等六部门《关于加强新时代乡村教师队伍建设的意见》指出："加强师德师风建设，激发教师奉献乡村教育的内生动力。""创新挖潜编制管理，提高乡村学校教师编制的使用效益。"	显示：教师对"您认为当前初中教师研修存在的最大问题是（多选）"，回答占前几位的是：研修活动形式主义(51.99%)；被研修，缺少内驱力(51.70%)；研究与工作脱节(44.37%)；研修制度编程式化不灵活(36.23%)；研修内容不能满足需要(31.47%)。 教科研人员对"您认为当前初中教师研修存在的最大问题是（多选）"，回答占前几位的是：被研修，缺少内驱力(41.11%)；研修活动形式主义(39.44%)；研修制度编程式化不灵活(34.44%)；研究与工作脱节(33.89%)；其他(26.67%)。	—	—	—

续表

问题点（战略重点的研究方向）	参考值（高质量发展的国家意志）	南通、镇江、宿迁数据（综合数据的研判阐释）	症结探析（实事求是，创根问底）	政策建议（问题解决的策略、路径）	研究成果的政策性转化
初中教育治理不够高效生态	2019年12月15日，中共中央、国务院印发《关于减轻中小学教师负担进一步营造教育教学良好环境的若干意见》指出："遵循教师教学规律，坚焦教师主责主业，坚决反对形式主义和官僚主义，从源头上查找教师负担，大幅精简文件和会议，坚持因地制宜，充分考虑区域、城乡、学段等不同特点，避免'一刀切'。坚持标本兼治，严格规范与教学无关事项，突出重点，大力精治；协调好学校管理与教育教学关系，提高水平、发展专业。坚持共同治理，调动各级各部门、社会各界力量，形成合力，切实减轻中小学教师负担，进一步营造宽松、宁静的教育氛围，确保中小学教师潜心教书、静心育人。"	办学自主权无法真正落实。镇江市调研数据显示，校长（副校长）对"您所在初中存在干扰教育教学考核，临时教育借用等情况"，21.14%的认为"经常有"；49.43%的认为"偶尔有"；32.42%认为"没有"；"不清楚"的占36.53%。教师对"您所在初中存在干扰教育考核，临时借用等的检查情况"，17.61%的认为"经常有"；"偶尔有"和"不清楚"的占49.97%。宿迁市调研数据显示，校长（副校长）对"您所在初中存在干扰教育的检查情况"，20.38%的认为"经常有"；41.73%的认为"偶尔有"；"认为"没有"和"不清楚"的占37.89%；教师对"您所在初中存在干扰教育考核，临时借用等情况"，	教育治理体系制度的开放性缺失。尽管国家出台了营造良好教育教学环境和激发中小学活力的意见，但是教育治理现代化任重道远。教育生态系统保持个子系统之间保持开放性、活力的前提是每个子系统意味着每种教育主体公平参与了教育治理过程，都真正率献了治理智慧。当前，初中教育治理机制度的开放性基本缺失，导致学校职权不清，政府管得过多过死，教育负担重；导致学校主体的缺位，家长基本不能参与教学校管理，家长也只是被动参与，社会参与还没有开始行动。	以协调共学为治理机制，激发社会参与教育的主体意识。当前，迫切需要修订引导初中学校章程，并依法依章程治理学校，真正依章程治理学校，因而，四个机制迫切需要建立。一是建立教育联合决策委员会（含社会人士等各方主体），教师委员会、学生委员会、家长委员会，主动参与初中教育重大决策，采用听证会，咨询会、风险评估等科学有效的工作机制，确保重大教育决策科学化、民主化。政府和学校不能将重大决策风险都背负在自己身上。二是建立教育开放社区机制，引导初中学校开放向社区教育场所，让社区开放心教育场所，让社区热心教育人士定期参与学校教育教学活动，评价与学校教育教学工作，为学校治理出谋划策。	2020年9月8日，如东县委、县政府印发的《关于深化教育体制机制改革的实施意见》指出："创新教育治理体系。推进教育简政放权，倡导学校自主办学。探索建立学校家长委员会，全面成立家长委员会工作规范，形成政事分开、权责明确，统筹协调、规范有序的教育管理体制，构建政府、学校、社会三者新型关系。" 2020年9月8日，如东县委、县政府《关于全面深化新时代教师队伍建设改革的实施意见》指出："加大教育'放管服'改革力度，健全教育行政权力的清单和责任清单制度，明确县、镇（区、街道）两级政府的挂历职责权限，增强学校的办学自主权。"

197

续表

问题点（战略重点的研究方向）	参考值（高质量发展的国家意志）	南通、镇江、宿迁数据（综合数据的研判阐释）	症结探析（实事求是、刨根问底）	政策建议（问题解决的策略、路径）	研究成果的政策性转化
初中教育治理不够高效生态	2020年9月22日，教育部八部门《关于进一步激发中小学办学活力的若干意见》指出："保证学校办学自主权……学校在遵循教学基本要求的基础上，可自主安排教学计划，自主实施教学科研教学方式，自主运用教学评价，对于自主实施跨学科综合性主题教学，自主统筹学科间的教学内容，可自主实施教学……扩大人事性工作自主权……落实经费使用自主权。""增强学校办学内生动力。""强化评价导向作用。""强化校园文化引领作用。""强化学校文化引领作用。""健全办学管理机制。完善宏观治理。完善内部治理。坚持科学决策，民主决策，依法决策……加快推进学校章程建设、完善各项规章制度，增强学校自主管理、自我约束能力。"	14.20%的认为"经常有"；25.15%的认为"偶尔有"；认为"没有"的占60.65%。"不清楚"的占南通调研数据显示，针对校长（副校长）调查关于干扰学校教学的情况有：干扰教育教学的一事项的多头管理检查评估（58.54%）；干扰教育教学的评比、展示、演出（53.90%）；干扰教育教学的评比、演出（52.44%）；教师系统外临时抽调（30.48%）；教师长期借用医保、参与教育系统外非教育事务（27.56%）；收缴医保、招商引资等（26.83%）。调查南通到落实，调查南通学校民主治理未得到真正落实，学校民主决策机构有：教职工代表大会（98.05%），党支部（86.83%），行政监督组（82.20%），内部监督机构校长（副校长）后获知，初中学校民主决策机构员会（79.51%），家长委员会（76.83%），学术委员会（34.15%），学校董员会（11.22%）。	—	三是建立学校社区联动机制。秉持"共建、共享、共生"理念，全面打通学校和社区的隔阂，将学校和社区建设成为发展共同体，共建学习中心，服务中心，组织专家学者、特长家长和社区志愿者进学校，进基地，进中心，参与学校课程建设、教学评价等学校治理工作，让社区成为学校的广阔课堂，让学校成为社区的文明窗口。四是建立开放多元的学校治理制度。学校依法制定学校章程，依靠学校章程治理学校，建立多元化、民主自治、自主办学的学校自治管理机构[学校董事会（理事会）、学术委员会、学生委员会、家长委员会等]，确保自治工作机制高效运行，充分调动教师、学生和家长参与学校治理的主动性和积极性。	"建立社会参与治理机制。建立社会参与多元决策机制，教育的多元改革方案、重大政策决策须向社会公开征求意见。建立项目决策参与学校管理制度，畅通公众参与学校管理制度，畅通公众参与学校治事、监督、反馈意见道，推动形成教师、学生、家长、社区等参与学校治理的新格局。"

问题点 (战略重点的研究方向)	参考值 (高质量发展的国家意志)	南通、镇江、宿迁数据 (综合数据的研判阐释)	症结探析 (实事求是、刨根问底)	政策建议 (问题解决的策略、路径)	研究成果的政策性转化
初中教育治理不够生态高效	"完善社会监督。建立健全学校办学信息公开制度,重点公开课程设置、教学安排,招生入学、收费项目及标准等信息,保证学生家长及社会公众对学校重要事项的知情权。建立学校与社区沟通联系制度,及时听取社区和人大代表、政协委员等方面人士对学校工作的意见建议。"	事(理事)会(7.56%),其他(4.15%)。近三分之二的初中没有学生委员会、学术委员(理事)会和学校董事(理事)会,拥有学校董事(理事)会参与率低,教师和社会参与学校管理的占比很小。这些机构是否有完善的运行机制,是否真正发挥了作用,还需要调研与社区联动机制需要完善。镇江市调研数据显示,49.42%的校长(副校长)认为所在初中当中家校合作的效果"基本无效";50.58%的校长(副校长)认为所在初中当前家校合作的效果"一般"和"比较有效"。49.15%的教师认为所在初中当中家校合作的效果"一般"和"基本无效";50.85%的教师认为所在初中当前家校合作的效果"非常有效"和"比较有效"。宿迁市调研数据显示,59%的校长(副校长)认为所在初中当前	—	—	—

续表

问题点 (战略重点的研究方向)	参考值 (高质量发展的国家意志)	南通、镇江、宿迁数据 (综合数据的研判阐释)	症结探析 (实事求是，刨根问底)	政策建议 (问题解决的策略、路径)	研究成果的政策性转化
	—	家校合作的效果"一般"和"基本无效";41%的校长(副校长)认为所在初中当前家校合作的效果"非常有效"和"比较有效"。55.27%的教师认为所在初中当前家校合作的效果"一般"和"基本无效";44.73%的教师认为所在初中当前家校合作的效果"非常有效"和"比较有效"。	—	—	—
初中教育治理不够生态高效					

第四节 普高教育高质量发展的战略重点与策略路径

普通高中是教育体系的"腰部",起着承上启下的关键作用。教育的高质量发展是一种基于理念、理论及各种要素的体系化建构,是尊重教育规律和人才成长规律的系统性发展,是指向立德树人、"五育"并举的发展,是既要"负责任"又要"讲科学"的内涵发展,是突破视域局限的全员、全程、全方位、全周期的健康发展。在教育高质量发展的定位下,江苏省普通高中的发展现状如何?发展的问题症结在哪里?有为的空间在哪里?可为路径是什么?等等。

基于这一系列问题,结合先前对部分区域普通高中教育场所的实地探访情况,链接国家和省文件中的相关要求,我们设计了问卷。问卷内容主要涉及"宏观环境""学校办学""实践主体"3个大类,期待从客观表达和主观感受两个维度获得相关数据,解读社会对教育高质量发展的要求和期待,发现教育理想、教育发展和我们的教育现实之间存在的距离,寻找促进普通高中教育高质量发展的若干策略路径。

一、调查对象

本次问卷调查采用行政推动的全员参与和随机抽样相结合的方式。对象为教育链条上的教师、校长(副校长)、教科研人员、教育行政管理人员这4种不同身份主体。调查范围覆盖设区市市区、区县(县级市)城区和乡镇。回收问卷南通市6 956份、镇江市1 605份、宿迁市4 653份,总回收问卷13 214份。调查反馈的数据具有一定的可信度。

二、调查结果

透过统计数据进行直观分析,同时结合先前对部分区域普通高中教育场所的实地探访、对校领导及教师的深度访谈的所感和所思,力求全面反映调研范围内有关普通高中教育发展质量较为翔实的现实状况,为后续普通高中教育高质量发展政策的制定提供基础性的依据。

(一)在关键题中分析关键因素

4类问卷呈现的数据在许多地方保持一致:对普通高中教育高质量发展的核心要义的认识、对学校特色建设的目的认识、对普通高中教育高质量发展的瓶颈认识……这和先前的现场探访和访谈的结果也一致。我们可以从所有问卷的最后一题切入分析:"您认为当前影响普通高中教育高质量发展的主要因素有哪些?(多选,限选5项)"此题包括"其他"在内共有14个选项,其中,有6个项目受关注度比较高。4类问卷的调研数据统计结果见下。

南通、镇江、宿迁三地的教师普遍认为"教育投入""评价机制""政策支持""社会观念"对普通高中教育高质量发展影响力较大。其中,"教育投入"是公认的对教育高质量发展影响力最大的因素。在对镇江进行问卷调查后所得到的数据中,对"教育投入""评价机制""政策支持"的认同度明显高于其他两地,这既与地区经济发展的水平、教育发展的水平有关,又可能和镇江地区参与调研对象基数较少有关(图 4-28)。

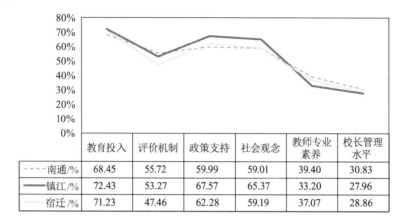

图 4-28 影响普高教育高质量发展的主要因素(教师卷)分析统计图

南通、镇江、宿迁三地的校长(副校长)问卷数据中,南通和宿迁的数据相仿,两地对高质量发展中"教师专业素养"因素的认同度都超过 50%。对"校长管理水平"所起的作用,超过教师对其的认同度。(图 4-29)。

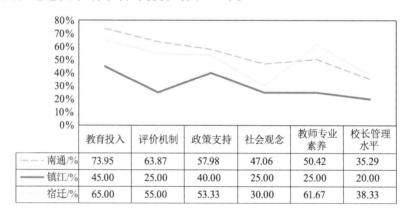

图 4-29 影响普高教育高质量发展的主要因素(校长/副校长卷)分析统计图

南通、镇江、宿迁三地的教科研人员调研数据和教师卷、校长(副校长)卷基本相当。镇江和宿迁的教科研人员对"教师专业素养"在教育高质量发展进程中的影响力的认同相当,但镇江、宿迁两地的数值低于南通 20% 多。还有一个值得研究的现象:镇江的教科研人员对"教育投入""政策支持"的认可度比其他两个地区都高。这和镇江的校长(副校长)卷中反映出的"均低"情况不一致(图 4-30)。

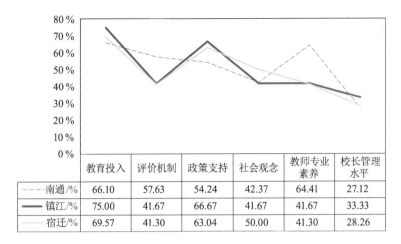

图 4-30　影响普高教育高质量发展的主要因素（教科研人员卷）分析统计图

南通、镇江、宿迁三地的教育行政管理人员调研数据基本相当。其中，镇江的教育行政管理人员对"教育投入"和"政策支持"在教育高质量发展中所起作用的认同度，在 3 个地区及 4 类问卷中的数据中居于首位。镇江的"校长管理水平"在 3 个地区和 3 类问卷（镇江教科研人员卷除外）中的数据，认同度最低（图 4-31）。

图 4-31　影响普高教育高质量发展的主要因素（教育行政管理人员卷）分析统计图

4 类问卷在较多数据上呈现的共同点，是我们研究的重点。我们需要结合问卷中其他具体项目，逐一分析、归类，从中发现问题、寻找对策。

（二）在具体项目中追寻具体原因

1. 关于"教育投入"

在教师卷与校长（副校长）问卷中，有这样一个问题：您觉得学校硬件设施如何？针对这个问题的调研，南通、镇江、宿迁三地的回答情况见表 4-36。

表 4-36　南通、镇江、宿迁三地教师与校长（副校长）针对学校硬件设施情况的问卷调查结果统计

项目	南通		镇江		宿迁	
	教师	校长（副校长）	教师	校长（副校长）	教师	校长（副校长）
A. 生活设施落后	28.95%	15.13%	27.64%	5.00%	31.00%	10.00%
B. 教学设备老旧	19.70%	29.41%	16.18%	35.00%	20.32%	16.67%

续表

项目	南通		镇江		宿迁	
	教师	校长（副校长）	教师	校长（副校长）	教师	校长（副校长）
C. 功能教室不全	26.01%	39.50%	27.17%	50.00%	29.45%	56.67%
D. 运动场所（器材）不足	25.34%	15.97%	29.02%	10.00%	19.22%	16.67%

在教育行政管理人员问卷中，有这样一个问题：您认为本地区普通高中的教学设施配备情况如何？针对这个问题的调研，南通、镇江、宿迁三地的回答情况见表4-37。

表4-37　南通、镇江、宿迁三地教育行政管理人员针对学校教学设施配备情况的问卷调查结果统计

项目	南通	镇江	宿迁
A. 先进完备，完全满足需求	18.29%	17.86%	18.87%
B. 正常齐备，基本满足需求	70.12%	75.00%	71.70%
C. 设施落后，难以满足需求	10.98%	7.14%	9.43%
D. 不太清楚	0.61%	0.00%	0.00%

综合以上2个问题，我们可以看到：在功能教室等教学设施的配备上，三地教师和校长（副校长）的认同需求总量均超过60%。这和相应区域教育行政管理人员的判断有较大差距。从三地比较情况看，宿迁和南通、镇江的认同需求有明显差距。近年来，各地对教育都有一定的投入，但总体上三地教学一线的硬件设施设备都不能很好地满足学校教育现代化背景下学校发展和学生发展的需求。

在教育行政管理人员问卷中，有这样一个问题：您所在地区优秀人才外流到周边城市的情况如何？针对这个问题的调研，南通、镇江、宿迁三地的回答情况见表4-38。

表4-38　南通、镇江、宿迁三地教育行政管理人员针对人才外流情况的问卷调查结果统计

项目	南通	镇江	宿迁
A. 外流较多	48.78%	35.71%	39.62%
B. 有外流迹象，能及时做好相关工作留住优秀人才	38.41%	50.00%	49.06%
C. 基本不外流	9.76%	10.71%	3.77%
D. 不清楚	3.05%	3.57%	7.55%

在教师问卷中，有这样一个问题：您对自己现有的工资待遇满意吗？针对这个问题的调研，南通、镇江、宿迁三地的回答情况见表4-39。

表4-39　南通、镇江、宿迁三地教师针对工资待遇满意情况的问卷调查结果统计

项目	南通	镇江	宿迁
A. 满意	12.53%	15.44%	7.90%
B. 较满意	42.97%	44.48%	42.39%
C. 无所谓	7.26%	4.21%	5.31%
D. 不满意	37.24%	35.87%	44.40%

在教师问卷、教科研人员问卷、校长（副校长）问卷中，有这样一个问题：您觉得学校在信息技术与教育教学融合应用方面做得如何？针对这个问题的调研，南通、镇江、宿迁三地的回答情况见表4-40。

表4-40 南通、镇江、宿迁三地教师、教科研人员、校长（副校长）针对学校在信息技术与教育教学融合应用方面的问卷调查结果统计

项目	南通教师	镇江教师	宿迁教师	南通教科研人员	镇江教科研人员	宿迁教科研人员	南通校长（副校长）	镇江校长（副校长）	宿迁校长（副校长）
A. 学校重视不够	9.90%	6.54%	13.80%	8.47%	8.33%	15.22%	10.92%	0.00%	8.33%
B. 设施配备落后	22.20%	21.88%	20.16%	18.64%	16.67%	23.91%	29.41%	25.00%	28.33%
C. 专业培训缺乏	35.41%	36.50%	32.93%	23.73%	8.33%	19.57%	21.01%	25.00%	41.67%
D. 应用意识不强	32.49%	35.08%	33.11%	49.15%	66.67%	41.30%	38.66%	50.00%	21.67%

综合以上3个问题，我们可以看到：第一，在"教学设施设备落后"这一认同度上，镇江、南通、宿迁呈递增趋势，这和表4-36分析数据一致。第二，对三地优秀人才外流迹象的认知总量均超过85%，镇江、南通、宿迁"人才外流"的迹象呈递增趋势。第三，三地教师对现有的工资待遇"满意"和"较满意"的总数均不足61%，宿迁、南通、镇江教师的满意度呈递增趋势。这个情况和教育行政管理人员调研中的一个项目可以结合起来思考：南通、镇江、宿迁三地教育行政管理人员认同"提高教师待遇"最能激发教师教育教学活力的占比分别为57.93%、57.14%、62.26%。第四，三地的教师、教科研人员和校长（副校长）都将制约本校信息技术与教育教学融合应用的最大瓶颈因素指向教师的"专业培训缺乏"和"应用意识不强"。其中，教科研人员更关注教师的信息技术与教育教学的"应用意识"。从中可见，教育投入不仅要考虑硬件设施设备领域，也要考虑教师领域。

2. 关于"政策支持"

在教师问卷中，有这样一个问题：您觉得现有的职称评聘制度合理吗？针对这个问题的调研，南通、镇江、宿迁三地的回答情况见表4-41。

表4-41 南通、镇江、宿迁三地教师针对职称评聘制度合理性认识的问卷调查结果统计

项目	南通	镇江	宿迁
A. 合理	13.97%	23.21%	11.91%
B. 基本合理	37.48%	45.57%	41.23%
C. 不太合理	30.48%	21.23%	34.63%
D. 很不合理	18.07%	9.99%	12.23%

在教育行政管理人员问卷中，有这样一个问题：在全面深化新时代教师队伍建设改革的过程中，您所在地区获得社会好评度最高的是哪一方面？针对这个问题的调研，南通、镇江、宿迁三地的回答情况见表4-42。

表 4-42　南通、镇江、宿迁三地教育行政管理人员针对获社会好评度最高的项目的问卷调查结果统计

项目	南通	镇江	宿迁
A. 编制管理	25.00%	35.71%	26.42%
B. 职称评聘	7.32%	7.14%	13.21%
C. 校长职级制	3.05%	0.00%	1.89%
D. 退出机制	1.22%	0.00%	1.89%
E. 其他	31.10%	35.71%	26.42%

在教科研人员问卷中，有这样一个问题：您认为本地区普通高中教师队伍建设的现状如何？针对这个问题的调研，南通、镇江、宿迁三地的回答情况见表 4-43。

表 4-43　南通、镇江、宿迁三地教科研人员针对教师队伍建设现状的问卷调查结果统计

项目	南通	镇江	宿迁
A. 建设机制完善，队伍结构精良	13.56%	16.67%	6.52%
B. 建设机制尚可，队伍结构合理	37.29%	50.00%	45.65%
C. 建设机制老旧，队伍结构一般	38.98%	33.33%	36.96%
D. 建设机制太差，队伍结构不合理	10.17%	0.00%	10.87%

综合以上 3 个问题，我们可以看到：第一，三地教师对现有职称评聘制度合理性的认同度均低于 70%，镇江、宿迁、南通满意度呈递减趋势；第二，从教育行政管理人员问卷的反馈信息看，三地对职称评聘、校长职级制、编制管理的认同度偏低；第三，从三地教科研人员的视角看教师队伍建设机制，南通和宿迁认为当地教师队伍"建设机制老旧，队伍结构一般""建设机制太差，队伍结构不合理"的总数接近 50%。此项目与对教育行政管理人员的调研情况一致。

3. 关于"评价机制"

在教科研人员问卷和教育行政管理人员问卷中，有这样一个问题：您觉得本地区普通高中教育评价机制存在的首要问题是什么？针对这个问题的调研，南通、镇江、宿迁三地的回答情况见表 4-44。

表 4-44　南通、镇江、宿迁三地教科研人员和教育行政管理人员针对
教育评价机制中存在的首要问题的问卷调查结果统计

项目	南通		镇江		宿迁	
	教科研人员	教育行政管理人员	教科研人员	教育行政管理人员	教科研人员	教育行政管理人员
A. 评价导向不科学	22.03%	16.46%	16.67%	28.57%	28.26%	16.98%
B. 评价内容不合理	8.47%	13.41%	0.00%	7.14%	13.04%	16.98%
C. 评价方式太单一	62.71%	53.05%	50.00%	57.14%	52.17%	50.94%
D. 评价应用太局限	6.78%	17.07%	33.33%	7.14%	6.52%	15.09%

我们可以看到：教科研人员和教育行政管理人员认为普通高中教育评价机制中"评价方式太单一"是突出的问题。在前期对南通、镇江、宿迁校长（副校长）和一线教师的访谈中发现，分别有46.43%、38.41%、33.96%的校长（副校长）认为本地区教师应试观念较严重；分别有25.00%、23.78%、20.30%的校长（副校长）认为在实施新课程、新教材的探索中，本地区最突出的问题是对教师评价机制不完善；分别有50.00%、35.59%、32.61%的教师认为本地区学校对教师的评价以"教学业绩"为第一依据。调研数据和一线访谈共同指向一点：对教师的评价制度。

4. 关于"校长水平"

在校长（副校长）问卷中，有这样一个问题：贵校为了提高教学质量或打造办学特色，在国家课程实施和管理中每周灵活增减的课时数量有多少？针对这个问题的调研，南通、镇江、宿迁三地的回答情况见表4-45。

表4-45　南通、镇江、宿迁三地校长（副校长）针对每周灵活增减的课时数量的问卷调查结果统计

项目	南通	镇江	宿迁
A. 1课时	20.17%	10.00%	30.00%
B. 2—3课时	54.62%	70.00%	43.33%
C. 4课时及以上	9.24%	5.00%	8.33%
D. 没有	15.97%	15.00%	18.33%

在教师问卷中，有这样一个问题：您觉得学校在落实课时计划、开全开足各类课程上做得如何？针对这个问题的调研，南通、镇江、宿迁三地的回答情况见表4-46。

表4-46　南通、镇江、宿迁三地教师针对课程计划落实情况的问卷调查结果统计

项目	南通	镇江	宿迁
A. 严格执行，认真落实	36.62%	45.26%	43.56%
B. 根据情况，适度调整	37.07%	33.51%	38.38%
C. 服务高考，聚焦主科	26.31%	21.23%	18.06%

在校长（副校长）问卷中，有这样一个问题：您觉得高中校长最重要的工作任务是什么？针对这个问题的调研，南通、镇江、宿迁三地的回答情况见表4-47。

表4-47　南通、镇江、宿迁三地校长（副校长）针对自身最重要工作任务的问卷调查结果统计

项目	南通	镇江	宿迁
A. 打造学校的社会影响	13.45%	15.00%	20.00%
B. 取得优异的高考成绩	8.40%	10.00%	13.33%
C. 守护学生的健康成长	70.59%	60.00%	53.33%
D. 促进教师的专业发展	7.56%	15.00%	13.33%

综合以上3个问题，我们可以看出：第一，出于各种原因，不能严格落实课时计

划、开全开足各类课程的学校为数不少。一周中，南通、镇江、宿迁灵活增减的课时数均以 2—3 课时居多。第二，灵活增减课时的原因，除"提高教学质量或打造办学特色"之外，还有"服务高考，聚焦主科"及"根据情况，适度调整"，这从表 4-46 教师问卷中可见。第三，不少校长（副校长）除不按规范执行学校的课程计划之外，对教师的专业发展不够重视。

三、结论与建议

基于以上分析，我们认为，要在教育投入、政策支持、评价机制、校长水平等战略重点上下功夫。

1. 加大教育投入

随着互联网、大数据、人工智能的兴起，普通高中教育如果一直只是满足于"符合基本需求"，或者只做历史性的纵向比较，不做地区性的横向比较，势必会影响当地教育的高质量发展。习近平总书记在 2018 年全国教育大会上指出，要"坚持把优先发展教育事业作为推动党和国家各项事业发展的重要先手棋"。若增加教育投入不落实，优先发展教育就只停留在口号上。当前，普通高中教育进入了以提高质量为重点的内涵发展新阶段，需要强化政府责任，坚持问题导向，优化布局，系统推进；各相关部门价值认同高度统一，协同配合，力量统筹。

第一，各地科学统筹，增加教育投入总量，健全教育投入制度。对标文件要求，听到区域教育呼声，结合区域教育理念、教育价值追求，统筹地区力量，建机制，列计划，定标准，拓渠道，落实国家、省（区、市）各级文件中有关普通高中教育中的教育投入的要求。国务院办公厅《关于新时代推进普通高中育人方式改革的指导意见》要求，"改善学校校舍条件""推进数字校园建设""修订普通高中学校建设标准和装备配备标准，继续实施教育基础薄弱县普通高中建设项目，加大普通高中改造计划实施力度"。"各省（区、市）要完善普通高中建设经费投入机制，明确省市县分担责任。在严格遵守政府债务管理规定的前提下，多渠道筹措普通高中建设资金。科学核定普通高中培养成本，健全生均公用经费拨款制度，各地生均公用经费拨款标准应于 2020 年达到每生每年 1 000 元以上。"《教育部关于加强"三个课堂"应用的指导意见》《普通高中学校办学质量评价指南》《"十四五"县域普通高中教育发展提升行动计划》等文件提出，"改善办学薄弱环节……加强学科教室、创新实验室、实验设备与信息化教学条件建设"，"优化校舍资源配置和功能结构，有效改善教学条件和学生学习生活环境"，"提高县中经费投入水平"……

首先，在功能教室、生活设施、教学设备、运动场所等教育硬件设施设备方面的投入上，用区域教育前瞻性的眼光来审视，看到五年甚至十年后学校教育教学发展的需求。科学确定同一区域内的不同学校的建设标准，在优质、均衡上下功夫。跟踪实施，提高学校的信息化环境建设水平。

其次，适当提高教师待遇，缩短苏北、苏中与苏南地区的差距，一方面，减少优秀教师和优秀校长流入经济发达地区的现象；另一方面，吸引优秀毕业生回本地任教，吸引外来优秀人才在本地长期任教。当下，高中教师普遍承受着比较大的教学压力，用待遇留住人，用待遇吸引人，有利于保障地区教育人才资源的稳固。

最后，增加教师专项培训的经费投入，加大培训力度和考核力度，提升教师专业素养和能力，助力教师向专业化发展。在推进教育现代化的进程中，教师素养和能力的提升必须与时俱进，尤其是教师对信息化设施设备的学习意识和应用能力必须实现看得见的提升。有充足经费确保的专项培训、有大力度考核的专项培训，有望协助学校走出传统的"大波轰"听报告培训的路径依赖。对标"促进信息技术与教育教学实践深度融合，推动课堂革命，创新教育教学模式，促进育人方式转变，支撑构建'互联网+教育'新生态"，全体一线教师是责任主体，是实践更加公平、更有质量的教育的行动主体。

第二，多部门联合，建立督导机制，监测教育投入实效。各级教育督导部门在尊重差异的基础上，建立学校督导与评价常态化制度，对学校开展发展性督导评价，把学校校舍资源建设、师资队伍保障、教育经费保障和使用情况纳入对学校办学水平评价、区级政府履职的督导范围，对发现的问题开展问责和限期整改。多部门联动督导监测，从外部实现有力支撑，确保教育投入在时间、数量、效用等方面的落实情况，为提高普通高中办学水平、促进普通高中持续健康发展、充盈学生生命底色、建设良好区域教育生态打牢经济基础。

2. 增强政策支持力度

有关教育的政策涵盖范围较广，这里主要围绕"教师"这一学校教育教学最重要的资源展开。在普通高中，教师的工作时间相对比较长，工作强度比较大。如何用好相关政策，积极争取政策支持，优化教育生态，从而激活教师的工作内驱力，激励其专业发展，增强其工作获得感？

第一，科学研判，切实实施职称评聘机制和编制管理制度。我们在调研中发现，职称评聘难题在各年龄段教师中都存在。这成为制约教师专业发展的因素之一，成为教师外流和职业倦怠的原因之一。受单位"名额"限制，很多45岁左右的优秀教师多年没有申报高级教师的机会，停留在一级教师队伍中。职称"名额"从何而来？同时，我们发现，"借调人员"在很多单位是不容忽视的群体。借调主要分外系统借调和本系统借调两大类。因编制不得调入，"没资格"在借用单位评高一级职称，也"没条件"在原单位评，在绩效工资考核中也无法实现"同工同酬""多劳多得"，一般还会被原编制所在单位"指望及早调出，留出空编和空岗给其他教师"。

这一方面需要教育内部完善相关制度及管理，有勇气、有智慧地改革现有的职称评聘制度，敢于清理系统内部、单位内部的"僵尸"编制，畅通一线教师的职称评聘通道，并以教师的实际工作岗位和工作实绩为准，落实绩效等单位内部的考核待遇。另一方面需要主动争取人社局等部门的支持，以有利于教育事业发展的原则，设置各级职称指标，包括教科研部门的职称结构和编制，适当提高中小学中级、高级教师的岗位比例，切实满足国家和省有关编制、职称等各类指导性要求。

第二，健全教师补充机制和优化人才评选、激励机制。随着新高考方案的落地，各校在教师资源配置上出现不均衡的现象：部分高中学科专业教师的数量不够充足，无法满足选课走班教学的需要；多数学校教师的平均年龄为50岁，教师的年龄结构不甚合理……及时补充高质量的师资,不应受编制数量的局限,教育的发展容不得等待。按需配备的教师补充机制亟待健全。

优化人才评选机制和激励机制,实现绩效工资内部分配向优秀人才倾斜、优秀人才专项考核奖金总量增加。一方面,推动教师个人的专业发展,增加优秀人才的荣誉感和归属感;另一方面,实现正向引领,推动区域内教师"向优"生长,实现团队发展。这在一定程度上也可以防止"人才外流"现象的发生,实现"政策留人""政策发展人"的功效,有利于达成普通高中教师"数量充足、结构合理、素质优良、相对稳定"的队伍建设目标。

3. 健全评价机制

教育评价的问题,从根本上看,既是教育价值的坚守与提升,也是教育价值的认知和阐释。教育评价不以评价本身作为最终目的,而是将其作为发展人的重要手段,是促进师生得到完整发展的一个路径,促进他们成为具有更完整生命的人。对学生、对教师、对学校开展评价的前提,应是为师生提供更好的发展空间和发展目标,指引其在学校教育中获得各种能力,更好地适应未来和创造新的未来。

第一,树立正确政绩观和科学教育质量观。中共中央、国务院《关于深化教育教学改革全面提高义务教育质量的意见》中,首次以中共中央的名义提出"树立科学教育观、正确政绩观"。2021年《义务教育质量评价指南》和2022年《普通高中学校办学质量评价指南》中均突出"正确政绩观和科学教育质量观"。聚焦新时代,在科学教育质量观与人才成长观引导和统领下的教育评价,才能最大限度地发挥教育评价的积极功能。

第二,系统建构符合本地教育发展的发展性教育评价体系。随着普通高中综合改革的不断深入、高考方案的调整,学校原有的生态发生了可喜的变化。我们也看到,目前高中教育评价机制中,对教师的评价方式,在某种程度上助长了教师的功利性价值追求。建议根据《普通高中学校办学质量评价指南》的精神,科学制定对学生的评价、对教师的评价、对学校的评价,将功利性评价转变为价值性评价,将竞争性评价转变为发展性评价,将行政性评价转变为诊断性评价……连续跟进、发现、诊断、反馈、改进,让评价由外部的压力指标变为教育的内生力量。

比如,建立对教师的评价制度。首先,建立一个合理的结构,囊括教师的师德、教育实绩、工作量、个人素养、个人专业成长、对单位的贡献等因素,根据不同发展阶段教师的发展特征,制定合适的结构比例。其次,研究、提取能够体现上述因素的过程性表现指标,包括学生、同行、家长的评价,及时形成教师专业发展档案。最后,对相关因素及条目合理赋分。通过多元评价、过程积分的方式发挥评价"指挥棒"的作用,让教育评价更科学、更有力地推动教育的高质量发展。

4. 提高校长水平

教育高质量发展,最终都要在学校这个平台落地和受到检验。课程是学校教育教学的核心载体,规范执行学校的课程计划是实现学校教育目的的基本保障。在高质量发展的时代背景下,普通高中校长的课程领导能力和管理能力尤为重要,直接关系到高品质高中的建设进程和质效。

同时，普通高中学生正处于从未成年走向成年、初步选择未来发展方向的特殊阶段，处于世界观、人生观和价值观形成的关键时期。高中学生在高考综合改革中面临学习和考试等诸多选择，学校开设丰富多样的课程，有利于学生在多样化活动中有选择地发展自己的兴趣特长。这一时期，校方开展理想、心理、学习、生活、生涯规划等方面针对性的指导，有利于学生的"身心共健"。一个优秀的校长，应当是"依照普通高中课程方案，合理安排三年各学科课程，开齐开足体育与健康、艺术、综合实践活动和理、化、生实验等课程，完善学校课程管理"的校长，同时，应当是把教师队伍建设摆在教育高质量发展重要位置上的校长。

第一，健全校长选用机制，公开选优配强校长。校长发展的高度决定着学校发展的高度，影响着学生的人生轨迹和学校的品位。首先，按照《普通高中校长专业标准》完善适用本地区的校长选用标准，融入职业操守、人格和格局、专业素养、创新能力、课程课堂变革能力、学校管理能力等要素。校长须具有融合发展意识等大教育理念，承担学科本体、教学伦理、道德发展、反思性等教育价值建构任务，能领导教学，发展自我和他人，带领学校向多样化、特色化办学发展。其次，公开校长选用方式——内部推选、外部选派、竞争（聘）上岗与公开选拔（聘）相结合。一方面，仅靠上级一纸行政命令的校长无法真正领导别人；另一方面，公开校长选用方式也让有能力、有抱负的人有奋斗的目标和展示抱负的机会。

第二，完善校长培训体系，全面提升校长综合素质。《普通高中学校办学质量评价指南》提出，要"提高校长管理能力和教育教学领导力"。目前，各地都有针对校长的培训，但相对而言，还有很大的提升空间，如培训项目体系的进一步完善、培训工作体系的进一步健全、培训内容的连贯性、培训质量评价标准的统一性……首先，建议加强校长培训的分类和分层设计，建设系列化、层次化、递进式的培训体系，适应不同层次、不同类别、不同地区的校长培训要求。其次，动态构建适配校长在不同专业成长阶段需要的能力结构课程标准体系，并将培训情况融入培训课程的目标制定、内容设计和评价反馈过程之中，实现课程内容的结构模块化。对接普通高中教育高质量发展的关键命题，解决教育教学和学校管理中的现实问题。最后，设计并形成科学、可行的校长培训质量评价指标体系，设计具体的评价程序与方法。校长培训体系的完善，助力校长领导力的系统构建和校长队伍专业化建设水平，为教育高质量发展提供内部管理支撑度。

当然，更新校长任期考核、绩效评价和退出机制等都是敦促提高校长水平的因素。教育的高质量发展离不开良好的社会生态等，但校长是聚焦教育教学的建设意义、发展意义和未来意义的学校层面的掌舵人，是建设多样化、有特色、高质量的普通高中发展格局的关键人物，是形成"突破性"思路、摸索"适宜性"举措、打破"最掣肘"瓶颈的关键人物，是让学生的价值成长与国家的价值培育能深度耦合的关键人物。校长能带领师生朝向英国教育家阿尔弗雷德·诺思·怀特黑德（Alfred North Whitehead）所勾勒的教育唯一主题——"五彩缤纷的生活"迈进。

（启东市教师发展中心 瞿俊泉）

表4-48为普通高中教育高质量发展的问题导向、症结探析与政策建议汇总表。

表 4-48 普通高中教育高质量发展的问题导向、症结探析与政策建议汇总表

问题点 (战略重点的研究方向)	参考值 (高质量发展的国家意志)	南通、镇江、宿迁数据的研判阐释 (综合数据的研判阐释)	症结探析 (实事求是、刨根问底)	政策建议 (问题解决的策略、路径)	研究成果的政策性转化
教育理想缺位：普通高中高质量发展的价值隐忧	《国务院办公厅关于新时代推进普通高中育人方式改革的指导意见》指出："全面贯彻党的教育方针，落实立德树人根本任务，发展素质教育，遵循教育规律，围绕发人凝聚人心、完善人格、开发人力、培育人才、造福人民的工作目标，深化育人关键环节和重点领域改革，坚决扭转片面应试教育倾向，切实提高育人水平，为学生适应社会生活、接受高等教育和未来职业发展打好基础，努力培养德智体美劳全面发展的社会主义建设者和接班人。"	关于"普通高中高质量发展的核心要义"，57.14%的教师认为是"实现学生的最优发展"，25.00%的教师认为是"提升教师的职业幸福"。 关于"普通高中高质量发展的核心表征"，39.29%的教师认为是"学生满意度高"，25.00%的教师认为是"教师幸福感强"。这表明：学生的最优发展和教师教育高质量发展是衡量教育高质量发展的重要指标，这也从另一个侧面反映了当下高中教育在这两方面的严重缺失。高质量的普通高中教育必须坚决扭转片面应试教育倾向，重建以人为本的教育价值观和质量观。	长期以来，在"应试教育"大潮"升学"仍然是考核、评价一所高中办学质量的核心指标。在这种背景下，校长"聚精会神抓升学"，很少有时间可以前瞻性地系统的思维长远设计规划学校的长远发展。在教育高质量发展的宏观背景下，描绘学校未来发展蓝图，谋划学校发展的特色发展和长远发展既是校长决策的重要使命，也彰显着校长的顶层设计能力。	学校发展规划是学校办学的指南针和路线图，是依法治校、规范办学、科学管理、实现教育高质量发展的前提与基础。优秀的学校发展规划必须体现专业品格，着眼长远，体现以专业精神追求学校未来发展，确立学校的办学境界，规划学校的发展目标，提炼学校的办学特色，提升学校的规划水准。发掘整合学校发展所需的资源，拓展学校的生存空间，落实学校的发展措施。校长在制订学校规划时，首先，要认真研读政策文件，把握教育变革路向；其次，要重视调查研究，正确把握自身条件；再次，要充分论证可行性、确立特色；最后，要制订行动纲要，确保过程稳健、高效。当然，校长精心设计的规划，"必须是"跳一跳能摘到的果子"，否则，规划到的各种作用都将无法体现。	—

续表

问题点（战略重点的研究方向）	参考值（高质量发展的国家意志）	南通、镇江、宿迁数据（综合数据的研判阐释）	症结探析（实事求是，刨根问底）	政策建议（问题解决的策略、路径）	研究成果的政策性转化
教育投入不足：普通高中高质量发展的现实苦痛	《"十四五"县域普通高中发展提升行动计划》指出："实施县中标准化建设工程。国家修订普通高中学校建设标准，完善普通高中学校建设要求，更好适应新高考综合改革和普通高中育人方式改革需要。继续实施改善普通高中办学条件重点支持改善普通高中基本办学条件项目，重点指导本地县中特别是原国家级贫困县中薄改项目实施方案，切实加大地方财政投入，确保如期完成标准化建设。原则上常住人口5万人以上或初中毕业生2000人以上的县，建设1所普通高中。严格标准建设经费豪华学校。实施普通高中网络联校全覆盖，上线上教育教学资源建设与应用工程，加快提升县中教育保障体系和水平，进一步推进优质教育资源共享。""消除大班额。各地要控制大班规模，普通高中大班额，加大消除普通高中大班额力度，全面实施规划专项，实施"	问卷调查结果显示：68.45%的教师、73.95%的校长（副校长）、66.10%的教科研人员、71.34%的教育行政管理人员认为"教育投入不足"是制约普通高中质量发展的首要问题。南通地区42.97%教师对普通高中教师的工资待遇现有的工资待遇感到满意，但教育经济发达地区，这显然与地区经济发展情况是紧密相关的。但教育行政管理人员（57.93%）对高教师的工资待遇仍然是激发教师教育活力的重要手段。这表明：就目前现状而言，各普通高中硬件设施均不够理想。普通高中生活设施、教学设备、功能教室、运动场所等方面投入严重不足，普通高中硬件水平很难适应以互联网、大数据、5G通信和人工智能为代表的时代发展需求。因此，升级设施配备，加强专业培训，强	教育投入不足，教育经费有现实主要表现为：校园管理老旧、各类功能教室不全、运动场所（器材）不足、食宿条件不达标、校园条件不具备等。2020年教育部《关于加强"三个课堂"应用的指导意见》中指出："促进信息技术与教育教学实践深度融合，创新教育教学模式，促进育人方式转变，支撑构建"互联网+教育"新生态，发展更加公平更有质量的教育，加快推进教育现代化。""三个课堂"在"十四五"期间，要实现"三个课堂"在中小学校的常态化按需应用，建立健全大面积优质教育资源有效服务机制，开齐开足开好课的问题得到根本改变，课堂教学质量显著提高。	增加投入，切实完善保障机制，压实教育主要责任。习近平总书记在2018年全国教育大会上指出，要"坚持把教育事业作为推动党和国家各项事业发展的重要先手棋"。若增加教育投入不落实，优先发展教育就只停留在口号上。当前，普通高中教育进入了以提高质量为重点的内涵发展新阶段，需要强化政府责任，坚持问题导向，优化布局，系统推进；相关部门应认同高度统一，协同配合，力量统筹。第一要点是对标落实《关于新时代推进普通高中育人方式改革的指导意见》《普通高中学校质量评价指南"三个课堂"应用的指导意见》《"十四五"县域普通高中教育发展提升行动计划》中有关办学条件的各项要求。	—

续表

问题点（战略重点的研究方向）	参考值（高质量发展的国家意志）	南通、镇江、宿迁数据（综合数据的研判阐释）	症结探析（实事求是，刨根问底）	政策建议（问题解决的策略、路径）	研究成果的政策性转化
教育投入不足：普通高中高质量发展的现实苦痛	消除56人及以上大班额。对现有的大规模学校，各省（区、市）要结合实际制订规范压减大规模学校方案，积极稳妥化解大规模学校，积极妥善化解大规模办学，优化校园资源配置和功能结构，有效改善教学条件和学生学习生活环境；严禁随意撤并县中，防止出现新的大规模学校。新建普通高中新入学年级班额不得超过55人，新建普通高中学校规模不得超过3000人。"提高县中经费投入水平。各地要进一步加大普通高中教育投入力度。各省（区、市）要核定普通高中办学成本，适应经济社会发展水平，建立完善普通高中生均公用经费标准定期调整机制，适时提高普通高中生均公用经费水平，省、市两级要加大对大发达县区经费投入，确保县中生均公用经费足额拨付到校。继续实施好国家助学金和免学杂费政策，确保家庭经济困难学生顺利完成学业。"	化应用意识已成为人们的普遍共识，必须予以高度重视，积极妥地实施整体推进策略。各地普通高中应结合新形势下符合新课程标准的实验、实践类场馆，重视物理、化学、生物通用技术、艺术专用功能教室的建设与利用，同时，大数据、5G技术等，进一步缩短苏南与普通高中硬件方面的差距，更好地服务于教育教学，提高教育教学水平。此外，加强待遇优化的工资待遇水平，生活保障条件，分配机制改革等等。要尽可能缩小区域之间的整体待遇差距，让广大一线教师教得安心、教得舒心，教得更有信心。	第二，软件要素。这主要表现为：教师资源配置不均衡，不充足，部分学科专业教师数量得不到保障，更无法满足选课走班教学的需要，部分学校特色的发展受到影响；保障措施不到位，影响学校办学特色的发展，学校办学特色的形成，这也是部分生源优秀教师和优秀校长流入其他经济发达地区的原因之一，更是学校不能吸引外来优秀人才长期任教的重要原因。	第二要点是看到五年甚至十年后办学教育教育发展的需求。结合教育区域理念，价值追求，定标准、机制、列计划，尤其是学校建设和人才资源环境建设的稳定。第三要点是落实督导、进一步健全制度建设。各级教育督导部门在尊重学校履职基础上，建立常态化督导评价机制，对学校开展发展性督导评价，把学校办学资源开展情况纳入督导范围，对发现的问题多部门联动督导整改，为提高普通高中办学水平，促进普通高中牢盈发展，健康发展，建设良好生态，打牢区域经济教育生态基础。	—

续表

问题点（战略重点的研究方向）	参考值（高质量发展的国家意志）	南通、镇江、宿迁数据（综合数据的研判阐释）	症结探析（实事求是，刨根问底）	政策建议（问题解决的策略、路径）	研究成果的政策性转化
教育评价落后：普通中高质量发展的制度藩篱	《普通高中学校办学质量评价指南》指出："把立德树人成效作为根本标准，坚持以学生全面发展为核心，聚焦普通高中学校办学质量，构建普通高中学校办学质量评价体系。评价内容包括办学方向、课程教学、教师发展、学校管理、学生发展等5个方面，共18项关键指标和48个考查要点。""要结合实际优化评价方式方法，不断提高评价工作的科学性、针对性和有效性。（一）坚持结果评价与增值评价相结合。（二）坚持综合评价与特色评价相结合。（三）坚持外部评价与自我评价相结合。（四）坚持线上评价与线下评价相结合。"	问卷调查数据显示：55.72%的教师、63.87%的校长（副校长）、57.63%的教科研人员、63.41%的教育行政管理人员认为"评价机制落后"是制约普通高中高质量发展的主要瓶颈。教育评价是一项世界性、历史性、实践性难题。应试观念较严重，评价制度偏落后，评价方式单一，科学导向不足是普通高中区域评价的主要特征。	基础教育是一根完整的链条，教育评价和社会观念有着千丝万缕的联系。且看初中校长在问卷中的认识：当前最高家长改变的是家长的教育观念（80.98%）、学校的教育政绩观（72.68%）、政府的教育政绩观（56.83%）、社会的人才观（56.83%），教师的教学观（51.71%）。从某种程度上理解，学校、教师、家长、社会任很大程度上受教育政府政绩观的影响。	更新观念，系统构建评价体系，接续推进教育评价改革。从根本上看，教育评价改革的问题，既是价值观的坚守与提升，也是教育评价的认知和阐释。评价值的前提是应为学生任学校教育中获得各种能力，更好地适应未来和创造新的未来。2019年，中共中央、国务院《关于深化教育教学改革全面提高义务教育质量的意见》中，首次以中共中央名义提出"树立科学的育人质量观，正确政绩观"，突出"正确育人质量观，从政府到社会各界，都树立科学的教育质量观与人才成长观，从而引导和统领对学生的	2022年8月29日，南通市教育科学院参加江苏省前瞻性教改重大项目启动会，领衔"江苏基础教育高质量发展体系的内涵、重点及实现路径的研究"子项目"增值性教育评价模式的区域性建构研究"。如皋市教育局陆续出台普通高中、义务教育学校教学质量综合考评方案。该方案以增值性评价为主要评价方式，实践状况良好。

215

续表

问题点（战略重点的研究方向）	参考值（高质量发展的国家意志）	南通、镇江、宿迁数据（综合数据的研判阐释）	症结探析（实事求是、刨根问底）	政策建议（问题解决的策略、路径）	研究成果的政策性转化
教育评价落后：普通高中高质量发展的制度藩篱	—	—	—	评价，对教师的评价，对学校的评价，从而最大限度地发挥教育评价的积极功能。各区域系统建构教育评价体系，必须聚焦"新时代"，进一步强调全面贯彻党的教育方针，落实立德树人根本任务。实施面向未来、改革面向未来。陈宝生部长曾说："教育评价改革是一场革命，一场影响教育发展方向的革命。"教育评价不能以评价本身作为最终目的，而是要将其作为发展人的重要手段，提供完整的跑道，让师生得到完整的发展，促进他们成为具有更完整生命的人。各地应根据《普通高中学校办学质量评价指南》的精神，制定符合本地教育发展的发展性评价体系，更新评价方法，将功利性评价转变为价值性评价，将竞争性评价转变为发展性评价，	—

216

续表

问题点 (战略重点的研究方向)	参考值 (高质量发展的国家意志)	南通、镇江、宿迁数据 (综合数据的研判阐释)	症结探析 (实事求是、刨根问底)	政策建议 (问题解决的策略、路径)	研究成果的政策性转化
教育评价落后：普通高中高质量发展的制度藩篱	—	—	—	将行政性评价转变为诊断性评价……连续跟进、发现、诊断、反馈、改进，让评价由外部的压力指标变为教育的内生力量。强化教育督导考核评价，让教育督导评价更科学、更有力地推动教育的高质量发展。	—

续表

问题点（战略重点的研究方向）	参考值（高质量发展的国家意志）	南通、镇江、宿迁数据（综合数据的研判阐释）	症结探析（实事求是，刨根问底）	政策建议（问题解决的策略、路径）	研究成果的政策性转化
教育队伍薄弱：普通高中高质量发展的人才困境	国务院办公厅《关于新时代推进普通高中育人方式改革的指导意见》指出："加强教师队伍建设。各地要进一步加大编制统筹配力度，于2020年底前完成普通高中教职工编制核定，适应普通高中绩效工资总量分配办法，并完成普通高中绩效工资核定。各省（区、市）要适当倾斜，重点完善教师培训方式，实施、核新教师新课程和走班教学指导能力。"《十四五"县域普通高中发展提升行动计划》指出："加强教师队伍建设。提升校长教师管理水平，促进县中优秀人才合理流动，防止县中优秀教师流失；加大县中教师补充力度，优化教师资源配置，加强教师培训，保障教师待遇，努力建设一支数量充足、结构合理、素质优良，相对稳定的县中教师队伍。"	近三分之一的教育行政管理人员认为普通高中教师队伍建设机制老旧，队伍结构一般；80%的高中校长（副校长）认为，校长最重要的能力是思想引领和组织管理。在校长角色定位上，定位为服务实践型校长创业绩校长（副校长）最多，占比46.22%；定位为创新改革型的（副校长）最少，占比只有17.65%。在国家课程实施和管理中，为了提高学校教学质量或打造办学特色，每周灵活增减2课时以上的校长（副校长）占64%，不会灵活增减课时的校长（副校长）只占15.97%。32.08%的教育行政管理人员认为本地区普通高中高质量发展最大瓶颈是"教育结构的发展最不平衡"；39.62%的人认为本地区优秀人才外流严重；47.83%认为本地区普通高中人员认为本地区普通高中政管理人员认为本地区普通	"一个好校长就是一所好学校。""校长是教师的教师。"2015年2月，教育部制定并印发了《普通高中校长专业标准》，这是教育部把校长的专业细化为专业规范，办学职责基本条件，也是前提条件。校长办学特色不能停留在服务态度、才能做好服务；开足开齐国家课程能成为每所学校的口号，一耳熟能详。高中学生正处于从未成年走向成年、初步选择未来发展方向的特殊阶段，处于世界观、人生观和价值观形成的关键时期，在面临学习和考试改革中面临学习多选择，迫切需要学校开展理想信念、生涯规划、心理等方面有针对性的指导，以助力提高招生学实效，并助力高中学生树立正确理想信念，正确认识自我，处理好个人特长兴趣与	健全校长选用机制，完善校长培训体系，更新校长考核机制陶行知先生曾说，"要评论一个学校，先要评论它的校长"。2019年，中共中央、国务院印发的《中国教育现代化2035》明确指出，要"充分发挥基层特别是各级各类学校的积极性和创造性，鼓励学校发展活力，富有效率，更加开放，有利于高质量发展的教育体制机制"。校长的职业操守、人格精神，文化与学校的品质。校长发展关乎学校发展的高度，决定着学校发展的品质，影响着学生的人生轨迹和学校的品位。首先，健全校长选任机制，公开选优、配强校长。特色化发展，必须清除政客型校长，书生型校长经验型校长，按照《普通高中校长专业标准》选优、配强校长这样的校长：政治	—

续表

问题点（战略重点的研究方向）	参考值（高质量发展的国家意志）	南通、镇江、宿迁数据（综合数据的判别阐释）	症结探析（实事求是，刨根问底）	政策建议（问题解决的策略、路径）	研究成果的政策性转化
教育队伍薄弱：普通高中高质量发展的人才窘境	"提高县中教师能力素质，加强师德师风建设，切实增强县中教师教书育人的使命感和责任感。加大县中校长和教师培训力度，教育部组织开展县中校长和教师示范培训，省级组织县中校长培训，普通高中新课程新教材实施和高考综合改革新方法新技术应用为培训重要内容，注重加强政策解读和案例教学，大力实施优秀教学成果应用计划，不断提高校长办学治校能力和教师教育教学水平。地方各级教研部门要配齐普通高中学科专职教研员，有针对性地加强对县中教育教学工作的研究与指导，为促进县中教师专业成长和教育教学改革提供有力支撑与服务。"	中教师队伍建设机制老旧，太差，队伍结构一般，甚至严重。58.69%的人认为所在地区普通高中"教师减负"未见任何举措。50.08%的一线教师对自己现有的工资待遇不够满意，工作氛围感到积极、快乐的人仅占21.98%，对学校满意的也仅有30.31%。	社会需要的关系，增强对未来发展方向的自主选择能力。学生成长丰富的、由内而外的螺旋上升的过程，是一段对内任需求不断认识和充实的旅程。校长队伍应是一支政治过硬、业务精湛、治校有方的队伍，要把握办学方向，提升办学高度，培养一批好教师，让学校成为学生生命成长中最富阳光的地方。	过硬、品德高尚的校长，能传承担学科本体、教学伦理、道德发展、反思性等教育价值建构教学和课程的校长，具有教学意识和国家发展意识等大教育理念的校长，具有敢于融合发展意识的校长，具有独理和探未开化的边疆创新精神的校长，具有独特管理风格，独思想、独特魅力的校长……澳大利亚于2011年7月引领的"国家校长专业标准"主要基于三项领导力要求：愿景与价值观；知识、社会和沟通能力；个人素质。实践领域：领导教学，发展自我和他人，引领改进，创新和变革，领导学校管理，参与社区工作。校长选任可内部推选、外部公开选拔、竞争上岗相结合；上级行政命令校长与公开选拔，仅靠上级一纸行政命令的校长无法真正领导学校，另一方面，公开校长选用方式也能让有能力、

219

问题点 （战略重点的研究方向）	参考值 （高质量发展的国家意志）	南通、镇江、宿迁数据 （综合数据的研判阐释）	症结探析 （实事求是,刨根问底）	政策建议 （问题解决的策略、路径）	研究成果的政策性转化
教育队伍薄弱：普通高中高质量发展的人才窘境	—	—	—	有抱负的人有奋斗的目标和展示抱负的机会。首先，《普通高中学校办学质量评价指南》提出，要"提高校长教育管理能力和教师教学领导力"。系统实施校长治校育人提升工程，开展高质量的校长培训、人职培训和在职研修。以育人方式变革为主线，以深化课程教学改革为抓手,凝练学校的特色教育内涵，不断扩大校长办学格局和视野，持续完善校长培养计划建设，提升校长的专业能力、创新教育发展理念,优化学校治理能力、教师队伍建设能力,创新人才培养能力,对标梳理问题,诊断问题,调配各类资源的能力……凝聚多方合力,推进普通高	—

续表

问题点 （战略重点的研究方向）	参考值 （高质量发展的国家意志）	南通、镇江、宿迁数据 （综合数据的研判阐释）	症结探析 （实事求是，刨根问底）	政策建议 （问题解决的策略、路径）	研究成果的 政策性转化
教育队伍薄弱：普通高中高质量发展的困境	—		—	中教育的高质量发展。最后，更新校长任期考核、绩效评价和退出机制。对照区域校长专业标准，创设校长锤炼平台，更新办学的种种标准，激发校长积极性和创造性，发展有效的教育领导力，解决今天的教育问题，为明天的教育系统发展。 当然，校长不是万能的，教育的高质量发展离不开良好的社会生态等，但校长是聚焦教育教学的建设意义、发展意义和未来意义的学校层面的掌舵人，是建设多样化、有特色、高质量的普通高中发展格局的关键人物，是形成"适宜生"思路，打破"最掣肘"瓶颈的关键人物，是让学生的价值培育成长与国家的价值培养能深度耦合领向英国教育怀领海所勾勒的教育唯一主题——"五彩缤纷的生活"迈进。	—

续表

问题点（战略重点的研究方向）	参考值（高质量发展的国家意志）	南通、镇江、宿迁数据（综合数据的研判阐释）	症结探析（实事求是，刨根问底）	政策建议（问题解决的策略，路径）	研究成果的政策性转化
特色课程稀缺：普通高中高质量发展的路径局限	《国务院办公厅关于新时代推进普通高中育人方式改革的指导意见》指出："全面实施新课程、使用新教材。各省（区、市）要结合推进高考综合改革，制定普通高中新课程实施方案，2022年前全面实施新课程、使用新教材。组织开展国家级示范性培训、校长教师全员培训和中西部贫困地区专项培训。遴选一批新课程培训基地学校，开展校长跟岗学习、交流和跟进。遴选一批新课程新教材实施示范区示范校，发挥引领带动作用。""完善学校课程管理，开齐开足各类课程，合理安排三年各学科课程，开齐开足体育与健康、艺术、综合实践活动等课程。加强学校特色课程建设，积极开发校本课程。积极开展阅读、写作、演讲、科技创新等社团活动。鼓励普通高中与中等职业学校课程互选、学分互认、资源互通	教学改革始终是教育高质量发展的最大动力。对教科研人员的调查结果表明，本地区新形势下教学改革的探索刚起步，初见成效。但是距核心素养发展要求及高考改革的新需求还较大，必须加大力度，奋力攻关。特别要在"五育"体系的建构，课堂教学方式改革，现代信息技术融合应用，多元评价标准的设置，新课程新教材的创造、落实现上实现新的突破和新的建树。调查结果显示，校长和教科研人员在对学校办学特色的理解和认识上还是比较准确到位的，他们都主张通过增强学校的育人功能来进一步"发展学生的个性特长"，更好地提升学生的核心素养，从而落实立德树人这一根本任务。	推动基础教育高质量发展，学校是主体，课程是关键的实施阵地。只有积极的课程教学发生变化，教育取得良好效果，才能取得学校办学的关键性发展。校长对学校办学水平和人才培养质量至关重要。校长课程领导力的课程建构重体现为校长的课程管理能力，这一能力应当包括三种层次：一是对国家课程校本化实施的能力；二是对学校特色课程体系建构的能力；三是对三级课程管理评价机制的建构能力。校长的课程建构能力还是对校长专业水平及新时期校长核心竞争力的体现，是学校内部发展动力的主长期以来，受外部评价导向及主知、前瞻意识等诸多因素的影响，不少高中校长并没有真正理解普通高中课程的本质内涵，准确认识	校长要努力提升课程建构能力，积极领导规划、创设课程改革的环境与条件，有效开发、整合各类课程资源，有针对性地开展学校课程改革评价，带领团队进行课程教学研究。具体来说，应当着重做好以下几点。第一，正确认识普通高中教育教学的关键，转变教育教学人员的思想观念。校长要树立正确的育人观，落实新时代让学生拥有的培养目标，即要让学生掌握的基本技能及相关知识，还要让普通高中的核心素养得到积极的生长与发展，如劳动观念与积极的生活方式等。第二，要建于"五育"并举的育人体系。学校要开齐开足普通高中必修课程，重视普通高中选修性必修课程建设，丰富选修	—

续表

问题点（战略重点的研究方向）	参考值（高质量发展的国家意志）	南通、镇江、宿迁数据（综合数据的研判阐释）	症结探析（实事求是刨根问底）	政策建议（问题解决的策略、路径）	研究成果的政策性转化
特色课程稀缺：普通高中高质量发展的路径局限	促进普职融通。严格学分认定管理，对未按课程方案修满相应学分的学生，不得颁发高中毕业证书，加强课程实施监管，落实校长主体责任，强化责任追究。《普通高中学校办学质量评价指南》指出："二是课程教学实施，包括落实课程方案，规范教学实施，优化教学方式，加强学生发展指导和完善综合素质评价等5项关键指标，旨在促进学校严格落实国家课程方案，健全教学管理规程，深入推进育人方式改革，健全学生发展指导机制，完善综合素质评价实施，规范综合素质评价实施，整体提升教育教学质量。"	但从教师、校长和行政的反馈来看，本地区学校特色办学大多处于起步阶段，面临诸多的问题与困惑，需要在积极有效的行动中逐一破解，不断完善。	课程的价值意蕴，科学把握课程的实施要略。在这种情况下，自然无法有效实现国家课程的校本化转变，又无法有效构建自己的特色课程体系，更无法有效创立三级课程管理评价机制。	课程，特别是有特色的校本课程；坚持高考文化课程与体育健康教育、艺术教育、劳动教育、职业生涯教育等协同发展，注重学生的全面发展。校长要以新一轮普通高中综合制度改革为契机，研究并完善普通高考招生制度改革和普通高中评价体系，进一步加强理科实验教学，实践类课程，体育艺术及劳动教育等课在普通高中评价体系中的权重，最大限度地促进学生的个性发展与全面发展。	—

续表

问题点（战略重点的研究方向）	参考值（高质量发展的国家意志）	南通、镇江、宿迁综合数据（综合数据的研判阐释）	症结探析（实事求是，刨根问底）	政策建议（问题解决的策略、路径）	研究成果的政策性转化
课改活力消退：普通高中高质量发展的动能制约	《国务院办公厅关于新时代推进普通高中育人方式改革的指导意见》指出："深化课堂教学改革。按照教学计划循序渐进开展教学，提高课堂教学效率，培养学生学习能力，促进学生系统掌握各学科基础知识，基本技能、基本方法，培养适应终身发展需要的正确价值观念、必备品格和关键能力。积极探索基于情境、问题导向的互动式、启发式、探究式、体验式等课堂教学，注重加强课题研究，认真开展验证实验和探究性实验教学，提高作业设计质量，适当增加探究性、综合性作业。积极推广应用优秀教学成果，推进信息技术与教育教学深度融合，加强学习和探究指导。"	校长是学校课改课堂教学改革第一推动者，课改活力的激发、动能的积聚都有赖于校长的科学引领和系统筹划。调查显示：32.77%的人认为高中校长最重要的能力是组织管理能力，47.06%的人认为是思想引领能力，19.33%的人认为是课程领导力。课程作为教育教学高质量发展的核心载体，校长的课程领导力无疑是十分重要的。"作为校长，您投入时间和精力最多的是哪项工作？"57.14%的人认为是"管理学校工作"，这说明在大多数校长心中，教育教学管理工作仍然是所有校长工作的中心工作。13.45%的人将校长最重要的工作任务定位于打造学校的社会影响，8.40%的人定位于取得优异的高考成绩，70.59%的人定位于守	一是处于教育高地的自我抵砺。近二十年来，南通教育以（高考）质量求发展，南通教育人特别是学校管理者，已经历了多年实践后形成的高质、有效的管理模式，办学质量可圈可点。在面临国家决策时，面对形成的成熟的做法和经验的国度决策时"怎么干就不再去想"、"等待、观望"，抗拒，等待、观望的行为可以挂在嘴上，"写好报告"的"育人目标"，但任在心深处，大部分或者说绝大多数校长，仍然不能挣脱"高考竞争"的镣铐，对分数仅"高考"行为的追求，不仅仅其教育行政领导尤其教育行政管理人员，更是束缚了校长的办学行为	深化学校教育教学改革，协同推进普通高中多元化发展。第一，正确认识普通高中培养人员及变学校教育教学人员包括教科研人员（副校长），教育行政管理人员及教师的思想观念。树立立德树人根本任务，适应新时代普通高中要求受教育者要掌握适应时代发展需要的基本技能及相关知识，还要有顽强的意志，健康的审美情趣，正确的劳动观念与积极的生活方式等引导核心素养相关要求，形成正确的认识。第二，基于核心素养的育人体系，开足开齐普通高中必修课程，丰富选择性必修课程建设，丰富特色化的校本课程。坚持特色化的高等文化课程	—

224

续表

问题点（战略重点的研究方向）	参考值（高质量发展的国家意志）	南通、镇江、宿迁数据（综合数据的研判阐释）	症结探析（实事求是、刨根问底）	政策建议（问题解决的策略、路径）	研究成果的政策性转化
课改活力消退：普通高中高质量发展的动能制约	—	护学生的健康成长,7.56%的专业发展对课程改革和教师专业发展的忽视似乎已成为当下普通高中普遍存在的一种现象。伴随着课改的消退,普通高中高质量发展的动能正在逐步丧失。	一切围绕"高考",一切为了"分数",把高升学率作为优质教育,教育高质量发展的核心标尺,价值取向,甚至是唯一标准,把"刷题"作为学生主要学习方式。三是对高质量管理理念的熟视无睹。谈及现代学校的管理理念,估计没有哪一所普通高中的校长不能说上一大堆。尤其是对于国家层面的政策文献,经常出现在各种报告上,或者是最新新闻媒体上。"宣传造势,张口就来"已经成为一种常态。尤其是我们看学校文化建设,我张贴到普通高中张贴到学校墙壁上的办学理念,还有"高大上"的口号理念,而真正落实到课程与教学管理实践,办学行为上的着实不多。	与体育健康教育,艺术教育,劳动教育等协同发展,在重视高考成绩的同时,注重学生的全面发展,以新一轮高考招生综合改革和高考为契机,研究并完善普通高中评价体系,进一步加强理科实验教学,实践类课程,体育艺术课程及劳动教育课程在普通高中评价体系中的权重,最大限度地促进学生个性发展与全面发展。第三,以课程建设为抓手,推进普通高中多样化,鼓励普通高中多元化培养模式的培养,满足不同潜质学生的发展需要。进一步明确普通高中育人目标,通过合理建构普通高中学业水平测试及综合评价体系,理顺学生的培养目标,为具有不同潜质的学生的发展提供平台和空间。第四,高考与综合评价相结合的评价体系,进一步重视学生个性化与需求的发展需求,根据发展和生涯教育,进一步重视学生个性化发展和生涯教育,根据发展和生涯教育。	—

续表

问题点 （战略重点的研究方向）	参考值 （高质量发展的国家意志）	南通、镇江、宿迁数据 （综合数据的研判阐释）	症结探析 （实事求是、刨根问底）	政策建议 （问题解决的策略、路径）	研究成果的 政策性转化
课改活力消退：普通高中高质量发展的动能制约	—	—	—	个体差异，提供个性化的环境和课程教育方法等，发挥学生的自主性，促进学生的自我建构和自主发展。第五，重视校本教研，构建科学合理的校本教研体系，激发教师教研的内驱力，注重教研团队建设，真正落实教研服务于教育教学并促进教育教学发展的目标。	—

第五章 案例检视：

基础教育高质量发展的南通实践

第一节 "深化教育改革"政策设计与导向

篇一：推动区域学前教育健康、优质、均衡发展

近年来，南通市各级各类部门高度重视学前教育事业发展，大力推进学前教育改革发展五年行动计划，不断加大投入力度，加强队伍建设，优化资源配置，深化教育改革，提升办学质量，推动学前教育健康、优质、均衡发展。

一、强化顶层设计，建构学前教育队伍建设新体制

1. 健全教师准入机制

一是加强教职工配备管理。根据办学规模，严格园长、教师的资格准入制，加快幼儿园教师的招聘力度，通过公开招聘、定向培养等方式，完善教师准入制度。充分用好免费师范生、乡村教师定向培养等省市政策，每年常态化补充人员，加大公办教师储备力度，完善幼儿教师补充机制。二是建立并举机制。不仅有幼儿园事业编制，还有备案制非事业编人员做补充。探索、试行备案制教师管理和学前教育专业委托培养制度，及时解决因公办幼儿园数量增加而导致的师资缺位问题。在合同制幼师的工资结构里，体现学历的差异，鼓励教师自我进修，提高文化素质。三是趋向幼师专业。在招聘考试中减少非专业教师的准入，并在考试内容上增加对幼儿了解、职业认同、逻辑思维的考核，让学前教育队伍趋向专业化。

2. 推行集团化办学机制

一是创新机制。推行集团化办学，创新幼儿教育集团化办学体制机制，出台《关于全面推进学前教育集团化办园改革的实施意见》，以创新管理机制、优化管理模式、加强教育管理、推动课程研发、深化课堂改革、促进教师交流、推进文化建设、实行统一考核等促进运行。二是建立集团内教师信息资源库。实行教师定期城乡岗位交流制度，推进集团内教师的交流改革。集团联席会议以问题导向，研究解决思路，逐步构建学前教育"雁阵式"发展格局，培育一批具有品牌影响力的幼儿教育集团，全区城乡保教质量全面提升，使幼儿教育资源更加充裕、更加普惠、更加优质，形成具有鲜明区域特

色的幼儿教育新局面。三是发挥名园优势。通过"名园+新园""名园+分园"等多种形式，利用既有资源和社会声誉，组建"1+N"教育集团化管理模式，以总园为核心，辐射放大优质教育效应。根据具体情况积极探索适合自身特点的管理模式，整体推进总园及各成员园的文化建设、品牌创建、队伍成长、管理创新、质量提升等工作，各成员园之间建立全方位的良性互动机制，以提升办园品质。建立区域幼教联盟机制，强化"四统一"管理，即管理统一要求、课程统一设置、教研统一开展、评价统一标准，规范幼儿园教育教学管理，提高办园品位和质量，让更多的幼儿真正享受到学前教育优质均衡发展的成果。

3. 推进乡村振兴机制

一是启动支教试点。城区优质幼儿园派遣优秀园长、教师到民办幼儿园支教，费用全部由财政负担，经过一段时间的试行，取得了明显的效果。为进一步扩大辐射面，提升影响力，政府制定并出台了《公派城区骨干教师无偿支援民办幼儿园管理与师资建设的意见》，教育局出台政策给予支教园长一定的物质上与政治上的待遇。鼓励公办幼儿园骨干教师、优秀管理人员到农村幼儿园任职或支教，到农村幼儿园担任园长或业务园长，支持偏远、落后的幼儿园发展，强化发展引领，促进城乡交流，优化发展质态。通过带、帮、扶，提升乡镇幼儿园的教育教学质量，把城区优质幼儿园先进的管理理念、教学方法植入乡镇幼儿园，努力实现城区优质幼儿园与农村幼儿园"一样的师资，一样的管理，一样的优质"的目标。通过挂职锻炼、轮岗交流等方式，加大城乡干部交流和挂职锻炼的力度。二是建立双向流动机制。除了从市区到乡镇支教外，还要创新从乡镇到市区的交流机制，开展结对交流、定岗学习和帮扶行动，推进均衡化、优质化发展，推进乡村振兴计划。

4. 实行名师引领机制

发挥南通名师优势，充分发挥名师的示范辐射作用，搭建工作平台，组建幼教特级教师团队、名师工作室、名园长工作室、乡村骨干教师培育站，全面发挥其在幼儿园管理、教育保育、教研科研、骨干培养等领域的示范引领作用。既注重骨干教师的培养，又关注弱势教师的专业成长，如青年教师组成的种子站，农村教师组成的培育站，男幼师组成的联盟，非在编教师、新毕业教师的专题培养计划，等等。

二、强化过程监管，建构学前教育保教管理新常态

1. 促进办园管理规范落实

一是严格幼儿园准入制度。认真贯彻落实《幼儿园建设标准》《幼儿园工作规程》等文件精神，组织开展规范办园行为系列行动，开展"小学化"问题专项督查和无证幼儿园专项排查治理行动，全市无"小学化"现象，没有无证幼儿园。通过多形式、制度化的督查活动，不断提高幼儿园的管理水平和保教质量。二是办好民办学前教育。通过正面宣传和肯定，加强引导和鼓励，既要遵循教育规律，又要遵循经营规律。要在遵守法律法规和社会公德的前提下取得合理回报。引导民办幼儿园处理好经济利益与社会效益的关系，处理好远期目标与近期目标的关系，处理好规范和特色的关系。

2. 促进保教评估机制落实

全面贯彻落实教育部下发的《幼儿园保育教育质量评估指南》，建设高质量的南通学前教育体系，切实解决幼儿园保教质量评估存在的"重结果轻过程、重硬件轻内涵、重他评轻自评"等问题，推动南通市各幼儿园建立科学的评估导向，落实科学保教实践，引导教研为幼儿园实践和教师专业成长服务，组建由幼教专干、高校教师、专职教研员、特级教师、园长等专业人员组成的评估小组，抓住教育评价中的关键点和根本点，以江苏省教育科学研究院幼儿教育与特殊教育研究所研发的《幼儿园课程质量评估与提升指导手册》为参考，编制南通市幼儿园保教质量自评指导手册，确保评估工作有标准、有依据，全面促进南通市幼儿园保教质量和教师专业发展水平的提升。

3. 促进督导评估制度落实

建立网格化的学前教育督导机构。配备学前教育专业的专职督导，全面实施责任督学挂牌督导制度，落实园务管理、保教保育、师资队伍、安全管理、卫生保健等要求。每年整合保教质量评估、办园行为督导、幼儿园年检等考评项目，对所有幼儿园组织综合评估，评选先进单位；把督导评估与幼儿园管理绩效评价有机结合起来，实现五年一轮规范办园行为专项督导全覆盖；细化学前教育督导考核体系，实现幼儿园挂牌督导全覆盖；定期开展专项督导和常规性督导，着重关注幼儿园提升质量的努力程度和改进过程；充分发挥质量评估的引导、诊断、改进和激励功能，注重将幼儿园常态化的自我评估与督导部门定期的外部评估有机结合，及时评价、及时反馈、持续改进，推动每一所幼儿园不断提升保教质量，促进依法办园、规范办园。

4. 促进安全防控制度落实

建立健全幼儿园安全风险防控机制，责任明确，落实到位，形成多部门协同、公众参与、法治保障的幼儿园安全风险预防、管控、处置体系。层层落实安全监管责任，常态化地对幼儿园的周边环境、安全管理、食品卫生、消防安全等进行专项检查或随机督查，发现问题督促整改、限时纠正，保障园所安全。

三、强化内涵发展，建构学前教育教研发展新质态

1. 深化教研网络

一是健全教研力量。依托专兼职教研员队伍，充分发挥专兼职教研员在评估过程中的专业引领作用。依托市、区、园三级教研网络运行机制，保证了区域内幼儿园层层有人抓、园园有人管、班班有人指导。建立教研网络，既有集团领衔园的引领，又有对薄弱园的重点关注，如建立小微园联盟，开展专门的研讨和指导，教研活动覆盖到每一所幼儿园的每一位教师。逐年逐项有重点地推进课程游戏化，内容覆盖到课程游戏化的方方面面。对公办优质园、民办园、薄弱园分层指导、个体跟进。

二是落实教研制度。运用沉浸式、跟进式教研，着力关注师幼互动质量，积极探索提升师幼互动质量的有效策略与方法。聚焦保育教育过程质量，促进个体、集体的反思与交流，提出改进措施，并通过外部评估提供持续支持与指导，不断完善自我评估，改进保教实践。审议幼儿一日生活、审议室内外环境、审议课程内容、审议课程资源、审议一日活动的指导策略。基于幼儿学习和发展的需要，对现行课程方案进行审议，并做

出适宜性调整。能关注幼儿生活活动的价值，将课程有机地渗透于幼儿的一日生活环节；关注幼儿游戏和生活的价值，从幼儿的生活和游戏中，设计、生成不同类型的教育活动，提升教师的课程设计、实施和评价能力。

2. 深化教师培训

邀请省内外专家，举办暑期全员培训、课程游戏化培训、新教师培训、全员远程网络培训、名师创新团队培训等，全面提升教师的整体素质。有目的、有计划地对教师进行定期、分批培训，围绕政治理论、师德师风、专业成长等要素，实行园长、教师、卫生保健、后勤人员等分层分级全员轮训制度，帮助教师在从通识理论到应知应会、从人文素养到专业发展、从教学智慧到课程研发等方面提升理念，并分析教研活动的现场，进行现场的诊断与互动，和专业人士交流，促进全体教师素质的提高。

3. 深化内涵建设

一是全面推进课程游戏化。科学保教，落实课程游戏化理念。每年召开课程游戏化建设现场推进会，组织课程游戏化项目建设小组，充分利用优质公办资源，组建学前教育优质发展协作小组，开展管理指导、业务扶持和师资交流，实现资源共享、课程共通、教师共育。二是改造课程方案。研发"内容符合幼儿发展的特点和地域优势，与儿童周围的生活紧密联系"的南通地方课程。结合幼儿发展的实际，在幼儿不同发展领域经验中寻找课程内容，在幼儿园的环境和生活中寻找课程内容，在社区生活与家庭生活中寻找课程内容，从幼儿的需要和兴趣出发寻找课程内容。三是落实幼小衔接。制订幼小衔接实施方案，积极开展入学准备教育，以幼小衔接实验区创建为抓手，精密部署幼小衔接工作，在充分调研的基础上，制订幼小衔接计划，设置幼小衔接课程并有序实施，组织区域内的特级教师、学科带头人组成宣讲团，对教师及家长进行线上宣讲，为幼儿的科学入学做好准备。

4. 深化优质创建

按照"布局合理、满足入园，加强基础、追求优质"的要求，突出学前教育的公平性和普惠性，加快推进公办省、市优质幼儿园建设，扶持普惠性民办幼儿园发展。积极开展省、市优质幼儿园创建工作，着力结对创建，扩大优质资源。每年年初制定、落实创建任务，并列入政府年度社会事业考核目标。组织县内专家团队对创建幼儿园的申报材料进行培训辅导，并走进每所幼儿园，对办园条件、环境建设、区域创设、一日活动、课程游戏化等进行全方位的指导。通过优质幼儿园的创建活动，达到创建一个、变化一个、提升一个的效果，推动幼儿园提档升级。

近年来，南通市学前教育发展取得了系列成果，但距离各级要求及广大人民群众的期盼还有一定的差距，如存在教育资源供需不平衡、保教队伍建设有差距等问题。南通市学前教育发展将本着"抓重点、补短板、强弱项"的思路，直面问题，积极思考，寻求突破。不断加大投入力度，加强队伍建设，强化教学管理，优化资源配置，拓展办学内涵，以实现全市学前教育高质量发展，实现人民群众"幼有优育"的美好期盼，努力办好人民群众满意的学前教育。

（南通市教育局　王丽）

篇二：如东县关于深化教育体制机制改革的实施意见

根据中共中央有关文件和江苏省委办公厅、省政府办公厅印发的《关于深化教育体制机制改革的实施意见》及南通市委办公室、市政府办公室印发的《关于深化教育体制机制改革的实施意见》的精神，结合如东县教育改革发展实际，现就如东县深化教育体制机制改革提出如下实施意见。

一、指导思想

以习近平新时代中国特色社会主义思想为指导，聚焦如东县教育改革发展的重点和难点问题，系统推进管理体制、育人机制、评价机制、保障机制、督查机制等各项改革，全面落实立德树人根本任务，全面提升教育服务人发展、服务经济社会发展、服务创新发展的能力，努力培养能担当民族复兴大任的时代新人，培养德、智、体、美、劳全面发展的社会主义建设者和接班人，办好人民满意的教育，奋力创建"全国义务教育优质均衡县""国家智慧教育示范区""江苏省教育高质量发展示范县"，为如东县争当长三角更高质量一体化发展先锋，开创"强富美高"新如东县建设新局面提供人才支撑和智力保障。

二、主要目标

到 2022 年，建立健全如东县教育基础性制度体系，形成充满活力、富有效率、更加开放、有利于科学发展的教育体制机制。教育资源的供给力度进一步加大，教育设施的规划建设进一步优化，教育内涵发展进一步加快，教师队伍建设进一步完善，教育信息化水平进一步提高，政府依法宏观管理、学校依法自主办学、社会有序参与、各方合力推进的教育治理格局更加全面，人民群众日益增长的高水平、高质量教育需求和不平衡、不充分的教育发展之间的矛盾进一步化解，确保教育质量处于全省领先水平，为率先高水平实现教育现代化提供制度保障。

三、基本任务

（一）加强党对教育工作的全面领导

坚持党管办学方向、党管改革。建立健全党委统一领导、党政齐抓共管、部门各负其责的教育领导体制，充分发挥党委总揽全局、协调各方的领导核心作用。党委教育工作领导小组定期召开研讨工作会议，强化职能，关注热点，破解难点。建立县委、县政府定期研究教育制度，县委常委会、县政府常务会议每半年研究一次教育工作。落实党委意识形态工作责任制，用马克思主义思想占领学校的意识形态阵地。优化党员县领导联系高中制度，定期深入高中进行调研指导，为师生上党课和思想政治理论课。完善各级各类学校党组织管理体系，探索建立党组织领导下的中小学校长负责制，推动建立民办学校和社会教育培训机构党组织。建立党管行业就要管行风的长效机制，逐级压实全面从严治党和管行风、抓系统的主体责任。

（二）落实教育优先发展战略

各级党委、政府要落实习近平总书记"九个坚持"的部署要求，切实把教育发展摆在更加突出的位置。确保规划优先，在制订与实施经济社会发展总体规划和区域、产业、城市建设等专项发展规划时，要统筹考虑、超前规划，优先安排教育。确保投入优先，落实教育投入两个"只增不减"的要求，完善各级各类教育年度经费标准和年度财政拨款标准动态调增机制，并向农村学校和薄弱学校倾斜；同时吸引更多社会资本投入教育领域，不断提高全社会教育投入增长率。确保资源配置优先，进一步完善教育资源布局，加强与"一带一路"、长江经济带、长三角一体化发展等国家战略的协调衔接，提升如东县教育的服务能力，推动区域教育优质、均衡发展。

（三）完善立德树人系统化落实机制

建立健全全员育人、全程育人、全方位育人的"三全育人"工作机制，用习近平新时代中国特色社会主义思想铸魂育人，统筹推进中小学思政课一体化建设，把社会主义核心价值观教育融入教育教学全过程。推进中小学品格提升工程的建设，实现"一校一品一特色"。充分发挥学科德育育人功能，强化思想政治课教学，坚持德育与学科教学深度融合，回归课堂教学的育人本质，强化广大教师的教书育人意识，培育一批学科德育示范学校，提高学科德育工作水平。加强青少年国防教育、法治教育、心理健康教育，完善校园安全教育平台与机制。完善劳动教育课程体系，开展形式多样的劳动教育和职业启蒙教育。实施学生体质健康提升工程，推进"每天一节体育课"（含体育活动课），落实体育家庭作业制度，完善学生体质健康监测、干预行动及年度报告制度；实施学生近视综合防控工程，确保近视率年下降1%以上；抓好阳光体育竞赛活动，制度化举办中小学阳光体育运动会及跑操、排球、篮球、乒乓球等多层次、多形式的体育赛事；推进"全国青少年足球特色学校"建设，常态化参与开展市、县、校三级足球联赛，把学校体育工作列入高质量发展考核指标、教育行政部门与学校负责人业绩考核评价指标。广泛开展校园艺术教育，开展学生艺术素质测评工作，以政府购买服务的方式扩大美育社会资源供给，推动县级基本公共文化服务项目向学生开放，帮助学生形成1—2项艺术特长和爱好；培育市内外有影响力的管乐团、民族乐团、合唱团等艺术社团。深化"雏鹰启航"家庭教育提升工程。单列开评德育带头人、德育骨干和德育新秀，享受教学名优人才同等待遇，激励优秀教师长期担任班主任。

（四）建立健全提高各类教育发展水平的体制机制

1. 推进学前教育普惠发展

坚持政府主导、公益普惠原则，健全"以县为主、县镇共建"的管理体制，大力发展公办幼儿园，积极发展普惠性幼儿园，形成以公办为主、非营利民办为辅的学前教育体系。加大城镇小区配套幼儿园建设力度，城镇新建小区、农村集中搬迁社区要确保幼儿园配建到位。建立并完善幼儿园服务区制度，使就读普惠性幼儿园的幼儿占比达95%以上。加强幼儿园编制管理，强化保教队伍建设，配齐、配强教研员队伍。加大区域推进课程游戏化建设力度，健全并完善督导评估考核制度，进一步提升保教质量。加快县城区幼儿园建设步伐，到2022年，城区新建（改扩建）幼儿园7所。

2. 促进义务教育优质均衡发展

完善义务教育资源监测预警机制,发布年度学位盈缺报告,加快义务教育学校标准化建设,有序、稳妥地推进多校划片及热点学校招生计划管理,消除大班额、大校额现象。深入推进义务教育联盟(共同体)办学,完善县域公办学校教师和校长交流轮岗制度,县域内每年交流轮岗教师的比例不低于符合交流条件教师总数的15%,骨干教师不低于交流轮岗教师总数的20%,建成市级"新优质学校"15—20所。进一步规范义务教育学校办学行为,健全中小学课后服务制度,切实减轻学生过重的课业负担。积极创建"全国义务教育优质均衡发展县"。

3. 推动普通高中高质量发展

提高普通高中资源供给比例,重视学科结构性缺员问题,加快补充缺员学科专任教师,尽快解决学科师资结构性矛盾。实施新课程、新高考,加强课程建设力度,加大开发学生选修课程力度,建立健全选课走班、学生发展指导和综合素质评价机制,转变育人方式,提升学生的核心素养、关键能力,实现新一轮改革中的新发展。全面推进省级和南通市高品质示范高中建设,到2022年,创成1所以上江苏省高品质示范高中。搭建普通高中创新人才培养平台,对接双一流大学,落实导师制,促进培养资源区域共享。优化综合高中、综合高中班办学模式,鼓励有条件的普通高中单独或与职业院校联合开设职业技术技能选修课程。依托南通对接上海的机遇,不断深化与上海的教育合作,加大对接上海高校(职校)的力度,借鉴上海先行先试经验,推动高中教育高质量发展。

4. 科学发展现代特殊教育

完善特殊教育体系,增强特殊教育保障能力,每个镇(区、街道)建成学前、小学、初中融合教育资源中心各1个,实现融合教育资源中心全覆盖。依托如东中等专业学校建成高中阶段融合教育资源中心,提高特殊教育高中教育水平。落实普通学校特殊学生"一人一案"制度,实施分类或个别化教育,在普通学校接受融合教育的特殊学生占该学段特殊需求学生总数的80%以上。形成以普通学校为主体、以特殊教育学校为专业指导、以送教(康)上门服务为补充的按需提供特殊服务的融合教育发展格局。加大特殊教育教师的培训力度,统筹教育、心理健康、医疗、康复等方面的专家及家长、志愿者等力量,形成关爱特殊学生、促进残障学生身心健康成长的合力。到2022年,残疾幼儿学前三年入园率、残疾少年高中阶段入学率均达95%,义务教育入学率达100%,全县有特殊教育需求的残疾儿童15年免费教育的比例达100%,做到学段衔接、普特融通、医教结合。完善特殊教育经费保障机制,特殊教育学校和普通学校随班就读学生生均公用经费按普通学生生均公用经费标准的10倍拨付。

5. 推动职业教育内涵发展

加大对职业教育办学的政策和资金支持力度,到2022年,建成2—3个具有辐射引领作用的高水平专业化产教融合实训基地;建成2—3个骨干专业群、8—10个服务地方产业的骨干专业学科;推进如东中等专业学校扩容工程,优化如东中等专业学校教育教学和学生生活设施。深化职业教育产教融合。建立健全适应"双元"育人职业教育的体制机制,依托规模以上企业,试行企业主办职业院校部分专业群,全面推动现代学徒制和企业新型学徒制。积极鼓励优秀企业参与"产教融合型企业"认证工作，给予"金融+财政+土地+信用"的组合式激励，厚植企业承担职业教育责任的社会环境，推动职业院校和行业企业形成命运共同体。围绕如东县港口优势、空间优势、载体优势，打造一批"产教融合型企业"。借助产教融合校企合作服务平台，完善人才供需对接机制。对接金光、桐昆、海上风电、LNG能源岛等重特大项目，对标新能源及新能源装备制造、前沿新材料、新一代信息技术、生命健康、安全防护等重点产业发展需求，完善专业动态调整机制，开展个性化校企合作项目，参与长三角职业教育一体化协同发展。推动企业工程技术人员、高技能人才和职业院校教师双向流动，完善企业经营管理和技术人员与学校领导、骨干教师相互兼职兼薪制度，进一步增强职业教育的发展活力。

6. 促进民办教育健康发展

鼓励社会资本以多元主体、多种方式捐资、出资举办各类民办教育，重点支持发展托育、普惠性幼儿园、特色中小学及符合产业人才需求的职业教育。鼓励社会力量参与职业培训、劳动力转移培训、轮岗培训等各类非学历教育。支持社会资本投资建设产教融合实训基地、智慧校园项目。依法规范校外培训机构，严格学科培训机构的审批与管理，完善学校是学科课程教学主阵地、社会培训机构是艺体特长培养重要补充的教育功能区划。严查公办学校教师到民办教育培训机构兼职取酬的行为，加大查处、惩戒力度。

7. 加快社会教育全面发展

健全终身学习制度体系，推动学习型城市和学习型组织建设，构建县、镇、村三级社会教育管理网络，进一步提高劳动年龄人口平均受教育年限。办好县开放大学（社区培训学院），在县开放大学打造全县终身学习体验中心、社会培训超市和数字化学习资源库。继续推进县开放大学精品课程"送教下乡"活动，开展城乡居民、职工、农民等教育培训。增加老年教育资源供给，办好老年教育，完善"医养教结合"新模式，建立健全县、镇、村三级社区老年教育网络，鼓励开设与老年教育相关专业，进一步办好县老年大学及镇级分校。增强社区教育服务"三农"发展能力，加快建设教育服务"三农"示范项目，加强现代新型农民培训。

（五）深化教师队伍建设改革

营造尊师重教的社会风尚，继续开展县政府园丁奖、名师名校长、优秀教育工作者、师德标兵等名优人才认定活动，注重从教师群体中推选各级党代表、人大代表、政协委员、劳动模范，关心教师身心健康，依法保护教师权益，不断提升教师的政治地位、社会地位、职业地位。鼓励优秀教师长期从教、终身从教，培育如东县教育新生代代表人物。建立中小学教师与当地公务员工资收入增长长效联动机制，确保中小学教师的平均工资收入水平不低于本地公务员的平均工资收入水平。完善中小学教师绩效工资制度，改进绩效考核办法，使绩效工资充分体现教师工作量和实际业绩。推进地方政府、高校、中小学"三位一体"协同育师，创新乡村定向师范生培养，扩大培养规模。完善县、镇、校三级培训体系，建成40所市级教师发展示范基地校。统筹中小学教职工编制管理，建立以镇为主、县域调剂、动态调整的教职工编制管理机制，实行义务教育教师"县管校聘"管理体制机制，对事业编制不足的公办幼儿园、如东中等专业学校等公益二类事业单位试点开展人员编制备案制管理工作。

（六）创新教育治理体系

坚持把深化改革作为教育发展的重要动力，大胆创新，着力破除制约教育发展的体制机制障碍，加快转变教育发展方式，进一步激发教育发展活力。坚持规范办学，全面育人。不断提高心理健康教育教师专业化水平，完善学校心理健康教育体系。不断深化"真学课堂"研究，强化自主、探究、合作学习，深入推进学生社团活动和体育艺术"2+1"活动，培养学生的创新精神和实践能力，合理减轻学业负担。推进政府及教育部门简政放权，倡导学校自主办学。探索建立学校管办评新机制，全面成立家长委员会，出台家长委员会工作规范，形成政事分开、权责明确、统筹协调、规范有序的教育管理体制，构建政府、学校、社会三者新型关系。进一步发挥县教育督导委员会的作用，委托社会组织开展教育评估监测。加强依法治教，推进依法治校示范校、先进校的建设。建立健全学校信息公开制度，便于社会参与及学校管理和监督。建立健全民办教育机构年检制度，强化行业自律机制，促进各类民办教育机构健康发展。

（七）以信息化助推教育现代化

贯彻南通教育信息化2.0行动计划，建设"互联网+教育"公共服务体系，形成"互联网+"条件下的人才培养新模式。借力高校开展新一代信息技术基础设施建设及应用科学研究，优化人才培养模式。实施县域教育智慧"云建设"、"慧学南通"平台创新、信息技术与教育融合发展、师生信息素养提升、网络安全建设等工程。创新信息时代教育治理，实施大数据支撑的教与学评价，建立第三方质量评价新机制。充分尝试5G、人工智能、AR（增强现实技术）/VR（虚拟现实技术）等新一代信息技术在教育教学中的应用。认定一批"智慧教育示范学校"，创建"国家智慧教育示范区"。

附：

如东县深化教育体制机制改革重点项目

1. 思想政治理论课提升计划。用习近平新时代中国特色社会主义思想铸魂育人，统筹推进大中小学思政课一体化建设，建设以专职为主、专兼结合、数量充足、素质优良的思政课教师队伍，建立思政课兼职师资库。打造市级思想政治理论课教育示范学校。把办好思政课纳入对地方党委、政府、学校考核考评体系。（责任单位：县委办公室、县政府办公室、县委宣传部、县教育体育局、团县委）

2. 学生艺体素养提升计划。落实"每天一节体育课"（含体育活动课），实施学生体质提升工程三年行动计划（第二期），开展学生近视、肥胖干预行动，完善体育家庭作业制度。打造"全国青少年足球特色学校"，常态化组织参与市、县、校三级足球联赛，努力做到校校有球队、周周有球赛。组织开展高雅艺术进校园活动，建设50个左右的优秀艺术社团，推动戏曲、杂技和其他"非遗"文化进校园，定期开展艺术展演和校园艺术节活动。（责任单位：县教育体育局、县文化广播电视和旅游局）

3. 保教人员素质提升计划。加强幼儿园编制管理，完善保教人员入职机制，有序提高男幼师比例。健全并优化保教人员全员培训制度，进一步提高保教人员的素质。（责任单位：县委机构编制委员会办公室、县财政局、县人力资源和社会保障局、县教育体育局、县卫生健康委员会）

4. 大校额、大班额销号计划。全面创建"全国义务教育优质均衡发展县"。探索多校划片及热点学校招生管理制度建设，开发招生入学网上申报系统，逐步实现网上审核招生；发布义务教育年度学位预警信息报告，加大推进（县城）义务教育学校资源建设，提供充足的义务教育阶段就学学位。推进义务教育联合办学、公办学校教师和校长交流轮岗。开展政府专项督导，实行大校额、大班额销号管理。加快"江苏省教育高质量发展示范区"建设。（责任单位：县教育体育局、县公安局、县财政局、县人力资源和社会保障局、县自然资源局、县住房和城乡建设局、县域治理现代化指挥中心）

5. 高中资源建设计划。对接新课程、新高考，着力推动普通高中资源供给工作，提高普通高中资源供给比例。依托市教育信息化2.0行动计划，对接双一流大学建立兼职师资库和数字化资源共享平台，深入推进普通高中教育现代化基础设施建设，加快资源的提质升级。着力解决学科师资结构性矛盾，统筹、调剂全县教职工编制，化解存在的问题。加强高品质高中建设，新建1所高品质高中，优化高中阶段办学质态和品牌效应。（责任单位：县委机构编制委员会办公室、县发展和改革委员会、县教育体育局、县财政局、县人力资源和社会保障局、县自然资源局）

6. 全面规范校外教育培训机构管理。实行黑白名单和动态管理制度，建立并完善多部门联合执法制度，严格学科类教育培训机构的审批与管理，不断完善校外教育培训机构兼职督学机制，全面规范校外教育培训机构的办学行为，健全对校外教育培训机构的长效管理机制，切实减轻中小学生课外负担。（责任单位：县教育体育局、县公安局、县市场监管局、县民政局、县人力资源和社会保障局、县住房和城乡建设局、县应急管理局、县消防救援大队）

7. 产教融合推进计划。推动中高职衔接项目，扩大职业教育招生和办学规模，提升职业教育服务经济发展能力。建立县级产教融合校企合作服务平台，完善职业教育政、校、企"共招、共培、共留"工作机制，实现人才供需足额精准对接。积极鼓励优秀企业参与"产教融合型企业"认证工作，给予"金融+财政+土地+信用"的组合式激励，厚植企业承担职业教育责任的社会环境，推动职业院校和行业企业形成命运共同体。试行企业主办职业学校部分专业，落实现代学徒制、企业新型学徒制，培养"工匠精神"，建设一批省、市、县级"产教融合型企业"，支持如东中等专业学校推进高职专业建设和办学。（责任单位：县发展和改革委员会、县教育体育局、县科技局、县财政局、县人力资源和社会保障局）

8. 社区教育在线学习推进计划。推动大数据、"云计算"、人工智能等与社区教育深度融合，推进数字化学习平台互通共享，资源整合。推进社区教育服务"三农"项目数字化、社区教育服务企业职工数字化、社区教育服务老年人数字化。做好在线学习实名注册、学分计算、在线测试、质量监测等工作，建立以需求为导向的学习服务机制，通过智能化资源推荐和个性化推送的方式，改善数字化终端学习的用户体验。（责

任单位：县教育体育局、县财政局、县开放大学）

9. 教师教育创新行动计划。推进地方政府、高校、中小学"三位一体"协同育师，创新乡村定向师范生培养。参与完善市、县两级卓越教师发展机制，建设省级教师发展示范基地学校 10 个、市级教师发展示范基地学校 40 个、教师研训精品课程 10 门；积极参与省/市百名教育家型教师、千名卓越教师、万名骨干教师培养工程。（责任单位：县委机构编制委员会办公室、县教育体育局、县财政局、县人力资源和社会保障局）

10. 参与"慧学南通"公共服务平台升级优化计划。升级并完善教学、沟通、管理、扶智等系统，不断充实教育资源，应用全面融入"南通百通"。100%的学校部署"慧学南通"平台，100%的学生、教师拥有"人人通"空间。积极创建"国家智慧教育示范区"。（责任单位：县教育体育局、县公安局、县财政局、县域治理现代化指挥中心）

中共如东县委办公室、
如东县人民政府办公室
2020 年 9 月 8 日

篇三：启东市关于进一步提高义务教育阶段教育教学质量的意见

为加强和改进南通市义务教育阶段教学工作的管理，促进教育教学工作科学化和规范化，提高教育教学质量，发挥学校教育在提高教育教学质量中的主渠道、主阵地作用，结合中共中央、国务院《关于进一步减轻义务教育阶段学生作业负担和校外培训负担的意见》及相关文件精神，特制定本意见。

一、促进义务教育优质均衡发展

第一，认真贯彻落实《南通市义务教育优质均衡发展条例》《南通市义务教育"新优质学校"建设评估标准》，将"双减"工作成效纳入新优质学校评价体系。"十四五"期间，启东市新增义务教育新优质学校 15 所。

第二，推进启东市教师队伍建设，扩大启东市教育名师群体。完善教育集团、教育共同体管理体系，对学校办学质量进行捆绑考核，以此推进强校带弱校、优秀教师指导薄弱教师的工作，让城区优质学校的校长（集团总校长）以大格局来关注集团内部所有学校的办学质量，促进城乡教育的均衡发展。

二、推进课堂教学改革

1. 区域推进"启润课堂"教学改革

围绕"启智润心"的课改理念，紧扣"限时讲授、合作学习、踊跃展示"的总体要求，用好"启润课堂"教学评价标准，全面落实立德树人根本任务。增强育人意识，引导学生树立正确的人生观、价值观、世界观，加强德育与学科教学有机融合，"十四五"期间每所学校至少创建一个学科育人示范学科。突出学科素养培养，依据课程方案和课标教学,在问题解决中落实素养养成,在现实和模拟情境中突出学科关键能力培养。基于学情设计学案,力求针对性、层次性和结构模块化,课堂训练量和课后作业量合理、适当。控制讲授时间,确保学生思考与活动时间,讲课内容紧扣重、难点,教学点拨精准恰当,凸显启迪性。加强信息化技术与课堂教学的深度融合,强化教师信息技术熟练度,恰当运用教学媒体,有效使用大数据资源,实施个性化教学。完善"启润课堂"质量评价体系,建立研训员巡课视导、学科组集体教研、备课组互学评议等常态化课堂教学质量提升机制,确保义务教育学校课堂教学优良课率达 90% 以上,确保启东市义务教育高质量优势。

2. 加强优秀教学成果推广应用示范校建设

通过专业引领、校本实践、理论提升,发挥优秀教学成果在提升学校办学质量、促进教师专业成长、丰富区域教育内涵等方面的积极作用,最终促使学生的学习面貌得到显著改善,教育教学质量得到明显提升,让更多中小学生获益。

3. 落实教学管理刚性要求

积极推进幼小科学衔接工作,帮助学生做好入学准备。学校应当按照国家规定开设课程,不得随意增减课时、改变难度、调整进度;不得提前结课备考,不得校内不讲校外讲,不得超标教学、超纲考试、违规统考、考试排名或者不履行教学责任。开足体育与健康课程,小学一至二年级每周 4 课时,小学三至六年级和初中每周 3 课时,有条件的学校每天开设 1 节体育课,确保不以任何理由挤占体育与健康课程和校园体育活动。全面落实大课间体育活动制度,中小学校每天统一安排 30 分钟的大课间体育活动。

三、完善招生考试制度

1. 严格控制考试次数

坚决控制义务教育阶段校内统一考试次数,小学一至二年级不进行笔试,其他年级由学校每学期组织一次期末考试;初中年级从不同学科实际出发,可适当安排一次期中考试。要合理控制考试难度,严禁超课标、超教学进度命题。小学考试成绩的呈现实行等级制,坚决克服唯分数的倾向。严禁以任何形式、方式公布学生考试成绩和排名。

2. 深化高中招生改革

积极完善基于学业水平考试、综合素质评价、多元录取的高中阶段学校招生录取模式,依据不同科目的特点,完善考试方式和成绩呈现方式。坚持"遵循课标、紧扣教材、重视能力、贴近生活、控制难度"的原则,进一步提升中考命题质量,防止偏题、怪题、超课标的难题。规范普通高中招生秩序,杜绝跨区域招生、掐尖招生。启东市教育体育局将本区域内优质普通高中不低于 70% 的招生计划数作为推荐指标,按照各初中学校应届毕业生总数进行等比例分配,逐步提高农村学校和薄弱学校学生升入优质普通高中的比例。2023 年,艺术科目测试成绩计入中考总分。

四、落实作业管理要求

1. 实行作业布置总量清单制

建立作业校内公示制度,加强作业质量监督。学校要确保小学一、二年级不布置家庭书面作业，可在校内适当安排巩固练习；小学三至六年级书面作业平均完成时间不超过 60 分钟，初中书面作业平均完成时间不超过 90 分钟。参加课后服务的小学生、初中生在校内能够基本完成书面作业。非书面作业时间每天控制在 15 分钟左右。

2. 建立作业质量审查机制

完善作业管理办法，加强学科组、年级组作业统筹，合理调控作业结构，确保难度不超国家课标。作业布置的内容由备课组自主设计，统一设计要求、设计题型、设计难度与设计范式，不依靠教辅资料随意布置作业，不布置惩罚性及无思维含量的作业。严禁给家长布置或变相布置作业，严禁以家长检查、批改作业及学生自批、互批作业来替代教师批改作业。每学年至少有一名任课教师到学生家庭家访一次，充分掌握学情，增强教学的针对性。建立教研员作业质量抽检和责任督学作业负担督导机制，加强过程管理与督导反馈，确保作业管理的各项要求落地落实。

3. 建立分层作业机制

尊重学生的个体差异，体现作业的针对性、层次性、梯度性和可选择性，满足个性化作业需求，注重设计探索性、实践性作业。学校和家长要引导学生放学回家后完成剩余书面作业，进行必要的课业学习，从事力所能及的家务劳动，开展适宜的体育锻炼，开展阅读和文艺活动。

4. 落实"四精四必"要求

做到作业管理"精选、精练、精批、精讲"，"有练必躬、有发必收、有收必批、有批必评"。让学生练的，教师必须自己先做；发给学生做的，教师必须在规定的时间收上来；教师收上来的练习必须及时批阅；教师批阅的练习必须认真讲评，真正让学生精练、有效练，提高学生做作业的效率。教师每次作业的批改率达到 100%，面批率达到 20% 左右。

五、健全质量评价体系

第一，树立正确政绩观和科学教育质量观，严禁下达升学指标或片面以升学率评价学校和教师。严禁炒作中考状元、高分段人数等行为。

第二，认真落实《义务教育质量评价指南》，构建符合"双减"要求的义务教育质量评价体系，把学生参加课后服务、校外培训及培训费用支出减少等情况作为重要评价内容，建立新型科学的评价体系，促进形成良好的区域教育生态。

启东市教育体育局
2021 年 9 月 29 日

篇四：启东市关于全市义务教育阶段学校实施"6 个 1"亮色工程的指导意见

为全面贯彻全国教育大会精神，坚持立德树人根本任务，遵循青少年身心发展规律和教育规律，努力构建德、智、体、美、劳"五育"并举的教育培养体系，以课程教学、课外活动等为载体,促进每一个学生的全面发展和终身发展,创新区域教育新格局,现决定在全市义务教育阶段学校实施"6个1"亮色工程,具体要求如下。

一、目标要求

① 促进启东市中小学生德、智、体、美、劳全面发展,提升中小学生的综合素养,丰富学生的学习生活。

② 以多元的教育活动为载体,营造良好的育人氛围,为学生的终身学习和个性化发展奠定坚实的基础。

③ 大力创建"一校多品",逐步形成学校品牌特色,营造浓郁的中小学体育、艺术、科技创新、综合实践等方面的文化氛围。

④ 完善中小学生综合素质评价体系,形成科学的育人机制。

二、"6个1"亮色工程的内容

1. 运动:养成一个运动习惯

加强学校体育教学工作,促进青少年健康成长,是实现中华民族伟大复兴的必要途径,是全面实施素质教育的重要内容。要牢固树立"健康第一"的思想,以课程标准为依据,结合学校的实际情况,开设富有特色的体育课程。培育学生养成良好的运动习惯,开足并上好体育课,开展大课间体育活动,确保学生每天锻炼1小时。学校管理者加强对学校体育工作的统一规划和领导,认真研究并解决学校体育工作中存在的实际问题,采取切实可行的措施,确保每一个学生至少掌握一项运动(技能)特长。学校要大力开展体育运动,组织学生广泛参与。每年至少举办一次体育节(运动会);组建至少一支运动队,科学开展训练工作;每一个学生每年至少参加一项体育竞赛活动。让学生体育锻炼的意识、兴趣和能力不断增强,并养成体育锻炼的习惯。

2. 艺术:练就一项艺术特长

学校要遵循艺术教育的特点与规律,合理配置艺术教育资源。要按照国家要求严格执行课程计划,开齐开足音乐、美术等艺术课程。学校要结合实际,利用当地的教育资源,开发具有民族、地域特色的艺术教育选修课程,培养学生的艺术爱好,让每一个学生至少练就一项艺术特长。要面向全体学生,坚持社会主义先进文化导向,体现向真、向善、向美、向上的校园文化特质,办好学生艺术展演活动和高雅艺术进校园活动。开展小型分散、灵活多样的学生艺术活动,因地制宜地建立学生艺术社团和兴趣小组,每学年至少举办一次艺术节;各校应组织学生积极参与各级各类艺术比赛,让每一个学生都能根据自身特长、爱好自愿选择参加,在更大的平台展示,确立自信,丰富生命。

3. 书法:写得一手美观汉字

规范、端正、整洁地书写汉字是有效进行书面交流的基本保证,是学生学习语文和其他课程,形成终身学习能力的基础;热爱祖国的语言文字,养成良好的写字习惯,具备熟练的写字技能,并具备初步的书法欣赏能力,既是现代中国公民应有的基本素养,也是基础教育课程的目标之一。教师应在教学中明确对学生写字的要求,要特别重视学生日常写字,各科作业都应要求书写规范、认真、端正,真正做到"提笔就是练字时"。学校应组织学生开展写字、书法的课余活动，提高书写能力，加深对汉字实用功能与审美功能的理解。学校每学期至少开展一次书法作品评选活动；班级每学期至少开展一次全班书法作品展示活动；学生每学期至少完成一幅高质量的书法作品。

4. 劳技：制作一组创新作品

劳动教育是"五育"并举育人理念的重要组成部分，是学生成长的必要途径，培养具有劳动素养的时代新人是立德树人的重要内容。学校要切实承担劳动教育主体责任，构建具有综合性、实践性、开放性、针对性的劳动教育课程体系。每学期组织实施劳动周活动，结合办学特色和学生需求，将创新活动和劳动教育紧密结合，广泛开展各类劳动教育实践活动，让学生动手实践、出力流汗、接受锻炼、磨炼意志。培养学生的劳动观念、创新意识和实践能力，激发学生设计创造的兴趣，使学生"爱劳动、能设计、会创新"，指导每一个学生制作一组创新作品。

5. 口才：做好一次精彩演说

语言是交流与思维的工具，是思想与文化的重要载体。能根据交流的对象和场合，熟练使用母语或外语，有条理地就某一问题抒发情感、阐明事理，清晰完整地发表自己的见解和主张，是现代青少年的必备素养。各校要高度重视学生的语言学习，注重培养学生听、说、读、写的良好习惯和语言能力。学校每年至少进行一次语文、英语文化周活动，每学期要有计划、有组织、因地制宜地创造性开展内容丰富、形式多样的演讲活动，激发学生语言学习的兴趣，培养学生当众表达的自信，提高学生口语交际的能力。各学校还可以尝试将口语表达融入学生的学习评价当中，作为学业水平测试的一种有益补充。

6. 研学：亲历一场研学旅行

研学旅行是由教育部门和学校有计划地组织安排，通过集体旅行、集中食宿的方式开展的研究性学习与旅行体验相结合的实践教育活动，是实践育人的有效途径。开展研学旅行有利于培育和践行社会主义核心价值观，激发学生对党、对国家、对人民的热爱之情；有利于全面实施素质教育，创新人才培育模式，引导学生主动适应社会，促进书本知识和生活经验的深度融合。全市各中小学要结合市局安排和本校实际，把研学旅行纳入学校教育教学计划，结合域情、校情、生情，根据不同学段的研学旅行目标，制订整体方案，有针对、有计划地开展各类研学旅行活动。通过举办研学旅行的研究报告会、演讲比赛、征文、摄影、绘画比赛等活动，巩固研学成果，推动研学旅行活动深入开展。

三、保障措施

① 启东市教育体育局将进一步健全制度，建立亮色工程推进领导小组，认真抓好过程管理。对学校各项工程的开展情况进行检查评估，评估分数计入年度考核，确保本工程扎实有效地开展。

② 启东市教育体育局将加大对外语、体育、艺术、科学、书法、综合实践课教师的培训，不断提升教师的专业能力。鼓励有专长的学科教师承担体育、艺术、科技创新、综合实践等带训任务，推进实施兼职教师进校园工作。

③ 各学校要成立"6个1"亮色工程领导小组，建立以学校内部行政系统、班主任、学科教师为主线，以校外辅导员、家长、兼职教师为辅线的亮色工程实施体系。制订工程推进方案，明确具体的负责人员、工作职责、培训要求、活动安排等。

④ 改革学生素养评价标准，将达标项目纳入学生综合素质的考核之中。

启东市教育体育局
2020年4月23日

第二节 "教学质量提升"政策设计与导向

篇一：南通：在"双减"中推进教育高质量发展

江苏省南通市自2021年秋季学期起，在全市中小学落实并推进"双减"工作，取得明显成效。根据南通市教育局有关南通市2021年度"办好人民满意的教育"家长网络调查问卷的分析诊断报告，截至2022年1月8日，全市义务教育阶段作业总量和时长得到有效控制，就"在规定时间内完成书面作业的学生"的一项来看，小学占97.3%，初中占86.6%；小学93.6%、初中75.1%的学生家长反映，本学期教师没有再给家长布置作业，或者要求家长批改作业。课后服务实现100%覆盖，课后服务项目的有效性显著提升。学科类校外培训机构全部注销或转型，压减率达100%。家长焦虑得到有效缓解，对"双减"工作满意度达98.5%。南通正在"双减"中有力推进教育高质量发展。

一、系统谋划："双减"与教育高质量发展同向而行

南通成为全国"双减"试点城市后，在率先贯彻落实党中央和教育部关于"双减"工作的一系列决策部署中，深刻地认识到："双减"是以"小切口"推动的一场"大改革"，是观照影响教育内外要素的系统性改革、综合性改革。在这场改革中，"减负"只是手段，目的在于推进教育高质量发展。因此，南通聚焦国家"双减"政策的价值取向，坚持把"双减"与党的教育方针和立德树人目标联系起来，奉行"双减"与教育高质量发展同向而行的思路。尽管学界对何为教育高质量发展持不同看法，但从"教育质量"到"高质量发展"，其突出之处就在于强调"发展性"。发展意味着"纯内在的前进运动"，即指向内部的、流动的、向上生长的积极状态。最能体现"纯内在的"，则是教育对象——人的发展性。所以，教育的高质量发展必然是服务于人的这种"发展性"。实现人的高质量发展，必须以人的自主发展、全面发展、个性发展为前提。正如北京开放大学校长、北京师范大学教授褚宏启所说，只有"双减"，才能把学生从机械作业、重复作业、强化训练、题海战术、纸上功夫、唯分数、唯升学中解放出来，让学生有更多的时间去实现全面发展与个性发展。"双减"政策的核心是要避免教育的短视化和功利化取向，为学生的"发展性"构筑新的"时空"。"双减"政策执行好了，

"落实立德树人根本任务,强化学校育人主体地位,促进学生核心素养形成"才不是一句空话。正是在厘清了"双减"与"教育高质量发展"同向而行关系的基础上,南通市周密部署、系统谋划"双减"工作。南通市委、市政府将"双减"工作写入市第十三次党代会报告,列入市委常委会、市政府常务会议专题研究议题,先后12次开展现场调研、听取专题汇报;市委教育工作领导小组召开会议28次,制定并出台全市"双减"实施意见、45项配套政策和工作方案,完成区域"双减"工作政策的顶层设计。南通市委、市政府还将"双减"工作列为重大民生工程,30个部门协同联动,10个县(市、区)同步行动,均在2021年秋季学期开学前召开动员部署会,出台实施方案。正是这样系统谋划、主动作为,南通市才顺利实现全国地级市第一个出台实施意见、第一个成立监管机构、第一个建立"双减"监管和服务平台、第一个发放教师补助、第一个学科类培训机构压减率达100%的试点城市"五个第一"目标。到目前为止,南通"双减"工作社会满意度高、支持度高、认可度高的良好氛围基本形成。

二、以学立人:确保学生校内课内学足学好

当前,"双减"特别关注学生作业的减量,这必不可少,但若只是如此又不够全面。我们所理解的学生作业,一般被视为课堂教学的延续。当课堂教学低效时,教师只能通过布置大量的作业去弥补;如果课堂是高效的,作业自然就能少布置,学生负担也会相应减轻。在我们看来,减轻学生作业负担和校外培训负担是"治标",提高课堂教学质量是"治本"。"治标"与"治本"是"双减"工作的"两翼",只有标本兼治,才能实现"双减"工作的终极目标。所以,我们在研制《关于进一步减轻义务教育阶段学生作业负担和校外培训负担的实施意见》时,把"大力提升教育教学质量,确保学生在校内课内学足学好"作为"双减"工作的首要任务,这体现出我们对"双减"政策"学校主阵地、课堂主战场"要求的深刻理解。

2021年,南通市中小学推进的"立学课堂"教学改革项目获江苏省基础教育教学成果奖特等奖,其核心思想是"以学立人",即从知识的教育学立场出发,建立起知识学习与学生发展之间的关联。我们认为,这是学校减负提质的关键。教育如果沦为升学、考试的附庸,就偏离了育人初心,违背了教育规律,将导致学生学习负担过重。"立学课堂"坚持把学生及其学习活动立于课堂的中央,采取"限时讲授、合作学习、踊跃展示"等操作策略,坚持"为了学习"的课堂评价导向,旨在实现教学的优质高效和学习的低耗轻负,进而以"立学"实现"立人"的目的。因此,我们将"立学课堂"建设列为全市教育"十四五"规划重点工程,深入开展"立学课堂"学术研究,初步形成"立学课堂"理论架构与操作体系。我们承担江苏省基础教育前瞻性教学改革重大实验项目"'双减'背景下义务教育教学体系重构与育人质量提升研究",以项目助力"双减"工作,探索提升教育教学质量的新路径,通过行政推动、学术引领、专题研讨、样例示范、活动展示、考核评价、专项培训等举措,整体优化区域学生的学习生态,确保学生在校内课内学足学好。我们开展了南通市基础教育"立学课堂"样板学校、先进集体、先进个人评选活动,即将出台《南通市中小学"立学课堂"建设标准》,进行全市中小学"立学课堂"建设达标验收工作,坚持每季度召开一次全市课

改现场会，形成完善的"立学课堂"区域推进保障机制，让课堂成为南通基础教育高质量发展的关键环节。

缺少有效的教学管理，很难有质量、见成效。为此，南通市教育局出台了《进一步提高义务教育阶段教育教学质量的意见》，推出13条具体提质举措。例如，以"四精四必"（"四精"即精选、精练、精批、精讲，"四必"即有练必躬、有发必收、有收必批、有批必评）强化作业管理，每天各科教师面批率为20%左右；加强德育与学科教学有机融合，每所学校建成1个以上的学科育人示范项目；推进常态化巡课视导、学科组集体教研、备课组互学评议等机制的完善工作，全面跟踪课堂教学和作业管理情况；组织开展市域视导评估，对学校课程开设情况、"立学课堂"推进情况、作业管理机制建设情况、学校课后服务情况等进行评估，以评价助推"双减"政策落地。

三、课后服务：全面提升学生学校生活质量

课后服务作为一种教育活动，已经正式进入我国义务教育体系，成为建设高质量教育体系的重要环节。同时，课后服务也是"双减"政策的重要组成部分，是政府"顺民意、暖人心"的民生工程。自2021年秋季学期开学后，我们全面实施了工作日课后服务制度，服务范围覆盖所有义务教育学校，覆盖所有有服务需求的中小学生。小学开展工作日"5+2"（每周5天、每天不少于2小时）课后服务，课后服务结束时间不早于17：30；对有特殊需要的学生，由家长或监护人提出申请后，提供延时托管服务。初中提供工作日晚自习服务，服务一般延续到20：30左右结束。我们还遴选有条件的义务教育学校，围绕培养学生的兴趣特长，开展周末托管服务试点。为了提高课后服务质量，我们着力于课后服务课程化推进。统整优化既有课程育人体系和学校课后育人体系的关系，重构学校课程供给体系，在提高国家规定的必修基础课程实施水平的同时，加强学校课后服务课程化建设水平，满足学生个性化、差别化、实践性学习需求。我们要求每所学校研制课后服务课程实施方案，课程内容包括学业辅导、艺体训练、素质拓展、社会实践等多个方面，以学期为单位，每学期开学前将课后服务安排一览表向家长公布，供学生选择；充分用好课后服务时间，强化基础性学习，加强作业辅导，培养学生的兴趣特长；对学有余力的学生，适当拓展学习空间；对部分学有困难的学生，"点对点"提供辅导；严禁利用课后服务时间讲新课。同时，全面实施"一校一品""一生一运动""一生一艺术特长"体育艺术素养提升工程。

挖掘各类教育资源，让课后服务活动丰富多彩。充分利用少年宫、青少年活动中心、图书馆、体育馆、博物馆、科技馆等社会资源为学生提供教育服务。依托社区教育中心、校外辅导站等平台，充分发挥关心下一代工作委员会、"江海志愿者"等社会力量，提供公益服务。学校聘请退休教师、学生家长、高校优秀学生、体育教练、民间艺人、能工巧匠、非物质文化遗产传承人等具备条件的社会专业人员或志愿者参与校内课后服务。我们出台了《公开招募非学科类校外培训机构参加学校课后服务的实施办法》，首批40家审批准入资质齐全、行为规范、信誉度高、无违法违规记录的非学科类校外培训机构被列入准入校园课程目录，供学生自主选修。自2022年以来，我们还开展了"双千银发助'双减'"活动，立足本校、本地实际和退休教师的身体状况，组

织退休教师重返校园，参加学校课后服务。退休教师根据专业特长，协助学校和在职教师，重点在德育、美育、体育、科普教育等方面发挥作用，当好"编外教员"；参加校外培训机构的监管工作，当好义务监督员；参与"双减"政策的宣传、讲解，当好"双减"政策的宣传员；参加家庭教育、家长教育的辅导工作，当好家庭教育的辅导员。

积极利用"慧学南通"等资源平台，免费提供覆盖各年级各学科及与课堂教学相匹配的序时学习资源和高质量专题教育资源。每周末，将与本周教学内容相对应的名师课堂实录上传至"慧学南通"平台，供学生巩固复习。至2022年4月，共组织1 189名正高级教师、特级教师、学科带头人开发并向学生提供公益性序时教学资源2 656节，在线答疑9万余人次。一年来的课后服务实践，全面提升了学生的课后校园生活质量，得到了家长和社会的普遍认可。

四、多元共治：全面规范校外培训行为

根据国家"双减"政策的要求，校外学科类培训要大大压减，压减之后要转型，转为非营利性质。而校外非学科类培训也明确了范围，包括科技、艺术、文化、劳动、社会实践等。南通市对原有学科类培训机构，采用分片包干制，将教育部门工作人员分成若干组，"一对一"进行政策宣讲，引导其注销或转型发展。加强区域整体联动，每两周召开一次全市"双减"工作推进会。统筹协调培训机构租赁国有资产的退租纠纷，及时、有效地化解矛盾。全市765家学科类校外培训机构全部完成注销或转型，压减率为100%。在率先实现学科类培训机构全面清零的基础上，我们坚持多元共治、综合施策，学科、非学科培训机构治理"两手抓"，取得了一定成效。当前，南通市通过四大举措推进校外培训行为规范常态化建设。

第一，强化队伍建设。在全省最早设立市、县两级校外教育培训监管处（科），按2万名中小学生配置1名监管人员的比例，累计核增编制40个。第一时间成立校外培训机构学科类、非学科类鉴定专家组，组织多轮专家鉴定培训会，在鉴别学科类别和推动学科类转型方面发挥积极作用。建立校外培训机构联合治理联席会议机制，教育、司法等部门联合编制校外培训机构监管执法应知应会、治理指引和行政执法简易流程手册，对全市新上岗的40名专业执法人员进行全员培训，组织开展"厚植为民情怀、提高执法水平"主题教育，对全市新上岗的教育行政执法人员进行全员培训，提升专业素养和执法能力。

第二，强化平台建设。在全国率先建成地方"双减"平台并上线运行。南通市"双减"监管与服务平台对所有校外培训机构的证照信息、场地条件、从业人员、培训材料、课程管理、资金情况实行全方位综合监管。建立支付、分账和消课系统，实现监管服务平台与20多家银行间的互通，实行"一课一消"模式。平台融入南通市市域治理现代化指挥系统，统一校外培训机构监控设备，联通市场监管、民政、公安、教育等数据库，实现对机构24小时全覆盖监管。

第三，强化制度建设。明确由教育体育、文广旅、科技等部门对相应的非学科类培训机构进行审批，严格非学科类培训机构准入。市级教育体育、文广旅、科技等部门多

次研讨并出台非学科类校外培训机构设置标准和管理办法，在落实部、省非学科类培训机构管理办法和设置标准的基础上，进一步提高要求，严格设置标准，严把准入关，从源头上加强管控。建立由30个部门组成的校外培训机构联合治理联席会议机制，全面加强校外培训治理联合检查，重点查处非学科类培训机构变相开展学科类培训行为。坚持非学科类培训的公益属性，由发改（物价）部门牵头，探索研究非学科类校外培训收费标准，遏制非学科类培训价格违规上涨，以免形成新的培训负担。2022年寒假期间，多部门协同开展非学科类校外培训机构恶意涨价专项治理行动。建立由11个部门组成的校外培训机构涉稳风险处置工作专班，聚焦治理工作中出现的涉稳问题，发挥涉稳专班作用，强化部门协同机制，处置、化解涉稳问题，维护社会稳定。加强非学科类校外培训场所的全面监督检查，压实各方责任。将非学科类校外培训机构治理纳入属地网格化管理，进一步细化统一的具体化、可操作、易执行的执法、处罚规则，对各类违规、变异学科培训从严处罚。

第四，强化环境建设。构建家、校、社协同共育的全域育人环境，发挥学校的主体作用，构筑家、校、社协同减负新格局。通过减量、提质、增效给学生发展以"留白时间"，为学生成长创造更多的可能性。将人文关怀渗透家、校、社协同共育的"双减"全过程，突出情感导向、氛围营造、心理干预等因素在育人中的价值和作用。积极探索建立义务教育阶段学业、课业负担动态监测机制，完善落实"双减"政策教育综合执法监管机制，提高多元化的优质基础教育资源供给水平。同时，在全市中小学、幼儿园组织开展"无师生参与违规培训示范校（园）"创建工作。南通市勇当"双减"工作全国试点的探路者、先行者，主动作为、自我加压，义务教育"双减"工作"初战告捷"，有力推进了区域教育高质量发展，为"新时代教育之乡、现代化教育高地"注入新内涵、提供新动力。一幅以"双减"助力新时代教育高质量发展的美丽图卷正在南通大地徐徐展开。

（本文刊载于《江苏教育》2022年第7期，有删改。作者成宾，系南通市教育局局长、党组书记，中共南通市委教育工委书记，南通市人民政府教育督导室主任）

篇二：启东市中小学提升教学质量八项要求
（修订实施稿）

为提升教育品质，提高教学质量，推动启动市教育教学改革的进一步深化，推进中小学教学常规管理走上制度化、科学化和规范化的轨道，让教学质量与"教育名市"更加匹配，不断满足人民群众对优质教育的需求，现进一步细化原"教学常规"和"管理常规"，提出提升教学质量的八项要求。

一、集体备课

团队协作，精心打磨，过程与方法并举，理论与实践并重。

具体要求：

① 备课组活动排入课程表或固定时间，每次不少于 2 课时，落实活动地点、活动内容和主讲教师。做到"六统一"，即统一教学进度、统一学习目标、统一重难点、统一课型与方法、统一练习与作业、统一教学案格式。用于使用的学案必须有系统的标识，如编写人、使用时间、知识分类等。

② 备课组组长与核心备课组成员提前制订一学期的集体备课计划，确定备课主题、重点、主备人；提前一周告知主备人备课，拿出初步学案，给核心备课组成员进行审定；提前一天通知全组人员初研教材、课标，熟悉初备内容（两次集体备课之间的上课材料）。少于 2 人的备课组实行校级教研组的集体备课。镇级层面或教育共同体学校的集体备课每月不少于 1 次。

③ 集体备课时，主备人以模拟上课形式向全组成员展示初备成果，每一位成员须就教学内容、教学组织、教学设计、教学课件等方面提出自己的意见。活动期间，不得做任何与集体备课无关的事，不迟到、早退或无故缺席，特殊情况不能参加集体备课的须向学校做书面请假。

④ 备课组组长将所有备课资源修改完善后于每周五上传至学校教务处保存，待查。对活动情况加以记载，双周交教务处。每次集体备课均要有分管学科的行政人员全程观察、蹲点督查、记录。学校行政会议每月至少 1 次就集体备课情况进行专题交流、点评，分管校长将点评情况在年级组或全校教师会议上通报。镇级层面的集体备课点评通报每学期不少于 1 次。

二、个人备课

基于一备，强化二备，整体与个性并举，预设与活动并重。

具体要求：

① 有手写的分课时备课笔记，体现对学案的补充。两节连排的课须体现分课时备课。备课要体现教学过程与方法设计、规律总结，特别是课堂活动的组织、整节课的思维框架板书。讲评课亦须备在备课笔记上，体现讲评课批改为先、分类讲评、破点得分的要求。

② 学校双周进行备课检查。为避免旧教案重复使用或为了应付检查补写教案，检查时要注明检查时间，加盖备课检查专用章及检查人签名，并写上适当的评语。学校对检查情况进行通报，结果用于考核。早读设计、作业编写和练习卷的命题纳入备课检查范围。

③ 凡上课不备课、下载现成教案上课、无二次备课、备课上课"两张皮"的均视为教学事故。

④ 实验实践课的教学须高度重视，认真备课。教师要在课堂上真实展示实验实践，不得以媒体课件代替，以确保教学效果。各校对学生的实验实践安排，每学期不得少于课标要求。

三、课堂教学

精学范式，灵活运用，投入与务真并举，科学与高效并重。

具体要求：

① 在"三段·四模块"课堂范式中，"三段"指课堂教学中的【温故·习新】【研讨·拓展】【反馈·提炼】，"四模块"指完成一个学习任务需要完整调用的"自学质疑模块""互动探究模块""精讲点拨模块""反馈纠正模块"。"三段·四模块"不仅要见于教案、学案，还要灵活运用到课堂。

② 严控课堂讲授时间，一切以学生获得为基准，教师讲授与学生活动探究的时间比一般控制在 1∶1。教师课堂要有完整板书，同时不囿于多媒体，充分发挥多媒体设备的辅助作用。

③ 教师要编制好导学问题，让学生带着问题先学思考；设计 1—2 个核心问题，引领学生深入思考；要有 1—2 次的探究活动，活动要有明确的目标要求、合理的小组成员分工，活动讲究效率；课尾要有结果清晰的概括总结，最好伴有思维导图。

④ 保持课堂激情，为学生提供展示的机会，培养学生在课堂上大声、清晰地表达自己的思考和想法的能力；提高学生的参与度，确保全体学生在课堂上张弛有度，无开小差、打瞌睡的学生。

注意把握两个度：一是教师对课堂的关注度，要全面关注各类学生，确保全体学生在课堂上张弛有度，杜绝个别学生上课开小差、打瞌睡；二是学生对课堂的专注度（或参与度），要充分利用各种教学手段、方法，为学生提供展示的机会，培养学生在课堂上大声清晰地表达自己的思考和想法的能力。

四、作业训练

把握适度，控制适量，四精与四必并举，督查与整改并重。

具体要求：

① 以"四精"要求落实精要性。从征订的资料、学生的错题、鲜活的时事中选择材料，形成系统的自编材料，以教师的投入换取学生的减负。选择的材料必须符合江苏要求、本校与本班学生的学情。作业量的布置以 80%的学生在规定时间内完成为标准，以基础为重，增加选做题。

② 以"四必"的要求落实精准性。作业编写注明编写人、使用时间，发多少收多少，按时收、全部收，批出分数，按得分点批，收的作业当天批完。作业训练后坚持 6 个环节：批改、分析、讲评、订正、二次批改、错题再练。

③ 充分发挥大数据的精准支撑作用，及时订正，跟踪整改，加强滚动训练，做到日日清、周周清，对重点学生加大面批比例。保证学生每天有自我整理、自我消化的时间。

④ 每双周组织一次对作业次数、作业量、批改情况的检查；每月进行学生作业量的书面调查和座谈会调查，从学生中获得相关信息，让减负、增效真正落到实处。对滥发滥做的教师提出整改意见，对屡教不改者进行口头警告。

五、自习辅导

有效值班，针对辅导，到岗与到位并举，时间和时机并重。

具体要求：

① 早读课教师要通过"定任务、搞竞争、养习惯、勤指导、形式活、勤检测、善小结"等方式，让学生做到心到、眼到、口到、手到，提高早读效率。

② 自习课的作业实行限时考试，学生注意力集中，无东张西望、无翻书抄袭的行为。教师做好巡视工作，并做好个别辅导，教师可就个别共性问题进行点评，但不允许整堂课讲授。

③ 进一步增加学生自主学习的时间，确保优秀学生每天至少有1节课的自主支配时间。加强听力、写字的能力训练和语文、英语的阅读训练，语文、英语的作文训练每周不少于1次。

④ 对自习课中存在的私自调班、无故缺岗、随意溜号等敷衍塞责管理不到位的教师提出批评，并在绩效中体现。

六、命题考试

科学命题，规范考试，基础与创新并举，预防与处理并重。

具体要求：

① 建立完整的命题考试管理制度，对命题考试的各环节实施规范化管理，不允许出现手机进考场、监考做题等现象，确保考试无人作弊。对命题考试中出现的问题，要严肃查处，并在绩效中体现。

② 命题时要有双向细目表，确保知识覆盖面和一定的原创量，基础题的占比量不低于70%。

③ 控制考试的频率，建立流水阅卷制度。平日加强滚动训练、纠错训练，周练和月测的内容有不低于30%的滚动内容。

④ 认真进行成绩分析，充分利用大数据进行精准分析，任课教师及班主任就学生的成绩、存在的问题、教学反思与对策等方面形成书面的"成绩分析报告"。

七、听课评课

听课专注，评课真诚，推门与互听并举，展示与评选并重。

具体要求：

① 行政领导的听课每周不少于2节，建立双周1次的行政听课交流点评例会，对课堂教学质量做出评价，提出意见和建议。

② 任课教师每学期每人听课不少于30节，每学期开出1节公开课，并有相应的听后感或总结分析文章。

③ 教学管理人员每学期至少开设1节校级以上示范课，体现"三段·四模块"研究方向。

④ 积极进行教学研讨活动，学校每学年至少组织1次区域内（乡镇小学镇级，其余启东市级）的综合开放活动。四星级高中和直属小学每学年至少组织1次大市级以上的综合开放活动。

八、考核点评

严格考核，精准点评，检查与激励并举，共商与落实并重。

具体要求：

① 班主任每天定时开展微点评，对班级中的问题进行有针对性的点评和指导。

② 学校加强对各个时段的常态督查，每天在公示栏内发出督查通报；认真执行周点评制度，就上一周的教育教学情况做点评，提出本周的主要工作设想；加强班级按月考核，每月进行全校教师会议，校长对本月教育教学情况做点评。学校教育管理办公室每学期开展不少于一次的全镇教育教学视导，召开一次全镇质量分析和学校常规管理点评会。

③ 建立学校教学管理大备课机制，由校长主持，分管校长、分管主任和年级主任一起进行教学管理主题研讨，每月至少 1 次；建立班主任大备课机制，由分管校长、分管主任或年级主任主持，就班务管理进行研讨，每周至少 1 次，规模小的小学可分低年级、中年级、高年级进行；建立班级管理大备课机制，由班主任主持，就班级情况进行研讨，每周至少 1 次。

④ 设立可行性目标，严格目标考核，奖优罚劣，体现在学校的办学过程中，体现在绩效考核上。

启东市教师发展中心
2019 年 3 月 2 日

篇三：启东市中小学作业设计与实施指导意见

为深入贯彻中共中央、国务院印发的《关于进一步减轻义务教育阶段学生作业负担和校外培训负担的意见》精神，进一步落实"五项管理"等文件要求，指导全市各中小学教师提高作业设计和实施的能力，实现减时、控量、提质、增效，切实做好作业的"小切口，大文章"，发挥好作业的育人功能，特制定《启东市中小学作业设计与实施指导意见》。

一、作业设计的"三坚持"理念

1. 坚持立德树人的根本任务

作业设计指向学生发展的核心素养，遵循对学生知识、能力、方法、态度、习惯、价值观等方面的培养要求，贯彻落实德、智、体、美、劳全面发展的教育方针。发挥作业以"巩固知识与技能、发展学习能力、提升品德修养、养成良好学习习惯"为主要特征的育人功能。

2. 坚持课程标准的导向价值

依据课程标准，体现课程性质，紧扣教材内容，符合学生身心发展规律和教育规律，既体现基础知识、基本能力和基本素养，又观照综合运用不同学科知识和方法分析、解决问题的能力，突出应用性、创新性，强调学以致用，培养批判性思维和创新性思维，引导学生形成正确的价值观念、必备品格和关键能力。

3. 坚持教学目标的前后贯通

作业的设计目标与教学目标保持高度一致。以价值提升为追求，从单元角度整体设计、统筹安排作业，确保作业内容充分、均衡、合理地反映教学目标，既帮助学生巩固复习所学的知识，又促进学生综合能力的持续提高。

二、作业设计的"四到位"要求

1. 科学到位

充分考虑不同层次学生的学习现状，设计不同梯度、不同功能的层级作业，满足学生的个性化需求。合理确定作业难度，不同难度作业的题量比例分布要适宜，杜绝超出课程标准、超越教学进度、超过学生能力的作业。作业设计应做到内容正确、易于理解、要求明确、答案合理。用好与教材配套的练习资源，合理选编、灵活改编、科学创编作业内容。注意把握关于不同年级、学期、单元作业内容、能力要求等方面的递进性。对于开放性作业，答案设置要反映学生的不同表现，注意建立水平标准。

2. 时间到位

学生作业时间的安排，符合国家规定及学生身心发展的特点，充分保证学生的睡眠时间。确保小学一、二年级不布置家庭书面作业，可在校内适当安排巩固练习；以80%的学生能在规定的时间内完成为标准，小学三至六年级书面作业的平均完成时间不超过60分钟，初中书面作业的平均完成时间不超过90分钟。周末、寒暑假、法定节假日也要控制书面作业时间总量。避免机械、无效训练，严禁布置重复性、惩罚性作业。

3. 类型到位

丰富、创新作业类型。优化基础性作业设计，提倡基于情境设计实践性、主题式、拓展性、大单元、跨学科和长周期的综合性作业，设计科学探究、体育锻炼、艺术欣赏、社会与劳动实践等多元作业类型。根据学段、学科特点及学生实际需要和完成能力，落实分层作业设计，满足不同类型学生的需要。积极探索大数据和人工智能在作业设计、批改、分析、管理等方面的合理利用，对作业实现分层、分类管理。

4. 单元到位

作业设计过程中体现整体性思考，注重统筹协调。立足单元视角整体规划，整体设计单元作业目标。把握课前、课中、课后等不同学习时间的作业功能与特点，设计最适合的作业，以促进学生思考、理解和探究。针对学习内容的目标、重难点及学生的身心特点、学习特点，关注知识体系、单元目标、课时内容之间的关联性及递进性，统筹安排作业时间、难度、类型，既帮助学生巩固、复习所学知识，又促进学生综合能力的持续发展。

三、作业设计的"三落实"管理

1. 落实对区域作业设计的研究

市级层面做好顶层设计和标准研制，作业设计与实施统筹纳入区域教研和教师培训内容。制定《启东市中小学作业设计与实施指导意见》，有计划地组织作业设计与实施的专题教研和评选活动。加强优质作业资源的研发和选用，开发与教材和课程标准相配套的练习，因校制宜，加强基于单元、跨学科等整体视角并指向提升学生素养发展的学科作业设计。建立优质作业资源库，推动优质作业资源共建共享。

2. 落实对校本作业设计的教研

各校将作业的设计与实施作为校本教研的重要内容，与课堂教学进行一体化思考。基于《启东市中小学作业设计与实施指导意见》，围绕作业中的重难点，借助观课研讨、项目研究等方式开展校本研修活动，通过同伴互助和专业引领，让教师逐步养成在作业设计质量、学生作业结果统计分析、作业讲评与辅导等方面进行反思的习惯与能力。通过作业展评等活动，提高教师作业设计与实施的能力，促进作业和教学质量的"双提高"。

3. 落实对各级作业设计的检查

建立作业管理监测督导机制，建立教务处、年级组（学科组）、班级作业统筹管理机制。加强对学校作业设计与实施的过程性指导、学校作业管理的常规检查，将作业管理情况纳入学校绩效考核。同时，做好家、校协同监督作业工作，合力在作业的规范、质量、落实、保障等方面下功夫，切实做好作业的减负增效工作，常态、长效营造教育的良好生态。

附：（略）

1. 《小学语文学科作业设计与使用指导意见》
2. 《小学数学学科作业设计与使用指导意见》
3. 《小学英语学科作业设计与使用指导意见》
4. 《小学道德与法治学科作业设计与使用指导意见》
5. 《小学科学学科作业设计与使用指导意见》
6. 《初中语文学科作业设计与使用指导意见》
7. 《初中数学学科作业设计与使用指导意见》
8. 《初中英语学科作业设计与使用指导意见》
9. 《初中道德与法治学科作业设计与使用指导意见》
10. 《初中历史学科作业设计与使用指导意见》
11. 《初中地理学科作业设计与使用指导意见》
12. 《初中物理学科作业设计与使用指导意见》
13. 《初中化学学科作业设计与使用指导意见》
14. 《初中生物学科作业设计与使用指导意见》

启东市教师发展中心
2021 年 12 月 1 日

第三节 "课后服务管理"政策设计与导向

篇一：南通市关于义务教育阶段学生作业减负的区域质量评估实施方案（试行）

为全面落实中共中央、国务院印发的《关于进一步减轻义务教育阶段学生作业负担和校外培训负担的意见》精神，根据南通市委、市政府印发的《关于进一步减轻义务教育阶段学生作业负担和校外培训负担的实施意见》的精神和南通市作为试点市的职责，切实发挥教育主管单位特别是教科研部门的研究、指导、服务、管理职能，推进南通市减轻义务教育阶段学生作业负担质量评估工作，特制订本实施方案。

一、评估方式

由南通市教育局、南通市教育督导室牵头，南通市教育科学研究院负责，各县（市、区）教育（教育体育）局、教师发展（研修、管理）中心参与，在南通市内开展"推磨式"视导，实施区域义务教育阶段学生作业减轻负担的质量评估。通过学校踏访、教师访谈、学生问卷调查等方式，对课程开设、课堂教学、教学质量、作业的设计与布置、作业的批改与反馈等开展质量评估。

二、评估内容

① 评估课程开设情况，对学生"学足学好"开展质量评估。对学校课程开设情况实行严格监管，确保开齐开足开好国家规定课程，杜绝"阴阳课表"，学校不得随意增减课时、提高难度、加快进度。原则上配齐专职教师，帮助学生"学足学好"，确保达到国家规定的学业质量标准。努力开发和实施校本课程，做到价值导向与时代潮流相结合、学生兴趣与教师引领相结合。充分挖掘隐性课程，特别是课程思政资源，加强德育与学科教学有机融合，每所学校建成1个以上学科育人示范项目，利用一切有利于学生成长的物质资源和文化资源，丰富学生的德行、学识、能力和精神气质。

② 评估"立学课堂"的推进情况，对课堂教学水平开展质量评价。落实"立学课堂"的"十二字十二条"要求，建立学科组集体教研、备课组互学评议等常态化课堂教学质量提升机制，研讨课堂教学变革策略，提高课堂效率。鼓励学校和广大教师锐意改革，完善"立学课堂"的教学质量评价体系，引领课堂回归立德树人，回归核心素养发展。充分发挥学科骨干教师的示范引领作用，创造更多原创性教育教学成果，全面推进课堂教学变革。地方教研部门常态化开展教学工作调研，确保义务教育学校课堂教学优良课率达90%以上，巩固并放大南通义务教育高质量的优势。坚持以学定考，降低考试压力，改进考试方法，严格依据课程标准和教学基本要求确定考试内容，不得有提前结课备考、违规统考、以区分度为由增加考试难度、考试排名等行为，坚决克服唯分数论的倾向。

③ 评估作业管理机制建设情况，对机制的制定与执行开展质量评价。以县（市、区）为单位建立义务教育作业统筹管理和学段学科分类管理机制，以学校（或集团）为单位加强学科组、年级组作业研究，在尊重学生个体差异，体现作业的针对性、层次性、梯度性和可选择性的基础上合理调控作业结构，满足个性化作业需求，确保难度符合国家课程标准要求。建立作业校内公示、审批制度，加强作业的质量监督。建立教研员作业质量抽检和责任督学作业负担督导机制，加强过程管理与督导反馈，确保作业管理的各项要求落实、落地。严禁给家长布置或变相布置作业，严禁以家长检查、批改作业及学生自批、互批作业来替代教师批改作业。

④ 评估作业布置情况，对作业质量和数量开展质量评价。确保小学一、二年级不布置家庭书面作业，可在校内适当安排巩固练习；小学三至六年级书面作业的平均完成时间不超过 60 分钟，初中书面作业的平均完成时间不超过 90 分钟。将作业设计纳入教研体系，加强作业设计的专题研究与培训，系统设计符合年龄特点和学习规律、体现素质教育导向的基础性作业。提倡备课组根据教学实际情况自主设计作业，形成校本化学科作业体系。坚持"一教一辅"的底线要求，不依靠教辅资料随意布置作业，坚决克服机械、无效作业，杜绝重复性、惩罚性作业。

⑤ 评估作业完成情况，对作业"四精四必"开展质量评价。教师要加强作业完成指导，学生尽量在校内基本完成书面作业，力争周一至周五参加课后服务的小学三至六年级学生、参加晚自习服务的初中学生不带书面作业回家。鼓励教师面批作业，力争每天各科作业的面批率达 20% 左右。落实作业"四精四必"的要求。做到作业管理"精选、精练、精批、精讲"，"有练必躬、有发必收、有收必批、有批必评"，让学生练自己的，教师必须自己先做；发给学生做的，教师必须在规定的时间收上来；教师收上来的作业必须及时批阅；教师批阅的作业必须认真讲评，真正让学生精练、有效练，提高作业的完成效率。2022 年起，教师须保留作业布置清单、教师自做自练作业本及班级学生作业本备查。

⑥ 评估延时服务情况，对学校课后服务开展质量评价。义务教育学校制订课后服务实施方案，小学开展工作日"5+2"课后服务，初中学校提供工作日晚自习服务。以学期为单位，每学期开学前将课后服务安排一览表向家长公布，供学生选择。充分用好课后服务时间，在课后服务时间分阶段统筹安排学业辅导，强化基础性学习，培养学生的兴趣特长；对学有余力的学生，适当增加学习空间；对部分学困生，"点对点"提供辅导。严禁利用课后服务时间讲新课。同时，合理安排综合素质拓展活动，在科技、体育、艺术、劳动等方面开展多样化的作业设计、实践探索。

三、结果运用

以问题为导向，一校一评，并定期出具面向县（市、区）的学期整改评价报告、南通市学年视导评估报告，并就进一步推进作业减负工作为区域教育主管部门提供政策落实咨询依据和突出问题问责依据，为学校管理提供整改依据，为教师课堂教学和作业改革提供支持依据。以月度、学期、年度为单位分别召开点评会、表彰会和专项工作会议，进一步推动"进一步减轻义务教育阶段学生作业负担的区域质量评价"活动。

附：

表 5-1 为南通市义务教育阶段学生作业减负区域质量评估打分表。

表 5-1 南通市义务教育阶段学生作业减负区域质量评估打分表

一级指标	二级指标	赋分	自评	考评	备注
课程开设	1. 开齐开足开好国家规定课程	4			
	2. 严格按照课程标准设置课时、教学难度和进度	4			
	3. 配齐学科专职教师	4			
	4. 校本课程设计和实施科学、规范，符合学生发展规律，至少有 1 个学科育人示范项目	4			
	注：发现"阴阳课表"的，本栏目不得分				
教学质量	1. "立学课堂"教学质量评价体系落实到位，随堂听课教学优良课率达 90% 以上	4			
	2. 地方教研部门开展教学工作调研常态化	4			
	3. 教研（备课）组活动正常，记录完备，其中有作业研讨内容	4			
	4. 学科骨干教师发挥示范引领作用	4			
	注：有提前结课备考、违规统考、以区分度为由增加考试难度、考试排名等行为的，本栏目不得分				
作业管理	1. 建立义务教育作业统筹管理和学段学科分类管理机制	4			
	2. 校本教研活动方案中有关于作业管理的内容	4			
	3. 建立作业校内公示、审批制度并落实	4			
	4. 建立作业质量抽检和责任督学作业负担督导机制并落实	4			
	注：发现给家长布置或变相布置作业，让家长检查、批改作业的，本栏目不得分				
作业布置	1. 小学一、二年级不布置家庭书面作业，三至六年级书面作业的平均完成时间不超过 60 分钟，初中不超过 90 分钟	4			
	2. 备课组根据教学实际情况自主设计作业，形成校本化学科作业体系	4			
	3. 作业形式多样，可合理调控，内容符合年龄特点和学习规律、体现素质教育导向，体现针对性、层次性、梯度性和可选择性	4			
	4. 有作业设计的专题研究与培训	4			
	注：发现违反"一教一辅"规定的或出现无效作业、惩罚性作业的，本栏目不得分				

续表

一级指标	二级指标	赋分	自评	考评	备注
"四精四必"	1. 让学生练的,教师必须自己先做,备有自做自练作业本	5			
	2. 作业布置清单完备,发给学生做的,教师必须在规定的时间内收上来	5			
	3. 教师收上来的作业必须及时批阅,面批率达20%左右	5			
	4. 教师批阅的作业必须认真讲评,学生作业本留痕,备有错题集	5			
	注:布置作业却无故未批改的,本栏目不得分				
延时服务	1. 小学开展工作日"5+2"课后服务,初中学校提供工作日晚自习服务	4			
	2. 课后(含校外)服务安排一览表向家长公布,供学生选择	4			
	3. 分时段统筹安排学业辅导,强化基础性学习,培养学生的兴趣特长	4			
	4. 对学有余力的学生,适当拓展学习空间;对部分学困生,"点对点"提供辅导	4			
	注:利用课后服务时间讲授新课的,本栏目不得分				
总分		100			

南通市教育科学研究院
2021年11月2日

篇二:启东市中小学课后服务2.0工程实施意见

为全面贯彻党的教育方针,落实立德树人根本任务,进一步落实《南通市义务教育阶段课后服务实施指导意见》,促进"双减"进一步提质增效,特制定《启东市中小学课后服务2.0工程实施意见》。

一、工作原则

① 坚持立德树人,"五育"并举,大力发展素质教育,促进学生全面发展和健康成长。

② 坚持需求导向,多元供给,满足学生的多样化学习需求,全面提高学校育人水平。

③ 坚持立足校情,因校施策,形成具有校本特色的课后服务课程和服务体系。

二、工作目标

坚持党的教育方针，站稳人民立场，切实履行相关部门的管理责任和学校的主体责任，全面推进"5+2""校内+校外""作业+拓展""基础+创新"的课后服务模式，确保课后服务的各项要求落到实处，促进学生德、智、体、美、劳全面发展，让学生和家长有更多的幸福感和切实的获得感。

三、工作举措

1. 完善课程设置

开启以"课程+"为主要标志的课后教育体系建设，使课后服务"课程化"，服务内容"多元化"。学校要将国家课程、地方课程、校本课程进行有效融合，充分利用红色教育资源、大型公共设施资源等社会有益资源，通过研究性学习、社会服务、参观访问、社会调查、科学考察等方式，形成育人为本、方向正确、内容完善、载体丰富、常态开展的"道德培养全覆盖、知识能力全覆盖、课内课外全贯通"的课后教育体系。

2. 完善保障措施

加强功能教室和相关馆室的配套硬件建设，在做好疫情防控常态化保障的同时，确保课后服务场所安全、安静、卫生；开放音乐、美术等专用教室，供有需求的学生使用；选配体育、美术、音乐等专兼职教师，健全课后服务师资队伍，增强课后服务的吸引力。

3. 完善供给方式

各校要加强优质教育资源的开发，充分发挥现代信息技术优势，强化名师的辐射作用，依托"慧学南通"等公共服务平台，通过线上教育、空中课堂、微课分享、个性化指导、即时推送等多种方式为学生提供教育服务，实现学习形式个性化、教育方式多样化、表达形式原创化、平台互动开放化。学校既可积极争取退休教师、学生家长、高校优秀学生、体育教练、民间艺人、能工巧匠、非物质文化传承人等具备资质的社会专业人员或志愿服务力量，为学生提供形式多样的服务；又可引进经教育主管部门审查备案的资质优秀、行为规范、信誉度高的社会组织和校外专业机构参与课后服务。

4. 完善长效育人

各校要将课后服务作为培育、彰显学校办学特色的重要手段，不断丰富课后服务内容、拓展课后服务形式、提高课后服务质量，并在此基础上全面提高学校的育人水平，为学生健康成长、全面发展创造更好的条件。不断深化"6个1"亮色工程，结合体育、艺术、劳动、科学等学科的多种拓展活动，"五育"并举，启智润心，切实提升学生的综合素养。

四、工作要求

① 强化政治站位，增强大局意识。各校要从讲政治的高度来充分认识全面推进课后服务的重要意义，态度坚决，周密部署，攻坚克难，担当作为，不断优化课后服务机制，完善课后服务内容，提高课后服务质量。

② 强化责任担当，切实履职尽责。各校要全面推进教师"强基赋能"工程，提升教师素养；实施"6个1"亮色工程，丰富课程内涵。学校要积极探索和优化符合学校办学实际和长远发展的课后服务模式，要创新工作机制和方法，加强常态督导与评比，不断提升教育为民服务的能力，促进区域教育生态不断向好。

③ 强化家校共育，凝聚教育合力。充分发挥学生家长和家长委员会在课后服务中的协助、沟通、监督等作用，依托家长委员会和家长学校，加强典型宣传，营造共育氛围，凝聚育人共识，形成合力，共同促进课后服务工作的开展。

④ 强化保障机制，维护教师权益。学校要尊重教师的劳动，切实保障教师的合法权益，形成较为合理、完善的课后服务经费管理分配方案。对参加课后服务的教师进行客观评价，激发教师工作的积极性，提升课后服务的质量。

⑤ 强化考核评价，营造良好环境。学校要建立正确的激励导向机制，教师参加课后服务的表现应作为职称评聘、表彰奖励和绩效工资分配的重要参考。学校要加强典型宣传，积极报道学校优秀典型案例和教师、志愿者、工作人员参与课后服务的先进事迹，弘扬正能量，调动广大教师的积极性和自觉性。

启东市教育体育局
2022 年 3 月 21 日

第四节 "教师队伍建设"政策设计与导向

篇一：海门区关于进一步加强新时代高质量教师队伍建设的意见

为深入贯彻习近平新时代中国特色社会主义思想和党的十九大精神，贯彻落实习近平总书记关于教育的重要论述和全国教育大会精神，推动全区教师牢记"为党育人、为国育才"的使命担当，大力弘扬"强毅力行、追求卓越"的海门教育精神，自觉践行"道德优美、学术纯粹"的张謇精神价值追求，聚焦"教育现代化建设示范区"的目标定位，全力推进"现代化教育强市、新时代教育之乡"建设，打造党和人民满意的高素质、专业化、创新型教师队伍，为海门"奋进赶考路，当好领跑者"贡献教育力量。现结合海门区实际，就加强新时代高质量教师队伍建设提出如下意见。

一、提高教师地位待遇，让教师成为令人羡慕的职业

① 明确教师的重要地位。教师承担着国家使命和公共教育服务的职责，教师职业具有公共属性。公办学校教师具有国家公职人员特殊的法律地位。要明确学校教师的权利和义务，强化保障和管理。公办学校教师要切实履行作为国家公职人员的义务，全体教师要不断强化国家责任、政治责任、社会责任和教育责任。建立教师礼遇制度，鼓励商场、车站、医院等为教师生活、出行等开设"绿色窗口""绿色通道"。

② 完善教师荣誉表彰制度。每年教师节期间常态化开展"功勋教师""师德标兵"

"优秀教育工作者""最美乡村教师""'四有'好教师团队"等表彰,增设"领航校长""教育世家"等表彰项目。学校开展从教 5 年、10 年、20 年、30 年纪念仪式及教师荣退仪式,增强教师的荣誉感、使命感。各级政府引导、鼓励社会团体、企事业单位、民间组织出资筹款,用于开展尊师活动,分别设立区级、镇级教育基金,奖励优秀教师、帮扶困难教师。建立优秀教师、长期坚守乡村教育教师疗休养制度。加大典型宣传力度,宣传部门建立教育宣传制度,运用多种媒体、采用多种形式开辟专题宣传栏目,选树先进典型,弘扬教育正能量。

③ 完善教师待遇保障机制。充分考虑普通高中课程改革要求,适当提高普通高中教师的收入水平。全面落实国家特殊教育津贴政策,对特殊教育学校按事业单位绩效工资基准线的 10%增核绩效工资总量。对因"双减"工作提供延时服务和托管服务的教师,发放延时、托管服务费。坚持多劳多得、优质优酬原则,在核定各单位教职工奖励性绩效工资总额时,充分考虑单位考核情况;各单位在奖励性绩效工资分配时要有效体现教师的工作量和工作绩效,适当拉开差距,重点向一线教师、骨干教师和做出突出成绩的其他工作人员倾斜,要适当提高班主任的津贴水平,激励更多教师在班主任岗位上有担当、有作为。提高公办幼儿园非编保教人员工资水平,区直幼儿园非在编用工计划由教育部门会同人社、财政等部门提出初审意见,报区政府批准,非在编人员薪金待遇纳入区级财政预算。各区镇(街道)举办的公办幼儿园所有非在编保教人员的薪金待遇(含工资、社会保险、住房公积金、其他福利等)纳入各区镇(街道)财政预算。力争到 2022 年义务教育学校劳务派遣制教师清零。民办学校应依法保障教职工的工资福利待遇,建立健全教职工工资正常增长机制,按规定为教职工缴纳各项社会保险。

二、深化教师管理综合改革,创新教师发展体制机制

① 改革创新中小学教师编制管理。编制部门按《江苏省教育现代化监测指标》《关于统筹使用事业编制保障中小学教育发展的通知》规定的师资配备标准,结合现有人员状况和教师发展需要等,核定教育系统编制总量,实行"总量控制、动态调整"。根据教育发展需要,统筹一定数量的全额拨款事业编制,建立统一管理、统筹调配的中小学教职工编制"周转池",提前一年制订新建学校刚需和结构性必需编制计划。实行教师编制配备和政府购买工勤服务相结合,对寄宿制学校生活教师岗位、中小学校工勤岗位等适合社会力量提供服务的岗位,采用劳务派遣或聘任制等方式解决,将置换出的编制全部用于补充专任教师。配齐配足音乐、体育、美术教师,确保至 2022 年中小学专任体育教师与在校生的比例达到 1:220,至 2025 年中小学音乐、美术教师与在校生的比例达到 1:220,其中,小学、初中、高中音乐、美术专职教师占比分别达到 75%、85%、95%以上。创新方式,以招聘和购买服务相结合的方式配齐校医和心理健康教师,每所学校按照标准配齐配足。

② 加大岗位设置改革力度。教师岗位设置执行省定最高标准,在此基础上,因组织安排援疆、援藏、援青等教师,在受援地取得高一级专业技术职称的,可超岗位聘用。继续深化"岗位集中统筹、集中管理"机制改革,综合运用"达到国家法定退休年龄延迟退休女教师不占岗位职数"等政策,建立岗位"周转池",用于偏远地区乡村

教师、岗位特别紧张的学段教师、科教研训部门等，择优推荐聘用。探索乡村教师超岗聘用的具体办法。加强聘后管理，对长病假教师、长期不在一线教学岗位教师实行转岗另聘，切实推动中高级岗位向一线教师精准开放。教师资格定期注册不合格人员要坚决退出教学岗位，不得享受教师岗位待遇。

③ 深化教师队伍"区管校聘"管理改革。全面推进中小学教师"区管校聘"管理体制改革，建立"区管校聘"联席会议制度，健全教育主管部门负责教职工编制、岗位设置、人员经费、教师招聘、轮岗交流，学校负责岗位聘用、绩效分配、考核奖惩的教师管理机制。进一步优化各学段集团化办学机制改革，完善义务教育学校校长、教师城乡交流制度，实施"1+N"组团交流精准帮扶机制，重点引导优秀校长和骨干教师向乡村学校、薄弱学校和缺员学校流动，促进师资均衡配置。建立交流轮岗保障机制，对考核合格的支教教师，根据路途远近等因素，发放支教教师路程补贴。继续实施"银龄计划"，选聘一批近五年退休的知名校长、特级教师、正高级教师、市级以上骨干教师担任学校发展导师或顾问；选聘一批近五年退休的优秀校长、优秀教师到乡村学校助教，帮助乡村学校提高管理水平和教育教学质量。建立教育体育系统与区镇（部门）之间及教育体育局机关与学校间干部相互挂职的"双挂"机制，促进干部交流学习。

④ 创新教师选聘引进机制。加大教师补充力度，三年内使海门区中小学生师比达到《江苏省教育现代化监测指标》规定水平。面向幼儿园、小学各学科，以及中学紧缺学科，每年安排80名左右定向生培养。创新招聘方式，对"双一流"高校（一流学科建设高校毕业生须是一流学科专业）和重点师范生培养院校的优秀毕业生，经上级部门审核同意，可直接面试签约。安排专项编制，制定支持政策，鼓励高品质示范高中建设立项校和培育校，个性化招聘国内外顶尖高校优秀毕业生。综合运用"东洲雁归"优秀学子回海门从教政策，加大优秀高校毕业生来海门从教激励力度，对引进的原"985工程"高校、"双一流"高校毕业生和原"211高校"师范类毕业生按照相关政策予以奖励激励。对通过公开招聘考试引进的研究生及以上教育人才，具有全日制硕士、博士研究生学历学位的，在试用期考核合格后发放一次性岗位津贴2万元、3万元。

三、提升教师思想政治素质，全面强化师德师风建设

① 加强教师队伍党的建设。将全面从严治党要求落实到每个教师党支部和教师党员，把党的政治建设摆在首位，用习近平新时代中国特色社会主义思想武装教师头脑，大力实施"党建领航、书记领责、党员领路、教育领先"工程，充分发挥教师党支部战斗堡垒作用和党员教师先锋模范作用。实施"双带头人"培育工程和"书记领航发展三年行动计划"，选优、配强学校党组织书记，定期开展党务干部、骨干党员教师轮训。健全"双培养机制"，把骨干教师培养成党员，把党员教师培养成教学、科研、管理骨干。坚持党的组织生活各项制度，创新方式方法，增强党的组织生活活力。健全主题党日活动制度，加强党员教师日常管理监督。

② 提高教师思想政治素质。加强理想信念教育，引导教师带头践行社会主义核心价值观，持续加强中华优秀传统文化和革命文化、社会主义先进文化及乡土文化教育，引导广大教师爱祖国、爱家乡，奉献祖国、奉献教育。创新教师思想政治工作方式方

法，开辟思想政治教育新阵地，利用思想政治教育新载体，强化教师社会实践参与，建立教师社会实践基地，切实增强思想政治工作的针对性、时效性，提高感染力、吸引力。

③ 提高教师师德水平。坚持"道德优美、学术纯粹"的价值导向，以培养高尚情操为主线，加强师德教育，将师德培训内容列入新任教师培训和在职教师继续教育必修课，作为教师定期注册的必备条件。定期开展师德教育周活动，完善教师承诺制度，建立师德档案和诚信承诺、失信惩戒机制，实行新教师入职宣誓、在职教师教师节重温誓词制度。贯彻新时代教师职业行为"十项准则"，推行师德考核负面清单制度，将治理师德失范纳入专项督导和责任督学挂牌督导范畴，坚决从严处理教师有偿补课、收受礼金等行为和教师在教育教学、学术研究、师生关系等方面的失范行为，建立惩戒退出机制，对违反职业道德等的违规违纪行为，视情节轻重依法依规给予警告、记过、降低岗位等级或者撤职、开除等处分。

四、激发教师专业成长动力，提高教师队伍专业化水平

① 建设高素质专业化教师队伍。启动"新时代海门教师队伍高质量发展雁阵培育三年行动计划"。实施青年教师"雏雁孵化"赋能工程，开展系列培训、岗位练兵，推进青年教师快速成长，有计划地组织近五年招聘入职的乡村定向师范生到集团总校跟岗培训，力争三年内新增市级教坛新秀100名、区级教坛新秀500名。实施骨干教师"强雁振翅"提能工程，发挥名师工作室的示范引领作用，对骨干教师严格实行"网格化"管理，"量身定制"培养发展规划，完善"入格""升格"管理机制，力争三年内培养市级学科带头人、骨干教师等优秀教育人才200名，区级学科带头人、骨干教师1 000名。实施名优教师"头雁领航"强能工程。选拔30名重点培养对象，依托"特后班"、省名师工作室和"1115工程"培养对象研修班等平台助力培养，力争三年内新增正高级教师、苏教名师、特级教师等顶尖教育人才10名。

② 提高教师专业水平和能力。坚持研训一体，创新教师研训模式，提供菜单式选学服务，满足教师多样化的培训需求，增强开展心理健康和生命教育的能力。实施中小学教师信息技术应用能力提升工程，提升教师和校长将信息技术应用到教育教学和学校治理中的能力。开展教师发展示范基地校建设，三年内创建省级教师发展示范基地校5所，市级15所。鼓励教师学历提升，继续实施对在职进修教育相关专业并获得高一层次学历或学位的专任教师给予专项奖励的政策。到2025年，各级各类学校教师学历层次均达到教育现代化要求。实施中小学教师短期出国进修计划，每年根据因公出国（境）培训计划选派一定数量的中小学教师到国外进修。

③ 加强校长队伍建设。积极探索校长职级制改革，实行校长聘任制。健全中小学校长培养培训体系，完善省级名校长（优秀校长）、南通市领航校长、区级骨干校长（优秀校长）等专业化发展机制。力争三年内新增省名校长工作室领衔人、市领航校长3人，县级骨干校长（优秀校长）30人。建立校长后备人才选拔制度，实施专业后备人才培养工程，推进校长专业化发展。支持教师和校长大胆探索，创新教育思想、教育模式和教育方法，形成教学特色和办学风格，营造教育家脱颖而出的制度环境。

五、加强对教师队伍建设的领导，确保各项政策落到实处

① 加强组织领导。各级党委、政府要坚持教育优先发展战略，把教师工作置于教育事业发展的重点支持战略领域，优先谋划教师工作，优先保障教师工作投入，优先满足教师队伍建设需要。切实加强领导，紧扣广大教师最关心、最直接、最现实的重大问题，找准教师队伍建设的突破口和着力点，切实把教师工作摆上重要议事日程，细化分工，确定路线图、任务书、时间表和责任人。建立教师工作联席会议制度，解决教师队伍建设重大问题。

② 强化经费保障。各级政府将教师队伍建设作为教育投入重点，并予以优先保障，完善支出保障机制，确保国家和省、市关于教师队伍建设重大决策部署落实到位。进一步加大投入力度，优化经费投入结构，优先支持教师队伍建设最薄弱、最紧迫的领域，重点用于提高教师待遇保障、提升教师专业素质能力。健全以政府投入为主、多渠道筹集教育经费的体制，鼓励、引导社会力量通过设立基金等方式奖励优秀教师。加强资金监管，规范经费使用，提高资金使用效益。加快推进教师周转住房建设和管理，逐步解决外地来海门工作的教师临时住房困难，对外地来海门从教的"东洲雁归"高层次人才、外地引进的高层次人才等优秀教育人才可照顾、安排入住当地人才公寓，3年内免收租金。

③ 加大考核评价。要统筹对学校的考核、检查、评比，建立相应制度，防止形式主义的考核检查干扰教师正常教学。区委、区政府把教师队伍建设情况作为督查督导工作的重点内容，特别要加强对教师队伍建设投入、落实教师编制、推进"区管校聘"改革、提高教师待遇等工作的督查检查，并将结果作为各级党政领导班子和有关领导干部综合考核评价、奖惩任免、追责问责的重要参考，确保各项政策措施全面落实到位，真正取得实效。

海门区人民政府办公室
2021年10月28日

篇二：海门区新时代教师队伍高质量发展"彩虹行动"计划（修订）

为全面深化新时代教师队伍建设改革，落实立德树人根本任务，培养并造就一支"道德优美、学术纯粹"的、符合新时代发展要求、适应新技术变革形势的高素质专业化创新型教师队伍，依据教育部等八部门印发的《新时代基础教育强师计划》，海门区委、区政府印发的《关于进一步加强新时代高质量教师队伍建设的意见》以及中小学（幼儿园）教师专业标准等文件精神，结合海门区教师队伍现状，特制订本行动计划（旨在通过制订7个专项计划，实施7个专项行动，让不同的教师像彩虹一样绽放不一样的光彩，故简称"彩虹行动"计划）。

一、指导思想

以习近平新时代中国特色社会主义思想为指导，全面贯彻落实党的十九大精神及全

国、省、市、区教育大会精神,坚持和加强党的全面领导,坚持全面深化改革,牢固树立新发展理念,落实立德树人根本任务,遵循教育发展和教师成长规律,加强思想政治教育和师德师风建设,着力提高教师的综合素养,切实解决师资队伍建设中的突出问题,努力建设一支师德高尚、业务精湛、结构合理、充满活力、适应海门区教育未来发展需要的高质量教师队伍。

二、主要内容

(一)校长领导力提升计划

完善校长选拔任用、管理监督和考核激励机制,提高校长管理水平,促进校长队伍的专业化发展。加强名校长、优秀校长、骨干校长、新任校长培养体系建设,贯彻落实中小学校校长专业标准,强化校长持证上岗制度,以三年为一个周期,培塑一批南通市领航校长、南通市优秀校长,遴选一批区级领航校长、名校长和优秀校长。充分发挥名校长的示范引领和辐射作用,带动全区校长队伍素质能力提升。建立校长发展共同体机制,与高校、名校合作建立校长培训基地,组织开展校长俱乐部、校长论坛、校长沙龙、校长大讲堂等活动,引领校长学习新理念,践行新理念,打造专家型校长队伍。健全城乡校长交流制度,全区每年选拔集团(共同体)总校中层不少于10人以上骨干到乡村学校任校级领导,选拔乡村学校校级领导不少于10人到集团(共同体)总校挂职锻炼,以开阔视野、更新理念、提升素质、锻造能力为核心,通过集中培训、挂职锻炼、返岗实践等措施,为乡村学校培养一批推动改革发展的领路人。(牵头科室:人事与师资科,责任科室:基础教育科、教师研修中心培训科等)

(二)名优教师"头雁领航"计划

创新教育领军人才培养方式,选拔30名思想政治过硬、师德高尚、有崇高教育理想和抱负、教学能力突出、教育科研能力强、在本区具有较高声望和知名度、发展潜力大的教师予以重点培养。参照省特级教师、正高级教师评选条件,通过诊断规划、专家引领、集中研修、研修实践、风格提炼、成果展示等方式,培养人选,更新教育思想观念、更新知识能力结构,形成独特的教学风格和系统化的研究成果,为其在教育教学实践中发挥高端引领作用,继而成长为省特级教师、正高级教师创造条件,力争3年内新增苏教名家、特级教师、教学名师、正高级教师等领军人才10名。鼓励在职省人民教育家培养对象、特级教师、正高级教师积极申报高层次人才培养工程,力争3年内培养国家"万人计划"、享受政府特殊津贴、省突出贡献中青年专家、省"333工程"等高层次人才5人,培养南通区"226工程"、南通区杰出专业技术人才10人。(牵头科室:人事与师资科,责任科室:基础教育科、职业教育科、教师研修中心相关科室等)

(三)卓越教师"强雁振翅"计划

健全优秀教师后备人才培养体系,依托名师(名品)工作室和集团学科工作室,选拔一批师德高尚、可塑性强、创新意识强、教学能力突出的优秀中青年教师,并予以重点培养,配备课堂教学导师和理论研究导师,采取跟岗实践、课例研讨、课题研究、教学展示、名校考察等形式,实现专家引领与自主研修、教学实践与理论提升相结合,促进培养人选突破专业发展短板,以此带动全区教师整体水平进一步提高。落实《关于提升教育人才队伍建设保障水平的实施细则》，优化优秀教育人才考核管理办法，充分发挥优秀教育人才的引领示范辐射作用，力争 4 年内培养南通区级学科带头人、骨干教师等优秀教育人才 200 名，海门区级学科带头人、骨干教师 1 000 名，集团（共同体、高中）学科带头人、骨干教师 2 000 名。（牵头科室：人事与师资科，责任科室：基础教育科、计划与财务科、教师研修中心相关科室等）

（四）青年教师"雏雁孵化"计划

以"青蓝结对，同伴互助"等形式，通过研修员、优秀教研组长、骨干教师等"导师制"引领，围绕坚定专业信念、落实核心素养、推进课堂革命、提升教育质量等主题开展系列培训、岗位练兵，培养适应"未来教育、未来学校、未来学习"的"未来骨干教师"，为其成为海门骨干教师打下扎实的基础。制定结合自身专业的发展规划，明确发展目标，通过自主学习，进一步提高教育教学理论水平与科研能力。启动青年教师班主任基本功、教学基本功"两项基本功三年双达标"工程，通过一年练兵入门、两年比武提升、三年拉网过堂的方式，促进青年教师快速成长。注重对新教师的培养，采用"学、教、评"一体化的方式，以落实课堂教学的基本规范为重心，以备课与上课为抓手，以专业培训、目标考评和教坛新秀评比为推进手段，努力为新教师提供专业发展机会与展示平台。4 年内新增南通区教坛新秀 100 名，海门区教坛新秀 400 名。（牵头科室：教育工会，责任科室：人事与师资科、基础教育科、职业教育科、教师研修中心相关科室等）

（五）中年教师素养再提升计划

落实《海门区中年教师素养再提升计划》，实施"价值引领""师德涵养""师能锤炼""科研提质""平台助力"五大工程，构建理念价值积极向上、师德师风不断优化、课堂教学明显提质、教育科研蓬勃兴起、教育质量显著提升的良性发展生态。聚焦中年教师存在的专业发展瓶颈和职业倦怠等问题，强化师德、工作量、能力和业绩导向，以思想政治教育为重点，以任务驱动为途径，通过研修培训、交流研讨、以赛促练、信息素养提升等方式，发挥职称评审、岗位晋升、绩效考核等政策的激励作用，激发中年教师的发展潜能，努力做到人人心中有目标、人人脚下有方向、人人身上有进步。（牵头科室：教师研修中心教研室，责任科室：人事与师资科、基础教育科、职业教育科、教育工会等）

（六）班主任能力提升计划

重视班主任的专业成长，形成以"班主任技能培训"为载体的入职培训、以"班主任风格铸炼"为核心的提升培训和以"班主任工作艺术"为导向的名班主任成长工程，实行对标培养，组建骨干班主任研修班。构建"合格班主任—骨干班主任—名班主任—德育特级教师"的班主任专业发展体系，促进班主任的成长、成熟。搭建班主任专业学习、交流与展示平台，成立班主任工作室，组建"班主任专业成长导师团"，培养一批优秀班主任、卓越班主任，使其成为学生的心灵导师、学业导师和生涯导师。力争 3 年内培养南通市级德育骨干 20 人、海门区级德育骨干 30 人。（牵头单位：教师研修中心德育研究室，责任科室：人事与师资科、基础教育科、职业教育科）

(七) 乡村教师振兴计划

着力补齐乡村教育短板,实施《乡村教育振兴三年行动计划》,实施"每一个名师(名品)工作室与一所乡村学校开展点对点结对帮扶,每一位城区、海门区级以上学科带头人与一名乡村教师进行一对一定向帮扶,每一名机关中层干部、集团总校班子成员挂职蹲点一所乡村学校"的"三个一"帮扶机制,实现全员参与乡村教育振兴、全员助力乡村教育振兴的发展局面。实施省"领雁工程",依托省、区、县三级"乡村骨干教师培育站"平台,优化名师工作室考核办法,海门区级名师工作室中乡村教师成员不低于50%,将近三年招聘入职的教师和乡村定向师范生纳入名师工作室第二梯队培养,组织定向生到集团总校跟岗培训,着力培养一批乡村骨干教师。充分发挥特级教师、名教师、骨干教师的示范、引领和辐射作用,以高中联盟校、义务教育管理集团、幼教共同体为单位,实行学科项目化运作,组织开展"卓越教师讲师团""骨干教师公益助教助学行动"等活动。实施《新教育种子教师行动计划》,发挥"新教育榜样教师培塑营"和"种子教师培育站"的孵化作用,为乡村学校培养新教育种子教师100名。加强对学科富余教师进行转学科教学能力培训,推动音乐、体育、美术教师走教制,切实解决音乐、体育、美术教师结构性短缺问题。创新教师职称和考核评价制度,建立符合乡村教师实际的评审考核机制,保障乡村教师的待遇,培养一支扎根乡村、素质优良、乐于奉献的乡村教师队伍。4年内培养海门区级及以上乡村骨干教师、教坛新秀不少于300名。(牵头科室:新教育培训中心,责任科室:人事与师资科、基础教育科、职业教育科、计划与财务科、教师研修中心相关科室等)

三、主要措施

(一) 思想政治素养提升行动

落实习近平总书记关于"教育者先受教育"的指示,让教师更好地担当起学生健康成长指导者和引路人的责任。坚持全面从严治党,把党的政治建设摆在首位,以习近平新时代中国特色社会主义思想武装头脑,落实《关于进一步发挥党员教师先锋模范作用的实施意见》,严格落实党员教师负面清单制,充分发挥基层党支部教育、管理、监督党员和宣传、引导、凝聚师生的战斗堡垒作用,充分发挥党员教师的先锋模范作用。按照"政治要强、情怀要深、思维要新、视野要广、自律要严、人格要正"的要求,创新教师思想政治工作方式方法,开辟思想政治教育新阵地,利用思想政治教育新载体,强化教师的社会实践参与意识,推动教师充分了解党情、国情、社情、民情,增强思想政治工作的针对性和实效性。建立常态化的政治理论学习制度,实行"双周一次政治学习、一月一次主题活动、一学期一次叙事交流、一年一次评选表彰"的"四个一"学习机制,持续开展"讲政治、讲大局、讲规矩、讲担当"专题活动,开展教师思想政治工作特色项目展示交流活动。(牵头科室:机关党总支,责任科室:人事与师资科、基础教育科、职业教育科等)

(二) 师德师风提升行动

坚持把师德师风作为评价教师队伍素质的第一标准。在全体教师中开展做新时代"四有"好教师和"四个引路人"学习实践活动,贯彻落实新时代中小学、幼儿园教师职业行为十项准则，创新师德教育和宣传方式，树立师德典型，讲好师德故事。构建中、小、幼一体化的师德建设体系，确定每年9月为师德建设月，把开学第一周确定为师德主题教育周，研发实施师德建设课程，推行教师宣誓制度，完善荣誉表彰机制，鼓励学校开展从教5年、10年、20年、30年纪念仪式及教师荣退仪式，增强教师荣誉感、使命感。推动师德建设常态化、长效化，实施师德考核负面清单制度，着力解决师德失范、学术不端等问题。在教师资格定期注册、绩效考核、职称评聘、岗位晋升、评优奖励等方面，严格落实师德"一票否决"制。持续开展教育领域人民群众反映强烈突出问题的专项整治活动，建立教师个人信用记录，健全违反师德行为的惩处制度，严肃查处教师队伍中存在的问题，对危害严重、影响恶劣者，依法依纪予以处理，坚决清理出教师队伍。（牵头科室：人事与师资科，责任科室：教育督导科、机关党总支、秘书科、基础教育科、职业教育科、监督与审计科、教师研修中心相关科室等）

（三）课堂教学能力提升行动

大力推进"课堂革命"，以学科核心素养发展为指向，以由课堂"教为中心"向"学为中心"转变为目标，推进"自主先学、合作助学、踊跃展学、以练促学"的课堂常态化建设，力求通过学习目标的研制、高阶思维问题的情境创设、以问题为导向的项目式学习等多样化学习方式的设计，追求课堂学习的真实性和实效性。始终盯紧抓牢常态课，严格执行教学常规，把课堂革命的底线要求贯彻落实到每一节日常课中。组织教师大学习、大练功、大比武，开展"弘謇杯""一师一优课"等优课评比活动，以课为载体，以赛为平台，发挥校领导、党员教师、骨干教师对日常教学的示范和引领作用，不断提高教师的专业水平和教学能力。（牵头单位：教师研修中心教研室，责任科室：基础教育科、职业教育科等）

（四）教科研能力提升行动

坚持以质量为导向，强化校长、教师课程领导力，充分赋予校长在学校课程规划、课程研发与实施、管理等方面的自主权。建立以科研为引领、以教研为主力、以督导为保障的学校课程品质提升的专业支持体系。组建课程建设专家指导团、课程评审专家委员会，完善校本课程评估与备案机制。深化教科研管理体制改革，完善教师研修中心、集团学科工作室、校教研组三级教科研体系，做到教、学、研、训一体化，努力打造成教师教学研究的中心、课程改革的中心和教学服务的中心。推进教育科研与立德树人、课堂教学、学校管理等领域的融合，坚持问题导向，形成"课题+课堂+课程"三课融合的海门范式。教师每年撰写教育教学反思、随笔类文章不少于2篇，鼓励教师积极发表及参加教育教学论文比赛，海门区优秀教育人才每年发表（获奖）论文不少于1篇。（牵头单位：教师研修中心教研室，责任科室：基础教育科、职业教育科等）

（五）信息化素养提升行动

落实教育部《关于实施全国中小学教师信息技术应用能力提升工程2.0的意见》，探索信息化引领教育改革的路径，提升教师现代信息技术素养和信息技术应用水平。探索"互联网+教师专业发展"背景下课堂教学方式的再造，开展以现代化手段的应用及信息环境下教学实践等为主题的培训活动，通过"观、听、研、赛"，即观名师课堂示范、听专家讲座、研教学得失、赛基本功底等手段，举办教师信息化教学大赛等活动，培养和打造一批信息化教学名师、信息化教学"种子选手"。聚焦45岁以上中年教师，通过过关性考试、教学比赛、展示交流等方式，形成倒逼机制，促进中年教师信息素养的整体提升。搭建网络研修平台，开展网络教研工作，发挥集团总校和优秀教师对乡村学校、薄弱学校的传、帮、带作用，推动形成以教育信息化服务教育教学、服务乡村教育振兴的格局。加快网络管理平台的应用，用大数据引领课堂精准变革，为提高教育教学质量提供强有力的支撑。（牵头单位：教师研修中心信息科，责任科室：基础教育科、职业教育科等）

（六）专业素养提升行动

完善中小学、幼儿园教师全员培训制度和分类、分层、分岗培训体系，健全区、集团、校三级教师培训体系，严格落实中小学教师5年一周期、总学时不少于360学时（每年不少于72学时，新任教师不少于120学时）的教师培训制度，帮助全体教师提高师德水平，更新教育理念，学习新知识，掌握新技能，提高教育教学实践能力和水平。依托先进的教育资源和优秀的教师培训团队，有计划地开展年度中小学校长任职、校长领导能力提升、后备干部培训，以及班主任、紧缺学科教师、新入职教师岗前及师资专项计划等系列培训班。创新教师培训方式，推动信息技术、人工智能与教师培训有机融合，实行线上、线下相结合的混合式研修。加强教师培训课程建设，打造一批具有针对性、引领性、前沿性的精品课程及网络课程。（牵头单位：教师研修中心培训科，责任科室：基础教育科、职业教育科等）

（七）在职教师学历提升行动

对标省教育现代化指标体系，积极鼓励支持在职教师提升学历。落实《关于提升教育人才队伍建设保障水平的实施细则》，对在职进修教育相关专业并获得高一层次学历或学位的专任教师，给予专项奖励。幼儿园在职公办教师进修取得本科学历的一次性奖励3 000元。在职公办教师通过进修取得研究生学历硕士学位、博士学位的一次性分别奖励1万元、2万元。在职公办教师取得研究生学历硕士学位、博士学位的，学费按教育局、所在单位、个人各承担三分之一的办法执行。发挥绩效考核、职称评审、岗位晋升等政策的导向作用，形成教师学历提升倒逼机制，确保义务教育教师本科率、高中教师研究生率达到省定标准。（牵头单位：人事与师资科，责任科室：计划与财务科等）

四、组织保障

（一）强化组织领导

教师是促进教育发展的第一资源，建立一支高质量的教师队伍是教育事业稳步发展的前提和保证。各学校、各单位要充分认识新形势下加强教师队伍建设的重要意义，把教师队伍建设工作作为"一把手"工程，加强领导，真抓落实，务求实效。各校要认真制订本校教师队伍发展规划，找准教师队伍建设的突破口和着力点，细化分工，确定路线图、任务书、时间表和责任人。

（二）强化结果运用

各校要根据《海门区教师队伍高质量发展监测指标》，结合本校实际，细化监测细则，认真贯彻落实。要建立教师高质量发展年度监测机制，探索教师积分制管理，并把高质量发展年度监测结果作为对教师在干部选拔、绩效考核、职称评审、岗位晋升、评优评先等方面选拔、推荐的重要依据和参考。对考核优秀的，予以优先推荐和表彰；对年度考核结果基本合格或不合格的，学校要对其进行提醒谈话，督促整改；对不能胜任教育教学工作的，要调离教育教学工作岗位。

（三）强化考核督导

把教师高质量发展考核纳入对学校目标的考核，把高质量发展的优秀率、良好率、合格率作为对学校办学水平评估的重要内容，把结果作为对学校年度考核、党政领导班子综合考核评价、奖惩任免的重要参考，确保各项政策措施全面落实到位，真正取得实效。区教育体育局将定期对全区教师队伍建设工作进行督导检查，并通报督导结果。

（四）强化氛围营造

要大力宣传报道高质量发展优秀教师的先进事迹，发挥先进典型的引领、示范作用，不断提高海门区教师的知名度和美誉度。大力弘扬尊师重教的良好风尚，引导社会各界关心、支持教师队伍建设，营造尊师重教的良好氛围，促进海门区教育事业健康发展。

附：

1. 海门区中小学（幼儿园）教师高质量发展监测指标（教师）（表5-2）
2. 海门区中小学（幼儿园）教师高质量发展监测指标（学校）（表5-3）

表5-2 海门区中小学（幼儿园）教师高质量发展监测指标（教师）

项目	序号	类型	评分
学历	1	研究生（硕士学位）毕业，博士学位另加1分	4
	2	本科毕业	3
	3	大专毕业	2
	4	中专毕业	1
职称	1	正高级教师	5
	2	高级教师	4
	3	一级教师	3
	4	二级教师	2
	5	三级教师（幼儿园未初定人员）	1
工作量	1	本年度超教学工作量50%以上	13
	2	本年度超教学工作量	11
	3	本年度达到教学工作量	9

续表

项目	序号	类型	评分
（班主任）管理年限	1	班主任年限累计20年以上（每增加1年，加0.2分）	5
	2	班主任年限累计15年以上（每增加1年，加0.2分）	4
	3	班主任年限累计10年以上（每增加1年，加0.2分）	3
	4	班主任年限累计5年以上（每增加1年，加0.2分）	2
	5	班主任年限累计1年以上（每增加1年，加0.2分）	1.2
满意度	1	本年度家长、学生满意度测评达90%以上	5
	2	本年度家长、学生满意度测评达80%以上	4
	3	本年度家长、学生满意度测评达70%以上	3
教育工作（师德或班级管理类表彰）	1	从教以来个人或所带班级获得国家级表彰	5
	2	从教以来个人或所带班级获得省级综合表彰（省劳模、省优秀教育工作者、省优秀教师、省优秀共产党员等）	4.5
	3	从教以来个人或所带班级获得省级单项表彰或市级综合表彰（县记功、市劳模、市"'四有'好教师团队"领衔人、市优秀教育工作者、市园丁奖；省师德标兵、优秀班主任等单项奖）	4
	4	从教以来个人或所带班级获得市级单项表彰或县级综合表彰（县委、县政府表彰；市教育局表彰的师德标兵、师德先进个人、优秀班主任等单项奖）	3.5
	5	从教以来个人或所带班级获得县级单项表彰（县教育局表彰的优秀教育工作者、优秀班主任、德育先进个人等）	3
	6	从教以来个人或所带班级获得集团（共同体、高中联盟）表彰	2.5
	7	从教以来个人或所带班级获得校级表彰	2
教学工作	教学实绩	1	近六年送毕业班累计3届以上或任教以来送毕业班累计5届及以上	10
		2	近六年送毕业班累计2届或任教以来送毕业班累计4届	8
		3	近六年送毕业班累计1届或任教以来送毕业班累计3届	6
		4	胜任教学工作	4
	教学质量	1	本年度教学质量评价为优秀（一般为考核人数的30%）	15
		2	本年度教学质量评价为良好（一般为考核人数的40%）	13
		3	本年度教学质量评价为合格（一般为考核人数的20%）	11
		4	本年度教学质量评价为基本合格（一般为考核人数的10%）	9

续表

项目		序号	类型	评分
示范引领	示范指导	1	本年度开设公开课（讲座）省级1次3分，市级1次2分，县级1次1分，集团（共同体、高中联盟）1次0.8分，校级1次0.5分	5
	专业引领	1	省人民教育家培养对象、苏教名家	7
		2	省特级教师、教学名师	6
		3	任期内南通市学科带头人	5
		4	任期内南通市骨干教师或海门区学科带头人	4
		5	任期内海门区骨干教师或南通市教坛新秀	3
		6	任期内集团（共同体、高中联盟）学科带头人或海门区教坛新秀	2
		7	任期内集团（共同体、高中联盟）骨干教师、教坛新秀	1
	教学获奖	1	近四年参加评优课或基本功竞赛获省一等奖	8
		2	近四年参加评优课或基本功竞赛获市一等奖或省二等奖	7
		3	近四年参加评优课或基本功竞赛获县一等奖或市二等奖或省三等奖	6
		4	近四年参加评优课或基本功竞赛获县二等奖	5
		5	近四年参加集团（共同体、高中联盟）竞赛获奖	4
		6	近四年参加教学竞赛获校级奖项	3
教科研	论文	1	本年度发表（获奖）县级1篇0.5分，市级1篇1分，省级1篇1.5分，核心期刊（人大复印资料转载）1篇2分，专著3分	5
		2	每年坚持撰写教育管理、教育教学反思、感悟类文章，但未发表或未获奖，每篇0.5分	2
	课题	1	近四年主持省级精品课题、省级前瞻性教学改革项目	5
		2	近四年主持省级课题	4
		3	近四年主持市级课题或为省级课题核心组成员	3
		4	近四年主持县级课题或为市级课题核心组成员	2
		5	近四年参与县级课题	1
	教学成果奖	1	近四年获基础教育教学成果奖、教科研成果奖国家级奖项	3
		2	近四年获基础教育教学成果奖、教科研成果奖省级奖项	2

续表

项目	序号	类型	评分
继续教育	1	年度继续教育须满72学时（新任教师须满120学时）	5
培养青年教师	1	有"青蓝工程"合同书。本年度培养的青年教师获评高级教师、县级骨干教师或区级教坛新秀以上；或参加优课评比或基本功竞赛获市一等奖、省二等奖以上奖项；或获评中级及以上职称	3
培养青年教师	2	有"青蓝工程"合同书。本年度培养的青年教师获评一级教师、县级教坛新秀；培养的青年教师开设过市级公开课；或参加优课评比或基本功竞赛获县一等奖、市二等奖、省三等奖；或被评为南通市"青蓝工程"优秀师徒	2
培养青年教师	3	有"青蓝工程"合同书。本年度培养的青年教师开设过县级公开课，或在县级以上教学、科研比赛中获奖；或被评为县级"青蓝工程"优秀师徒	1

备注：1. 教师高质量发展考核以年度为周期进行，考核分为优秀（85分以上）、良好（70—84.9分）、合格（60—69.9分）、不合格（60分以下）。
2. 指标中涉及"以上"均含本级，如"3年以上"含3年。
3. 严格师德"一票否决"制，学年度考核期内因违反新时代中小学（幼儿园）教师职业行为十项准则、海门区师德负面清单、党员教师负面清单等师德师风规定的受到诫勉谈话等轻处分的，考核等次不得定为良好及以上等次；受到警告及以上处分的，不得定为合格及以上等次。
4. 工作量考核按《海门区中小学、幼儿园教师教学工作量指导标准（修订）》执行。
5. 班主任年限（折算）计算方法同职称评审计算方法。
6. 教学质量评价可综合考虑考试科目与非考试科目等学科特点，结合学校过程性质量监测及高考（中考）、期末考等质量监测结果进行综合评价。
7. 公开课、教学比赛、教科研比赛、课题申报、学生竞赛等各类竞赛（比赛）均应为教育主管部门或教育主管部门委托的教科研等部门组织的竞赛（比赛）。
8. 各校在监测中可针对青年教师和中年教师的实际情况，对任教不满5年（含5年）的青年教师和距离退休不满5年（含5年）的教师降3分考核，对乡村教师降3分考核。
9. 本监测指标为全区指导性意见，各校是教师高质量发展的考核主体，要充分发挥办学自主权，各校可结合学段、学校的实际情况，制定符合学段特点、学校实际的评价细则，充分激发和调动教师专业成长的内驱动力。

表5-3 海门区中小学（幼儿园）教师高质量发展监测指标（学校）

序号	考核项目	考核内容	考核说明
1	师德建设（2分）	学校有师德建设计划，有具体措施，按规定开展师德专题培训，师德教育形式多样，富有成效；能按《海门区中小学教师师德考核办法》组织师德考核，按要求建立师德档案；每学年至少组织一次家长、学生对教师师德满意度测评，家长、学生对教师师德满意度须达90%以上	1. 完成考核内容基本要求的得基本分1分。学校因师德工作突出受海门区级单项表彰的加0.2分、综合表彰的加0.3分，受南通市级单项表彰的加0.3分、综合表彰的加0.4分，受省级单项表彰的加0.4分、综合表彰的加0.5分，获国家级表彰的提升一个考核档次 2. 因师德师风、行风作风等问题被区局查处的有一起扣0.3分，被公安、大督查办等部门通报批评的有一起扣0.5分 3. 严格执行师德"一票否决"制度，发生违反师德负面清单等行为受区教育体育局查处的，此项不得分

续表

序号	考核项目	考核内容	考核说明
2	人才培养（4分）	有符合本校实际的教师队伍发展规划，措施扎实，成效明显；建立完善的优秀教育人才培养机制，发挥名师的示范带动作用，加强班主任队伍建设，促进班主任的专业化发展	1. 学校有切实可行的师资队伍发展规划、优秀人才、班主任培养工作扎实有效的得分1分 2. 学校任期内海门区教坛新秀以上优秀教育人才占专任教师比重不少于5%（乡村学校、新办5年内的学校）、15%（城区学校），达不到此目标的扣0.3分。在此基础上，每增加5%加0.1分 3. 年度考核期内获评海门区学科带头人、海门区骨干教师、南通市教坛新秀、中级职称的加0.1分/人，获评南通市学科带头人、南通市骨干教师、高级教师的加0.2分/人，获评省级教学名师、特级教师、正高级教师及获评"万人计划"、政府特殊津贴、省级突出贡献中青年专家等高层次人才的加0.5分/人
3	专业成长（2分）	学校重视教师专业成长，措施扎实、成效明显，教科研活动正常开展，教师参与率高。重视科研队伍建设，培养一批科研骨干；结合学校的教改实际和发展需求，推动课题研究，研究成果及时应用，切实推动教师成长	1. 完成考核内容得1分 2. 年度考核期内发表（获奖）的海门区级以上论文（教育随笔、教学反思、教学案例）数量不少于专任教师数的20%，每提高5%加0.1分 3. 年度考核期内获省精品课题（培育对象）立项加0.3分/项，省级重点课题立项加0.2分/项，省一般课题加0.1分/项，南通市级课题加0.05分/项。获评省级以上教科研成果奖、教学成果奖三等奖的加0.3分，二等奖的加0.4分，一等奖的加0.5分，国家级的加0.6分 4. 年度考核期内在教育主管部门及其委托教研等部门组织的青年教师基本功大赛、优质课评比、"领航杯"信息化教学能手等比赛中获海门区一等奖、南通市二等奖的加0.1分/人，南通市一等奖、省二等奖的加0.2分/人，省一等奖加0.3分/人 5. 年度考核期内学校无海门区级以上在研课题和教师教育类文章发表的，扣0.5分
4	继续教育（1分）	教师按规定完成继续教育任务，按规定要求开展校本研修，专任教师参与率达到90%以上	1. 完成考核内容要求的得1分 2. 年度考核期内教师不能完成继续教育每年72学时的，有1人扣0.2分（大病、产假等特殊情况提供上级批准的请假条）
5	学历提升（1分）	学校教师学历达到教育现代化指标要求，鼓励教师积极参加学历提升	1. 学校教师学历达到教育现代化指标要求的得0.6分 2. 年度考核期内通过在职学习提升到研究生学历的加0.1分/人，本科0.05分/人

备注：各项考核得分不得超过该项目分值。

海门区教育体育局
2022年9月7日

第五节 "乡村振兴行动"政策设计与导向

篇一：海门市乡村教育振兴三年行动计划（2020—2022年）

为进一步提高乡村教育发展水平，全面推进教育优质均衡发展，努力办好人民群众满意的高质量教育，根据江苏省委、省政府《关于贯彻落实乡村振兴战略的实施意见》《江苏省乡村振兴战略实施规划（2018—2022年）》《江苏省乡村教师支持计划实施办法（2015—2020年）》《海门市乡村振兴三年行动计划（2018—2020年）》等文件精神，结合海门教育实际，制订本行动计划。

一、指导思想

深入学习、贯彻党的十九大精神和习近平总书记在全国教育大会上的重要讲话精神，践行教育优先发展的理念，充分发挥党组织在乡村教育发展中的战斗堡垒作用，深化教育体制改革，推动学校内涵式发展，加强教师队伍建设，健全学生全面发展机制，坚持科学的教育评价导向，构建高水平人才培养体系，推动城乡教育优质均衡发展。

二、目标任务

（一）办学条件持续改善

聚焦乡村教育振兴，聚力优质均衡发展，深化乡村学校内涵建设，推动乡村学校软硬件更新升级，实现海门城乡教育一体化，以及高质量发展、高品质提升。

（二）队伍建设更加优化

加大政策扶持力度，多措并举促进教师专业成长，为教师扎根乡村学校、服务乡村教育提供有力保障。

（三）育人质量显著提升

落实立德树人根本任务，创设安全、健康、文明、充满正能量的现代化生活学习环境，促进每一名学生身心健康和德、智、体、美、劳全面发展。

三、重点工作

（一）注重加强党的领导，进一步发挥党组织的战斗堡垒作用

结合乡村学校的特点，稳步推进乡村学校党组织规范化建设，充分发挥市委教育工委和区镇党委对学校党建工作的指导职能，加强乡村学校党的领导，巩固发展海门市乡村学校党的建设工作，紧紧把握"高质量"发展的要义，科学分析学校现状，扎实开展乡村学校党建融合工作。加强基层党支部建设，发展壮大党员队伍，优化党员结构，发挥党组织战斗堡垒作用和党员先锋模范作用。落实学校党支部组织生活制度，严格执行党内政治生活准则，切实把党的政治纪律和政治规矩融入党员教师和干部的工作与生活中；坚持"一岗双责"，将党风廉政建设和师德师风建设贯穿在日常工作中，推动乡

村学校党建工作机制创新。落实《海门市教育系统青年后备干部成长行动计划》，为乡村学校培养提拔一批"80后"，遴选、推荐一批"90后"的青年后备干部。修订并实施《海门市提升中小学（幼儿园）校长（园长）领导力行动计划》，配强校长和行政力量，定期开展党员干部政治思想和工作能力提升培训活动。

（二）注重规范教育治理，进一步提高乡村学校的办学品质

完善自主管理、民主监督、社会参与的现代学校制度，健全以政府、社会、集团、学校、家庭五方联动为基础的校委会机制。进一步加强教代会制度建设，充分发挥工会、共青团和少先队组织的作用，促使教工之家、新父母学校建设走上正轨，形成制度约束、协同共建、群众监督、自我规范的内部管理体制和监督制约机制。进一步健全和完善教育督导工作机制和评估办法，发挥学校发展性综合督导和责任督学挂牌督导的督查、评估、考核、指导的功能，进一步规范乡村学校的办学行为，提高学校的办学品质。全面落实《江苏省教育系统重大行政决策程序规定》，建立面向乡村学校的教育领域公益性法律服务机制、学校安全事故依法调解制度，保障学校依法办学的社会环境。100%的学校获评南通市级以上依法治校示范校。

（三）注重加大教育投入，进一步改善乡村教育的办学条件

坚持教育投入优先向农村地区、向薄弱学校倾斜的导向，进一步加大对乡村教育的投入力度。各地区、各相关部门要加大对乡村学校特别是非建制镇所在地学校的扶持力度，在资金保障、教师培训、建设维修、配套设施等方面予以倾斜。完善乡村义务教育经费保障机制，动态调整生均经费保障水平，不满500人的乡村学校按500人标准下拨公用经费，全面落实乡村教师补贴政策。

1. 加强基础建设

美化校园环境建设，改善乡村学校的办学条件，将校园建筑设计、空间布置、园林绿化与校园特色文化相结合，与美丽乡村、社区特色相照应，与师生幸福教育生活相匹配。根据《海门市义务教育学校布局规划（2018—2030）》，完成海门市包场中心小学、海门市天补小学、海门市证大小学3所乡村小学的改扩建工程。校舍安全工程、改薄工程纵深推进，完成乡村义务教育，以及幼儿园（包括民办幼儿园）的校舍加固和薄弱学校校舍改造建设任务，每个区镇建成幼儿园、小学、初中融合教育资源教室各1个，推动校园建设由"标准化"向"现代化"转型。

2. 提高装备水平

各区镇要对照《江苏省教育技术装备标准》，高度重视、精心组织，加大乡村学校教育装备投入力度，促进教育装备配备标准化、特色化、学校管理规范化，确保所有幼儿园、义务制学校的装备达到《江苏省教育技术装备标准》的Ⅰ类要求。同时，发展特色装备，推进创客空间、数字化实验室、3D打印等逐步在乡村学校普及，直饮水设备、心理咨询室实现乡村学校全覆盖，50%的乡村学校建成南通市智慧校园。

3. 推进教育信息化

建设优质教学资源库，数字资源服务覆盖率达100%，"人人通"网络学习空间覆盖率达90%，教育管理公共服务平台及学校网站覆盖率达100%。建立教师网络研修平台，支持网络听课、互动评课和远程协作，实现跨校网络教研，为乡村教师参与市（集

团）网络教研活动提供支撑服务。重点实施智慧教育环境提升工程、智慧教育资源共享工程、智慧教育应用融合工程和智慧教育人才培养工程，基本营造智慧教育环境，实施智慧教学和智慧管理，培养一批适应"互联网+"、智能化信息生态环境的具有高思维品质和较强实践创造能力的乡村教师与学生。

（四）注重加强队伍建设，进一步提高乡村教师的整体水平

坚持把加强教师队伍建设作为提高乡村教育办学水平、推进城乡教育优质均衡发展的关键，优化资源配置，促进专业成长，努力为乡村教育培育一支师德高尚、扎根农村、精于教学的教师队伍。

1. 锤炼思想政治素质

将"'四有'好老师""四个引路人""四个相统一"要求细化、实化、系统化，坚持不懈地用习近平新时代中国特色社会主义思想武装乡村教师头脑，进一步建立和健全乡村教师政治理论学习制度，增强思想政治工作的针对性和实效性，不断提高教师的理论素养和思想政治素质。开展多种形式的师德教育，培育和践行社会主义核心价值观，将其全面落实到教育教学实践中。落实教育、宣传、考核、监督与奖惩相结合的师德建设长效机制。组织开展乡村教师师德教育系列活动，发掘师德先进典型，弘扬当代乡村教师风采，大力宣传阳光美丽、爱岗敬业、默默奉献的新时代优秀乡村教师形象。

2. 提升业务能力素养

整合中小学教师研修中心、新教育培训中心和中小学校优质资源，建立乡村教师校长专业发展支持服务体系，实施乡村教师教育基地建设行动。在综合评估市区学校、学科资源的基础上，遴选部分学校、部分学科作为乡村教师教育的培训基地，充分发挥市区优质学校、学科的示范引领作用，完成对全体乡村教师、校长180学时的专项培训。针对乡村教师的实际需求，整合全市名师资源，实施"青蓝结对，同伴互助"工程，调整教师培训内容，赋予乡村教师更多选择权，提升乡村教师培训实效。实施乡村学科教研组长培养工程，保证每所乡村学校的每个学科都有学科领军人物、有课题研究，实现乡村学校校本研修的高质量开展。

3. 完善师资保障机制

不断完善教师流动制度的顶层设计，发挥职称评审、岗位晋升等政策导向作用，严格执行教师定期轮岗、城乡教师交流、挂职支教等制度，优化顶岗、跟岗学习方式。统筹城乡中小学、幼儿园教师资源，推动超编比较严重的乡村学校教师向城区或缺编学校合理流动，探索教师跨学段交流，促进城乡教师整体提升与均衡配置。在省、市优秀教育人才引进和定向师范生培养的相关政策的基础上，内部挖潜，实施"银龄助学"计划，积极探索"备案制"教师招聘管理办法，拓宽教师补充渠道，用5年左右的时间逐步消除代课教师。实施紧缺学科教师"走教制"，有效解决乡村中小学缺编学科师资结构性短缺的问题，逐步实现教师资源和结构的优化。

（五）注重深化教育改革，进一步提升乡村教育的内涵品质

1. 坚持立德树人根本任务

乡村教育必须以立德树人为根本任务，以发展乡村学生必备品格和关键能力为出发点。在坚定理想信念和厚植爱国主义情怀上下功夫，教育并引导学生树立共产主义远大

理想和中国特色社会主义共同理想，合理设计德育内容、途径、方法，推动社会主义核心价值观内化于心、外化于行，帮助乡村学生"扣好人生第一粒扣子"。重视中华优秀传统文化教育、文明礼仪养成教育、劳动教育等。积极争创"文明校园"，进一步开展"八礼四仪""每月一事"等主题教育实践活动，引导乡村学生养成良好的道德素养和行为习惯。关注乡村学生的心理健康教育，促进其身心健康发展。实施乡村家庭教育促进工程，建设好乡村新父母学校分校，定期开展好乡村家庭教育培训工作，努力营造健康的乡村德育生态。

2. 改革乡村教育管理机制

丰富乡村学校的发展内涵，通过深化课堂改革，完善基于国家课程的课程体系，开展以学为中心的课堂改革。加强常规管理，减轻课业负担，实施课后服务，建设美丽校园。

在学前教育阶段，按照"资源充足、布局合理、结构优化、优质均衡"的要求，乡村公办幼儿园增"量"，追求精细化管理；非普惠性幼儿园增"质"，加快升等创优；普惠性幼儿园求"精"，完成2所民办幼儿园"回购"工作。建立面向乡村幼儿园的问题研究活动中心，形成科学合理的工作方法和可推广的范例，解决乡村幼儿园共有的难点问题，促进可持续发展。加强一日活动流程管理、伙食研究、保育水平的工作推进，围绕课程游戏化，着重开展生活环节中的教育、自主游戏中的教育、集体活动中的教育三个专题研究。

在义务教育阶段，充分依托义务教育管理集团总校的办学优势，在共享教育教学资源的基础上，彰显乡村成员校的文化特色，促进内涵建设，提升课程研发能力。加大集团总校和乡村成员校的教育质量管理、监测和奖惩的捆绑考核力度。针对乡村学校小微趋势，积极探索小班化教学和跨年级、跨学科的合班教学。开展名师工作室乡村助教、"卓越教师"讲师团、学科工作室区域"大教研"、集团内紧缺学科教师"走教制"等公益活动，实现乡村义务教育文化品质和教学质量的有效突破。关爱乡村留守儿童和外来务工人员随迁子女，落实延时教育的课程设置，支持乡村特教融合教育资源中心建设，全面、有效地实施乡村学生营养改善计划。

在普高教育阶段，以学校鲜明的办学特色和核心竞争力为基础，整合海门市高中优质教育资源，在逐步完善"跨校联盟"制度的基础上，实施学科共研共教和捆绑考核机制。实施生涯规划指导，基于学生的现有基础和成长需要设定办学目标，培养学生获取走好人生道路的必备技能和素养，正视差异性存在，设计多元化发展道路。充分利用已有资源，借力相关高校，打造艺术（传媒）特设学科，尝试小语种教学。加强综合高中办学模式的研究，更好地打通高职院校对口单招渠道。

在职业教育阶段，加大职业教育面向乡村学生、面向乡村劳动力、面向乡村产业的服务、培训、研究力度，实施"就业与升学"同步发展，实现中高职有效衔接。发挥乡村社区教育培训功能，提高职业教育服务"三农"示范基地建设的水平。促进产教融合，推行"现代学徒制"，挖掘海门中等专业学校农科研究优势，开发涉农产业基地，培养农技专业人才。

3. 借力新教育实验资源

加大新教育精准帮扶力度，以每年重点帮扶5—8所乡村学校的速度，深度推进新教育实验。启动乡村新教育榜样教师培塑行动，设立"培塑营"，为每一所乡村学校培养1—2名榜样教师。实施新一轮乡村种子教师培育计划，建立乡村种子教师培育站，为每一所乡村学校培育2—3名种子教师，使之成为乡村教育的主力军。

4. 开展专项课题研究

以江苏省教育科学"十三五"规划重点课题"区域提升乡村教育品质的实践研究"为基础，针对乡村教育振兴计划的要点，学习中央、省、市相关会议和文件精神，明确研究方向，适当调整研究目标，细分研究内容，通过科学的研究方法，厘清区域乡村教育的内涵，在发现规律和提炼经验中寻求理论支撑，相关成果在一定范围推广。指导相关集团（联盟、共同体）、学校、幼儿园根据实际情况，组织科研力量，开展专项课题研究。

四、保障机制

（一）加强组织领导

市委教育工作领导小组负责乡村教育振兴计划的指导工作，建立乡村教育振兴计划实施工作组，教体、人社、编办、财政、宣传及各区镇主要负责同志为工作组成员，办公室设在市教育体育局，负责日常管理工作，定期开展专题调研、召开例会，检查和督促计划实施。各地区、各相关部门、各高中联盟、义务教育管理集团、幼教共同体（集团）和各相关学校、幼儿园要高度重视乡村教育振兴工作，将此项工作列入议事日程，明确目标任务，制订计划和措施，落实具体行动。

（二）加强结对帮扶

实施乡村教育振兴结对工程，实现精准帮扶。每一位市委教育工作领导小组成员对口帮扶一所乡村薄弱学校，解决学校在资金、建设、培训、师资等方面的困难；每一个海门市级名师工作室与一所乡村学校开展点对点结对帮扶，以名师的学术力量和研究成果帮助学校厘清发展思路，改变一所学校的生存样态，走科研兴校、内涵发展之路；每一位城区海门市级以上学科带头人要与一名乡村教师进行一对一定点帮扶，以骨干教师的专业素养提升帮扶教师的业务素养，通过改变一位教师，促进一个学科或一个班级的进步；每一名教体局机关中层以上干部、集团总校班子成员要挂职蹲点一所乡村学校，畅通管理信息、教育资源和学情民意的渠道，帮助学校解决实际困难，强化班子建设，团结社会力量，共同推动学校科学、高效发展。

（三）加强考核督导

将乡村教育振兴工作列入督查工作重点内容，对照目标任务，定期督查完成情况。对在乡村教育振兴行动中表现突出、成绩显著的个人和团队予以表彰；对工作组织推进不力、成效不明显，影响城乡教育事业均衡发展的，按规定追究党政主要负责同志和相关责任人的责任。

海门区人民政府办公室
2019年11月8日

篇二：乡村小规模小学高质量发展的教育理性和实践向度

2023年3月17日，南通市教科研协作共同体（小学）推进会暨"乡村小规模小学高质量发展"专题研讨活动在海安市曲塘小学举行。南通市教科研协作共同体成员校教师代表、海安市教师代表等近两百人参加了本次活动。我们将共同体活动与调查研究结合起来，直面真问题，探讨真办法，寻求真突破。

一、什么是乡村小规模小学？

乡村小规模小学是在乡村的，具有乡村学校的困境与优势。乡村小规模小学的投资减少，造成教学设施老化、陈旧；乡村小规模小学的教师职业认同感较低，内生动力严重不足；乡村小规模小学的绝大部分学生回家不能自主认真地阅读课外书，长此以往，学生不但知识面狭窄，而且会因阅读量少带来学习上的障碍。但乡村小规模小学在创新课程开发方面，具有得天独厚的地理、环境、文化和资源优势，学校可以秉持因地制宜的原则，开发具有区域特色和乡土特色的校本课程，从而增强学校的育人质量；乡村小规模小学的小班教学，可以规避大班教学"众口难调"的教育问题，教师结合班级学生的实际学习情况，能够详细了解每一名学生的学习习惯、动机、方法、兴趣及学习效率，对学生个体学习内容、学习计划做细化调整，将分层教学方法执行得更为深入。

乡村小规模小学的规模小，而且是越来越小。原因大致有四个：一是随着城镇化进程的推进，家长有了一定的经济实力后去城里买了学区房，带走了部分生源；二是进城务工人员随迁子女逐年增加，带走了部分生源；三是因人口出生率的自然降低，失去了部分生源；四是乡村小规模小学的孩子以留守儿童居多，大多数由爷爷、奶奶隔代抚养和照管，他们的学习习惯比较差，导致乡村小规模小学的教学质量与乡镇中心小学存在一定的差距，家长们宁可多走一些路、多想一些办法，也要将孩子转去中心小学。以G小学为例，2016—2017学年度，学生数为1 200多人，仅仅过去了5年，到2022—2023学年度，学生仅剩下700多人，学生人数锐减40%以上。

乡村小规模小学的教师变动率大。学生人数的减少、教学质量的落差，导致乡村小规模小学的教师归属感、成就感都比较低。于是，乡村小规模小学的教师也会像乡村小规模小学的孩子一样，想尽办法离开这个很难帮他们实现人生抱负的地方，去了镇区或者城区的学校，还有外地的教师重新应聘了本县市或其他县市的教师编制。以H小学为例，近五年来，学校教师变动的总人数为26人，占教师总数的50%。目前，在岗的教师中，近三年毕业的新教师为21人，50岁以上的老教师8人，这两种教师共占教师总数的55%。教师的频繁流动，给学校的发展带来了严峻的考验，刚刚培养起来的新教师转眼间就离开了学校，刚入行的新教师直接面临着教学经验、班级管理经验不足的现状，给学校的各项工作带来了挑战。在乡村小规模小学，要想实现教师的"大循环教学"是相当困难的，教师中途离开，就得更换人手顶上去，循环教学只能戛然而止。

乡村小规模小学的课程具有"1有2少"的特点，即有房子但缺少设备、缺少孩子。没有了足够的生源，没有了预期的投资，学校面貌很多年没有发生过改变。一定规模的教科研活动，学校根本无法承办。

二、什么是乡村小规模小学的高质量发展？

近几年来，G 小学克服发展过程中的种种困难，围绕"高质量发展"的目标群策群力，在学生的"学业质量提升"和"素质教育发展"方面持续攻关。学校连续多年获得市小学阶段综合评估"甲类学校"，语文学科一直领先于同类学校；学校重视社团训练，校篮球队多次出征，屡获殊荣，为学校赢得了"江苏省体育特色学校"的荣誉。学校重视师资队伍建设，大力培养青年教师，目前拥有市、县级学科带头人 2 名，市、县级骨干教师 6 名，近两年来有 12 人次在市各级各类教学竞赛、优课评比中获一等奖。

H 小学以集团总校为龙头，以"创新共进、优质共享、多元共生"为旨归，带动了小规模学校教育教学质量的整体提升。通过集团总校整体规划，形成了一套保障集团规范化、常态化运行的集团管理制度、管理模式及评价策略。充分发挥集团资源的辐射力和带动力，全力盘活优质资源存量，保障优质资源得到扩展。集团总校与乡村小规模小学之间加强各学科集体备课，坚持"共研共思，整体提升"思路，着眼课堂教学，提高"立学课堂"教学质量，统一各学科作业，每学期进行一次质量检测，并及时进行有针对性的分析。乡村小规模小学在共享优秀管理模式、课程体系、教育资源的基础上，保证均衡的教育品质。H 小学被评为南通市"义务教育集团化办学优质集团学校"。

乡村小规模小学高质量发展的抓手主要有：理念、资源、平台支持下的教师发展动能激发，因材施教理念下的课堂教学变革与阅读习惯培养，文化融入的特色课程建设，教师共治和零讲坛伙伴关系的软实力提升行动，集团总校和乡村小规模小学的共研共进与多元共生。

三、如何推动乡村小规模小学的高质量发展？

当下，乡村小规模小学是一种客观存在，学校的办学之路比较艰难，高质量发展需要信心和恒心，需要智慧和毅力。2022 年暑假，如皋市安定小学教育集团总校的一名主任被提拔到一所只有 60 多名学生的乡村小规模小学担任校长。她心理负担很大，临上任之时，要求黄年忠校长为她"题词"。黄校长送给她这样一句话："你只要拥有了一片土地，就拥有了春华秋实。"

其实，"拥有了一片土地"，未必"就拥有了春华秋实"。推动乡村小规模小学的高质量发展，关键在"你"。

一个深刻理解高质量发展的"你"。2023 年 3 月 5 日下午，习近平在参加十四届全国人大一次会议江苏代表团审议时强调，高质量发展是全面建设社会主义现代化国家的首要任务。必须完整、准确、全面贯彻新发展理念，始终以创新、协调、绿色、开放、共享的内在统一来把握发展、衡量发展、推动发展；必须更好统筹质的有效提升和量的合理增长，始终坚持质量第一、效益优先，大力增强质量意识，视质量为生命，以高质量为追求；必须坚定不移地深化改革开放、深入转变发展方式，以效率变革、动力变革促进质量变革，加快形成可持续的高质量发展体制机制；必须以满足人民日益增长的美好生活需要为出发点和落脚点，把发展成果不断转化为生活品质，不断增强人民群众的获得感、幸福感、安全感。乡村小规模小学高质量发展，理念上必须是体现新发展理念的发展；行动上必须是稳中求进的发展，在稳的前提下，有所进取、以进求稳，通过效率变革、动力变革，实现质的有效提升和量的合理增长；目的上必须是更好地满足人民群众多样化、多层次、多方面的需求。

一个勇立潮头、争做示范的"你"。致力于把为党育人、为国育才的初心使命落到实处；致力于用习近平新时代中国特色社会主义思想铸魂育人，深入推动党的二十大精神进课堂、进头脑；致力于健全学校、家庭、社会育人机制；致力于深化教育领域重点改革任务攻坚，破解教师队伍建设难点问题，深化教育评价改革，强化数字赋能，促进教育创新，进一步提高"双减"试点工作成效。

一个拥有"同向偕行"行动智慧的"你"。"同向偕行"的"向"是教育发展的时代大势，我们要学党的二十大精神，学新课标，学实践智慧。"同向偕行"的"偕"是合作互动，在教科研协作共同体活动中，"看看路、迈开步、交朋友"。偕行是一种自我超越；偕行为教科研觉悟创造了一种可能；偕行平台，可以无中生有；偕行品质，可以有中生优；偕行格调，可以思则行远；偕行阅读，可以夯实底蕴；偕行对话，追求品质提升的向度、宽度和效度。

一个认真备课、善于创造的"你"。质量打不赢，一切都是零。高质量的教育，离不开高质量的备课与创造。不打无准备之仗，不做无效率之事，不走无内涵之形，备知识、备方法、备流程、备学生、备课件、备实验，个人备课、集体讨论、二次备课、课后反思、一课一研，基于认真备课的上课才能创造教学品质：① 党的二十大精神和新课程的坚决落实；②"基于情境、问题导向、深度思维、高度参与"学习样态的实践探索；③ 对学生学情的认识与把握。

四个"你"以中国式现代化的思维破解乡村小规模小学高质量发展的难题，为"提高农村教育质量，保留并办好必要的乡村小规模学校"做贡献，为"全面推进乡村振兴加快农业农村现代化"做贡献，为义务教育优质均衡发展和城乡一体化而努力。

（南通市教育科学研究院　周荣斌）

第六节　"集团化办学推进"政策设计与导向

篇一：海门区关于进一步深化义务教育集团化办学改革的实施意见

根据中共中央、国务院《关于深化教育体制机制改革的意见》、国务院《关于统筹推进县域内城乡义务教育一体化改革发展的若干意见》，为进一步深化义务教育集团化办学改革，创新义务教育办学机制，增强义务教育办学活力，更好地落实立德树人根本任务，结合海门区实际，特制定本实施意见。

一、指导思想

以习近平新时代中国特色社会主义思想为指导，全面贯彻党的教育方针、政策，根据区委、区政府高质量发展的新目标，围绕海门教育"提升首位度，当好领跑者，率先建成教育现代化示范区"发展的新任务，进一步深化义务教育集团化办学改革，全面提高义务教育优质均衡发展水平，满足人民群众对高质量教育的美好期盼，为培养德、智、体、美、劳全面发展的社会主义建设者和接班人奠定坚实基础。

二、工作目标

创新义务教育集团化办学体制机制，培育一批具有品牌影响力的义务教育集团，全区城乡教育质量全面提升，义务教育资源更加优质、更加均衡，形成具有鲜明区域特色的义务教育优质均衡发展样本，建成"全国义务教育优质均衡先行创建县（市、区）"。

三、基本形态

① 联合型义务教育集团：以一所优质品牌学校作为集团总校，其他N所新办学校或普通学校作为集团分校，组建成立联合型义务教育集团。集团总校增挂"××义务教育集团总校"牌子，各分校增挂"××义务教育集团分校"牌子。

② 联盟型义务教育集团：以一所优质品牌学校作为集团总校，N所学校作为成员校，组建成立联盟型义务教育集团。集团总校增挂"××义务教育集团总校"牌子，各分校增挂"××义务教育集团分校"牌子。

四、工作举措

（一）联合型义务教育集团

联合型义务教育集团实行"六个统一"运行机制：统一单位法人、统一文化认同、统一课程体系、统一师资配备、统一考评标准、统一财务账户。

1. 统一单位法人

联合型义务教育集团设集团总校长1名，由聘任或竞聘产生，同时任集团所有成员学校法人代表，负责集团的全面工作。设集团办公室主任1名，协助集团总校长做好集团管理工作。集团总校、分校在核定职数内配备执行校长、副校长、中层干部。集团总校长对集团内干部任免具有推荐提名权，对集团治理机构设置具有自主决定权。

2. 统一文化认同

充分发挥集团总校的品牌影响力和文化辐射力，以先进文化引领集团发展。集团总校拟定集团章程，明确集团的办学宗旨、办学理念、发展目标、工作任务、治理组织架构和运行机制、教学科研、教师发展、监督机制等，确保集团内部在发展方向、核心理念、价值诉求上达到高度一致，为集团管理、协作、发展、提升提供基础性保障，真正实现集团内部各校的实质性融合。

3. 统一课程体系

学全学好国家基础课程，学博学优特色自助课程。夯实每一名学生全面发展的根基，创造每一名学生多元发展的机会，唤醒每一名学生个性发展的潜能。每一所学校都要持续优化"1+3"校本课程图谱（"1"指国家课程，"3"指特色自助课程中的校本课程、班本课程、家本课程），且不断对标、持续明晰课程体系与办学理念、育人目标之间的内在关联，努力凸显求简、求精、求特、求真的特质。

4. 统一师资配备

建立健全集团内教师招聘、培养、评价和考核等机制，探索以集团为单位统一设置招聘岗位，并由集团统一聘任、统筹分配，形成"区局招、集团聘、学校用"的教师管理机制。采用刚性流动与柔性流动相结合的方式，探索集团内教师轮岗制，做到师资配备均衡，骨干教师比例相当。

5. 统一考评标准

集团制定统一的教师考勤、年度考核、评优晋级、绩效考核等考评制度。加强对集团各校实施状况的定期监测，建立相应的奖惩机制。强化对集团内部各校的统一管理与统一考评机制，做到标准统一、管理统一，以适当方式进行相互的评价和监督，推动义务教育集团化办学的可持续科学发展。

6. 统一财务账户

集团建立完善的账务、资产、采购、基建、维修等统一管理制度，合理配置教育教学资源。每个集团配备一名总账会计，设立一个财务账户。经费使用由集团总校统一预算、统一规划、统筹使用，坚持总校长"一支笔"审批制度。持续完善集团公用经费使用管理办法，总校对预算资金进行全过程绩效管理，优先保障教育教学需要，确保有效使用、正常运转，坚持无预算不开支。

（二）聪明型义务教育集团

联盟型义务教育集团实行"六个同步"运行机制：管理同治、文化同脉、队伍同建、教研同步、资源同享、考评同标。

1. 管理同治

优化集团治理结构，建立集团理事会制度，总校长兼任理事会理事长。集团理事会负责制定集团章程、集团发展规划，建立组织管理制度，健全组织运行机制，完善议事规则和决策程序，形成科学、高效的会商机制、决策机制、考评机制、督导机制。集团总校长对成员校校长任免具有推荐提名权。

2. 文化同脉

积极引导各分校围绕总校文化内核，遵循教育规律，结合自身特点、历史沿革、特色课程，打造独具特色的校园文化，积极探索多样化办校模式，科学、有效地推进所有成员校优质、均衡发展。在尊重集团内部各校办学实际和文化传统的前提下，凝聚发展共识，提炼核心价值，共谋发展愿景，丰富集团文化生活，丰厚集团文化内涵，促进集团内涵发展和品质提升。

3. 队伍同建

建立集团教师发展中心，充分发挥集团内部名校长、骨干教师的示范引领作用，建立名校长名师工作室、首席教师工作站等平台机制，构建集团教师研修共同体，促进教师专业素质整体提升。集团统一开展新入职教师岗前培训和跟岗实践。建立、优化集团内部骨干教师交流制度。集团总校选派优秀管理干部到区镇成员校担任支教校长。区镇支教校级领导选拔条件为担任城区校教研组长、中层或区级学科骨干不少于2年，任命后任职期限不少于3年。

4. 教研同步

完善集团联合教研制度，每月进行一次教育教学常规管理联合教研，商讨教学计划、质量管理、校本研修、考核评价等，有效更新教育理念，持续改进教育方法，不断规范教育管理，积极探索、建立集团教师共同生活、共同研究、共同成长的专业发展新机制、新平台。

5. 资源同享

建立集团内资源共建共享机制，搭建信息资源平台，精准对接各类资源需求与供给。充分发掘集团内各项资源，实行管理经验共享、师资队伍共享、课程建设共享、教师培训共享、专家引领共享等机制，互通有无，建立管理互通、研训互联、质量互助、文化互融、考核互促的协作关系，以教育资源整合、融通、共享带动各集团校同步发展。

6. 考评同标

集团建立统一的办校督导评估机制和考核评价机制，实行统一的质量考核标准，加强对集团内部各校实施状况的定期监测，以适当方式进行相互的评价和监督，推动义务教育集团化办学的可持续科学发展。

五、保障措施

1. 全面加强党的领导

全面加强党对义务教育集团的领导，实现党的组织在各集团的全覆盖，完善体制机制，严格落实《中国共产党支部工作条例》，保证党组织在重大事项决策中的地位和作用。集团内部各校全面贯彻落实党的教育方针，坚持立德树人，提高学生综合素质。

2. 全面落实经费保障

设置义务教育集团化改革专项经费，由区财政予以统筹保障，主要用于集团办公费、培训费、教科研活动费等。集团化办学改革专项经费划拨至集团总校后统筹使用。为促进海门区义务教育优质可持续发展，进一步提升义务教育人均公用经费，由区、镇两级财政纳入财政预算，给予足额保障。区域内所有不足500名学生的学校，按500名学生核定公用经费。

3. 全面完善考核评价

建立义务教育集团一体化考核评价机制，在对集团进行整体考核的同时加强对各成员校的考核，努力形成成员校之间、义务教育集团之间协作与竞争并存的良好发展生态。各项考核评价结果与集团总校长、各成员校校长、教师的绩效考核直接挂钩。集团根据核定的奖励性绩效工资及专项绩效奖的总量，进行内部考核统筹分配，体现优绩优酬。

附件：

1. 海门区联盟型义务教育集团及成员校名单（表5-4）
2. 海门区联合型义务教育集团及成员校名单（表5-5）

表5-4 海门区联盟型义务教育集团及成员校名单

序号	联盟型义务教育集团	集团总校	集团成员校
1	实验小学教育集团	实验小学	第一实验小学、能仁小学、包场小学、海洪小学、刘浩小学、海门港新区实验小学
2	海师附小教育集团	海师附小	常乐小学、平山小学、麒麟小学、江心沙学校、证大小学
3	东洲小学教育集团	东洲小学	新教育小学、开发区小学、临江小学、汤家小学、三和小学、东洲长江路小学
4	育才小学教育集团	育才小学	三星小学、天补小学、瑞祥小学、德胜小学、海门区业余体育学校
5	通源小学教育集团	通源小学	三厂小学、东城小学、余东小学、树勋小学、特殊教育学校、海永学校（小学部）
6	海南小学教育集团	海南小学	四甲小学、国强小学、货隆小学、正余小学、王浩小学
7	实验学校附属小学教育集团	实验学校附属小学	悦来小学、万年小学、六匡小学、三阳小学、中南新世纪学校
8	东洲中学教育集团	东洲中学	开发区中学、四甲初中、正余初中、海永学校
9	海南中学教育集团	海南中学	海门港新区实验初中、常乐初中、包场初中、六甲初中、城北初中
10	能仁中学教育集团	能仁中学	海门中学附属学校、三星初中、德胜初中、天补初中
11	东洲国际学校教育集团	东洲国际学校	中南中学、三和初中、临江新区实验初中、首开东洲初中
12	实验初中教育集团	实验初中	三厂初中、悦来初中、海门区业余体育学校、树勋初中

表 5-5　海门区联合型义务教育集团及成员校名单

序号	联合型义务教育集团		集团总校	集团成员校
1	城区版	实验小学教育集团	实验小学	张謇小学
2		东洲小学教育集团	东洲小学	东洲长江路小学
3		实验学校附属小学教育集团	实验学校附属小学	实验学校附属小学聚贤校区
4		东洲国际学校教育集团	东洲国际学校	东洲长江路初级中学
5	区镇版	证大小学教育集团	证大小学	江心沙学校
6		东洲国际学校教育集团	东洲国际学校	首开东洲初级中学

海门区教育体育局
2022 年 11 月 8 日

篇二：崇川区小学教育集团组织架构

各教育集团设总校长 1 名，副总校长若干名。总校长由牵头学校主要负责同志兼任，全面负责集团工作，重点负责集团章程的研制和集团文化统领下各学校文化的炼制与推进；副总校长由其余成员学校主要负责同志兼任，分别负责统筹集团教学教研、教师发展、学生成长、后勤服务等条线工作。（图 5-1）

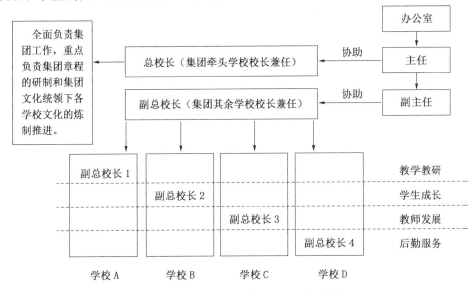

图 5-1　崇川区小学教育集团组织架构图

崇川区教育体育局
2022 年 9 月 10 日

篇三：崇川区小学教育集团办学任务清单

为进一步厘清集团办学工作任务，特制定本清单，教育体育局、各学校原有职责职能不变。

一、教育体育局任务清单

1. 负责总体规划

负责对集团化办学的发展规划、宏观性目标任务的研究与决策，明确教育集团化办学的性质和任务。

2. 明确组织架构

指导教育集团组建管理框架，明确教育集团总校长、副总校长。

3. 审核集团章程

负责教育集团章程的审核备案，指导教育集团明确办学宗旨、确立办学模式、健全管理制度。指导督促教育联盟、教育集团和学校根据各自的定位与职能开展相关工作。

4. 指导职称评聘

核定教育联盟教师职称岗位，指导教育联盟开展职称评聘、岗位晋级的组织工作。指导教育集团开展教师交流工作。

5. 保障师资供给

在核定的编制数内拟定教师招聘计划，组织教师招聘工作。

6. 优化绩效分配

制定奖励性绩效工资及绩效增量考核办法总体框架及原则，指导教育集团制定细则，审核教育集团、成员学校教职工奖励性绩效工资及绩效增量的发放。

7. 开展督查指导

开展教育集团工作落实情况的督查，为教育集团自主管理、特色发展提供指导。

8. 科学考核评价

坚持捆绑性、增值性考核原则，制订考核方案，对教育集团、成员学校进行科学考核。

二、教育联盟任务清单

1. 开展职评工作

制定职称评聘和岗位晋级实施方案，按上级要求组织开展职称评聘和岗位晋级的组织工作。

2. 组织经验交流

组织开展集团间的管理模式、办学经验、队伍建设、特色课程的交流。

三、教育集团任务清单

1. 制订章程规划

制订并严格执行教育集团章程、发展规划。指导成员学校制订发展计划，促进成员学校优质均衡发展。

2. 明确职责分工

统筹安排教育集团副总校长、办公室正/副主任的分工，并报备教育体育局。明确教育集团办公室正/副主任、学科主管。

3. 明晰工作任务

总校长统筹教育集团发展，副总校长定期召集各成员学校分管校长、部门负责人开展计划交流、经验分享、汇报总结等工作，每月至少召开 1 次工作例会。

4. 研制学科通案

教育集团研制通案，各年级各学科通案数量不少于学期教案总量的四分之一，并常态化使用，各年级各学科每月组织 1 次学科远程备课。

5. 培训师资队伍

做好"青蓝工程"工作。组织对新入职教师进行岗前培训。支持区级及以上名师工作室（坊）工作运行。

6. 组织教师交流

制订教育集团内教师交流方案，组织成员学校教师交流工作。

7. 制订奖励方案

制订教育集团突出贡献奖绩效分配方案，对为集团发展做出突出贡献的教职工给予奖励。

8. 定期综合视导

教育集团对各成员学校每学期定期组织涵盖校园文化建设、教育教学常规管理、安全管理、后勤管理等方面的综合视导。

9. 加大宣传力度

负责集团对外交流、接待及宣传、展示等，不断扩大集团影响力。

四、教育集团各成员学校任务清单

1. 明确校长职责

教育集团内各学校法人地位不变，校长负责学校日常管理工作。

2. 支持集团工作

成员学校根据教育集团章程开展工作，支持教育集团办学工作。根据教育联盟、教育集团要求做好职称评聘、岗位晋级、教师交流工作。

3. 制订考核方案

根据教育体育局奖励性绩效工资及绩效增量考核办法总体框架及原则，在教育集团的统一指导下制订学校考核方案。

图 5-2 为崇川区小学教育集团一体化办学组织职能图。

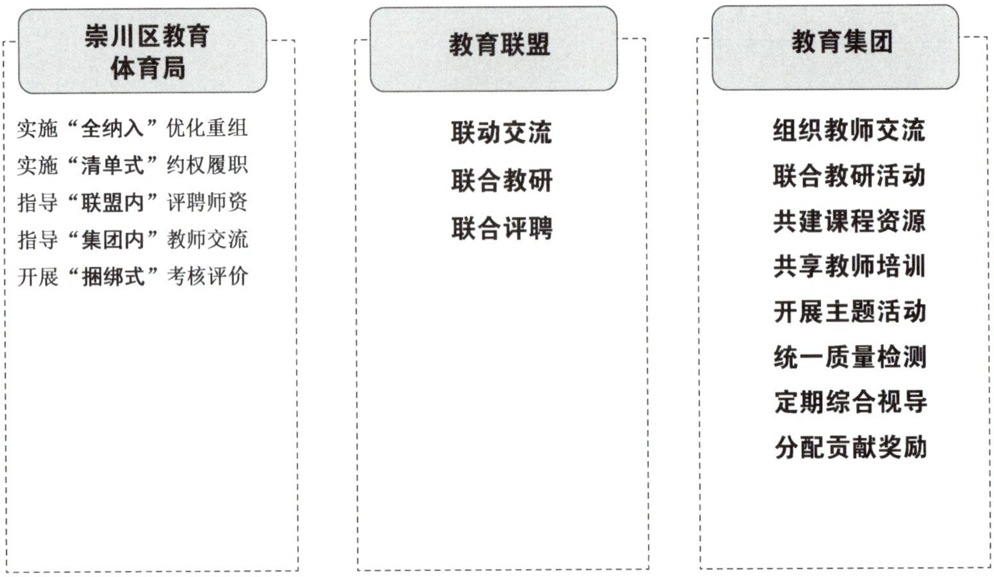

```
┌─────────────────┐  ┌─────────────┐  ┌─────────────┐
│ 崇川区教育      │  │  教育联盟   │  │  教育集团   │
│   体育局        │  │             │  │             │
└─────────────────┘  └─────────────┘  └─────────────┘
实施"全纳入"优化重组    联动交流           组织教师交流
实施"清单式"约权履职    联合教研           联合教研活动
指导"联盟内"评聘师资    联合评聘           共建课程资源
指导"集团内"教师交流                       共享教师培训
开展"捆绑式"考核评价                       开展主题活动
                                           统一质量检测
                                           定期综合视导
                                           分配贡献奖励
```

图 5-2 崇川区小学教育集团一体化办学组织职能图

崇川区教育体育局
2022 年 9 月 10 日

篇四：崇川区小学集团化办学德育管理办法

为落细落实党和国家对德育工作的要求，着力构建方向正确、内容完善、学段衔接、载体丰富、常态开展、协同共进的教育集团德育工作体系，促进集团德育工作专业化发展，特制定本办法。

第一条　树立整体育人的德育工作理念。以教育集团为育人整体，集团内各学校群策群力、深耕协同，推动教育集团德育师资队伍共育、课程共建、资源共享，实现教育集团与学校的相互滋养。

第二条　培育名师领航的德育师资队伍。加强集团内德育名师领衔团队建设，每个教育集团至少成立 1 个由各学校德育骨干组成的德育研究团队，常态化开展德育活动，力争在 5 年内形成基本满足集团需要的德育师资培养资源库，大力培育德育师资队伍。

第三条　开发资源共享的集团德育活动。充分重视集团资源的整体开发与利用，多维度开展基于集团资源共享的德育活动开发工作。每个集团至少培育 1 个集团德育活动品牌，每学期至少策划 1 次集团层面的、体现集团品牌特点的德育活动，指导各成员学校具体实施。

第四条　构建具备集团视野的德育课程。加强集团视野下德育课程的研究与实践，从更高的站位、更开阔的视域、更深层次的思考出发，开发具有集团特色的德育课程，构建以集团德育课程为主干、校本德育课程为枝干的课程体系。

第五条　建立协同互通的家校共育机制。依托集团资源共享机制，积极借力家、社力量，各集团每学期至少策划 1 次家长大讲堂、假日小队等活动方案并提供给成员学校，构建家、校、社"三力合一"的育人新生态。

崇川区教育体育局
2022 年 9 月 10 日

篇五：崇川区小学集团化办学教学管理办法

为使我区小学集团化办学教学管理工作逐步实现制度化、规范化、科学化，充分体现整合、同步、相融之原则，不断提高教育教学质量，促进教育集团教学管理水平有效提高，特制定本管理办法。

第一条 协同联动管理机制。各教育集团应以本办法为基础，进一步细化、实化本集团教学管理细则，实行教学研讨一体化管理机制，实现课程设置、计划拟制、教学改革、作业布置、质量管理等环节的统筹实施与同步推进。

第二条 扎实推进联合活动。教育集团每学期至少组织开展 1 次大型联合教科研训活动。每学期组织开展教材分析、活动观摩、课例研讨、集体备课等活动。

第三条 构建打造优质团队。教育集团实行教师研训一体化管理，着力抓好教师队伍建设，加强联合培训。充分发挥集团内优秀教师的示范引领作用，每学期通过积极开展"青蓝工程"等活动，加速对青年教师的培养。

第四条 完善优化组织架构。教育集团每学科择优选聘 1 名学校学科负责人员兼任教育集团学科主管，集团副总校长具体负责教育集团内教研、科研、培训、评价等教育教学工作。

第五条 共建共享学科资源。坚持和完善教育集团集体备课制度。建设教育集团远程备课系统，每学期初制订集团远程集体备课计划，并按计划组织开展，确保实效。其中，语、数、英三科每月各年级至少组织 1 次学科远程备课活动，其他各学科每月至少组织 1 次学科远程备课活动。同时，加强教育集团通案建设并常态化有效使用，做到学科、年级全覆盖。通案的数量不少于学期教案总量的四分之一，并确保通案质量。

第六条 建立健全评价体系。教育集团组织覆盖集团各成员学校的教学常规管理检查、视导工作，每学期至少 1 次，并提出具体的改进意见。各成员学校根据教学常规视导情况，及时梳理、反思、总结、改进，确保各校教学高质量发展。

崇川区教育体育局
2022 年 9 月 10 日

第七节 "质量评估与监测"政策设计与导向

篇一：2022—2023学年度海门区小学教育质量综合评价方案

一、思想理念

以国家中长期教育改革和发展规划纲要为指南，全面执行中央"双减"工作部署，认真贯彻《中共中央、国务院关于深化教育教学改革全面提高义务教育质量的意见》《深化新时代教育评价改革总体方案》《义务教育质量评价指南》，围绕海门教育"全力打造教育现代化示范区，奋力争当长三角教育新典范"发展新目标，对照"能力作风双示范 崭新征程二十大"的发展新要求，统一思想、明确方向、凝聚力量，系统优化以核心素养为导向的学校教育质量评价，全面促进小学学段高质量发展、高品质提升。

二、评价对象

全区所有小学。

三、组别划分

第一组：实验小学、海师附小、东洲小学、育才小学、通源小学、海南小学、实验学校附属小学。

第二组：第一实验小学、能仁小学、新教育小学、开发区小学、东洲长江路小学、中南新世纪学校。

第三组：天补小学、三星小学、三和小学、证大小学、德胜小学、瑞祥小学、江心沙学校、三厂小学、东城小学、汤家小学、常乐小学、平山小学、麒麟小学、悦来小学、六匡小学、临江小学、三阳小学、万年小学、四甲小学、国强小学、货隆小学、王浩小学、树勋小学、包场小学、余东小学、正余小学、刘浩小学、海洪小学、海门港新区实验小学、海永学校（小学部）。

四、指标体系

小学教育质量评价指标体系包括12个指数：

① 学生品德行为指数　　② 学生学业发展指数
③ 学生身心健康指数　　④ 学生个性发展指数
⑤ 理想课堂变革指数　　⑥ 学生作业变革指数
⑦ 卓越课程建设指数　　⑧ 学校发展动力指数
⑨ 教师专业素养指数　　⑩ 校本研修发展指数
⑪ 课后延时服务指数　　⑫ 家校合作共育指数

五、评价细则与办法（表5-6）

表5-6 评价细则与办法

一级指标	二级指标	评价细则	评价办法
1. 学生品德行为指数（15分）	新时代德育工作	具体见《新时代中小学德育工作考评细则》	问卷调查、常态调研、资料查阅
2. 学生学业发展指数（78分）	语文、数学、英语、科学、道德与法治、音乐、美术、信息技术、劳动	1. 分值占比： ① 三到六年级中，每个年级语文、数学、英语各5分，共60分 ② 科学、道德与法治、音乐、美术、信息技术、劳动等学科各3分，共18分 2. 赋分办法： ① 分集团总校、城区小学、区镇小学三个层面分别赋分 ② 语文、数学、英语根据优秀率科学划定区段，分别赋分。达到同类学校平均合格率不扣分，未达到同类学校平均合格率按比例适当扣分 ③ 科学、道德与法治、音乐、美术、信息技术、劳动等学科根据质量监测及研修员常态评价，科学划定区段，分别赋分	常态调研、质量监测
3. 学生身心健康指数（10分）	身体健康	根据各级体质健康测试成绩和体育教学常规管理质效赋分（5分）	根据测试结果及常态调研情况按比例赋分
	心理健康	具体见《新时代中小学德育工作考评细则》心理健康教育部分（5分）	问卷调查、常态调研、资料查阅
4. 学生个性发展指数（15分）	能力素养	1. 多元评价机制。学校构建多元化评价机制，提供多途径展示平台，让每名学生都有出彩的机会（2分） 2. 综合素养展示。根据国家、省、市、区的各项学生比赛、文章发表、征文获奖、展示等赋分（10分） 3. 阅读素养提升。学校阅读氛围浓郁、阅读课程丰富，整本书共读和全学科阶梯阅读推进力度大，每学期阅读节精心组织，卓有成效。鼓励阅读表达，按照质量监测中课外阅读、习作成绩的高低，分组别、划区段分别赋分（3分）	常态调研、问卷调查、资料查阅

续表

一级指标	二级指标	评价细则	评价办法
5. 理想课堂变革指数（15分）	课标学习、校长教学、课堂变革	1. 全员课标学习。校级领导制订学校有课标学习的计划与行动。常态化调研课标关键内容考核过关情况（2分） 2. 行政教学情况。校级领导正职每周2节；副职任教语文、数学、英语每周不少于6节，任教其他学科每周不少于8节；中层正、副职任教语文、数学、英语的每周不少于6节，任教其他学科的每周不少于8节（3分） 3. 校长领跑示范。所有校级领导每学期执教校内课改先行课不少于1节，做课堂变革研究行动报告不少于1次，学校公众号及时公开报道。每学期听课不少于40节，学校内部留有查阅记录。一把手校长每双周开展课堂教学评点等引领行动不少于1次（2分） 4. 骨干全面引领。各级骨干教师每学期开设校级以上公开课不少于2次，与青年教师"青蓝结对"不少于2人且每双周互相听评课不少于1节。跨学校的"青蓝结对"，每月互相听评课不少于1节。将上课、听课照片即时简单标注后上传至学校工作群相册（2分） 5. 教师人人过关。全体教师每人每学年对标"六学课堂"执教一节研究课。将上课、听课照片即时简单标注后上传至学校工作群相册（3分） 6. 调研情况反馈。研修员团队常态调研理想课堂建设情况（含备课、听课等）（3分）	问卷调查、常态调研、多元评价、资料查阅
6. 学生作业变革指数（15分）	作业管理、作业总量、作业指导、作业批改、作业资源	1. 作业管理机制。构建落实好"布置—调研—检查—考核"全流程闭环管理机制（2分） 2. 控制作业总量。确保小学一、二年级不布置家庭书面作业；三至六年级书面作业的平均完成时间不超过60分钟（2分） 3. 作业完成指导。指导学生在校内基本完成书面作业，完成率要达到90%以上（2分） 4. 作业布置评改。做到作业管理"四精四必"。提高作业设计质量，通过选编、改编、自主创编等方式科学设计，确保精选、有效（3分） 5. 作业资源平台。作业设计要纳入学校教研体系，形成作业资源库，建构高质量的学校作业体系（3分） 6. 调研情况反馈。研修员团队常态调研作业变革情况（3分）	问卷调查、常态调研、多元评价、资料查阅

续表

一级指标	二级指标	评价细则	评价办法
7. 卓越课程建设指数（10分）	课程体系、课程研发、课程基地、课程评价	1. 课程图谱。优化"1+3"校本课程图谱，学校课程样态丰富（2分） 2. 课程样本。研发涵盖各个领域的课程样本群。区镇学校至少研发1个在区内有影响力的课程样本，城区学校至少研发2个以上在区内外有影响力的课程样本（2分） 3. 课程基地。建好、管好、用好名品课程基地。区镇学校至少建设1个在区内有影响力的课程基地，城区学校至少建设2个以上在区内外有影响力的课程基地（2分） 4. 课程平台。区镇学校开发运行1个在区内有影响力的网络课程平台，城区学校至少开发运行1个在区内外有影响力的网络课程平台（2分） 5. 课程证书。推进课程证书、课程积分、课程护照等课程评价方式变革，全体学生常态化使用（2分）	问卷调查、常态调研、多元评价、资料查阅
8. 学校发展动力指数（15分）	学校荣誉、学校经验、学校成果、典范项目	1. 学校荣誉。学校获得教育行政部门、新教育研究院、培训中心及各级党委、政府组成部门的各项荣誉（5分） 2. 经验发布。在国家、省、市、区级媒体发布办学经验。杜绝有偿新闻，一经发现，一票否决（备注：本项目实行累计加分，封顶考核）（5分） 3. 成果展示。学校承办教育行政部门、新教育研究院、培训中心及各级党委、政府组成部门的相关活动、展示等（5分）	实绩成果、常态调研、问卷调查、资料查阅
9. 教师专业素养指数（15分）	师德师风	1. "四有"教师。做有理想信念、有道德情操、有扎实学识、有仁爱之心的"四有"好教师（2分） 2. 师德规范。严格遵守《中小学教师职业道德规范》，严格执行海门区师德师风负面清单制和"一票否决"制，注重教师理想信念、职业道德教育，增强教师立德树人责任感，广泛宣传榜样教师典型事迹，引导教师以身示范、言传身教（3分）	问卷调查、多元评价、资料查阅
	师能成长	1. 公开展示。教师在各级党委、政府组成部门及新教育研究院组织或委托组织的公开课（讲座）、评优课、学科素养竞赛等中的获奖情况（2分） 2. 论文撰写。教师论文、案例在正规刊物发表或在教育行政部门组织的比赛中的获奖情况（2分） 3. 课题研究。教师在国家、省、市、区教育规划办、教研室组织的课题研究中的参与情况（2分） 4. 骨干评选。教师在国家、省、市、区获评骨干教师中的情况（2分）	实绩成果、常态调研、多元评价、资料查阅
	师生关系	1. 和谐生态。尊师爱生、教学相长，师生双方在民主、平等、和谐、信任中全面发展自己，互相欣赏（1分） 2. 调研评价。师生关系满意度调查情况、常态调研情况（1分）	问卷调查、多元评价

续表

一级指标	二级指标	评价细则	评价办法
10. 校本研修发展指数（10分）	研修活动、研修平台、研修项目	1. 研修活动。每周各科研修活动开展正常，时间充裕、内容丰富，并将活动照片即时简单标注后上传于学校工作群相册（5分） 2. 研修平台。学校青年教师学习、成长氛围浓，有固定的研修平台或青年教师发展学习共同体，正常开展活动，并将活动照片即时简单标注后上传至学校工作群相册（2分） 3. 研修项目。各区镇学校至少打造1个在区内有影响力的研修项目，城区学校至少打造1个在区内外有影响力的研修项目（3分）	常态调研、资料查阅
11. 课后延时服务指数（10分）	服务机制、资源建设、服务品质	1. 服务机制。每学期制订课后延时服务方案。人员安排、经费管理、服务时间、服务内容、过程监管、安全保障等顶层设计要素齐全、科学合理。日常管理规范有序（3分） 2. 资源建设。积极争取多方资源开设丰富多彩的课程，可供学生课后按时服务、按需选择。为学生提供多元化的成长路径和方式，实现"以学定教"的个性化学习（3分） 3. 服务品质。作业辅导认真、高效。统筹优化选课走班方案，确保每一名学生每周至少能参加2个社团（4分）	常态调研、问卷调查、多元评价、资料查阅
12. 家校合作共育指数（10分）	平台机制、家访沟通、文化认同	1. 共育平台。通过新父母学校、家校共育委员会、校园开放日、议事咨询、家长志愿者等方式深度推进家校共育（3分） 2. 共育品牌。学校有一个家校共育品牌，指导、提升家校共育质效（2分） 3. 家访沟通。班主任、任课教师每学年上门家访率要达到100%（3分） 4. 家长认同。家长理解、认同学校的文化主张、教育教学行为，对学校满意率高（2分）	问卷调查、常态调研、多元评价、资料查阅
加分项（20分）		1. 根据每月校长俱乐部的活动主题，全员申报，提交简单行动报告和图片，教育体育局组织团队对每个组别按比例删选，决定承办学校1—2所，现场展示学校和材料展示学校若干所，分别加3、2、1分 2. 在区星级教研组评比中，获五星级、四星级、三星级分别加2分、1分、0.5分 3. 校长室成员执教语文、数学、英语学科每一科加2分，执教非语文、数学、英语本专业课（专业与职称评定学科相同）且达到工作量每一科加1分 4. 在教育体育局组织的考核评估中获典范学校奖牌加3分 5. 积极争取社会各界支持学校发展，成效明显，根据实际情况酌情加1—3分 6. 学校教育教学成果、治理经验等被区、市、省教育行政部门公开推介，分别加3分、5分、10分 （备注：加分累计后，划分区段按比例赋分）	
"一票否决"项		凡在师生安全、师德师风、网络舆情、考风考纪等方面造成重大事故或不良影响的学校降等处理或取消评价资格	

六、评价策略

① 深入现场。组织教育质量专项督导组开展常态化全覆盖调研督查,深入现场,深度了解常态工作质效,真正做到用现场说话、用事实发声。

② 凸显过程。坚持过程性评价,以常态、持续的过程参与来衡量与评估各项指标的实施水平。

③ 多元参与。科学分析、采用网络调查问卷、12345 热线投诉、各类来访诉求信息,引入社会多元化评价,以充分体现"办人民满意教育"的宗旨所在。

④ 精简资料。进一步优化规范各类台账资料,精准点穴、拒绝烦琐,倡导真实,更显人文。资料查阅不作为考评的主要依据,而作为备用佐证。

⑤ 注重实绩。关注学生发展、教师成长、学校成果等各方面取得的实绩,为擦亮海门小学教育名片不断蓄力。

七、奖励办法

根据教育质量综合评价结果分别设置特等奖、一等奖、二等奖、显著进步奖、典范创新奖。

附:

1. 学生个体获奖情况汇总表(表5-7)
2. 学生习作发表、征文获奖情况汇总表(表5-8)
3. 学生团体获奖情况汇总表(表5-9)
4. 教师公开课、获奖、论文发表、科研成果情况汇总表(表5-10)
5. 学校承办活动情况汇总表(表5-11)
6. 学校办学经验公开发表报道情况汇总表(表5-12)
7. 学校集体荣誉获得情况汇总表(表5-13)
8. 学校各级骨干教师情况统计表(表5-14)
9. 班子成员教学工作情况统计表(表5-15)
10. 加分细则(表5-16)

表 5-7 学生个体获奖情况汇总表

学校(盖章): 　　　　填报人: 　　　　联系电话:

序号	奖项名称	学生姓名	主办单位	获奖级别	获奖等次	获奖时间	备注	考核得分

备注:1. 所有学生获奖"主办单位"仅限各级党委、政府部门及新教育研究院、新教育培训中心。
2. "获奖级别"分别填写国家、省、大市、区级。
3. "考核得分"栏由考核组负责考评填写。
4. 时间界限为 2022 年 7 月 1 日至 2023 年 6 月 30 日。
5. 获奖证书或文件的复印件加盖学校公章,作为佐证材料递交。
6. 习作发表、征文获奖情况填写在表5-8。

表 5-8 学生习作发表、征文获奖情况汇总表

学校（盖章）　　　　　填报人：　　　　　联系电话：

序号	刊物名称或赛事名称	文章题目	学生姓名	刊物或赛事获奖级别	获奖等次	发表或获奖时间	备注	考核得分

备注：1. 所有征文获奖组织单位仅限各级党委、政府部门及新教育研究院、新教育培训中心。
　　　2. 所有征文所在的发表刊物仅限国家新闻出版署认可的正规刊物。
　　　3. 获奖级别分别填写国家、省、大市、区级。
　　　4. "考核得分"栏由考核组负责考评填写。
　　　5. 时间界限为 2022 年 7 月 1 日至 2023 年 6 月 30 日。
　　　6. 获奖证书或发表文章的复印件（包括习作、刊物封面、封底、目录）加盖学校公章，作为佐证材料递交。

表 5-9 学生团体获奖情况汇总表

学校（盖章）　　　　　填报人：　　　　　联系电话：

序号	奖项名称	参赛团队	主办单位	获奖级别	获奖等次	获奖时间	备注	考核得分

备注：1. 所有学生团体获奖组织单位仅限各级党委、政府部门及新教育研究院、新教育培训中心。
　　　2. "获奖级别"分别填写国家、省、大市、区级。
　　　3. "考核得分"栏由考核组负责考评填写。
　　　4. 时间界限为 2022 年 7 月 1 日至 2023 年 6 月 30 日。
　　　5. 获奖证书或文件的复印件加盖学校公章，作为佐证材料递交。

表 5-10 教师公开课、获奖、论文发表、科研成果情况汇总表

学校（盖章）　　　　　填报人：　　　　　联系电话：

序号	奖项、文章、课题名称	教师姓名	组织单位或刊物名称	获奖级别	获奖等次	获奖、发表、立项时间	备注	考核得分

备注：1. 所有获奖组织单位仅限各级党委、政府部门及新教育研究院、新教育培训中心。
　　　2. "获奖级别"分别填写国家、省、大市、区级。
　　　3. "考核得分"栏由考核组负责考评填写。
　　　4. 时间界限为 2022 年 7 月 1 日至 2023 年 6 月 30 日。
　　　5. 获奖证书、立项/结题证书或文件的复印件、发表文章的复印件（包括文章、刊物封面、封底、目录）加盖学校公章，作为佐证材料递交。

表 5-11 学校承办活动情况汇总表

学校（盖章）　　　　　填报人：　　　　　联系电话：

序号	活动名称	主办单位	活动级别	活动时间	备注	考核得分

备注：1. 主办单位仅限各级党委、政府组成部门及新教育研究院、新教育培训中心。
　　　2. "活动级别"分别填写国家、省、大市、区级。
　　　3. "考核得分"栏由考核组负责考评填写。
　　　4. 所有获奖时间界限为 2022 年 7 月 1 日至 2023 年 6 月 30 日。
　　　5. 获奖证书或文件的复印件加盖学校公章，作为佐证材料递交。

表 5-12　学校办学经验公开发表报道情况汇总表

学校（盖章）　　　　　填报人：　　　　　联系电话：

序号	报道题目	媒体名称	媒体级别	活动时间	备注	考核得分

备注：1. "媒体级别"分别填写国家、省、大市、区级。
　　　2. 迎接开学工作检查、接受调研指导等非办学经验类宣传报道不列入统计考核范畴。
　　　3. 同一报道内容不得重复进行考核统计，只计算媒体级别最高的一次。
　　　4. 所有发表报道的原文复印件、截屏等加盖学校公章，作为佐证材料递交。

表 5-13　学校集体荣誉获得情况汇总表

学校（盖章）　　　　　填报人：　　　　　联系电话：

序号	荣誉名称	颁发单位	荣誉级别	授予时间	备注	考核得分

备注：1. "颁发单位"仅限各级党委、政府组成部门及新教育研究院、新教育培训中心。
　　　2. "荣誉级别"分别填写国家、省、大市、区级。
　　　3. "考核得分"栏由考核组负责考评填写。
　　　4. 时间界限为 2022 年 7 月 1 日至 2023 年 6 月 30 日。
　　　5. 获奖证书或文件的复印件加盖学校公章，作为佐证材料递交。

表 5-14　学校各级骨干教师情况统计表

学校（盖章）　　　　　填报人：　　　　　联系电话：

序号	姓名	骨干称号	级别	是否在任职期限内	备注

备注：1. "级别"分别填写国家、省、大市、区级，集团骨干不列入本次统计考核范畴。
　　　2. 不在任职期限内的骨干不列入本次统计考核范畴。
　　　3. 骨干证书复印件加盖学校公章，作为佐证材料递交。

表 5-15　班子成员教学工作情况统计表

学校（盖章）　　　　　填报人：　　　　　联系电话：

序号	姓名	职务	执教学科	职称学科	年级、班级	优秀率	合格率	备注

表 5-16　加分细则

① 学生个体获奖

级别	一等级	二等级	三等级	荣誉
海门区	2 分	1 分	0.5 分	1 分
南通市	4 分	2 分	1 分	2 分
江苏省	6 分	4 分	2 分	3 分
国家级	8 分	6 分	3 分	4 分

② 学生团体获奖

级别	一等级	二等级	三等级
海门区	3 分	2 分	1 分
南通市	5 分	3 分	2 分
江苏省	7 分	6 分	3 分
国家级	9 分	7 分	4 分

③ 教师获奖

级别	一等级	二等级	三等级
海门区	3 分	2 分	1 分
南通市	5 分	3 分	2 分
江苏省	7 分	6 分	3 分
国家级	9 分	7 分	4 分

备注：公开课等同于同级别三等奖，论文、案例发表等同于同级别二等奖。

④ 学校承办活动、集体荣誉、办学经验发表等

级别	一类	二类
海门区	1 分	0.5 分
南通市	2 分	1 分
江苏省	3 分	2 分
国家级	5 分	3 分

备注：承办活动、集体荣誉按一类赋分，办学经验发表按二类赋分。

⑤ 骨干教师

级别	学科带头人	骨干教师	教坛新秀
海门区	3 分	2 分	1 分
南通市	5 分	3 分	2 分
江苏省	7 分	5 分	3 分

海门区教育体育局
2022 年 8 月 31 日

篇二：如东县义务教育学校办学水平综合评估过程管理考评细则（修订）（表 5-17）

表 5-17　如东县义务教育学校办学水平综合评估过程管理考评细则（修订）表

序号	考评项目	考评标准	评分细则（扣分情形）	分值
1	教育理念与办学行为（12分）	以习近平新时代中国特色社会主义思想为指导，加强党对学校的领导，全面贯彻党的教育方针，落实立德树人根本任务，发展素质教育，树立科学的教育质量观，坚持德育为先，坚持全面发展，坚持面向全体，办学理念先进，办学愿景明确。学校各项制度健全，岗位职责明确，发展规划、年度和阶段性工作计划制订齐全并能有效落实。制订和修订学校章程，坚持校务公开，民主管理，党组织领导、监督保证作用和教代会职能得到充分发挥 积极创建文明校园，支持文明城市长效管理工作	查阅学校规划和工作计划总结、学校章程、各项制度、党建工作、校务公开及教代会等材料。无学校章程的扣0.5分，无学校发展规划的扣0.5分，各项制度不能体现时代要求、校本特点的扣0.5分，党建工作（主题党日活动每月1次）资料不齐全的扣0.5分，校务公开执行不到位的扣0.5分，未按规定落实教代会制度（每学期不少于1次）的扣0.5分，计划总结不齐全的扣0.5分，文明校园创建台账资料不齐全的扣0.5分。文明城市长效管理工作中出现重大失误的，此项不得分	4
		坚持依法办学、依法治校。组织教师学习法律法规，规范办学行为。严格执行《江苏省义务教育课程设置实验方案（2017年修订）》，开齐上足上好全部课程，课时总量符合规定要求。贯彻落实"双减"工作要求，严格执行学生在校作息时间，保证学生睡眠管理、手机管理等符合规定要求。不违规推销或征订教辅资料	巡课，访谈师生，查阅课程表、作息时间表、课外活动安排表等材料。未组织学习法律法规的扣0.5分，无课外活动安排的扣0.5分，课程计划执行不到位的扣0.5分，未制订"双减"工作方案（计划）的扣0.5分，睡眠管理、手机管理执行不到位的各扣0.5分，作息时间执行不到位的扣1分，各项材料不及时上报的每2次扣0.5分，扣完为止。凡有违规推销或征订教辅资料行为的，此项不得分	4
		招生工作规范有序，实行免试就近入学，不以成绩或竞赛获奖证书等作为入学条件，不招择校生，初中不招历届生插班复读 重视融合教育工作，满足适龄残疾儿童随班就读需要。坚持阳光分班、均衡编班，办学规模、班学额达义务教育办学标准。学校"控辍保学"工作举措扎实。严格执行学籍管理规定，学籍档案齐全 学籍系统信息与实际一致，办理更新及时。学籍变动手续办理完成后方可接收学生	融合教育重视不够，对随班就读学生无个别化教育资料的扣1分，无均衡编班实施方案或不均衡编班的扣1分，无"控辍保学"工作措施的扣1分，无学籍管理台账资料的扣1分。因招生工作举报市级以上的，一经查实，此项不得分	4

续表

序号	考评项目	考评标准	评分细则（扣分情形）	分值
2	德育工作（14分）	认真贯彻落实《中小学德育工作指南》，坚持立德树人、德育为先。建立党组织主导、校长负责制，落实《中小学班主任工作规定》，重视加强德育队伍建设，正常组织团队干部、班主任培训，每学期组织2次德育专题研讨活动。构建学校、家庭、社会参与的共育机制，建立家长委员会，统筹安排好家长学校、家长会、家访、家长开放日等各类活动，重视家庭教育的指导作用。严格落实德育学科课程，充分挖掘各门课程蕴含的德育资源，发挥课堂教学主渠道作用。因地制宜地开发地方和学校的德育课程	未组建德育队伍及未正常组织团队干部、班主任培训的各扣0.5分，德育专题研讨活动少一次扣0.5分，未建立家长委员会、家长学校活动不正常（每月至少1次）的各扣0.5分，未组织家庭教育指导活动的扣0.5分。无校本化"情感德育"特色活动、家访率每学期未达100%的，此项不得分	3
		认真贯彻落实《如东县中小学德育常规》，每周举行升旗仪式、国旗下讲话活动。重视班集体建设和共青团、少先队组织、阵地建设，建好共青团、少先队活动室。班团队活动开展正常，确保小学1年级至初中2年级每周安排1课时少先队活动时间。精心设计、组织开展节日纪念日、科技节、仪式教育、校园节（会）活动、法制教育、青春期教育、环境教育等主题活动	查阅德育活动材料，现场考查学生的行为习惯。升旗仪式不正常的扣0.5分，国旗下讲话执行不到位的扣0.5分，无学期德育工作计划、总结的各扣0.5分，无团队活动室的扣0.5分，班团队会活动不正常的扣1分，未开展节日纪念日、科技节、仪式教育、校园节（会）活动、法制、青春期及环境教育等主题活动的各扣1分，此项围绕得分点扣分，最低分为0分。凡被举报查实或问卷访谈德育课程被挪用的，此项不得分	4
		注重学生的成长指导，建有心理咨询室，配有心理健康专（兼）职教师，配齐、培训班级心理委员（男、女生各1名），确保心理健康教育课每两周1课时，重视并做好心理健康教育。"525成长热线"正常使用，家长、学生的知晓率、接听率达100%。制订心理危机干预方案，健全心理危机善后事件应对机制。重视做好困境儿童的关爱工作，做好重点青少年学生的帮扶工作，落实"一生一策""一生一案"，重点学生结对帮扶率达100%	无心理咨询室的扣0.5分，无心理健康专（兼）职教师的扣0.5分，无班级心理委员的扣0.5分，心理健康课不正常的扣0.5分，心理健康教育活动不正常的扣0.5分，"525成长热线"使用不正常的扣0.5分，无心理危机干预方案、无心理危机善后事件的各扣0.5分，无关爱困境儿童材料、无帮扶重点学生材料的各扣0.5分。凡心理健康教育活动被通报或出现重大工作失误的，此项不得分	4
		建立科学的学生综合素质评价体系，认真组织做好学生综合素质评价工作。建立学生综合素质档案，做好学生成长记录。注重激励，正常组织开展优秀星级学生评比活动，积极发挥学生典型的示范、引领作用	无校本化、科学性的学生综合素质评价标准的扣0.5分，评定程序不规范的扣0.5分，评价过程性资料不健全的扣0.5分，无学生成长档案的扣0.5分，未开展优秀学生评比活动的扣0.5分，未能发挥学生示范、引领作用的扣0.5分。因不重视初中生综合素质评定工作而造成责任事故的，此项不得分	3

续表

序号	考评项目	考评标准	评分细则（扣分情形）	分值
3	教学工作（18分）	教学管理精细，有完善的教学管理制度。抓实教学常规，每学期对教学"六认真"检查及反馈不少于3次。每周校本教研和集体备课活动不少于1次，认真执行行政听课点评制度，每学期行政听课、教研活动及点评能覆盖所有的年级及学科	教学常规检查反馈次数不足的扣0.5分，校本教研次数不足的扣0.5分，集体备课次数不足的扣0.5分，无行政听课制度、安排的扣0.5分，行政听课次数不足的扣0.5分，行政听课点评不能覆盖所有的年级、学科的扣0.5分，教研活动次数不足的扣0.5分，教研活动不能覆盖所有的年级、学科的扣0.5分。行政听课点评不能覆盖全学科、全年级的，此项不得分	4
		深化教学改革，不断强化"真学课堂"建设，每学期组织一次"真学课堂"验收活动，努力形成校本化课堂教学模式。学校领导深入教学一线，充分发挥引领作用，每学期执教校级示范课或做课堂改革、课程建设专题讲座2次以上。发挥骨干示范作用，每学期执教校级示范课或做课改专题讲座2次以上。关注薄弱学科，落实跟踪听课，加强辅导。关注学习习惯的培养与学习能力的提升。学校教师积极参与课改，70%以上的教师执教镇（校）级研究课，课堂教学生态佳	无"真学课堂"推进方案的扣0.5分，无"真学课堂"推进监控机制的扣0.5分，未组织"真学课堂"验收活动的扣0.5分，未形成校本化课堂教学模式的扣0.5分，学校领导执教校级示范课或做专题讲座次数不足的扣0.5分，骨干执教示范课或做讲座次数不足的扣0.5分，未能关注薄弱学科建设的扣0.5分，未关注学生学习习惯培养的扣0.5分，未关注培养学生自主探究、小组合作学习等能力的扣0.5分，教师参与课改覆盖面不足的扣0.5分，课堂教学生态差的扣1分。在巡课中，发现课堂教学不能体现"六个真"要求的，此项不得分	6
		加强作业管理，建立作业审批、公示制度。重视作业设计研究，每学期至少组织2次作业设计的专题研究与培训活动。严格控制作业总量。科学、规范布置作业。重视作业指导，落实"四精四必"要求，每天各科作业面批率达20%。建立作业质量定期评价制度，成绩的呈现实行等级制	作业审批公示制度执行不到位的扣0.5分，作业设计专题研究与培训活动次数不足的扣0.5分，学生作业时间超过规定要求的扣0.5分，作业布置形式单一的扣0.5分，无教师自做自练作业本的扣0.5分，作业面批率不达要求的扣0.5分。作业时间严重超标或未以等级制评价学生作业的，此项不得分	3
		加强课后服务管理，分时段统筹安排学业辅导，对部分学习困难的学生提供辅导，对学有余力的学生适当增加拓展学习空间，合理安排综合素质拓展活动，确保每天服务不少于2小时，服务时间不集中讲授新课，不组织考试训练	无课后服务活动方案的扣0.5分，服务时间得不到保障的扣0.5分，无综合素质拓展活动安排的扣0.5分，无课后服务过程性督查材料的扣0.5分。凡利用课后服务时间集中讲授新课或组织考试的，此项不得分	2

续表

序号	考评项目	考评标准	评分细则（扣分情形）	分值
3	教学工作（18分）	注重学生阅读素养的提升。推荐优秀课外读物，学生每月阅读不少于一本课外读物。重视学生的阅读指导，定期上好阅读指导、展示课。注重营造读书氛围，重视班级图书角的建设。确保学生阅读时间（小学生每天至少半小时，中学生每天至少1小时）、阅读书目安排到位。正常组织开展读书展示活动，每学期组织读书节不少于1次，认真组织普通话宣传周活动	无学生阅读提升方案的扣0.5分，学生阅读书目数量不足、未有学生阅读时间与书目安排的各扣0.5分，未能定期上好阅读指导课、展示课的各扣0.5分，无班级图书角的扣0.5分，未能正常组织阅读节活动的扣0.5分，未能组织普通话宣传周活动的扣0.5分。凡挪用阅读指导课的，此项不得分	3
4	体育与卫生工作（10分）	认真贯彻县教育体育局《关于进一步加强中小学体育工作的意见》，坚持健康第一，积极实施"一校一品""一生一运动项目"工程，品牌建设效果好，学生运动技能得到提升。加强课程管理，开齐开足体育与健康课程。注重学生的体育锻炼，全面落实大课间体育活动制度，大力推广家庭体育锻炼活动，对家庭作业加强指导，保障学生每天校内、校外各1小时的体育活动时间	无"一校一品""一生一运动项目"方案的各扣0.5分，无"一校一品""一生一运动项目"过程性资料的各扣0.5分，体育课教学开展不正常的扣0.5分，大课间体育活动不正常的扣0.5分，无体育家庭作业的扣0.5分，学生家庭体育锻炼指导不到位的扣0.5分。学生校内体育锻炼时间不足的，此项不得分	3
		积极推进校园足球运动，将足球列为体育课程必学内容，学生参与度达100%。认真组织体育竞赛活动，每学年全校全员参与的综合性运动会不少于1次，每学期小型体育比赛不少于2次。建立体育运动队或兴趣组，并正常开展训练活动，积极参加镇级和县级体育比赛	无校园足球运动实施方案的扣0.5分，未将足球列为体育课程的扣0.5分，足球普及率不达标的扣0.5分，未组织校园运动会的扣0.5分，校园体育竞赛次数不足的扣0.5分，学校体育运动队训练不正常的扣0.5分。有学生300人以上的学校未有球类项目运动队参加镇级以上教育部门组织的竞赛的，此项不得分	3
		重视学生的体质，建立学生体质档案，及时发现学生体质健康问题并提出解决方案，增强学生体质训练，认真组织《国家学生体质健康标准》测试工作，认真执行年度体育工作评估和报告制度	未建立学生体质档案的扣0.5分，上报学生体质健康成绩不达标的扣1分，年度体育评估和报告制度执行不到位的扣0.5分。凡上报体质健康测试和初中体育学科学业水平过程性测试成绩不实或造成严重事故的，此项不得分	2
		重视学校的卫生工作，落实《中小学健康教育指导纲要》，积极开展健康教育，创建健康促进学校。《如东县中小学生体质健康提升工程三年行动计划》有序推进，健全学生健康档案，执行好因病缺课报告制度。认真做好校园传染性疾病等防控工作。每年组织学生健康体检和视力检查。加强食品卫生管理。建立校园禁烟长效机制。按规定要求开展预防艾滋病及毒品预防专项教育活动。按规定做好学校疫情防控工作	无学生健康档案的扣0.5分，未能执行因病缺课报告制度的扣0.5分，无禁毒、艾滋病预防、传染病预防、疫情防控、学生视力防控等专项教育活动及未建立校园禁烟长效机制或食品卫生管理不规范的各扣0.5分，每学年学生视力率下降达不到1%的扣0.5分。学生近视率测试排名后10%或疫情防控出现责任性事故的，本项不得分	2

续表

序号	考评项目	考评标准	评分细则（扣分情形）	分值
5	美育工作（5分）	贯彻落实中共中央、国务院《关于全面加强和改进新时代学校美育工作的意见》，配齐配好美育教师，严格按照国家课程方案和课程标准开齐开足上好美育课。加强合唱、合奏、集体舞、课本剧、艺术实践工作坊等社团建设，活动正常	美育专任教师配备不齐全的扣0.5分，未正常开设、上好美育课程的扣0.5分，未组建艺术社团的扣0.5分，社团活动不正常的扣0.5分。减少美育课时或挪作他用的，此项不得分	2
		积极开展艺术教育，推进"一生一艺术特长"工程，艺术技能培养普及率达100%。认真开展"每周一歌"及班级、年级、校级等群体性艺术展示活动，每学年校园艺术节或合唱节活动不少于1次。每学期组织1次学生艺术特长测评活动。积极参加镇级和县级以上的艺术类比赛活动	未制订"一生一艺术特长"活动计划的扣0.5分，"一生一艺术特长"普及率不达标的扣0.5分，"每周一歌"开展不正常的扣0.5分，未组织班级、年级、校级等群体性艺术展示活动的扣0.5分，未组织学生艺术特长测评的扣0.5分，未参加镇级以上艺术团体类比赛的扣0.5分。未组织校园艺术节或合唱节的，此项不得分	3
6	劳动教育与综合实践（5分）	贯彻落实中共中央、国务院《关于全面加强新时代大中小学劳动教育的意见》精神，加强劳动实践教育，充分利用劳技室等丰富校内劳动教育资源，积极开发校内劳动实践基地。劳动教育课平均每周不少于1课时。认真组织好校内劳动。组织学生参与家庭生活劳动，每周不少于2小时，每年有针对性地学会1—2项生活技能。每学年设立劳动周，展示学生劳动技能与劳动成果	无劳动教育计划的扣0.5分，未开发校内劳动实践基地的扣0.5分，劳动课程执行不到位的扣0.5分，未科学组织安排学生参与校内外劳动的扣0.5分，未按要求科学组织学生参与家庭劳动的扣1分，未对学生加强生活技能培养的扣1分。未举办劳动周的，此项不得分	4
		重视拓宽校内外教育资源，每学年至少安排一周时间广泛开展社会实践，组织学生开展"学雷锋"志愿服务、社会实践、研究性学习活动。根据教育教学实际，在4—6年级、7—8年级可安排研学旅行活动	未组织"学雷锋"志愿服务活动的扣0.5分，未开展社会实践、研究性学习活动的各扣0.5分。凡社会实践活动学生覆盖面窄、形式单一或教育效果差的，此项不得分	1
7	学校文化与特色建设（10分）	学校文化建设思路清晰，校训、校风、教风、学风潜移默化，育人环境和谐，师生精神风貌好。发挥环境的育人功能，校园文化氛围浓郁、感染力强，体现时代特征、地域特色和学校特点，文化布置突出社会主义核心价值观、中华优秀传统文化和文明礼仪教育内容。学校网站（公众号）、橱窗、板报、电子屏等宣传阵地内容健康，更新及时，重视教室、活动室、办公室、学生宿舍、食堂等场所文化建设	办学理念陈旧、办学目标不能与时俱进的扣1分，校训、校风、教风、学风解读不科学的扣1分，校园文化氛围落后的扣1分，无社会主义核心价值观、中华优秀传统文化和文明礼仪教育内容的扣1分，学校网站（公众号）等宣传阵地不能及时更新内容的扣1分。学校网站（公众号）内容不能体现新时代党的教育方针的，此项不得分	5

续表

序号	考评项目	考评标准	评分细则（扣分情形）	分值
7	学校文化与特色建设（10分）	重视特色创建，能结合地域和学校发展实际打造办学特色，有较为成熟的校本课程及课程纲要并认真实施，特色项目活动丰富多彩，师生参与面广，形成较为鲜明的办学特色，在地域范围内有一定的影响力，校园文化体现学校的办学特色	无特色项目校本课程的扣1分，未规范开设校本课程的扣1分，不能反映特色建设情况的扣1分，校园文化不能体现办学特色的扣1分，学校无校本课程品质提升工程三年计划（方案）或执行不力的扣1分。校园文化、社团活动等不能体现特色创建内容的，此项不得分	5
8	教师队伍建设（10分）	深入贯彻落实《新时代中小学教师职业行为十项准则》要求，切实加强师德师风建设，着力培养"四有"好教师队伍。领导班子团结进取，凝聚力强。制定师德建设制度，健全师德考核档案，师德主题教育活动丰富多彩，教师关系和谐融洽。树立良好的师德形象，能为人师表，热爱并尊重学生，面向全体学生，关注学生的全面发展，无师德失范行为。每学期师德考核和评教活动不少于1次	教师管理制度不健全或制度执行不力的扣1分，师德考核档案不齐全的扣1分，师德教育活动不丰富的扣1分，未按要求组织师德考核及评教活动的扣1分。出现师德失范行为的，一经查实，此项不得分	4
		加强教师配备，注重教师素养的提升。制订教师发展规划，健全教师专业素养考核制度，组织系列校本研修活动。建立青年教师培养、骨干教师培养机制，加强"青蓝工程"管理，建立青年教师研修组，每月组织1次青年组研修活动。每学期组织1次教学基本功比赛及素质展示等活动	未制订教师发展规划的扣0.5分，校本研修活动不正常的扣0.5分，未制订青年教师、骨干教师培养方案或措施不得力的扣0.5分，县级及以上骨干教师数量不达5%的扣0.5分，"青蓝工程"管理不到位的扣0.5分，未建立青年教师研修组的扣0.5分，青年研修组活动次数不足的扣0.5分，未组织教师基本功竞赛、素质展示的扣0.5分。无教师专业发展考核材料的，此项不得分	4
		重视教师科研能力的提升，认真组织教师开展读书活动，每月组织1次读书分享活动，每学期组织1次读书考学活动。学校有县级以上科研课题，80%的教师能参与课题研究或微型课题研究活动，教师在县级及以上报刊发表文章或论文评比获奖占比不少于20%	读书分享活动次数不足的扣0.5分，读书考学活动次数不足的扣0.5分，教师参与课题研究人数不足的扣0.5分，教师发表、获奖论文数量不足的扣0.5分。无县级以上科研课题的，此项不得分	2

续表

序号	考评项目	考评标准	评分细则（扣分情形）	分值
9	办学条件与日常管理（8分）	学校基础设施配套齐全，设备设施满足正常教育活动的需要，初中物理、化学、生物及小学科学实验开出率达100%，记载翔实。实验室、图书室、仪器室、体艺等资产台账齐全，图书流通率达标，各类设施设备使用率高，记录完整。推进教育信息化，加强数字教学资源的管理与应用，建设智慧校园	设备设施不能满足正常教育教学活动需要的扣0.5分，各类实验开出率不足的各扣0.5分，实验室、图书室、仪器室、体艺等资产台账不齐全的扣0.5分，图书流通率不达标的扣0.5分，各类设施设备使用率不高的扣0.5分，装备设施管理使用记载不规范的扣0.5分，数字教学资源内容不丰富的扣0.5分，智慧化校园推进措施不得力的扣0.5分。在飞行督查中，发现学校未组织学生开展实验教学的，此项不得分	4
		全面落实《江苏省中小学管理规范》，制定并落实岗位责任制。建立并认真执行常规管理检查、评比、公示制度。校园及周边环境整洁卫生，绿化、美化、净化，秩序良好。教室、办公室、功能活动室、宿舍等制度上墙、管理规范	一日常规检查评比公示不到位的扣0.5分，校园环境卫生状况较差的扣0.5分，各功能室制度不健全的扣0.5分，教室、办公室、功能活动室、宿舍等管理不到位的扣0.5分。在飞行督查中，发现学校常规管理情况较差的，此项不得分	2
		重视档案建设，建有档案室，档案管理制度齐全，文本档案管理规范，电子等资料齐全。健全财务和资产管理制度，严格执行财经纪律和收费政策，不违规收取各种费用。实行收费公示制度	无档案室、无档案管理制度的各扣0.5分，文本档案管理不规范的扣0.5分，无电子档案的扣0.5分，财务和资产管理制度不规范的扣0.5分。有严重违规财经法规和会计制度的，此项不得分	2
10	安全教育管理（8分）	落实《中小学校岗位安全工作指南》，组织教职工学习有关安全工作的法律法规。构建学校安全风险管理体系，制订安全工作各项计划制度，落实学校安全保卫体系，健全突发事件应急预案和应急机制，安全管理责任明确、措施到位。定期组织校舍及设备设施安全隐患排查并及时整改，确保学校师生的人身安全、食品饮水安全、设施安全和活动安全。加强食品安全管理，食堂管理规范。安全管理档案资料齐全	无学校教职工安全培训的扣0.5分，安全责任落实不到位的扣0.5分，未建立安全应急机制的扣1分，安全隐患排查及整改落实不到位的扣1分，食品安全管理不规范的扣0.5分，安全管理档案资料不健全的扣0.5分。发生重大安全责任事故的，此项不得分	4

序号	考评项目	考评标准	评分细则（扣分情形）	分值
10	安全教育管理（8分）	落实国务院办公厅《关于加强中小学幼儿园安全风险防控体系建设的意见》《中小学公共安全教育指导纲要》等，切实开展生命安全、防灾减灾、预防欺凌等教育，提高师生的安全防范意识和自救自护能力，每学期开展的安全教育专题活动不少于2次、应急疏散演练不少于1次，安全教育平台任务完成率达90%以上。加强学校周边综合治理，净化育人环境	安全教育和应急疏散演练次数不足的分别扣1分，校园周边环境较差的扣1分，无突发事件应急预案及相关培训的各扣1分，安全教育平台任务完成率不到90%的扣1分。凡被认定为发生校园欺凌现象，或出现重大工作失误的，本项不得分	4
		考评分合计		

如东县教育体育局
2022年5月24日

篇三：如东县义务教育学校（小学）办学水平综合评估绩效考评细则（表5-18）

表5-18　如东县义务教育学校（小学）办学水平综合评估绩效考评细则表

序号	项目	考评标准	评分细则	分值
1	入学率与巩固率（6分）	本学区适龄健康儿童入学率达100%。"控辍保学"措施扎实，巩固率达100%	拒绝接受本学区适龄健康儿童入学有1例的扣3分，借读（寄读）违规现象有1例的扣3分，本学年学生辍学有1例的扣3分，扣完为止	6
2	学生素质发展（28分）	学生综合素质评价优良率、《国家学生体质健康标准》测试合格率、学业合格率分别达95%以上，体艺"2+1"普及率达100%	学校提供当年各项目统计资料与相关佐证资料，有一项未达到标准的扣2分	8
		学生体质抽测	根据县教育体育局组织的学生体质抽测结果，按10分、7分、5分、3分4个档次评分	10
		学生艺术素养抽测	根据县教育体育局组织的学生艺术素养抽测结果，按10分、7分、5分、3分4个档次评分	10
3	学业质量监测（16分）	"真学课堂"建设成效显著，教学目标达成率高，学业质量好	根据县组织的学业质量监测结果，按16分、14分、12分、10分4个档次评分（均分和前30%优秀率各50%）	16

续表

序号	项目	考评标准	评分细则	分值
4	教师参赛获奖（10分）	积极参与县以上教育行政部门组织的教师基本功竞赛、优课评比大赛、风采大赛等（不包括论文）并获奖。组织指导学生参加县级以上竞赛获优秀辅导奖	计分标准：教师当年参加基本功竞赛、优课评比大赛及风采大赛获县级一等奖计5分、二等奖计3分、三等奖计2分；获市级一等奖计7分、二等奖计5分、三等奖计3分；获省级以上一等奖计10分、二等奖计7分、三等奖计5分。优秀辅导奖县级计2分、市级计3分、省级计4分累计计分。计分办法：以教师获奖总分÷专任教师总数×系数（教师数在50人以下为1，超过50不足100人为1.2，超过100不足150人为1.5，超过150不足200人为2，超过200人为2.5）＝学校得分。根据得分按10分、8分、6分、4分4个档次计分	10
5	小学生参赛获奖（10分）	积极参与县级以上教育体育部门组织的体育、艺术、科技等素质教育竞赛并获奖	计分标准：学生当年参加体育、艺术、科技及学科竞赛获县级一等奖计5分、二等奖计3分、三等奖计2分；获市级一等奖计7分、二等奖计5分、三等奖计3分；获省级一等奖计10分、二等奖计7分、三等奖计5分。团体集体项目以2倍计分。读书征文（发表视同）竞赛获县级奖计1分、市级奖计2分、省级奖计3分累计计分。计分办法：以学生参赛获奖总分÷学生总数×系数（学生数在500人以下为1，超过500不足1 000人为1.2，超过1 000不足1 500人为1.5，超过1 500不足2 000人为2，超过2 000不足3 000人为2.5，超过3 000人为3）＝学校得分。根据得分按10分、8分、6分、4分4个档次计分	10
6	办学特色（6分）	学校注重特色创建工作，形成较为鲜明的办学特色，在县内外产生较为广泛的影响力并得到认同	学校被认定为县以上特色学校或特色项目学校，师生参与面达90%以上，有较为成熟的校本课程并有效实施，当年在特色建设方面取得良好成效。获省特色学校计6分、市特色学校计5分、县特色学校计4分（特色项目计2分）。不能反映当年特色建设成果的视情况扣1—2分	6
7	承办活动（4分）	积极承办各级教育体育行政部门或和其他部门共同举办的教育教学活动	当年承办一次省、市、县、教育共同体、镇活动分别以3分、2分、1.5分、1分、0.5分计分。满分4分，共同体及镇级累计不超过2分	4
		合计		80

如东县教育体育局
2022年5月24日

篇四：如东县义务教育学校办学水平综合评估加减分项评分细则及得分表（表5-19）

表5-19　如东县义务教育学校办学水平综合评估加减分项评分细则及得分表

序号	项目	考评标准	评分细则	分值
1	加分项	积极开展创先争优活动，学校各项工作完成情况好，当年受到各级党委、政府或教育行政部门的表彰奖励，办学成绩经验经市级以上主流媒体宣传报道	1. 学校当年获得国家及省、市、县教育行政部门以上综合表彰分别加5分、4分、2分、1分，单项表彰减半计分（此项加分不超过5分）	超过10分不封顶
			2. 教师或学生当年获得省、市劳动模范、感动教育人物、师德楷模、见义勇为先进教师、最美教师、最美学生、美德少年等荣誉称号，获省级以上奖加2分、市级奖加1分（1人获多次表彰就高加分，每年的三好学生、优秀学生干部、优秀少先队员等评比除外）	
			3. 学生团体参加国家、省、市教育体育部门组织的体育、艺术、科技等素质教育竞赛，团体获特等奖一等奖分别加5分、3分、2分，获二、三等奖分别加3分、2分、1分（同一项目参赛就高不重复计分）	
			4. 学校在国家及省、市有关会议上做经验介绍或办学成绩经电视、报刊，以及教育体育主管的网站等宣传报道，分别加2分、1.5分、1分（此项加分不超过2分）	
			5. "双减"案例在国家、省、市、县"双减"平台发表1篇分别加2分、1分、0.5分、0.25分（此项加分不超过2分）	
			6. 五项管理、考试管理综合特色学校，市级综合、市级单项、县级综合、县级单项分别加2分、1分、1分、0.5分（此项加分不超过2分）	
			7. 学校当学年输送学生至县体校，每输送1名加0.5分（此项加分不超过2分）	
2	减分项	学校管理混乱，作风涣散，发生严重责任事故或违纪违法事件，造成不良社会影响	1. 学校当年发生严重安全责任事故、教学事故的，有1例减5分	
			2. 学校发生群体性事件且造成不良社会影响的，有1例减5分	
			3. 教师有违纪违法行为被立案查处的，有1例减2分	
			4. 有严重违反财经法规和会计制度的，有1例减2分；财务考核为次等扣1分	
			5. 办学行为不规范，有违规招生、违规征订书籍资料、违规补课、违反作息时间、不执行课程设置要求等违反上级办学规范要求的，有1类情形减1分	
			6. 初中招收历届生插班复读，每名学生减2分	

备注：1. 学生参加省级以上竞赛参照2022—2025学年面向中小学生的全国性竞赛活动名单。
　　　2. 教师和学生参赛获奖的组织单位必须为教育体育部门或由教育体育部门与其他部门联合发文的且加盖公章的须是教育体育部门。

如东县教育体育局
2022年5月24日

篇五：2022—2023学年度海门区小学教育管理集团建设评价方案

一、指导思想

深入贯彻《中共中央、国务院关于深化教育体制机制改革的意见》《中共中央、国务院关于深化教育教学改革全面提高义务教育质量的意见》《关于深化教育体制机制改革的实施意见》，全面落实区"能力作风双示范，崭新征程二十大"的发展新策略，进一步优化义务教育管理集团的办学模式，持续推动小学教育的优质、均衡、可持续发展，促进小学学段高质量发展、高品质提升。

二、评价内容（表5-20）

表5-20 2022—2023学年度海门区小学教育管理集团建设评价内容

评价指标		评价细则	评价办法
管理同治（20分）	建设标准	确立共同的愿景和使命，构建集团内部的组织文化和核心价值体系，整体推进集团及各成员校的文化塑造、品牌创建、队伍建设、管理创新、质量提升，建立成员校内全方位的良性互动机制	常态调研、帮扶成果、多元评价、资料查阅
	行动成果	集团构建共同的文化生活，每学年定期举办班主任节、阅读节、数学节、艺术节、科学嘉年华等相关活动	
研修同步（20分）	建设标准	创新集团内部的研修机制，以科研为引领，充分搭建教师研修发展平台，共同研究，共同成长。各学科组架构起基于问题、聚焦课堂的校本研修机制，在常态坚守中寻求持续突破，不断提升教学质量	常态调研、研修成果、多元评价、资料查阅
	行动成果	集团重点组织骨干力量到各成员校进行常态调研。每学期坚持到各成员校视导不少于2次，每次视导不少于8人、不少于半天，真正融入视导学校的学习和生活中。以听课，检查备课，查阅作业，观察学生的学习习惯、生活习惯、行为习惯为主要内容。同时，既认真组织好一天视导的综合分析会，肯定优点、亮点，更要提出中肯的建议，真正做到扎实有效	
课程同研（20分）	建设标准	教育集团实现集团内部场地、课程、师资、活动等教育资源共享。在课程研发实施、教学计划制订、教学常规管理、教研活动开展、教学质量评价等方面协调一致、同步推进	常态调研、课程成果、多元评价、资料查阅
	行动成果	重点组织、深入探索"双减"背景下作业资源库的建设。对现有作业的目标、内容、形式、评价、管理等方面进行创新、创造，设计要更具有针对性、激励性、自主性、实践性、游戏性和反思性。利用一年时间建成各科作业资源库，后续不断完善共享	
队伍同建（20分）	建设标准	完善常态的集团内部管理分享机制。校长、副校长、年级组长、教研组长定期就学校管理、学生德育、教育科研、后勤安全、课堂变革、课程研发、选课走班、年级组建设、教研组建设等进行专项交流，分享智慧，形成共识，取长补短，运用于各学校的日常管理，不断提升办学品质	常态调研、同建成果、多元评价、资料查阅
	行动成果	本年度，集团各级管理人员的交流分享会各不少于2次，定时间、定地点、定负责人，每次活动主题明确，效果明显	

评价指标	评价细则		评价办法
发展同行（20分）	建设标准	坚持集团发展"一盘棋"的同时，充分尊重成员校的个性特色，使成员校既有集团共同的主体色调，又有个性化的亮点。助力每一所成员校都拥有鲜明的特色、卓越的文化、高贵的品质	常态调研、发展成果、多元评价、资料查阅
	行动成果	每学年，根据教育管理集团中各学校的教育质量综合评价得分，捆绑考评后形成教育管理集团的综合成绩。努力让每一所学校都朝向卓越，释放和激发优质教育集团的生机与活力。集团成员校中的每一所薄弱学校提升幅度大于20、15、10、5个名次的依次加5分、3分、2分、1分	

三、奖项设定

根据学前教育集团建设考评结果设置特等奖、一等奖，给予表彰奖励。

海门区教育体育局
2022年8月31日

第八节　"县域高中高质量发展"政策设计与导向

篇一：系统推进，护航域内每所县中优质特色发展

2021年年底，在教育部等九部门联合印发的《"十四五"县域普通高中发展提升行动计划》中，明确提出"完善普通高中办学管理体制，加强省级统筹，强化地市和县两级办学主体责任，鼓励各地探索建立以地市为主的办学管理体制，促进市域普通高中教育整体协调发展"，强化了地市级政府统筹谋划辖区内县域普通高中（以下简称"县中"）发展的主体责任。

江苏省南通市地处江苏省东南部，东临黄海、南依长江、紧邻上海，辖三市一县三区，常住人口770多万。多年来，南通市始终致力于促进县中与城区普通高中整体协调发展，加强政策设计，优化教育治理，强化市、县两级政府保障责任，优化县中发展的社会环境，努力办好区域内每所县中，推动所有县中优质特色发展，让每一个孩子都能在家门口享受优质特色的高中教育，形成了县中"各美其美，美美与共"的良好生态。

一、加强统筹，完善普通高中办学管理机制

推动县中优质特色发展是一项系统工程。目前，南通全市共有普通高中48所，其中，县中40所，占比83.33%。所有公办县中均已建成江苏省三星级以上高中，其中，75%的学校已成为四星级高中，赢得了当地老百姓的充分信任和广泛支持。

1. "关键少数"，配强建优

教育发展的关键在人，南通市高度重视县中校长及党组织书记的配备，市、县

（市、区）两级党委从严把关，遴选教育系统内精通业务、擅长管理、群众认可的同志担任校长和书记，配强建优这些"关键少数"。同时，我们通过专题培训、实操锻炼等方式，切实提升校长和书记们的管理能力和业务水平。市政府专设南通市"领航校长"评选等，为校长专业进步搭建平台，更好地发挥名优校长的示范、引领作用。

2. "属地招生"，严禁"掐尖"

为加强普通高中招生管理，南通市建立了全市高中阶段学校统一招生录取平台，实行严格的"属地招生"政策。多年来，南通市坚持义务教育阶段学校严格按施教区招生，不得跨区域选拔招生，为高中学段"保苗"；坚持各县中在县域范围内招生，严禁跨区域招生；严禁市区优质高中到县（市、区）"掐尖"招生。与此同时，严格管理民办高中的招生细节与流程，核定招生计划，划定招生区域，规范招生宣传。此外，我市全面落实教育部"不得招收借读生，不得为不在本校就读的学生空挂学籍"的要求，严把县中学生的"出入关"，严格审查非正常转学，并将监管延伸至义务教育阶段，做到发现一起、查处一起、问责一起，构建起"属地招生"的制度保障，营造了区域教育公平公正发展的良好生态。

3. 学科基地，集体攻坚

南通市十分重视教科研工作，强化学科基地建设对县中的带动作用。先后出台了《南通市学科基地学校工作条例》《南通市学科基地学校考核办法》，聘请专家担任学科基地学校学术指导教师。历经 27 年的实践，现在南通市的学科基地已经实现高中、初中、小学各学段，以及语文和数学等各学科的全覆盖。2013 年，南通市教育局在原依托县中建立的高考 9 门学科基地基础上，引入竞争机制，整体扩充了学科基地数量。目前，每个学科设有 2 个基地，分布在 18 所学校，这些学科基地围绕学科建设，具体开展全市学科教学研究、考试命题研究、学科教师培训等活动，通过主题研讨、竞赛观摩、经验介绍等途径，年均开展各类市级教研活动 100 次以上，真正做到将教学研讨与经验推介融为一体，发挥了"课改连接、课改示范、平台展示、智力支持"的重要功能，让更多的高中学生享受到更优质的教育。

二、分类施策，因地制宜探索育人有效模式

南通市支持不同类型县中把准自身发展定位，有效激发内驱力，加快特色项目建设，增强学校的"内功"和"软实力"，因地制宜地探索育人有效途径。

1. 分类办学，精准指导

为破解普通高中育人模式单一的局面，南通市按照"立足实际、精准定位，错位竞争、共同发展"的办学思路，探索构建起"高品质高中、特色高中、综合高中共存"的办学格局。根据生源实际，我们将县中分为 3 类，建成"3+1"共研共享体系（"3"是指 3 个类别的生源学校，"1"是指承担"创新人才"培育任务的学校），分别组建同类生源"联盟校"共同体，并落实专人牵头定期开展共同体研讨交流活动，分享课程资源和经验做法。共同体的建设旨在帮助每一所学校以问题为导向，明确发展方向和目标任务；以内涵建设为重点，培育学校办学特色，实现共同体学校取长补短、资源共享。

目前在南通市，无论何种类型的普通高中，均全面建成学生发展指导中心，建立并实施三年一贯的学生发展指导课程体系；通过加强学生的选课指导，强化学生的职业体验，为学生选择专业提供更为有效的借鉴与参考。同时，南通市教育局整合市、县（市、区）教科研部门的力量，常态化开展对不同生源类型高中教育教学改革的调研、视导、诊断与个性化指导，形成"教学—诊断—改进"的螺旋上升发展机制。

2. 项目引领，激发动能

实现县中高质量发展，外部教育生态的优化是外因，学校内部管理的挖潜是内因。我们通过实施市级普通高中特色学校建设项目，激发学校的发展动能：坚持"以特色项目创建推进特色学校建设，以特色学校建设推进学校特色发展"，每年评选、公布一批南通市普通高中特色项目和特色学校，以评促建，加快形成全域高中"一校一品"的特色发展格局。

各县中创新实践，实施精细化管理，在推动学校高质量发展的进程中实现管理制度的迭代升级，呈现出"灵活守正"的制度适配生态。

一是扁平高效的管理架构。全市各县中均建立了年级部管理机制，分管校长既分管条块，又蹲点年级，实现了"线面融合、条块联动"，增强了管理效能。

二是灵活应变的分层教育。为了给每名学生提供适合的教育，各校根据学生需求和班级特点实施分层教学，在选课走班时实行两轨制或三轨制，提高教学的针对性。同时，为学生专门建立档案，随着学生的进步逐级进行档案交接，以便给学生提供更为适切的帮助。如江苏省如皋中学摸索形成"三制一体"的创新班（拔尖人才）培养模式，"三制"是指"导师制""项目制""协作制"，"一体"是指德、智、体、美、劳一体化发展和多层次一体化发展。

三是融入日常的教育科研。我们倡导全体教师开展基于学生、源于课堂的"微课题"研究，把教育科研自然融入日常教学，促进教师研究成果的生成和转化。如江苏省海门中学的教师专注于"物理特长类学生的教学模块重构研究"，将竞赛辅导和物理教学高度融合，物理学科教育质量一直高位走强，连续15年均有学生进入国家奥赛冬令营。

3. 聚焦课改，联动推进

为更有效地推进普通高中育人方式的改革，南通市建立了纵向分级领导机构和横向课程改革联动机制，强化市级统筹与指导推进，协调区域同步与上下联动，确保改革一贯到底不走样。

其一，以组织为保障，赋予改革生命力。南通市教育局整体谋划和系统推进，将普通高中育人方式改革纳入课程改革领导机构职能；各县（市、区）和学校定期研讨改革面临的问题，全面推进育人方式改革，实现了市、县、校联动。

其二，以标准为引领，构建课堂新样态。南通市坚持"以评价驱动育人方式改革"的总体思路，率先在优质普通高中开展课堂教学评价改革试点，提出"立学课堂"教学评价"12条"，尤其是在"教师的教"评价指标中，单列"价值引领正确"这一评价标准，旨在有效促进德育与学科教学的有机融合，引导教师实践课堂教学中学科育人的行动自觉。如江苏省海安高级中学提出"立学课堂之345课堂"海中样本，在新课标和新高考背景下，主动推进课堂改革，转变育人方式。

其三，以典型为示范，推动经验全辐射。为鼓励高中教师投身学科育人研究，更好地实现教书和育人相统一，我们面向学科教师评选德育工作带头人、骨干教师及新秀，启动德育名师工作室建设；在全市选树学科育人典型，遴选37个学科德育基地，立项学科育人专项课题70项，各基地学校先行先试，定期研讨总结。如江苏省如东中学长期坚持对学生开展国家安全教育，常态化邀请中国人民解放军军事科学院、中国社会科学院、中国工程院等单位的专家学者"登门授课"，曾获得"国家安全教育中学示范基地""'明理·守责'国家安全教育课程基地"等称号。我们在该校举办了高中学科德育现场会，推介学校的创新做法，实现了典型引路、示范辐射的目标。

三、优化环境，丰厚县域普通高中发展土壤

良好的环境是保障县中持续高质量发展的基础。南通市十分注重弘扬崇文尚学、尊师重教的传统，以此凝聚推动县中教育发展的强大合力。

1. 以示范区创建引领属地自觉担当主责

南通市是省、市共建教育现代化示范区建设单位。南通市以推进教育现代化、江苏省星级普通高中及高品质示范高中创建为契机，从市级层面设定建设标准、建设时限等框架要求，强化项目引领。南通市将县中教育纳入市政府对县（市、区）人民政府履行教育职责的考评内容，根据教育事业发展的总体目标、当年重点任务、存在的突出问题等，动态调整年度考评指标。同时，强化考评结果的运用与整改落实，市委、市政府将考评结果纳入对各县（市、区）的年度高质量发展考核指标，强化地方政府的责任担当与行动自觉。由于各地党委、政府全力保障普通高中资源建设，"十三五"期间，南通市实现了全市县中标准化建设的提质升级，县（市、区）之间、校际的办学条件基本均衡，消除了大班额和大规模学校。例如，启东市着力创设初高中一体化教育体系，从培训、培养初中校长入手，让初高中在教育目标、教育理念、课程设置等方面深度融合，实现教育教学的一致性、连贯性、层递性和系统性。

2. 以各类教育并进为县域普通高中发展筑基

我们通过贯通各类教育，在促进各类教育协调发展中优化普通高中教育的发展环境。一方面，持续推进义务教育优质均衡发展，为县中优质特色发展创造前提。南通市各县（市、区）推动城乡义务教育一体化发展，深化义务教育联合办学，以集团化办学、结对共建、教育共同体等方式，优化义务教育资源供给，为县中奠定了良好的生源基础。另一方面，创新发展职业教育，系统规划人才培养。南通市坚持项目带动，先后通过实施国家级教育体制改革试点"地方政府促进高职教育改革发展综合试验区"项目、"现代学徒制"试点等，鼓励职业学校创新发展，提升服务能力，形成了"一校一策""校校有优势项目"的职校齐头并进的发展态势，职业教育的内涵得到优化，为学生的多元化选择提供了更宽广的优质空间。

3. 以教师队伍建设夯实高质量发展根本

教师是县中持续高质量发展的"第一资源"。在长期的教育探索和实践中，南通各县中形成了"师风正、教学好、留得住"的教师队伍特质。

一是优化县中师资配置。南通市整合资源，建立总量4 000名左右的市级教师编制"周转池"，实现了师资配置动态化管理。南通市各县（市、区）在基础教育生师比总体达标的前提下，适当优化普高生师比，有的县（市、区）甚至达到8∶1。各地党委、政府主动作为，创新机制、加大投入，吸引优秀人才到县中任教。市政府督导委动态监控各地教师配置，以"通报"或"提醒函"的形式发至各地，推动其互相借鉴，配足配优县中师资。

二是建立教师梯队发展机制。南通市实施了中小学教师队伍建设"1115"培养工程（在全市中小学遴选和培养10 000名左右的骨干教师、1 000名左右的卓越教师、100名左右的教育家型教师和50名左右的领航校长）。在明确县中校长、教师占比及学科均衡分布要求的基础上，通过周期梯队滚动培养，形成数量充足、结构合理、梯次明显、质量较高的县中骨干教师队伍。各县中同步做好青年教师的校本培养。如江苏省通州高级中学以解决新教师教学能力问题为关键，采用"基于青蓝结对、成长于共同体、锻炼于竞赛平台"的方式，开展针对新教师的系统培养。

三是提升教师职业幸福指数。我们通过制度性安排，每年评选"市政府园丁奖"获奖人员、"感动南通·教育人物（群体）"等，发掘师德典型，讲好师德故事；在教师培养培训、职称职级晋升、教师工资待遇、表彰激励先进等方面，通过优秀人才激励机制、职称职级晋升及待遇向农村倾斜等措施，努力提升县（市、区）优秀教师尤其是县中教师的归属感与幸福感。在义务教育阶段均已落实了课后服务补贴标准的背景下，针对县中教师在校工作时间较长、课务较重的现实状况，地方政府统筹安排，建立了合理的高中教师延时工作津贴制度，完善考评办法，以充分调动教师的工作积极性。

（本文刊载于《中小学管理》2022年第2期，有删改。作者郭毅浩，系南通市教育局原局长、党组书记）

篇二：县域高中主备课：促进教师PCKg建构的实践

备课，是教师对课程的二次开发。备课的基本要求，是要根据课程标准、学生特点等进行周密的教学设计，为课堂教学过程的展开与推进提供切实的保障。但在教学实践中，无论是教师独立备课还是集体备课，都存在着流于形式、内容空泛等诸多弊病，忽视了学生潜在的经验积累和个体差异，忽视了教育教学最重要、最根本的育人价值，难以达成"为学生的终身发展"奠基的教育教学目标。

教师学科教学认知（Pedagogical Content Knowing，PCKg），是教师对学科知识、教学法知识、关于学生的知识和教育情境知识，在追求"自我实现"和与各群体的相互作用中综合理解、整合与建构的过程，是区分优秀教师与一般教师的重要标志。研究数据表明，有83.3%的教师将"有组织的专业活动"视为建构自身PCKg"很重要"和"重要"的方式。

因此，我们在学科教学认知研究的基础上，因时而变、不断创新，探索出了一系列县域高中学科主备课活动模式，有效促进了教师发展，优化了课堂生态，提高了教育质量。

一、指向问题解决的主题研讨

传统型集体备课主要体现在备课组组长的主观预设上,不能集中反映组内同仁的共性需求;备课内容窄化为解读文本、讨论教案,难以提升教师的课程理解力;多数教师活动前的准备工作不充分,在讨论交流环节随意发挥,缺少针对性。长此以往,集体备课极易沦为无主题、无目标、无成效的"三无"形象工程。有鉴于此,我们实施了源于教师需要、指向问题解决的主题研讨。实施主题研讨时,我们采取以下流程。

1. 确立主题

各学科研训员征集教师需求,每学期遴选 1—2 个重点研讨的主题。主题确定后,研训员细分主题研讨任务,指导教师在规定时间内阅读相关著作、撰写读书笔记,逐渐提升其理论素养,奠定主题研讨活动的基础。

2. 主题研讨

主题研讨做到"定时间""定地点""定话题",每位教师均从学习理论的心得体会、运用理论的实践体悟等方面展开充分而热烈的讨论,他们既是学习活动的参与者,也是学习资源的提供者。

3. 行为跟进

主题研讨的目的是改善教学行为,行为跟进与主题研讨要同频共振。通过开设课堂观摩活动,引领教师以典型课例为载体对研讨成果进行检验、剖析,生成新的问题,推进后续研讨。

二、突出专业引领的专家讲座

在实践中,多数教师对于集体备课的内涵、独立备课与集体备课关系的理解常常会出现偏差,对集体备课的目的和任务的认识不明确,导致集体备课理念陈旧、弊端凸显,主要表现为重普遍预设轻即时生成、重教学研讨轻学法考量、重文本解读轻学情分析等。开设专家讲座,突出专业引领,对于克服上述弊病、提高主备课的实效性至关重要。开设专家讲座时,我们一般关注以下几点。

1. 多元性

邀请的专家既有学术成果丰硕的教授学者,又有教学成果突出的草根教师;既有学识全面的全能选手,又有"术业专攻"的单项高手。

2. 主题性

专家讲座根据每学期主备课研讨计划统筹安排,聚焦主题、避免散发,使得每一次讲座都能切实解决教学中最需要解决的问题,增强了教研工作的丰富性、科学性、针对性。

3. 互动性

专家往往洞悉讲座主题内涵及教师内在需求,善于设疑、激趣,注重与教师的互动交流,解答教师的疑难困惑,满足教师的专业发展需求。同时,教师之间因为有了共同话题的研讨、交流,利于彼此之间优势互补,促进教学能力的提高。

三、凸显对话交流的观课议课

班级授课制下的同行竞争，在某种程度上使得"单兵作战""自我封闭"成为教学常态。在此情形下，教师的专业发展路径主要表现为"自主阅读"和"自我重复"的教学活动，难以与丰富的教育实践情境紧密结合，制约了自身教学实践水平的逐渐提高。观课议课基于鲜活的现场感，使得所有的参与者尤其是观课者能置身其中地参与，促进其现场学习力的增强。我们在组织观课议课时，遵循如下程序。

1. 课堂展示

研训员基于新手汇报、主题研讨、模式展示、竞赛评比、课题研究等不同展示类型，确定授课人员，设计展示流程，明确展示要求，全程参与授课人员的备课准备活动，并调动骨干教师来共同打磨教学设计。

2. 对话交流

观课议课围绕本课的教学目标、教学内容、教学过程、教学方法等，可从整体上进行分析判断，又可抓住其中一点审视解读；既有预设的评价标准，又尊重讨论对话中的临时生成，着力于发展性评价。

3. 反思提高

观课议课作为教学评价行为，意在增强参与者的学科教学认知。每次观课议课结束后，研训员要让执教者撰写教学反思、观课者撰写观课心得，在规定时间内收集归档，并择优推荐发表。

四、搭建成长阶梯的竞赛评比

近年来，县域师资结构中新手教师的比重越来越大。从教学实践来看，新手教师在理解课程标准、确定教学目标、把握学生认知障碍、捕捉教学要害、实施有效教学方面与专家型教师差距甚大。我们精心组织形式多样的竞赛评比活动，充分发挥其竞争、示范、研讨、激励、交流等功能，搭建新手教师的成长阶梯，激发其建构 PCKg 的内驱力。我们组织竞赛评比的流程如下。

1. 公布方案

竞赛评比方案包括指导思想、活动目的、活动内容、竞赛规则、奖励规则等，具有明确的导向性和操作性，利于调动广大教师的参赛积极性。

2. 规范程序

参赛选手的选拔与竞赛应循着"校内选拔—校级打磨—县级比赛"的路径，评委的遴选需要考虑专业性、公正性，竞赛环节则一定要注意公平、公正、公开。

3. 研讨总结

竞赛评比活动的最后阶段，研训员均组织参赛选手、评委和观摩教师围绕本次活动主题和内容进行研讨和总结，通过对话交流，形成思维碰撞，以放大活动意义。

五、突破时空制约的网络研训

基于现场的县域主备课在实践中依然暴露出诸多不足：活动频率低、准备周期长，难以满足教师的专业发展需求；顾及同行面子，讨论交流时不能畅所欲言，弱化活动效益；受时空制约，单位时间里的受众面和参与率不够理想；资源不足，更新滞后，不能及时解决教师面临的疑难困惑。实施网络研训，建构开放、平等、交互的学习研究生态环境，实现资源的交流与共享，很大程度上弥补了上述不足。我们在推进网络研训时，坚持做到以下几点。

1. 明晰理念

网络主备课是研训员专业引领、骨干教师主持参与、全体教师互动共研的县域内按年级同步备课的研训方式改革，能够全面提升教师备课及教学研究能力，推进高效课堂的生成与发展。

2. 把握范式

网络主备课活动采取实时和延时相结合的方式进行，各校教师均积极参与研讨，勇于发表意见，提供教学资源。在此基础上，由县级各年级备课组组长整理并形成本课教学方案，为教师课堂教学需要服务。

3. 细化安排

各学科网络主备课时间自行确定；主备课均提前一周进行，即本周开始备下周的课；各年级备课组组长必须在每周六晚上将整理完备的教学方案上传至网络空间，确保各校教师二度备课及教学使用。

教师的专业发展不仅需要一定的知识积累，而且需要有效的知识增长和更新的机制。理论研究和行动实践证明，基于合作、对话与互动的县域高中学科主备课对于教师专业发展和教学效益提升有着极为重要的作用，值得我们不断总结、反思、改进和完善。

县域高中学科主备课促进了教师学科教学知识的建构。学科教学知识的建构需要对在教学实践中所获得的经验及时进行反思与积累，以促进已有知识结构的重组，正是在此过程中，教师获得了成长与发展。开展主题研讨、专家讲座等活动，能够使教师或接触前沿的教育教学理论，或厘清教育教学中的疑虑和困惑，或把握课堂教学改革的范式支撑，不断提升理论素养，逐渐提高教学实践能力。通过观课议课、竞赛评比、在线研讨等活动，发挥示范、引领作用，拓宽教师视野，并通过研讨或形成对教学的共性认识，或相互获取思维的灵感以促进自身教学的再创造，或形成视界对立以深化自己的教学理念并追求突破和完善。

县域高中学科主备课增强了县域学科整体的教研能力。五种县域主备课实施路径均体现出互助合作、多向交流的区域教研文化特质，我们也可以将其归类为"对话式研讨"。在"对话式研讨"模式下，研训人员与教师围绕共同关心的话题，展开平等、积极、自由的互动与沟通，赞赏、质疑、辩论，喜悦、焦虑、困惑……贯穿了主备课的全过程。研训员也好、专家骨干也罢，都不再是居高临下的学科权威，教师则获得了主动参与和平等对话的机会，共同寻求解决问题的对策，实现双方原有信念的解构与重建，促进彼此专业的共同发展，潜移默化中增强了县域学科的整体教研能力。

县域高中学科主备课保障了县域教学质量持续发展。通过推进县域学科主备课活动，教师在反思中历练，在反思中蜕变，丰富学科教学知识、提升教学业务素质。十多年来,江苏省海安高级中学教育成绩斐然,高考高分段人数等重要指标持续领先全省,因此,海安多次被表彰为江苏省"全面实施素质教育先进县""普及高中阶段教育先进县",《人民日报》《光明日报》《人民教育》《中国教育报》等多家国家级媒体也对江苏省海安高级中学教育教学质量的成功经验进行了推介。实践证明,县域高中学科主备课是县域教学质量持续发展的强大助推力。

(本文刊载于《江苏教育》2017年第9期,有删改。作者何明、景生进)

篇三:高品质示范高中"三三三"课程范式构建

江苏省海门中学创建于1912年,是首批江苏省重点中学、首批江苏省四星级高中、首批国家级示范性普通高中。在一百多年的办学实践中,积淀了丰厚的课程文化,先后成为国家级新课程样本学校和江苏省基础教育课程改革先进集体。在高品质示范高中创建过程中,学校牢固树立"以优质课程立校强校"的发展理念,在传承优秀课程文化的基础上,面向新时代的育人要求和特点,不断改革创新,探索形成了"三三三"课程范式,成为新时代高中教育的育人典范。

一、"三全"课程目的:从"全面贯彻党的教育方针"到"促进学生全面发展"

(一)全面贯彻党的教育方针

贯彻落实党的教育方针既是党和国家对广大教育工作者提出的基本要求,也是确保教育工作正确价值方向的重要举措。我国是中国共产党领导的社会主义国家,这就决定了我们的教育必须把培养社会主义建设者和接班人作为根本任务,培养一代又一代拥护中国共产党领导和社会主义制度、立志为中国特色社会主义事业奋斗终身的有用人才。学校突出教师宣誓制度及每周一次的集中政治理论和教育理论学习,全面加强课程建设目的观教育,全面落实立德树人根本任务,全力构筑德、智、体、美、劳"五育"并举的课程机制。

(二)面向全体学生

不同学生个体之间在知识、能力和品格等方面存在一定的差异,这是事实。我们应该承认这种差异,但我们更应该尊重这种差异,看到每名学生的发展性与可塑性,相信通过我们的课程建设可以为每名学生提供最适合的发展通道,助力每名学生实现最大化的发展。我们的课程不能只为少数学生服务,而要面向全体学生。

(三)促进学生全面发展

学校的课程建设就是以促进学生全面发展为鲜明的育人导向,聚焦核心素养,加强学生正确价值观念、必备品格和关键能力的培育,致力于让学生成为既有理性又有德性的"完整的人",既有知识又有能力的"有为的人","三大(规则意识、处世准则、立身原则)修炼""三商(智商、情商、魂商)指数"和"三自(自主、自学、自治)能力"均衡高位发展的、灵魂高贵的人,为他们将来成为社会各行业、各领域中的成功者、有影响力者和领跑者而奠基。

二、"三精"课程体系:从"精细落实的国家课程"到"精品开发的校本课程"

(一) 精细落实的国家课程

学校把课堂作为落实国家课程的主阵地,构建并推行"四有五环节"高效课堂模式,精细落实国家课程。"四有",就是在我们的课前备课、教学过程和课后反思中,必须具有四个教学理念:一是眼里有学生,二是心中有目标,三是课堂有活力,四是训练有迁移。"五环节",就是在课堂中必须具有的五个教学环节,即情境导入、提出问题(任务、目标)、组织阅读(自学)、当堂训练、归纳拓展。

(二) 精准融合的衔接课程

1. 初高中衔接课程

以学校成功申报的江苏省中学理科"拓展性"实验课程基地为依托,积极开展初高中六年一贯制课程改革试点。对试点学校初高中总共六年的课程进行整体设计与优化,确保初高中课程内容形成有机衔接,精准融合,促进学生更好地发展。

2. 大中衔接课程

通过与清华大学、北京大学、南京大学等全国知名高校合作,选派优秀教师参加大学先修课程教学培训,在中学及相关大学共同为学生推出美学、中国文学史、外国文学、基础数论、数学建模、高等代数基础、微分几何、力学、光学、化学原理、世界历史、人文地理、普通天文学、心理学、生命科学、宏观经济学、人工智能等先修课程,为学生未来的大学专业选择和人生规划奠定基础。

3. 中外衔接课程

高中阶段应加快课程改革,适当引进优质国际课程,加强高质量的中外合作办学,推进高中课程的多元融合,满足多样化的教育需求。学校先后同美国、加拿大、德国、意大利等国家的优质中学合作,融合托福、SAT(Scholastic Assessment Test,美国大学入学考试)考试等开设预备课程,并整体引进美国 HHU(High School to High-Level University,从高中直升高水平大学)课程和 AP(Advanced Placement,美国大学先修课程)课程,致力于把学生培养成既有崇高人格又有杰出才能、既有传统精神又有国际视野、既有报国之志又有创新本领的人。

(三) 精品开发的校本课程

1. 价值类课程

价值类课程的目标就是要突出学生的价值定位、"三观"形成和人格健全,提升学生的道德素养、价值观念和审美情趣。学校开设的价值类课程主要包括德育课程(生涯规划、爱国教育、公民教育、国防教育等)、审美课程(与校长对话、与名家对话、经典影院等)、劳动课程(家务劳动、生产劳动、公益劳动等)。

2. 学术类课程

学术类课程的目标是培养高素质的创新人才,让学有所长的学生有更多发挥自己特长的机会。学校开设的学术类课程主要包括学科奥赛课程(数学、物理、化学、生物、信息学)、社科课程(文、史、哲、商)和学科前沿课程(量子力学、人工智能)等。

3. 拓展类课程

学校开设的拓展类课程主要有文史课程（中国古建筑的发展史、美国文化与社会漫谈、英语美文阅读与欣赏等）、理工课程（理化生课外实验拓展、理化生数字化实验拓展、数字科学家等）和艺体课程（合唱、器乐、课间音乐、播音与主持、京剧艺术欣赏等）。

4. 技能类课程

技能类课程的目标是突出未来生活和工作中必须掌握的一些基本技能，拓展知识的应用面，培养学生的应用能力和实践操作能力。学校开设的技能类课程主要有汽车模拟驾驶、厨艺、植物组织培养等。

三、"三高"课程实施：从"高效益的管理机制"到"高水平的师资队伍"

（一）高效益的管理机制

一方面，江苏省海门中学积极争取当地行政部门的支持，海门市委、市政府专门出台了《关于推动江苏省海门中学省高品质示范高中建设的实施意见》，对学校的课程实施给予政策上的保障。另一方面，学校成立课程改革领导小组、课程改革办公室和学术指导委员会，全面指导、推进学校课程实施，先后制定了国家课程精细落实制度、衔接课程精准融合制度、校本课程精品开发制度和课程改革考核奖励办法等。在课程评价上，则突出发展功能和方式的多元性，为学生的成长提供了科学的导向。如在学生社团评价中，有星级评选，每个学期末根据社团活动的过程记录、展示质量、指导教师评价，评选出三、四、五星级社团进行公开表彰；有活动成果阶段性展示展评，每个学期以年级为单位进行一次社团成果汇报，内容包括手工、劳技、科技作品、调查报告、研究性学习小论文、成果集中汇报展演等。

（二）高标准的物资保障

学校课程实施场所有优质保障，除高标准建设的数字化教室之外，还拥有省级课程基地、创客中心、实验楼、电教楼、文体中心等场所硬件设施设备，这些能充分满足课程实施的需要。如在吉兆楼配备了机器人实验室、模拟驾驶室、自主开发实验室、物理化学模型室；在点津楼配备了理化拓展性实验室、生物标本馆；在元智科学楼配备了理科数字化实验室、数学建模室、信息工程实验室、科学探究实验室；在尚雅楼配备了器乐室、舞蹈房、画室等。

（三）高水平的师资队伍

江苏省海门中学以"打造名师为主导、优师为主体、能师为主基的有共同价值观的教师团队"为发展目标，以"敬业、和谐、研究、创新"为文化引领，坚持教师业务学习制度，教师于每周三晚上的固定两个小时，共读时政和教育理论书籍；每年举办教学"百花奖"全国展示活动，以赛促研，以赛提能；每年实施教师校本培训，涵盖师德、课程建设、备课研究、课堂教学、科研、信息技术等内容；每年选派90%以上的教师外出听课、上课或讲学，其中，每年有10名左右的教师赴国外进修，考察学习。

（本文刊载于《江苏教育》2020年第50期，有删改。作者石鑫）

篇四："生产性学习"课堂建设的内涵特征和现实路径
——江苏省白蒲高级中学的课程改革思考与实践

江苏省白蒲高级中学（以下简称"蒲中"）系统总结梳理办学经验，形成了建设"生产性学习"课堂的办学思想，提出了"立足乡村、至德为先、以生为本、多方生产、五育融通、终身生产"的办学主张。学校在遵循规律的基础上实施"生产性学习"管理，促进学生的全面成长。

一、"生产性学习"课堂建设的缘起

1. 基于乡村的质朴品性

蒲中校园的西北角是白蒲书院旧址。过去，白蒲书院的读书人大多来自周边的村镇，保持着本真的乡村品性，立志修学，强调至德、行健、兴艺。蒲中以此为文脉之根，秉承乡村朴真品性，弘扬"至德"文化精神，以江苏省基础教育前瞻性教学改革实验项目"'生产性学习'课堂建设的研究与实践"为契机，不断充实和丰富乡村教育的内涵，推进"五育"融通，落实立德树人根本任务。

2. 呼应当下课改要求

《普通高中课程方案（2017年版2020年修订）》（以下简称《课程方案》）指出，教学改革要"关注学生学习过程，创设与生活关联的、任务导向的真实情境，促进学生自主、合作、探究地学习，注重对学生学习过程的评价"，要"健全以校为本的教学研究制度，建立平等互助的教学研究共同体，倡导自我反思与同伴合作，营造民主、开放、共享的教学研究文化，鼓励和支持教师进行教学方式改革的探索，形成教学风格和特色"。

基于《课程方案》，学校认识到要改变传统课程过于注重知识传授的倾向，强调形成积极主动的学习态度，使获得基础知识与基本技能的过程同时成为学会学习和形成正确价值观的过程；要改变传统的课程实施过于强调接受性学习、死记硬背、机械训练的状况，倡导学生主动参与、乐于探究、勤于动手，培养学生搜集和处理信息的能力、获取新知识的能力、分析和解决问题的能力，以及交流与合作的能力；要改变传统课程评价过分强调甄别与选拔功能的观念，发挥评价促进学生发展、教师提高和改进教学实践的功能。

蒲中从农村普通高中的实际出发，进行了以学生为主体、以学习为中心的"生产性学习"校本实践，改进了学生的学习方式和教师的教学方式，促进了学生的主动学习和教师的专业发展，带动了学校办学质量的提升。

二、"生产性学习"课堂建设的内涵特征

1. "生产性学习"课堂建设的内涵

"生产"就是劳动、加工、创造，使产品增值，为社会所需要。马克思把人的全面发展和社会的发展联系起来，强调人是社会生产力中最重要的因素，把人的发展纳入社

会历史的发展、生产力和生产关系的变革当中来考虑。"生产性"是指人发挥自身潜能，并付诸行动，既按世界的本来面目去认识它，又凭借自己的力量使世界变得丰富多彩。它包括人对待事物，对待他人，对待自己的行动、精神和情感的反应。从本质上讲，"生产性"所创造的最重要的对象是人自己，使人成为他自己。

"生产性学习"是生命本质觉醒和显现的过程，是个人向世界和自我不断开放完善的过程。蒲中的"生产性学习"旨在引导学生走出自我的藩篱，发挥潜能，将兴趣引向更宽广的社会、生活和创造的领域。

2. "生产性学习"课堂的特征

一是自主性，即基于已有知识，主动获取新知。"生产性学习"的本质是主动炼制、形成新概念和认知的过程，即知识生产的过程，也就是自我发问、自我表达、与现实对话、与他人探讨的过程。学生自主选择特定课程，自主选择作业，自主选择特定的评价方式，自主选择小组成员，自主选择社团活动项目。自主是建设"生产性学习"课堂的基础，没有自主，就缺少了动力和目标，心里就缺少了愉悦感。

二是生成性，即通过已有知识、方法、习惯等的巩固、改造，依据特定的目标，自主建立知识结构，自我经历系统思维，生产出新的知识、方法、兴趣、思维，从而为今后新的生产奠定坚实的基础。一个班级群体中，人与人总是有差异的，这就让个体之间有了比较。合理利用好这种比较，就可能互相促进，激发生命的潜能，实现能量的转换。有时这样的生成不是自然发生的，需要教师设计完备的、针对性强的差异化教学策略。每个班级、每个年级需要有总体教学计划和若干子教学计划，通过对个别班级、个别组合、个别学习者的特殊关爱，促进每名学生新知识、新情感、新观点、新思维的动态生成。

三是生长性，即在一定的条件下，知识不断增加、思维不断拓展、情感逐渐升华的过程，包括终身发展的价值观念的形成、必备品质和关键能力的培养等方面的内容。"生产性学习"的实践研究最大的产出是人的培养，培养时代新人，促进人的可持续发展。"生产性学习"课堂的本质是思维对话，是促进学生和教师思维的发生和发展。在具体的课堂教学中，教师通过对特定思维的梳理和引导，让学生思维方式的改变变得可感可见，使学生的思维与认知从无序到有序、从有限到无限。

三、"生产性学习"课堂建设的现实路径

1. 坚持以生为本的理念

"生产性学习"课堂建设以提高学生的学习能力为目标，创设学习情境空间，统整学习资源，建构学习模型，致力于将学生主动建构的学习过程深化为知识生产，即对知识进行整合重构和发现创新。以生为本是"生产性学习"课堂建设的出发点和落脚点，"生产性学习"课堂的建设是为了学生的成长，为了学生的自主成长。

蒲中以任务驱动项目学习，促进学生主动学、探究学、合作学、深度学、自我调节学，增进学习的自主性、生成性、生长性、创造性，逐步累积学生适应终身发展的价值观念、必备品质和关键能力。

"生产性学习"课堂建设要求教师引导学生进行探究性学习，保障学生的话语权。

教师要及时引导学生从"如何""何时""何地""为什么"等方面认识当前的学习任务，促进学生对问题进行思考、解释与表达，促进教学情境变成师生的互动空间。

"生产性学习"课堂建设要求重构课堂组织与师生关系。"生产性学习"是知识探究、知识共享、知识建构的过程，学生通过对问题的自主学习和探索、互相交流和质疑，激发思想的碰撞，促进反思，共同创造新的知识。教师不再是"知识的权威代表"，而是学生学习过程中的评价者、指导者、帮助者和合作者。

2. 营造民主的校园氛围

在遵守规则和规范的前提下，教师、学生享有自由表达观点、恰当表达情绪的途径，有对自己所作所为负责到底的权利。这样的校园氛围是民主的，是责、权、利相结合的，是个体、他人、群体、社会相统一的，是过去、现在、未来相联系的。

3. 积极推进"五育"融通

蒲中提倡并践行"育德、启智、培能、促美、养心"，这既符合培养德、智、体、美、劳全面发展的社会主义建设者和接班人的总体要求，也是乡村学校教育教学工作的必然之举，更是"生产性学习"课堂建设的自然行为。只有坚决高效融通"五育"，课堂才更智、活、美、久，才可多层次、多方式"生产"。蒲中开展"生产性学习"方式的实践研究，构建"生产性学习"方式下的课堂模型，赋予课堂教学一种生命生长的力量，使课堂焕发生命的活力，使学生知识结构化、思维系统化，从而落实核心素养培养，实现立德树人根本任务。这样，"五育"融通才可以不偏离总要求、总目标，学生也才能全面健康成长。

4. 优化课堂模型设计

"生产性学习"课堂建设要求有真实的情境与明确的任务。问题和任务是课堂教学模型设计的核心，问题和任务应当具有挑战性、真实性，在"提炼"驱动性框架问题时，要依据真实性原则、有效性原则和挑战性原则。教师抛出驱动性问题，引导学生积极、主动、有意义地开展自主学习与对话学习，并从学生知识基础、认知经验、思维水平、认知冲突等方面进行诊断与干预，提供具体组织策略等"支架"，促进将学习过程变成知识的生产过程。教师要从"生产性"学习的角度点评、引导学生，并巧妙地提出新问题，提升"生产性学习"的能力。在这个过程中，课堂模型不断得到生产、打磨和优化。

（本文刊载于《江苏教育》2022年第82期，有删改。作者柳永红，系江苏省白蒲高级中学党委书记、校长，高级教师）

篇五：高中阶段普职融通现实困境、归因及策略

全球化竞争加剧的背景下，"普职融通"这一教育发展策略在欧美发达国家走向深化，实现了提升国家的竞争力和促进教育机会公平的价值诉求。2019年，国务院发布的《关于新时代推进普通高中育人方式改革的指导意见》提出，"鼓励普通高中与中等职业学校课程互选、学分互认、资源互通，促进普职融通"。高中阶段"普职融通"对

健全国民教育体系、促进教育优质均衡发展、拓展人才培养多元路径、促进学生全面成长和终身发展具有积极意义。但历经数十年探索与实践，普高与职校之间的合作浮于表面，协同育人效应并未凸显，对普高高质量发展推动收效甚微。高中阶段"普职融通"面临何种现实困境、形成困境的症结何在、有何优化路向，只有厘清上述问题方能达成"普职融通"协同发展、共育人才的目的。

一、基于实践的现实困境

高中阶段"普职融通"是指普通高中与中等职业学校合作，双方共同设计课程、互派师资，实行学分互认、学籍互转的一种崭新的人才培养模式。但在实践中面临社会认可度低、校际融合度浅和资源匹配度差等现实困境。

1. 价值不等：社会认可度低

长期以来，受"学而优则仕""劳心者治人，劳力者治于人"等儒家思想文化的影响，"读高中，上大学，从事体面工作"成为首先推崇的成功路径，"读职校，当工人"则是被普高教育"挤兑"后的无奈选择，职业教育沦为层次教育的牺牲品，成为非正规教育、末流教育的代名词，"普职不等值"让全社会谈"职"色变。职业学校落实高中阶段"普职融通"政策，举办"综合高中"班，这种"类普高"办学受到少数未能考取普高学生的家长的认可和接纳。而在普高教学中"增加职业教育的教学内容"，被学校和家长视为"不务正业"，会因宝贵的教学时间受到侵占而产生强烈的抵触情绪。"普职不等值"导致社会对"普职融通"认可程度不高。

2. 目标分离：校际融合度浅

高中阶段教育多年以来是"升学轨"和"就业轨"双轨分离，各成体系。在国家大力提倡"普职融通"的背景下，举办综合高中成为高中阶段"普职融通"最典型、最广泛的形式。各地开展的综合高中试点，一度成为缓解中职招生困难的"良方妙药"。综合高中通常以职业学校为办学主体，学生第一学年以学习普高课程为主，辅以少量专业课程（以免占用更多普高课程的教学时间），第一学年结束后选择进入普高或职校进行后续学习，此时学生进入普高面临学科基础不牢、进入职校面临专业课程少学的窘境，反而形成新的学习困扰和障碍。可见，综合高中的本质是发生于同一所学校内的"双轨制"，易造成培养目标定位模糊、培养模式紊乱、课程设置随意、教学评价失准等问题，普高、职校之间融合深度不足导致综合高中办学质量不尽如人意，普高和职校均未享受到"普职融通"的政策红利，参与积极性随之锐减。

3. 供需失调：资源匹配度差

"普职融通"旨在通过普高与职校实现资源共享、互通有无来提高教育资源的匹配度和利用率。一方面，普通高中课程改革方案中积极倡导普通教育中渗透职业教育，增强学生的职业认识，培养学生对未来职业的定位。然而普高缺乏必要的职业教育师资力量，开展职业教育所需的实训设备及场所匮乏，导致普高教学中渗透职业教育的效度不够。另一方面，职校虽有足够的专业课程师资、实训设备、场所等资源，但体制、安全、经费等造成了"普职融通"供给侧和需求侧之间的道道鸿沟，使得普、职教师之间交流不畅，教育教学资源供求关系匹配度和协同效率不高。

二、问题症结的归因分析

1. "普职融通"主体利益：多方博弈难以趋同

"普职融通"是党和国家基于社会发展对未来人才需求及学习者自身教育需求而推动的育人改革模式，涉及教育行政部门、学校、学生、学生家长等多元利益主体。

作为决策主体的教育行政部门，为"普职融通"提供顶层制度设计，协调教育资源供给和组织推动教育改革，利益指向全体公民"有学上"和"上好学"。学校是"普职融通"的服务主体，为不同学习者提供个性化课程服务，通过完成规定教学活动而实现国家利益，谋求国家政策和资源的最大支持，同时，普高期望提升高考成绩来创造品牌效应，以获得优质生源和资源，实现社会利益。学生是学习主体，根据学校提供的课程有选择地学习，利益核心是实现自我发展。学生家长利益趋向充满矛盾，既希望子女通过接受优质高中教育获得更好的自我发展，也希望子女提高成绩实现"学而优则仕"和成为"人上人"的个体功利。

"普职融通"改革中多元利益主体都会为谋求自身利益最大化进行行动选择，不同价值诉求形成了"普职不等值"的价值偏向，成为"实现普职融通国家利益和社会利益"的巨大阻力，只有当各方利益主体价值诉求趋同，全社会不再谈"职"色变，"普职融通"才会更顺畅。

2. "普职融通"政策供给：效度不足以致自我束缚

为了提高高中阶段的育人效果，我国从 2010 年开始了"普职融通"新的探索，"普职融通"成为教育政策关注的重点领域，相关利好政策层出不穷。

《国家中长期教育改革和发展规划纲要（2010—2020 年）》提出，"鼓励有条件的普通高中根据需要适当增加职业教育的教学内容。探索综合高中发展模式。采取多种方式，为在校生和未升学毕业生提供职业教育"。教育部《关于推进中等和高等职业教育协调发展的指导意见》提出，"推进普职渗透，丰富学生发展途径。鼓励有条件的普通高中适当增加职业教育课程，采取多种方式为在校生提供职业教育"。教育部等六部门《关于印发〈现代职业教育体系建设规划（2014—2020 年）〉的通知》，提出"普通教育学校为在校生和未升学毕业生提供多种形式职业发展辅导。普通高中根据需要适当增加职业技术教育内容"。教育部发布的《高中阶段教育普及攻坚计划（2017—2020 年）》指出，"建立普通高中和中等职业学校合作机制，探索课程互选、学分互认、资源互通"。2017 年国务院发布的《关于深化产教融合的若干意见》提出，"鼓励有条件的普通中学开设职业类选修课程，鼓励职业学校实训基地向普通中学开放。鼓励有条件的地方在大型企业、产业园区周边试点建设普职融通的综合高中"。

从各类"普职融通"政策可见，"普职融通"打破了普高和职高之间"升学"与"就业"的二元结构壁垒，促进高中阶段教育普及和发展。同时，现有"普职融通"政策形成了"茧房"效应，一是从政策工具属性看，自愿性政策多而强制性工具少，政策语言以"鼓励""建议""探索"为主，为"普职融通"政策执行留下弹性空间。二是从政策内容看，现有政策内容过于笼统，既缺少国家层面的顶层设计与推动，也缺乏教育科学理论引领，"普职融通"的政策体系和操作路径尚不明晰。三是从政策出台的目的看，绝大部分"普职融通"政策倾向于职业教育，保证"普、职比大体相当"这一"量"任务完成，少有基于"全人发展"和高中教育高质量发展战略趋势视角考量，普高多样化发展、特色发展格局没有打破。

3. "普职融通"内涵理解："立交桥"窄化为"单行道"

"普职融通"的制度设计旨在为各类人才发展打造纵向贯通、横向融通的"立交桥"。举办综合高中本是中等教育体现人才培养横向贯通的形式之一，但在大多数地区，"普职融通"的内涵被窄化为"综合高中"唯一解读，"普职融通"和"综合高中"变为"相等集合"，忽视了普、职"双向融通"的价值。

综合高中通常选择县（市、区）内一所职校和一所非四星级普高作为双办学主体，开设1—2个综合高中班联合招生，中考成绩处于普高和中职对口单招边界的少数学生成为最大受益者，因为综合高中具有二次选择志愿的政策红利，能通过"曲线救国"实现了"普高梦"，综合高中大多成为"完成普职比大致相当"任务的变通工具。

"普职融通"的初衷是让普高"升学轨"与中职"就业轨"不再割裂，实现双向融通。高中阶段的学生根据自身发展需求，在"升学轨"与"就业轨"之间适时转换。综合高中"普高化"使得对"普职融通"内涵理解窄化，构建的人才培养的"立交桥"又退变成"单行道"，"普职融通"协同育人的堵点难以得到有效疏通。

三、问题破解的策略优化

高中阶段"普职融通"旨在基于"全人"视角扭转普高学生文化基础强而职业技能弱、职校学生专业技能强而文化基础薄弱的现状，通过完善"普职融通"政策供给，建立普职资源共享机制及构建融通课程的新模式来优化问题破解的路径，给予学生更多的自主选择、合理规划人生的机会，促进学生适切而全面发展。

1. 完善"普职融通"政策供给

完善的政策与制度是高中阶段实施"普职融通"的保障基础，现阶段"普职融通"政策层出不穷，但仍需从政策范畴、政策内容和执行力度三方面加以完善。

首先，"普职融通"是国家为解决中等职业学校招生困难、学生文化基础薄弱而制定的政策，多数集中于职业教育范畴，面向普高的"普职融通"政策偏少，故要发挥普高与职校相互融通、协同育人效果，需增加面向普高的"普职融通"政策供给。其次，现有"普职融通"政策过于宏观，各地理解和执行的标准不一、弹性过大，需为市、县一级的教育行政部门和学校提供课程互选、学分互认、资源互通等详细的操作指导政策。最后，现有"普职融通"政策语言表述以"鼓励""建议"为主，缺乏具体的实施建议和强有力的推进策略。"普职融通"作为系统性、实践性工程，仅靠具有提倡作用的政策文件，并不能切实帮助"普职融通"工作得以落实，须出台具有强制推进力的政策（如评估与问责机制）切实推进"普职融通"实施。

2. 建立普职资源共享机制

教育资源共享是"普职融通"实践的重要环节，涉及普高与职校双方师资、教学场所、实训设备、超时经费等方面。普高和职校分属不同类型的教育，教育资源的类型差异性大，需要从融通资源改建、设立协管机构和落实经费保障等维度建立普、职资源有效共享机制。

首先，普、职课程资源融通应依据学情改进。普高开设职业技能课程旨在培养学生工程思维和系统逻辑能力，教学时间短，教学组织难度大。故而职校向普高提供的职业课程资源时，不再是重点培养学生规范操作、熟练操作的能力，而是对资源进行系列化、任务式、短时化、项目化改建，以适应普高学生学习需求。同样，普高向职校提供文化课程资源共享时，也需要基于职校学生认知规律和心智特征、学业基础等学情加以改造。

其次，设立普、职资源融通协调管理机构。普高与职校在教育行政部门内部分属不同主管部门，彼此之间的课程资源、设备资源和师资力量分属不同利益主体，须建立统管普高与职校的高中教育阶段协同管理机构，建立资源融通制度，规范资源融通流程，实施资源利用效度评价体系，以解决"普职融通"资源管理的"双轨制"弊端。

最后，落实普、职资源融通经费保障机制。普高与职校之间资源共享还涉及实训耗材、设备成本、教师工作量等经费的额外支出，教育行政部门应协调经费的落实，设立专门"普职融通"专项经费。此外，通过"普—职—企"多方合作，开发融合资源。三方合作开发的资源既能体现最新的职业岗位目标，又盘活职校、企业"闲暇时间""闲置设备""闲余师资"，部分解决经费短缺问题。引入企业参与"普职融通"改革，并纳入资源共享平台，能够完善人才培养体系，实现多方共赢。

3. 构建融通课程的新模式

课程是教育教学活动的基本依据，是实现教育目标的基本保证，是培养全面发展人才的重要载体。普通教育和职业教育课程特征、功能不同，需要从目标确立、内容重构、呈现方式和开发团队等维度来构建"普职融通"新的课程模式，以满足人才培养新的要求。

首先，寻求教育理论依据，确立"普职融通"课程目标。高中阶段"普职融通"浮于表象、缺乏深度的原因在于缺乏有效的理论支撑与引导。以全人教育理论和终身学习理论为依据确立高中阶段"普职融通"课程目标，着眼于高中阶段学生"全人"发展，打破了普职分殊的二元结构，实现了不同学科、不同领域知识之间的高度整合与融通，帮助学生在学习过程中学会生存、学会生活及促进生长。

其次，依据普高课程方案，确立"普职融通"课程内容。《普通高中课程方案（2017年版2020年修订）》对《通用技术》《劳动》及校本课程的地位、内容均有明确要求。如《通用技术》中设置了"技术与生活"系列等11个选择性必修模块和"传统工艺及其实践"等4个自主选修模块，以增强学生的技术意识、工程思维、创新设计、图样表达、物化能力，满足学生升学和就业及个性化发展的需要。"普职融通"课程开发既可以为不同课程开发职业教育项目，也可以统筹通用技术、劳动和校本课程综合开发系列化职业教育项目。按照"职业生涯规划—职业探索—技能导向—就业衔接"的思路进行由浅入深的系统设计。

再次，利用智能教育技术，丰富"普职融通"课程教学方式。"普职融通"课程作为一类跨界课程，须依据学生认知规律和心智特征，充分利用信息技术，特别是智能技术（如VR、AR技术），开展线上线下混合式教学、PBL（Project-Based Learning，项目式学习）项目化教学。活动形式既可以是主题活动式，也可以是现场实操式，通过校企合作开展真实生产性实训，开展沉浸式职业课程学习。借鉴职业学校专业课程教材开发理念，开发活页式教材或工作单式教材，让学习发生于职业情境中。

最后，组建课程开发团队，保障"普职融通"课程专业性。"普职融通"课程既非普高的学科课程，亦非职校的专业课程，而是具有一定专业性的新型校本课程。因此组建多方联合的专业课程开发团队，确定"普职融通"课程目标、内容编排、教学标准与评价考核方式等，标准化、科学化开发"普职融通"课程。

（南通市教育科学研究院　王爱华）